한국의 노동정치:
변화와 동학

Labor Politics in South Korea :
Changes and Dynamics

김용철

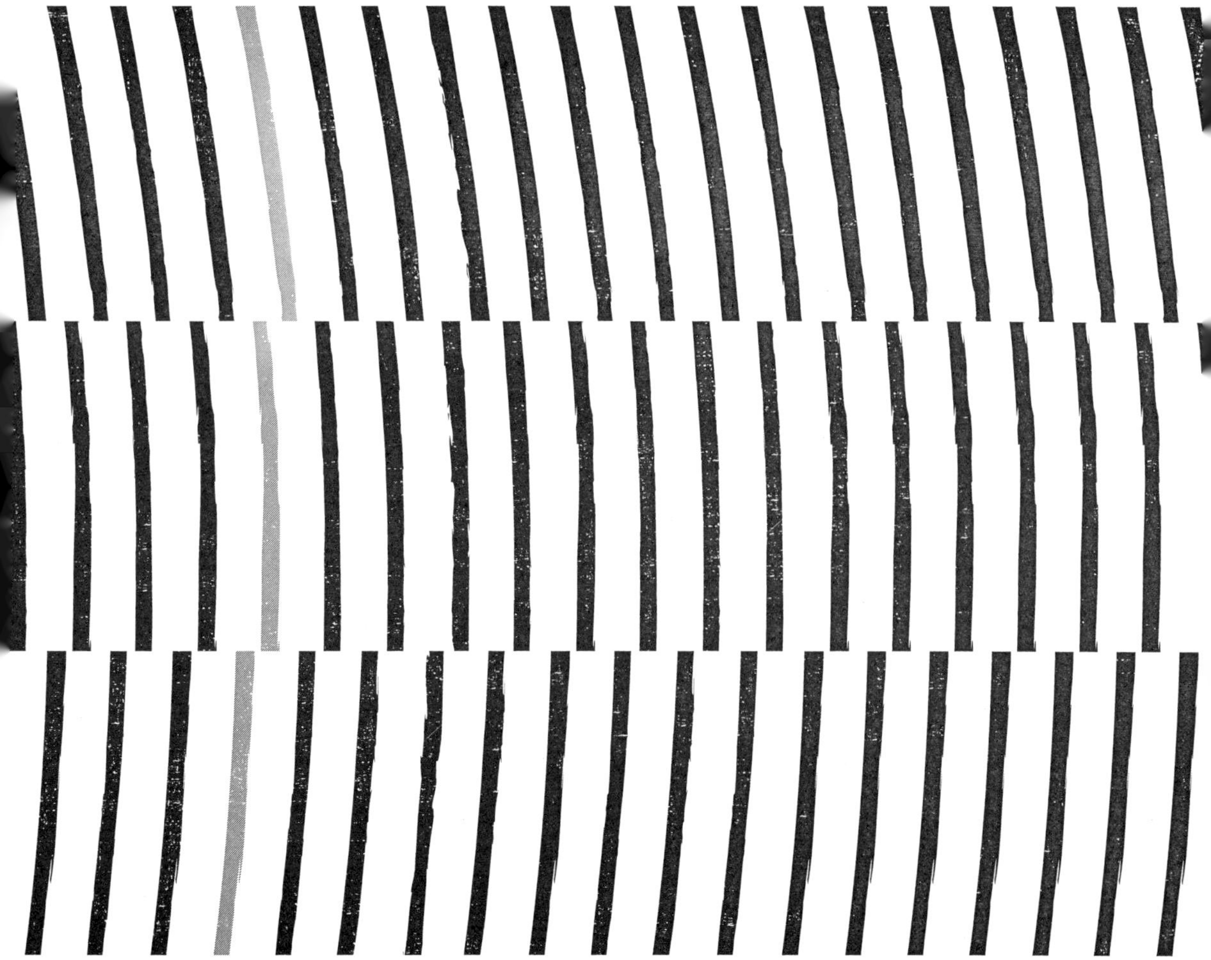

한국의 노동정치:
변화와 동학

Labor Politics in South Korea :
Changes and Dynamics

머 리 말

노동정치란 “사회적 가치와 자원의 권위적 배분과정”에서 노동이 국가와 자본을 상대로 경쟁하고 대립하고 타협하는 일련의 정치과정을 일컫는다. 이 책은 지난 1세기 동안 우리 사회에서 전개되었던 노동정치를 분석·정리하고, 이를 바탕으로 오늘의 한국노동정치가 해소해야 할 과제와 그 대안들에 대해 논의한다.

저자가 한국의 노동정치를 연구 주제로 삼은 것은 두 가지 이유에서다. 그 하나는 오늘을 살고 있는 한 시민으로서 우리 사회가 돈이 없음으로 인해 차별받고 좌절되는 이가 없는 보다 따뜻하고 정의로운 사회가 되었으면 하는 간절한 바람이 있었기 때문이다. 우리의 현실은 이러한 바람과는 달리 점점 더 척박해지고 있다는 느낌이다. 다른 하나는 사회과학도로서 갖는 한국의 노동정치에 대한 학문적 관심이다. 그간 한국의 노동정치에 대한 연구는 적지 않게 축적된 상태이지만, 여전히 메꾸어져야 할 여백들이 많다는 생각이다. 그 가운데 하나가 한국의 노동정치를 일관성 있게 서술하고 조망하는 이론적 시각을 제시하고, 이를 바탕으로 노동정치의 전개와 역학을 인과적으로 분석·정리하는 작업일 것이다.

이 책은 대체로 다음과 같은 질문들을 염두에 두고 작성되었다: 한국의 노동정치는 어떠한 경로를 거쳐 오늘에 이르렀나? 무엇이 노동정치의 경로를 결정하고 규정지었는가? 왜 한국의 노동자들은 정치적으로 배제되고 경제적으로 소외받고 있는가? 어떻게 하면 노동자들이 정치적으로 정당하게 대우받고 경제적으로 공정하게 대접받을 수 있는가?

이 책의 제1부는 그간의 기존연구들의 분석 시각과 범위 그리고 내용들의 비판적 검토로 시작된다. 이를 바탕으로 노동정치의 개념을 제시하고, 노동정치의 유형화와 각 유형들의 특징들을 구체화하며, 노동정치의 변화를 이끄는 기본 동인들을 제시한다. 이어지는 제2부는 한반도에서 임금노동자와 조직노동이 언제 어떻게 출현하였으며, 그들은 당시 식민정부 및 미군정 통치하에서 어떻게 노동운동의 노선과 지도부를 채택·발전시키고, 고용주들과 어떤 관계를 형성·정립하게 되었는지 살펴본다.

제3부에서 제6부까지는 대한민국 정부수립 이후 한국의 노동정치가 걸어온 궤적을 검토·분석한다. 이 시기의 노동정치는 대체로 반공국가의 건설(제3부), 산업화(제4부), 민주화(제5부), 세계화(제6부)라는 시대적 흐름에 지대한 영향을 받으면서 전개되었다. 반공국가의 건설이 시대적 명제가 되었던 이승만 정권하에서 노동은 국가의 포섭 대상이 되었으나, 내용적으로는 약탈의 대상이었다. 이에 비해 권위주의적 산업화가 이루어지는 시기, 노동은 국가에 의해 배제의 대상이 된 반면, 자본은 국가의 하위 파트너가 되었다. 1987년 민주화 전환 직후 노동은 더 이상 묵종적인 존재가 아님을 스스로 보여주었다. 노동자들의 양적 성장과 의식의 각성으로, 노동정치는 국가－자본 연합의 권위주의적 억압에 조직노동이 순응적 태도를 견지하던 그간의 '국가권위주의'적 유형에서 벗어나 조직노동이 강력한 전투성을 발휘하는 '다원주의적 갈등주의'로 전환되었다. 그리고 한국사회가 세계화의 압력에 직접적으로 노출되는 외환위기를 계기로 '다원주의적 갈등주의'는 국가·노동·자본 간의 갈등적 이슈들이 사회적 대화를 통해 상호 이해관계가 조율되는 '사회적 합의주의'로 전환되었다.

제7부에서는 '사회적 합의주의'에 대한 실험이 마침내 실패로 마감되고, 그 대신 법·절차적 형식민주주의를 통해 국가의 중립성이 강조되고 노동시장의 갈등적 이슈들이 경제적 합리주의(economic rationalism)에 기초하여 관리되는 '시장자유주의'로 대체되고 있음을 분석한다. 또한 '시장자유주의'로의 진화가 초래한 노동의 배제와 소외는 계층간 소득불평등과 사회양극화 현상을 낳고 있으며, 이는 노동자들의 미래에 대한 절망감으로 이어지고 있음을 지적한다. 그리고 우리 사회의 암울한 현실을 종식시키기 위해서는 노동의 권력자원 확보와 합의제적 민주주의로의 제도적 개선 및 전환이 긴요함을 주장한다.

이 책은 그간 저자가 발표했던 논문들을 바탕으로 쓰여졌다.[1] 하지만 한국의 노동정치를 한 권의 역사서술로 담아내기 위해 많은 부분들을 새롭게 작성해야 했다. 저자는 책을 쓰면서 과도하게 욕심을 부린 것 같다. 선행연구들에 대한 비판적 검토를 통해 과소평가되었거나 미처 주목받지 못했던 요인들을 분석의 장으로 불러내어 한국의 노동정치가 걸어온 역동적인 변화과정을 순차적이고 인과적인 역사서술로 재구성하고자 했으나, 능력의 부족으로 애초 의도했던 만큼 만족스럽게 풀어내지 못한 것 같다. 흔히들 얘기하듯 있으나 마나한 책이 될까 두렵다. 모든 비판은 마땅히 저자가 감수해야 할 몫이다.

이 책이 나오기까지 많은 분들의 도움을 받아야 했다. 평소 한국의 노동정치에 대한 책을 집필해야겠다는 마음은 있었지만, 게으름 탓에 저서 작업에 손을 대지 못하고 있었다. 그러던 중 2013년 한국연구재단의 연구지원이 계기가 되어 이 책을 작성하게 되었다.[2] 지난한 집필 작업 못지않게 힘들고 지루한 과정이 교정 작업이다. 기꺼이 교정 작업을 맡아준 전남대학교 사회과학연구소의 유경하 박사, 대학원 정치학과 박사후보생인 형은화, 이번에 정치학 박사학위를 받은 황옥자, 그리고 석사과정생인 이세라에게 감사의 마음을 전한다. 또한 저서의 표지를 산뜻하게 디자인해주고 얼굴 초상을 근사하게 그려준 세인트의 김나연에게도 고맙다는 말을 전한다. 더불어 이 책의 출간을 위해 여러모로 신경을 써준 마인드탭의 김중용 대표와 심성보 이사에게도 감사의 말씀을 드린다. 그리고 나의 오랜 친구

---

1 1장과 2장: "노동정치의 변화와 동학: 한국의 경험." 『현대사회과학연구』 제16권(2012); 3장과 4장: "보수적 노동정치 지형의 역사적 기원: 일제 식민지배와 미군정 통치의 유산." 『오토피아』 제28권 2호(2013); 5장: "제1공화국하의 국가와 노동관계: 수혜적 포섭에서 약탈적 후원으로." 『한국정치학회보』 제29집 3호(1995); 6장: "4월항쟁과 제2공화국 시기의 노동정치." 『현대사회과학연구』 제20권(2016); 7장: "박정희 정권의 노동통제전략: 형성과 진화." 『한국경제지리학회지』 제14권 2호(2011); 8장과 9장: "사회연합정치의 관점에서 본 전두환·노태우 정권하의 노동정치: 국가권위주의에서 갈등적 다원주의로." 『오토피아』 제27권 2호(2012); 10장: "김영삼 정권하의 노동정치: 갈등적 다원주의에서 사회적 합의주의로." 『한국경제지리학회지』 제17권 3호(2014); 11장: "사회협약정치의 출현, 교착, 지속에 대한 분석." 『산업노동연구』 제16권 2호(2010).

2 이 저서는 2013년 정부(교육과학기술부)의 재원으로 한국연구재단의 지원을 받아 집필되었음을 밝혀둔다(한국연구재단 과제번호, NRF－2013S1A6A4A02015945).

이자 동반자인 한사영의 인내에 고마움을 표하면서 이 책을 드리고자 한다.

무엇보다도 우리 사회의 노동자들에게 2015년 9월 7일 미국의 노동절을 맞아 당시 대통령이었던 버락 오바마(Barack Obama)가 행한 연설의 한 부분을 소개하고 싶다.[3]

> 내 가족의 안정적인 생계를 보장할 좋은 직업을 원하는가. 누군가 내 뒤를 든든하게 봐주기를 바라는가. 저라면 노조에 가입하겠습니다… 심지어 톰 브래디(미국의 프로풋볼팀인 뉴잉글랜드 패트리어츠의 쿼터백)조차도 노조가 있어 행복하다고 합니다. 노조는 그의 든든한 후원자입니다. 브래디가 노조를 필요로 한다면, 여러분은 말할 것도 없이 노조가 필요합니다. 강해지려면 함께해야 한다는 말은 어린아이들도 아는 얘기입니다.

냉혹한 시장질서에 내몰려 당장의 생계를 걱정하고 해고의 불안감에 시달리는 노동자들이 허다한 우리의 현실을 생각할 때, 오바마의 노동절 연설은 더욱 의미심장하게 다가온다. 그것은 노동이 국가와 자본을 견제하고 보상할 수 있는 충분한 권력자원과 정치적 역량을 보유하고 있을 때 비로소 정치와 시장은 보다 따뜻하고 친절한 질서로 나아갈 수 있기 때문이며, 노동자들이 정치와 시장에서 보다 정당하게 그리고 공정하게 대접받을 수 있기 때문이다. 우리도 오바마를 닮은 정치지도자를 가질 수 있을까? 그것은 노동자들의 선택에 달려 있다. 미국처럼 한국의 정치지도자들 역시 국민에 의해 선출되기 때문이다. 시장에서는 돈이 권력이지만, 민주주의 정치에서는 표가 권력이기 때문이다.

2017년 2월

김 용 철

---

3 http://www.iwj.org/blog/full-transcript-of-president-obamas-labor-day-speech(검색일: 2016년 10월 3일).

차 례

제1부 노동과 사회연합정치

제2부 보수적 노동정치지형의 형성

제 3 부 반공국가의 건설과 약탈적 노동동원

제4부 산업화 그리고 국가권위주의

제5부 민주화 그리고 갈등적 다원주의

제6부 세계화의 압력과 사회적 합의주의의 실험

제7부 시장자유주의와 노동정치의 과제

제1부

노동과 사회연합정치

한국의 노동정치는 어떠한 경로를 거쳐 오늘에 이르렀나? 무엇이 노동정치의 경로를 결정하고 규정지었는가? 최근 사회협약정치의 출현과 노동자 정당의 등장에도 불구하고, 왜 한국의 노동자들은 여전히 정치·경제적으로 소외되고 배제되고 있는가? 어떻게 하면 노동자들이 정치적으로 정당하게 대우받고 경제적으로 공정하게 대접받을 수 있는가? 그간 한국의 노동정치에 대한 연구는 적지 않게 축적된 상태이다. 이들 연구는 나름의 이론적 시각에 기초하여 노동정치를 분석함으로써, 노동정치를 둘러싼 다양한 견해와 지식을 제공하는 데 기여하였다. 그럼에도 불구하고, 이들 연구는 한국의 노동정치를 일관성 있게 조망·분석·설명하는 이론적 시각 및 노동 문제의 해결을 위한 실천적 함의를 제시하는 데에는 이르지 못하고 있다. 본 연구는 노동정치를 노동의 "사회적 가치와 자원의 권위적 배분과정"에의 참여활동으로 본다. 그리고 노동정치의 변동은 기본적으로 비일상적 위기상황이 촉발하고 정치체제의 성격이 제약(혹은 촉진)하는 사회연합정치의 함수로 상정한다.

제1장
한국노동정치 연구의 성과와 한계

Ⅰ. 문제의 제기

자본주의 사회에서 이윤(profit)은 생산, 소비, 고용의 지속을 위한 필요조건이다. 만약 자본가들이 이윤을 내지 못한다면, 생산수단이 줄어들어 그만큼 생산은 감소할 것이며, 이에 따라 고용과 소비도 줄어들 것이기 때문이다. 그렇다고 자본가들의 이윤이 모든 사회집단들의 물질적 복지향상을 위한 충분조건은 결코 아니다. 왜냐하면, 자본가들은 이윤을 투자하지 않고 비축해 놓거나, 자신들의 향락을 위해 소비하거나, 해외로 유출시킬 수 있기 때문이다. 설령 자본가들이 이윤을 효율적으로 투자한다 하더라도, 노동자를 포함한 어느 사회집단도 자신이 투자의 수혜자가 된다고 확신할 수 없다. 즉 자본가들의 이윤은 노동자들의 물질적 복지향상의 필요조건이지만 충분조건은 아닌 것이다(Przeworski and Wallerstein 1982, 216-217; 임혁백 1994, 190).

이러한 자본주의의 내재적 질서에 대응하여, 노동자들은 자신의 물질적 조건을 향상시키기 위한 다양한 정치적 활동을 전개해 왔다. 선진자본주의 사회의 역사적 경험에 의하면, 노동자들의 정치활동은 대체로 세 가지 형태로 압축된다(Lipset 1983; 권순미 2004, 302). 첫째, 노동조직의 형성과 노동운동을 통한 정치적 영향력의 행사이다. 이는 일종의 비관습적 정치참여 형태로, 한편으로 노동시장에서 노동자들 간의 경쟁을 통제하고, 다른 한편으로 총파업 및 대중적 항의운동을 통해 자본과 국가를 효과적으로 위협하고 견제하는 정치활동이다. 둘째, 독자적인 노동자 정당의 구축을 통한 정치세력화이다. 이는 일종의 관습적인 정치참여 형태로, 노동계급의 이해를 대변하는 계급정당을 만들어 선거를 통해 노동자의 대표를 의회에 진출시킴으로써, 공식적으로 국가의 정책에 영향력을 행사하는 정치활동이다. 셋째, 조직노동이 이해당사자들과 함께 갈등적 현안들에 대해 협의하고 조정하여 국가의 정책을 공동으로 결정하는 사회협약정치이다. 이는 조직노동이 국가의 중재하에 자본과 사회협약을 맺어 노동정책의 형성 및 실행 과정에서 자신의 계급적 이해를 보호·증진시키는 정치활동이다.

이 같은 노동자들의 정치활동은 기본적으로 자원의 분배 및 재분배를 둘러싼 사회적 투쟁이었다. 많은 선진자본주의 사회들의 경우, 역사적으로 국가와 자본을 상대로 한 노동자들의 정치활동은 노동조합의 결성과 계급적 항의운동으로 시작되었으나, 각 나라가 처한 정치적 맥락에 따라 다양한 형태의 노동정치 — 이념적 균열로 이익집단들 간의 적대적 경쟁이 압도하는 대립적 노동질서(contestatory type), 이익집단들 간의 다원주의적 압력집단 정치에 기반한 노동질서(pressure-group type), 그리고 이익집단들 간의 사회협약에 기초한 사민주의적 노동질서(social democratic type) — 로 발전·진화하였다(Crouch 1983; Valenzuela 1994). 그리고 최근 세계화(globalization) 현상의 심화로 노동시장 유연화 및 고용안정성이 핵심 쟁점으로 등장함에 따라, 선진자본주의 사회의 노동정치는 그 나라의 정치경제 및 제도적 맥락에 따라 개별화된 기업과 노동자 간의 시장 계약에 바탕하여 고용의 유연성과 단기적 시장 수익을 추구하는 '자유시장적' 노동질서 혹은 비(非)시장적 관계와 제도를 이용한 사회적 조율을 통해 고용의 유연안정성과 장기적 시장 안정을 추구하는 '조정시장적' 노동질서로 진화하고 있다(Thelen 2001; 2012).

선진자본주의 사회에 비해, 한국노동정치의 역사는 상대적으로 짧다. 그럼에도 한국사회는 다양한 형태의 노동정치를 압축적으로 경험해 왔다. 해방 3년 기간의 국가형성을 둘러싼 좌우익 간의 정치적 대립구도하에서 전개된 전평과 대한

노총으로 대표되는 '계급전쟁,' 이승만 정권하의 자유당에 의한 조직노동의 '약탈적 포섭,' 산업화 시기 국가에 의한 '권위주의적 노동억압,' 민주화와 세계화의 이중적 전환 시기에 성립된 1998년의 '노사정 대타협' 및 2004년 친노동자 정당(민주노동당)의 의회 진출, 그리고 최근 선거 국면에서 등장한 사회복지를 둘러싼 정당들의 공약경쟁 등이 그것이다. 이 같은 거시적 흐름은 한국의 노동정치가 상대적으로 짧은 기간 동안 매우 역동적인 변화를 거듭하여 왔음을 의미한다. 이러한 한국노동정치의 압축적이고 역동적인 경험은 거시역사적 맥락에서 매우 흥미 있는 연구대상이다. 이와 더불어, 그간의 역동적인 변화(사회협약의 성립 및 진보정당의 의회 진출)에도 불구하고, 오늘날 한국의 노동자들이 여전히 정치적으로 배제되고 경제적으로 소외되고 있다는 사실은 또 다른 중요한 연구대상이다.

따라서 연구자는 다음의 질문들을 염두에 두고서 한국의 노동정치를 분석할 예정이다. 한국의 노동정치는 어떠한 경로를 거쳐 오늘에 이르렀나? 무엇이 노동정치의 경로를 결정하고 규정지었는가? 최근 사회협약정치의 출현과 진보정당의 등장에도 불구하고, 왜 한국의 노동자들은 여전히 정치경제적으로 소외되고 배제되고 있는가? 어떻게 하면 노동자들이 정치적으로 정당하게 대우받고 경제적으로 공정하게 대접받을 수 있는가?

그간 한국노동정치에 대한 연구는 적지 않게 축적된 상태이다. 대부분의 기존 연구들은 특정 국면 혹은 시기의 노동정치를 분석하는 데 초점을 맞춰왔다. 이들 연구는 나름의 이론적 시각에 기초하여 노동정치를 분석함으로써, 특정 기간의 노동정치 현상에 대하여 다양한 견해와 지식을 제공하는 데 기여하였을 뿐만 아니라, 특정 시대적 국면의 노동정치가 지닌 이론적 함의를 밝히는 데 크게 공헌하였다. 그럼에도 불구하고, 이들 연구는 몇 가지 측면에서 문제점을 노정하고 있다. 첫째, 시간적 분석 범위의 협소성과 그에 따른 역사서술의 분절현상이다. 많은 기존 연구들이 특정 국면의 노동정치에만 분석의 초점을 맞췄던 까닭에, 시간적으로 앞선 시기의 노동정치와 이후 노동정치 간의 역사적 연속성보다 단절성이 상대적으로 강조되는 경향이 강하였다. 그 결과, 한국의 노동정치가 걸어온 역사적 궤적과 그것이 오늘의 노동정치에 남긴 정치적 유산과 영향력에 대한 분석이 상대적으로 소홀히 되고 있다. 둘째, 분석 시각의 다기화 현상이다. 기존 연구들은 분석의 대상과 시간적 범위에 따라 각기 상이한 인식론적 개념을 적용하였다. 그 결과, 한국의 노동정치를 전체적으로 그리고 일관성 있게 조망·분석·설명하는 이론적 시각을 제시하는 데에 이르지 못하고 있다. 셋째, 실천적 함의라는 관점에서 한국노동정치의 발전을 위한 체계적인 대안의 제시에 소홀하였다. 이는 기본적으로 특정 시기 혹은 특정 이론에 함몰되어, 한국노동정치에 대한 깊이 있는 거시역사적 이해 및 통찰이 상대적으로 부족했기 때문인 것으로 보인다.

이에 본 연구는 거시역사적 관점에서 해방 이후 한국의 노동정치가 걸어온 궤적과 변화 과정을 통시적으로 분석·설명하는 이론적 시각을 모색하고자 한다. 이를 위해, 노동정치의 개념과 노동정치의 이념적 유형 및 변동과정의 인과관계를 설명하는 분석틀을 제시할 것이다. 그리고 이를 바탕으로 해방 이후 노동정치가 걸어온 역사적 경험을 분석할 것이며, 오늘날 한국의 노동정치가 직면한 문제점과 그 해소 방안들에 대해 논의할 것이다.

Ⅱ. 기존 연구의 검토: 노동정치의 다양한 시각

한국에서 노동정치가 학문적 관심과 분석의 대상이 된 것은 1970년대였다. 이는 1960년대의 급속한 산업화에 따른 이익분화 현상에도 불구하고, 노동부문의 이해관계가 철저히 배제된 데 따른 문제의식 때문이었다. 이들 연구의 이론적 시각은, 초기의 역사 서술적 접근에 입각한 몇몇 연구를 제외하면,[1] 대체로 서구의 학문적 패러다임을 반영하고 있었다. 따라서 패러다임이 변화함에 따라, 이들 연구에 내재된 노동정치의 개념, 이론적 접근시각, 분석적 강조점 역시 변화하였다.

1 대표적인 역사 서술적 접근 연구로 김윤환·김낙중(1976), 김윤환(1982), 김낙중(1982) 등이 있다.

이론적 관점에서, 이들 기존연구는 대체로 네 가지 범주로 분류된다.

첫째, 다원주의(pluralism)적 시각이다. 다원주의자들은 정치과정을 다양한 이해관계를 갖는 경쟁 집단들의 요구가 조정되고 걸러지는 일종의 정치시장(political market)으로 간주한다. 이 시각에 의하면, 국가는 경쟁적 이익집단들의 갈등적 이해관계를 초월한 중립적 행위자(neutral arbiter)이며, 국가정책은 이해집단들의 경쟁의 산물로 파악한다. 이러한 이론적 입장에서, 다원주의자들은 조직노동을 일종의 압력단체로 간주한다. 이들은 노동의 정치적 위상을 파악하는데 있어서 조직노동의 두 측면－① 조직력, 동원능력, 리더십 구조 등과 같은 노동조직의 내부적 특성과 ② 이익 집약 및 표출과 같은 정치적 대표 방식－에 분석의 초점을 맞춘다. 따라서 다원주의자들에게 노동정치란 조직노동이 자신의 이해관계를 구현하기 위해 중립적 행위자인 국가를 둘러싸고 정책결정과정에서 기업가 단체들과 경쟁하는 정치과정을 의미한다.

이들의 분석에 의하면, 한국의 노동정책은 기업들에게는 호의적인 반면, 노동자들에게는 매우 차별적인 것이었다. 그리고 이러한 국가의 반(反)노동정책은 노동과 자본의 비대칭적 권력관계에 기인한다(안병영 1977, 1983). 즉 다원주의자들은 한국의 조직노동은 리더십, 조직력, 이념적 응집력, 동원능력, 재정능력 등이 크게 결여된 집단이며, 이러한 상대적 취약성으로 인해 조직노동은 정치시장에서 제약된 위상을 지닐 수밖에 없었다고 지적한다(김왕식 1988). 그 결과, 경총 및 전경련과 같은 강력한 기업가 조직들이 정책결정과정에서 노동의 이해를 압도하는 현상을 낳았고, 권위주의적 혹은 관료주의적 지배체제에서 발산되는 절차적 편견과 경직성은 조직노동의 의사소통 통로와 집합행동의 범위를 크게 제약하여 노동의 정치적 위상을 더욱 위축시켰다(Ogle 1973; 안해균 1971).

둘째, 국가주의(statism)적 시각이다. 다원주의자들이 각각의 이익집단이 보유한 상대적 영향력에 분석의 초점을 맞추고 있다면, 국가주의자들은 국가의 정책적 자율성과 선호의 관점에서 국가－이익집단의 관계를 분석한다. 즉 국가주의자들은 국가를 자신의 고유한 가치와 목표를 보유한 정치행위자로 간주한다. 국가는 대내적으로 다양한 사회세력과의 힘겨루기 과정에 관여하며, 대외적으로 초국가적 행위자와 국제레짐(international regime)에 대처해야 하는 정치적 게임의 주요 행위자로 본다. 따라서 이들의 분석 차원은 세계체계(world system)와 국가 간의 연계, 그리고 국내 사회세력과 국가 간의 연계에 있다. 강한 국가(strong state)는 대내외적 정치세력에 대해 자율성(autonomy)을 지니며, 동시에 대내외적 도전 및 저항 세력에 효과적으로 대처하는 정책형성 및 정책집행의 능력을 보유한다. 반면 약한 국가(weak state)는 대내외적 행위자들에 대해 종속적이며 나름의 정책형성 및 정책집행 능력을 크게 결여한다(Krasner 1984; Evans, Rueschemeyer, and Skocpol 1985). 즉 국가주의자들에게 노동정치란 산업정책 및 노동정책 등의 선택과 집행을 둘러싼 국가와 노동 간의 힘겨루기 과정이며, 이러한 힘겨루기 과정은 국가의 대내외적 자율성의 정도 및 정책 능력의 함수이다.

국가주의자들은 다원주의적 해석에 대해 회의적인 태도를 취한다. 한국사회에서 국가를 '중립적 행위자'로 해석하기에는 무리가 있다는 것이다. 이들에 의하면, 그간 국가는 자신의 목표와 선호를 분명하게 표출하여 왔으며, 정치적 자율성과 정책적 능력을 충분히 활용하여 자신의 목표와 선호를 꾸준히 실현시켜 왔다(Haggard and Moon 1983; Johnson 1987). 따라서 국가정책을 사회집단 간의 경쟁의 산물로 해석하기보다는 국가의 전략적 선택의 결과물로 보아야 하며, 이러한 맥락에서 노동정책도 국가의 의도와 선호라는 관점에서 설명되어야 한다고 지적한다. 즉 수출을 장려하고 산업심화(industrial deepening)를 촉진하며 국제적 경쟁력을 향상시키기 위해, 국가는 노동을 억압·통제하는 정책을 형성·집행하여 왔다고 본다. 그리고 이러한 배제적 노동정책은 자연스럽게 국가-자본 연합을 형성시켰으며, 더불어 노동자들의 계급의식 형성 및 노동운동과 재야세력 간의 연합현상 등을 초래하였다고 주장한다. 그리고 이러한 현상은 더욱 강력한 국가의 노동통제를 불러왔다고 분석한다(Deyo 1984; Deyo 1987; Launius 1984; Deyo, Haggard, and Koo 1987).

셋째, 코포라티즘(corporatism)적 시각이다. 코포라티즘은 기존의 다원주의적 전통과 국가주의적 인식이 혼재한 또 다른 시각이다. 코포라티즘은 다원주의처럼 조직노동을 하나의 이익집단으로 간주하나, 국가주의처럼 국가의 적극적인 역할을 강조한다. 코포라티즘은 '유기적 국가주의'(organic statism)라는 전통에 기초하는 까닭에, 국가이익(state interest)이 항상 집단이익(group interest)보다 우위에 있음을 전제한다. 따라서 국가는 '중립적 행위자' 혹은 '수동적 방관자'가 결코 아니며, 그렇다고 자신의 선호만을 고집하는 '이기적'이거나 '약탈적'인 행위자도 아니다. 국가는 '공공선'(common good)을 추구하는 행위자로, 이익대표체계의 형성·유지에 적극적으로 관여함으로써 사회의 다양한 이해관계의 유기적 통합을 시도한다(Stepan 1978; Williamson 1985). 코포라티즘은 두 가지 유형으로 분류된다(Collier and Collier 1979; Schmitter 1974). 사회 코포라티즘(societal corporatism)이 국가와 사회집단 간의 타협을 통해 경쟁적 이해관계를 조정하고 통합해 내는 이익대표체계라면, 국가 코포라티즘(state corporatism)은 국가의 강제에 의해 갈등적 이해관계들이 제어되고 관리되는 이익대표체계이다. 따라서 국가의 공공정책이란 공동체의 공공선을 목표로 구조화된 코포라티즘적 관리기제의 결과물이다. 이렇게 볼 때, 코포라티스트(corporatists)들에게 노동정치란 국가가 조직노동과 자본의 이익대표활동을 효과적으로 조율·조정·관리하는 정치과정을 의미한다.

이들은 한국사회의 공공선을 성취하기 위해 국가가 어떻게 노동을 관리하느냐의 관점에서 노동정치를 바라본다. 예컨대, 박정희 정권하의 국가는 박정희가 선택한 경제성장이라는 공공선을 목표로 조직노동에 대한 적극적 통제와 억압을 통해 노동의 '경제적 동원' 및 '정치적 탈동원화'의 극대화를 시도하였다고 분석한다. 따라서 이 시기의 저임금 및 장시간 노동은 국가 코포라티즘의 필연적 결과물로 본다(최장집 1988; 김영래 1987). 또한 민주화와 세계화라는 이중적 전환기에 등장한 1998년의 사회협약질서는 일종의 사회 코포라티즘으로, 이는 당시 직면한 경제위기의 극복을 위해 국가가 주도한 이익대표체제 재편의 결과물로 파악한다(강명세 1999; 박동 2001; 김용철 2010).

넷째, 계급론(Marxism)적 시각이다. 이에 의하면, 자본주의적 생산관계는 생산수단(means of production)을 소유한 계급(자본)과 소유하지 않는 계급(노동)을 낳는다. 이러한 계급적 이해관계는 본질적으로 서로 양립할 수 없는 객관적 갈등관계에 놓여있으며, 생산관계 내의 계급갈등은 국가권력을 둘러싼 정치적 갈등으로 전화된다(Carnoy 1984, chapter 2; Larson and Nissen 1987, 24-27; Caporaso and Levine 1992, chapter 3). 국가는 모든 사회구성원의 공공선을 대표하는 존재라기보다는 생산관계에 내재된 계급구조의 정치적 표현이며 궁극적으로 지배계급(자본)의 옹호자이다. 따라서 계급론적 시각을 채택하고 있는 연구자들에게 노동정치란 생산수단을 소유하지 않은 자들의 계급적 이해가 보장될 수 있는 사회적 관계를 형성·유지·발전시키기 위한 노동계급의 의지와 활동으로 파악된다(김영수 1999, 52-54). 즉 계급론자들은 다원주의, 국가주의, 코포라티즘적 시각들이 기본적으로 국가의 본질과 역할에 대해 오류를 범하고 있다고 비판한다.

이들의 분석에 의하면, 한국의 노동은 국가와 자본의 끊임없는 억압과 착취의 대상이었다. 해방 직후 국가건설을 둘러싼 남한 노동계급의 '혁명적' 투쟁은 잔혹한 국가(미군정)의 탄압에 의해 좌절된 바 있으며(조돈문 2004), 이후 노동은 기술적·금융적 종속하의 대량생산과 대량수출 및 고생산성과 저임금을 특징으로 하는 '예속적 포디즘'(subordinate Fordism)이라는 축적체제의 구조적 제약에 의해(김형기 1997), 그리고 개발독재(developmental dictatorship)와 시장전제(market despotism) 혹은 비민주적 '생산의 정치'(politics of production)[2]를 장착한 국가에 의해 끊임없이 억압되고 통제되어 왔다(신광영 1994, 185-210; 김형기 1997). 이러한 노동 착취적 과정은 노동자들의 '집합적 정체성'을 형성시켜 '노동계급운동'을 촉발하였고(구해근 2002), 이에 대응하여 국가와 자본은 임금 및 고용의 경직성을

2 '생산의 정치'는 (1) 노동과 자본 간의 착취관계를 의미하는 생산관계(relation of production)와 (2) 노동과정을 사회적 관계에 의해 정의하는 생산내 관계(relation in production)를 둘러싸고 일어나는 국가·노동·자본 간의 정치적 관계를 의미한다. 즉 생산의 정치는 (1) 재화의 생산·교환·분배를 둘러싼 사회적 관계의 거시적 구조로서 국가·자본·노동에 의해 규정되는 권력의 행사방식과 규칙 그리고 (2) 노동과정을 중심으로 작업조직 내에서 이루어지고 있는 생산·교환·분배를 둘러싼 사회적 관계의 생산과 재생산을 포괄한다(Burawoy 1985).

타파하고 유연성을 확보하기 위한 신자유주의적 축적 질서를 모색하였다(김세균 1997). 그리고 1998년 출범한 노사정위원회는 신자유주의 경제정책과 노동유연화를 관철시키기 위해 고안된 새로운 형태의 노동통제수단에 불과한 것으로 분석한다(노중기 1999; 손호철 2006).

매우 상이한 인식론적 시각에도 불구하고, 기존 연구들은 한국의 노동정치에 대해 내용적으로 일정 부분 유사한 관찰과 해석을 하고 있다. 즉 국가는 자본에 대해 우호적인 정책을 그리고 노동에 대해서는 비우호적인 정책을 펼쳐왔으며, 이러한 국가－자본 연합은 경제성장 및 자본축적이라는 경제적 이해관계에 기초하였다는 것이다. 또한 국가의 친자본적 산업정책은 종종 노동자들의 불만을 야기하였지만, 경제적 이해관계에 바탕한 국가－자본 연합은 비교적 안정적으로 유지되어 왔다는 것이다. 이러한 연구 성과들은 조직노동을 정치과정의 주요 분석대상으로 자리매김하는데 공헌하였을 뿐만 아니라, 국가－노동－자본 간의 관계적 동학을 이해하는 데 크게 기여하였다.

그럼에도 불구하고, 기존 연구들은 각기 상이한 인식론적 패러다임에 매몰되어 한국의 노동정치를 전체적으로 조망하고 일관성 있는 분석시각을 제공하는데 소홀하였다. 그 결과, 이들 연구의 설명력은 몇 가지 점에서 제한적일 수밖에 없었다. 첫째, 대부분의 시기에 국가의 힘이 압도적인 것은 사실이었지만, 노동이 항상 수동적인 행위자로 남았거나 수세적인 위상에만 머물러 있었던 것은 아니었다. 특히 정치변동 및 민주화 개방의 시기, 노동은 국가와 자본의 힘을 견제하는 강력한 사회세력으로 등장하곤 하였다. 둘째, 국가가 항상 노동을 배제했던 것은 아니다. 국가는 대부분의 경우 노동을 억압하였으나, 때때로 조직노동을 포섭하거나 노사관계에의 개입을 자제하는 경우도 있었다. 셋째, 그럼에도 불구하고, 오늘날 노동은 여전히 국가정책에서 배제되고 있는 것이 현실이다. 왜 그럴까? 그것은 국가－노동－자본 관계가 단순히 발전전략 및 자본축적 등의 경제적 변수에만 영향을 받는 것이 아니라, 정치적 그리고 사회적 요인들에 의해서도 영향을 받기 때문이다. 이러한 점들을 감안할 때, 좀 더 적실성 있는 이론적 시각이 모색될 필요가 있다.

제2장
분석의 시각: 노동정치의 유형과 변동

I. 노동정치의 개념

앞에서 살펴보았듯이, 이론적 패러다임에 따라 노동정치의 개념적 내포와 외연은 매우 상이하다. 이는 각각의 패러다임이 전제하는 국가의 본질과 위상이 근본적으로 다르기 때문이다. 달리 표현하면, 국가정책이 어떻게 형성되며, 국가정책의 궁극적 목표가 무엇인가에 대한 인식론적 전제가 다르기 때문이다. 고전적 다원주의자들(classical pluralists)은 국가를 특수이익에 편향되지도 관여하지도 않는 중립적이며 소극적 행위자로, 국가주의자들(statists)은 국가를 나름의 의도와 선호를 지닌 자율적 행위자로, 코포라티스트들(corporatists)은 국가를 공공선을 추구하고 대변하는 적극적 행위자로, 그리고 계급론자들(Marxists)은 국가를 자본계급의 이익을 대변하는 자본 종속적 행위자로 간주해 왔다. 그 결과, 노동정치란 다원주의자들에게는 '조직노동이 자신의 이해관계를 국가정책에 반영시키기 위해 기업집단과 끊임없이 경쟁하는 정치과정'으로, 국가주의자들에게는 '국가의 의지와 선호를 반영한 국가의 노동정책과 이에 대응한 노동자 및 조직노동의 정치활동'으로, 코포라티스트들에게는 '국가가 조직노동의 이익대표활동을 효과적으로 조율·관리하는 정치과정'으로, 그리고 계급론자들에게는 '결코 타협 불가능한 계급이익을 둘러싸고 국가와 자본에 대항하는 노동자들의 계급 활동'으로 파악되었다.

그간 국가의 역할과 위상에 대한 선험적 전제는 다양한 이론가들에 의해 비판적으로 검토되고 수정되어 왔지만, 국가의 자율성에 대한 확고한 이론은 아직 정립되지 않은 채 다양한 시각들이 경쟁하고 있는 상태이다. 신다원주의자(neo-pluralist)들은 고전적 다원주의가 가정하는 국가의 중립성에 의문을 제기하고 있으며, 신맑스주의자(neo-Marxist)들은 전통적 계급론자들이 전제하는 '지배계급의 도구로서의 국가'에 비판적 관점에서 수정을 가해 왔다. 또한 국가주의가 전제하는 '단일체로서의 국가,' 그리고 코포라티즘이 가정하는 '공공선의 수행자로서의 국가' 역시 많은 비판을 받아왔다.

이는 공공정책 결정과정에서 국가의 역할과 위상이 정책이슈와 정치적 맥락에 따라 다양한 모습을 지니고 있음을 시사한다. 따라서 적실성 있는 국가-사회 관계의 파악은 특정한 인식론적 전제에 의존하여 경험적 사실들을 꿰어 맞추는 접근방식보다는, 경험적 사실들을 구체적인 역사적 맥락 속에서 파악하고 심층적인 이해를 도모하는 종합적이고 절충적인 시각이 필요하다. 이에 두 가지 차원에서 국가의 정치경제적 위상 및 성격을 생각해 볼 필요가 있다.

첫째, 행위자적 차원에서 국가의 성격 및 위상이다. 현실정치에서 국가는 기본적으로 정권담당자들에 의해 운영되며, 국가의 정책은 대체로 국가의 중요한 위치에 포진한 정권담당자들이 취하는 전략적 행위이다(Nordinger 1981). 현실정치에 있어서 국가경영자들은 일차적으로 정권의 생존 및 유지를 위해 사회적 지지기반의 확보에 관심을 기울이지 않을 수 없다. 이러한 면에서 국가의 정책은 정권담당자들에게 정권의 유지와 재창출을 위한 중요한 전략적 수단을 제공한다. 따라서 국가의 주요 정책은 국가기구의 중요한 위치에 포진한 정권담당자들이 선택한 전략적 행위라는 점을 감안할 때, 국가정책의 선택에 있어서 가장 중요한 원칙이 있다면, 그것은 공공이익(public interest)의 추구보다는 권력의 유지라는 정권이익(regime interest)일 것이다(Bate 1981; Ames 1987). 이 점에서 국가는 고전적 다원주의가 가정하는 중립적 행위자도 아니고 코포라티즘이 전제하는 공공선의 실천자도 아니다.

오히려 국가는 국가주의자들이 파악하는 자신의 고유한 의도와 선호를 지닌 행위자에 가깝다. 즉 국가의 정책은 일차적으로 정권적 차원에서 이해할 필요가 있다. 국가경영자들은 정책적 배려를 베풀어 정치적 우호세력을 확보·유지하려 하며, 정책적 배제를 이용하여 정치적 반대세력을 응징·봉쇄한다. 또한 국가경영자들은 정책적 배려와 배제의 선택적 조작을 통해 사회집단들에게 정치적 침묵을 강제하거나 정치적 충성을 촉발시킨다. 따라서 국가는 자신의 고유한 이해와 선호를 지닌 정치적 행위자이다. 이 점에서 국가의 노동정책도 예외가 아니다. 조직노동은 어느 사회집단 못지않은 지대한 정치적 잠재력을 지닌 행위자이다. 노동의 정치적 잠재력은 기본적으로 노동이 국민경제에서 차지하는 전략적 위치에서 파생되는 구조적 힘, 그리고 비교적 높은 집단의식과 잘 정비된 조직망에서 비롯되는 동원능력에 기초한다. 총파업과 같은 전투적 노동운동은 국민경제를 일시에 마비시킬 수 있으며, 국가의 권위에 치명적인 손상을 입힐 수도 있다. 반대로, 협조적 노동운동은 정권의 지지기반을 확대시켜 정권의 안정 및 재생산에 결정적인 도움을 주기도 한다. 달리 표현하면, 노동에 대한 국가의 통제력 상실은 일종의 '정치적 부채'이며, 노동으로부터의 정치적 지지 및 충성의 확보는 중요한 '정치적 자산'이다(Collier and Collier 1991, 48). 따라서 국가의 노동전략은 정치적 상황에 따라 포섭과 배제 사이를 왕래하게 된다.

둘째, 구조적 차원에서 국가의 성격 및 위상이다. 고전적 다원주의와 달리, 신다원주의는 사회적 자원의 권위적 배분에 있어서 국가의 기업가 집단에 대한 정책적 편향성을 인정한다(Manley 1983; Smith 1990). 신다원주의는 고전적 다원주의가 지나치게 사회집단의 자율적인 역할만을 강조한 나머지 정책결정과정에서 국가의 자율성 및 독자성을 간과하였으며(McFarland 1987), 이념의 역할 및 계급적 헤게모니의 중요성을 무시하였다고 비판한다(Smith 1990, 318). 즉 시장경제체제는 기본적으로 기업가들의 활동에 의존하기 때문에, 국가는 국민경제의 성공을 위해 기업가들에게 흔히 '기업복지'(corporate welfare)로 불리는 과도한 정책적 보호와 혜택을 제공하며(Lindblom 2001, 246-250), 그 결과 국가와 기업은 대체로 협조적 관계를 유지할 수밖에 없음을 지적한다(Lindblom 1977, 175). 신다원주의자들은 기업이익의 특권적 지위는 '관찰되지 않는 구조적 힘'(non-observable structural power)에 기인하고 있음을 인정한다. 그러나 이들은 국가가 때때로 기업집단의 이익에 '반하는' 정책을 채택하는 이유에 대해 뚜렷한 인과적 메커니즘을 제시하지 못하고 있다(Smith 1990, 318-319).

국가의 계급 편향성은 전통적으로 계급론자들에 의해 표명되어 왔다. 지배계급에 의한 국가의 통제를 전제하는 고전적 계급론과 달리, 신맑스주의는 국가란 지배계급(자본)에 의해 직접적 통제를 받는 계급지배의 수단적 행위자이기 보다는, 자본축적의 안정적인 사회적 조건을 재생산하는 '구조적' 임무를 수행하는 행위자임을 강조한다(Poulantzas 1975, 69-78). 즉 국가는 지속적인 자본축적 및 수익률(profit rate)의 보존을 위해 구조적으로 자본주의 질서에 얽매어 있는 행위자이나, 지배계급의 직접적 통치 및 개입으로부터 '도구적 자율성'(instrumental autonomy)을 지닌다. 그러나 '혁명적 상황'을 제외하면, 국가는 지배계급 및 자본주의를 위협할 수 있는 '구조적 자율성'(structural autonomy)을 보유한 행위자가 결코 아니다(Hamilton 1982, 8-13). 따라서 국가는 안정적 자본축적을 훼손할 수 있는 개별 자본들의 편협한 이익추구로부터 자본계급의 일반이익을 보존하는 통합능력을 확보하고자 하며, 더불어 국가는 자본주의 질서를 파괴하려는 피지배계급의 집단행동 및 계급투쟁에 대해 강력한 통제력을 확보하고자 한다. 이 점에서 자본주의 질서하의 국가와 자본은 구조적 친화성을 갖는다고 주장한다. 즉 국가의 노동전략은 정치경제적 상황에 따라 포섭과 배제 사이를 왕래하나, 국가가 어떤 형태의 노동전략을 취하든 그것은 어디까지나 안정적 자본주의 질서의 재생산을 위한 것이다. 이러한 맥락에서 볼 때, 모든 형태의 국가의 노동전략은 근본적으로 '노동 통제'의 성격을 띤다.

요약하면, 국가는 행위자적 차원에서 자신의 고유한 의도와 선호를 지닌 행위자이며, 동시에 구조적 차원에서 자본계급과 친화성을 지닌 존재이다. 전자의 차원에서 국가의 노동정책은 기본적으로 정권이익을 반영한 노동의 정치경제적 관리이며, 후자의 차원에서 국가의 노동정책은 안정적 자본축적을 위한 노동의 정치경제적 통제이다. 따라서 국가의 노동정책은 행위자적 차원과 구조적 차원이 반영된 전략적 선택의 결과물이다. 국가는 한편으로 자본축적의 안정적 질서를 끊임없이 재생산해야 하며, 다른 한편으로 정권적 차원의 정치적 정당성 확보를 위해 지속적인 노력을 기울여야 한다(Offe 1973; O'Connor 1986). 이러한 의미에서, 노동정치란 정권의 안정 및 자본축적의 안정적 질서를 추구하는 국가의 전략적 행동 그리고 기업이익을 추구하는 자본의 전략적 행동에 대응하여, 노동이익을 실현하기 위한 조직노동의 전략적 행동을 의미한다. 달리 표현하면, 노동정치는 "사회적 가치와 자원의 권위적 배분과정"(Easton 1963, 129)에서 노동이 국가와 자본을 상대로 경쟁하고 대립하고 타협하는 일련의 정치활동으로, 이는 궁극적으로 "국가-노동-자본 관계를 규제하는 제도화된 질서"를 둘러싼 각 행위주체들의 이해관계가 "전략적 행동양식"으로 표출·교차되는 정치과정을 뜻한다(김용철 2012, 161).

노동정치에 있어서 사회적 가치 및 자원의 배분은 대체로 두 영역에서 이루어진다. 첫째, 정치적 영역을 통한 자원의 배분으로, 이는 주로 국가와 조직노동 간의 전략적 상호작용을 통해 구체화된다. 국가가 항상 억압과 배제를 통해 노동에 대한 통제를 확보하는 것은 아니다. 국가는 정책적 배려와 포섭을 통해 노동에 대한 통제력을 확보하기도 한다. 노동 역시 마찬가지이다. 역사적 경험이 보여주듯이, 전투적인 운동노선이 반드시 노동의 집단적 이익을 보장하는 것은 아니다. 비타협적 운동노선은 종종 노동의 조직적 역량을 훼손시키고 노동을 사회적으로 고립시키는 결과를 초래하기도 한다. 반대로, 협조적이며 타협적인 운동노선이 항상 노동의 계급적 이익을 손상시키는 결과를 낳는 것은 아니다. 경우에 따라, 비전투적이고 합의 지향적 운동노선은 노동운동의 대중적 정당성을 제고시키며 노동자들의 물질적 복지를 향상시키는 결과를 가져오기도 한다.

둘째, 노동시장을 통한 배분으로, 이는 주로 산업현장의 조직노동과 자본 간의 상호작용을 통해 이루어진다. 즉 노동시장에서 임금과 복지, 그리고 고용과 해고 등은 노동과 자본의 이해가 첨예하게 교차하는 대목이다. 이는 많은 경우 노동과 자본 간의 단체교섭을 통해 자율적으로 결정된다. 그렇다고 노동시장을 통한 자원의 배분이 국가의 영향력으로부터 완전히 절연된 것은 아니다. 노동시장은 국가에 의해 제도적으로 규제되기도 하고, 시장논리에 맡겨지기도 한다(Valenzuela, 1989). 비록 간접적인 형태를 띠지만, 국가는 노동시장의 게임규칙과 절차에 개입함으로써 자원의 배분에 관여한다.[1]

Ⅱ. 노동정치의 유형

국가 및 자본 그리고 노동이 어떠한 전략을 취하느냐에 따라 노동정치의 역학(dynamics)은 크게 네 가지 유형으로 분류될 수 있다. 먼저, 국가와 자본의 전략은 크게 '권위주의적' 전략과 '자유주의적' 전략으로 구분될 수 있다. '권위주의적' 전략은 정치과정 및 노동시장에서 조직노동이 정당한 그리고 독립적인 행위자로서의 위상을 형성하지 못하도록 저지하는 데 있으며, 이를 위해 물리적 강제를 포함한 다양한 비민주적 수단이 동원된다. 구체적으로, 국가는 노동의 정치세력화를 저지하기 위해 노조의 정치활동을 금지하며, 노조지도부의 매수 및 조직공간의 폐쇄를 통해 노조자율성(union autonomy)의 최소화를 추구한다. 또한 자본은 전제적 경영 혹은 병영적 노동통제를 통해 노동시장에서의 조직노동의 활동을 억압한다. 이에 비해, '자유주의적' 전략은 정치시장 및 노동시장에서 정당하고 독립적인 행위자로서 조직노동의 위상을 수용한다. 그리고 노사관계의 갈등적 이슈들을

1 국가의 과도한 노동시장 유연화 조치는 노동시장의 고용불안정을 초래할 수 있으며, 이는 다시 조직노동자의 감소와 노동의 교섭력 약화로 이어져, 종국적으로 조직노동의 약화를 낳는다. 이에 비해, 적정한 수준의 노동시장 경직성은 고용안정성을 유지시켜 궁극적으로 노동의 조직적 역량과 교섭력을 유지하고 강화시키는 데 기여한다(김학노 1999). 따라서 자본 편향적 국가는 노동시장에 대한 제도적 규제를 완화하여 자본의 이해를 제고하려 할 것이고, 노동 친화적 국가는 노동시장에 대한 제도적 규제를 강화하여 노동자들을 보호하려 할 것이다(장홍근 1999, 31).

일반적 규칙 혹은 당사자들의 자발적 동의에 기초하여 관리하고 해결하려고 한다. 따라서 노동의 정치참여가 허용되는 가운데, 임금·고용·해고 등과 같은 노동시장의 갈등적 이슈들을 경제적 합리주의(economic rationalism)에 기초한 노사 간의 개별적 교섭에 의존하거나, 국가·노동·자본 간의 자발적 협의와 동의에 기초한 '정치적 교환'(political exchange)을 통해 이해관계의 조정 및 합의의 형성을 추구한다.

한편, 전략적 행위자로서 조직노동 역시 자신의 고유한 이해와 선호를 바탕으로 현실 상황에 대한 독자적인 진단 및 프로그램을 모색하고 실행한다. 조직노동이 취할 수 있는 전략은 크게 전투적 전략과 순응적 전략으로 구분될 수 있다. 국가 및 자본의 권위주의적 억압 혹은 자유주의적 대응에 당면하여, 조직노동은 이를 수용(accommodation)하느냐 혹은 대항(confrontation)하느냐의 옵션을 갖게 된다. 이때 조직노동의 '수용'은 국가 및 자본에 대한 순응적 혹은 협조적 전략을 의미하며, '대항'은 국가와 자본에 대한 저항적 혹은 비협조적 전략을 의미한다.

〈그림 1〉은 국가 및 자본이 취할 수 있는 전략과, 이에 대응한 조직노동이 선택할 수 있는 전략이 어떻게 조합되고 있느냐에 따라 노동정치의 유형을 분류한 것이다. 첫째, '국가권위주의'(state authoritarianism)는 국가 및 자본의 노동에 대한 권위주의적 억압에도 불구하고, 조직노동의 취약성으로 인해 노동의 집단적 전투성이 발휘되지 못하고 오히려 순응적 입장이 견지되는 '계급억압'의 노동정치 유형이다. 여기서 국가는 기본적으로 자본의 이익을 대변하지만, 자본에 대해 높은 수준의 상대적 자율성을 지닌다. 즉 자본은 국가의 하위 파트너로서 국가의 보호와 지원을 바탕으로 노조결성에서 단체협상에 이르기까지 노동자의 이익대변기구 및 제도의 작동을 방해한다. 따라서 이 유형은 국가와 자본에 의해 노동이익이 체계적으로 배제되는 형태로, 대체로 '국가에 의한 공식노조 생성 및 후원' 혹은 '집권당에 의한 노조지도부의 정치적 포섭 및 매수'의 형태를 띤다(Valenzuela 1994, 84-88). 이러한 유형의 노동정치는 흔히 사회주의체제 및 권위주의체제의 '지체되고 종속적인 자본주의 사회'에서 발견된다(Schmitter 1974; Stepan 1978).

그림 1 노동정치의 이념적 유형

조직노동의 전략 \ 국가 및 자본의 전략	권위주의적	자유주의적
순응적	국가권위주의	사회적 합의주의
저항적	갈등적 다원주의	시장자유주의

둘째, '갈등적 다원주의'(conflictual pluralism)는 국가 및 자본의 권위주의적 억압전략에 대항하여 노동이 저항적 운동노선을 채택하는 경우이다. 구체적으로, 국가는 노동의 정치세력화를 저지하기 위해 노조의 정치활동을 금지하거나 이념적 통제 및 조직공간의 폐쇄를 통해 노조의 자율성을 최소화시키며, 자본은 국가의 후원하에 사업장의 병영적 통제 및 전제적 경영을 통해 노동시장에서의 노동의 조직 활동을 최대한 억제하거나 시장논리의 제도화를 통해 노동자들을 개별화된 시장상황에 빠트려 노동자의 조직적 역량의 무력화를 시도한다. 이에 대응하여, 조직노동은 독자적으로 혹은 시민사회 및 정치사회 부문과의 연합을 통해 국가와 자본에 대해 정면으로 저항한다. 따라서 갈등적 다원주의는, 국가권위주의 유형과 달리, 조직노동의 자율성이 확보된 상태에서 국가 및 자본의 권위주의적 노동전략과 그로 인한 적대적인 노사관계, 정치적 성향이 강한 조직노동의 존재, 혹은 노사관계의 낮은 제도화 수준 등으로 인해 국가·노동·자본 간의 협의적 조정이 불가능할 때 발생하기 쉽다. 요컨대, 갈등적 다원주의는 자원배분을 둘러싸

고 국가·노동·자본 간의 협의 및 대화를 통한 조정 및 합의가 불가능한 상태에서, 국가-자본 연합의 권위주의적 억압전략에 대항하여 조직노동의 강력한 전투성이 발휘되는 일종의 '계급갈등'의 형태이다(최장집 1999, 149). 이 유형은 민주화를 경험한 신생민주주의 사회에서(Payne 1991), 그리고 노동운동의 내부적 분열, 이념적 경직성, 자본의 반노조주의 성향이 강한 선진자본주의 사회에서 자주 목격된다(Valenzuela 1994, 72-73).

셋째, '사회적 합의주의'(social partnership)는, 갈등적 다원주의와 달리, 국가·노동·자본 간의 갈등적 이슈들이 협의적 조정 혹은 사회적 대화를 통해 계급 간의 이해가 조율되고 조정되는 '계급타협'의 형태이다(Przeworski and Wallerstein 1982; Lehmbruch 1985; Berger and Compston 2002). 즉 국가는 노동을 정당한 정책적 파트너로 수용하고, 노동과 자본 간의 갈등적 이슈들을 당사자들의 자발적 동의 혹은 정치적 타협에 기초하여 관리하고 해결해 가는 자유주의적 태도와 접근을 견지한다. 따라서 국가는 노동운동의 조직공간 및 정치공간의 확장을 적극적으로 수용하며, 이해당사자들과의 협의·조정·설득과 같은 합의주의적 접근에 기초한 '정치적 교환'을 통해 갈등적 이슈들을 해결하고자 한다. 자본 역시 조직노동의 자율성과 정당성을 인정하고, 임금·복지·고용·해고 등과 같은 노동시장의 민감한 이슈들에 대해 시장논리에 바탕한 일방적 접근보다는 사회적 책임과 공동체적 연대에 기초한 타협적 접근을 수용한다. 이러한 국가와 자본의 자유주의적 접근은 노동의 강력한 저항으로 인해 감당할 수 없는 사회적 비용 및 정치적 위험이 예상되어 더 이상 권위주의적 수단의 효율성을 기대할 수 없을 때 채택되기 쉽다. 노동의 경우도 마찬가지이다. 노동이 국가 및 자본의 이해를 위협 혹은 훼손할 능력이 없거나 노동의 전투적 운동노선으로 인해 사회 전체의 파멸적 결과를 가져올 것으로 예상될 때, 노동은 전투적 전략을 포기하고 타협적 전략을 선택하기 쉽다. 이 유형은 정상조직의 계급적 대표성, 유력한 친노동자 정당, 정치적 교환의 대칭성, 노동과 자본 간 힘의 균형, 협조 및 신뢰의 문화 등이 존재하는 북유럽 사회에서 흔히 관찰된다(Katzenstein 1984; 1987).

넷째, '시장자유주의'(market liberalism)는 노사관계를 둘러싼 국가의 중립성이 강조되는 가운데, 국가 및 자본의 자유주의적 노동전략과 조직노동의 저항적 전략이 조합된 유형이다. 이 유형의 경우, 조직노동의 자율성이 인정되고 이익집단으로서의 활동이 허용되나, 임금·고용·해고 등과 같은 노동시장의 갈등적 이슈들이 경제적 합리주의(economic rationalism)에 기초하여(Dryzek and Dunleavy 2009, chapter 5) 작업장 수준의 노동과 자본 간의 개별적 교섭을 통해 관리 혹은 해결되어진다(Wolf 1990). 즉 국가는 직접적 방식으로 노사관계에 개입하기보다는, 단체교섭의 분산화 및 노동시장의 유연성 확보 등과 같은 시장메커니즘의 작동을 강화시키거나 민주적 형식 절차에 기초한 '법적 형식주의' 내지 '노사관계의 사법화'2와 같은 형식 민주주의를 활용하여 노동의 정치적·경제적 영향력을 약화 혹은 무력화시키는 전략을 구사한다. 즉 시장자유주의는 국가-자본 연합의 노동에 대한 통제가 시장 친화적 규칙의 제도화를 통해 은밀하게 이루어지는 '계급은폐'의 노동정치 유형이다. 따라서 노동정치는 국가의 정책결정을 둘러싸고 전국 수준에서 노동과 자본이 대립 혹은 경쟁하는 '압력집단정치'와 유사한 양상을 보이나(Valenzuela 1994, 77-84; McAllister and Vowles 1994), 사업장 수준에서 노동의 협상력은 무력화되는 현상을 보인다. 이러한 유형은 선진자본주의 사회들 가운데 국가의 노사관계 개입을 반대하는 '노사자율주의'(voluntarism)의 전통(영국) 및 '실리적 조합주의'(business unionism)의 전통이 강한 사회(미국, 캐나다)에서 관찰되며, 민주주의 공고화가 어느 정도 성취된 신생민주주의 사회에서 진보적 노동운동의 조직력 및 동원력이 취약한 경우에 등장하기 쉽다.

요약하면, '국가권위주의' 유형이 국가-자본 연합에 의해 노동이 철저히 억압·통제당하는 '계급억압'의 형태라면, '갈등적 다원주의' 유형은 국가-자본 연합에 대항하여 조직노동이 적극적으로 도전하는 '계급갈등'의 형태이다. 이에 비해, '사회적 합의주의' 유형이 국가가 노동과 자본 사이에 상대적 등거리를 유지

---

2 노사관계의 사법화란 민주주의 사회에서 국가의 노동통제 및 억압이 "법의 외관 속에서 엄폐 혹은 은폐"되는 현상을 의미한다(노중기 2014, 68).

함으로써 '계급타협'을 유인·확보하는 형태라면, '시장자유주의' 유형은 국가가 노동-자본 관계에 직접적 개입으로 인해 발생할 수 있는 정치적 부담 및 사회적 비용을 최소화하기 위해 시장논리에 기초한 노사관계를 구축함으로써 '계급은폐'를 추구하는 형태이다. 이러한 노동정치 유형들은 이념형(ideal type)으로, 현실에서는 다양한 형태의 변형들이 존재할 수 있다. 즉 동일한 유형에 속하더라도, 각 나라들이 처해 있는 정치적·사회적·경제적 발전수준 및 정도, 대외적 환경, 특수한 역사적 경험 및 유산 등에 따라 여러 형태의 변종들이 존재할 수 있다.

Ⅲ. 노동정치의 변동

선진자본주의의 역사적 경험이 보여주듯이, 한 나라의 노동정치는 일정한 역사적 계기를 통해 기존의 것과 구분되는 새로운 유형의 노동정치로 진화 혹은 변화되는 일련의 변동과정을 거치면서 오늘에 이르고 있다. 한국의 경우도 예외가 아니다. 비록 선진자본주의와는 다른 경로를 걸어왔지만, 해방 이후 한국의 노동정치 역시 상이한 유형의 노동정치를 경험하여 왔다. 그렇다면, 그간 한국에서 발생한 일련의 노동정치 변동은 어떻게 적절히 설명될 수 있을까?

〈그림 2〉는 노동정치의 변동에 관여하는 주요 변수들 및 변수들 간의 관계를 표현한 것이다. 노동정치의 변동은 기본적으로 정치체제(political regime)의 성격, 사회연합정치, 비일상적 위기상황 등에 의해 설명될 수 있다. 구체적으로, 정치체제의 성격은 행위자들의 정치적 공간 및 게임의 규칙을 규정하는 맥락적 변수이고, 사회연합정치는 연합활동에 참여하는 행위자들의 전략적 행태를 설명하는 내용변수이며, 비일상적 상황은 사회연합의 형성 및 재형성을 유인하는 촉발변수이다.

정치체제는 "정치공동체가 추구하는 근원적인 목표 및 가치, 구성원의 정치활동을 규제하는 게임의 법칙 및 규범, 그리고 정치적 기능과 권한을 배열하는 공

그림 2 노동정치의 변동

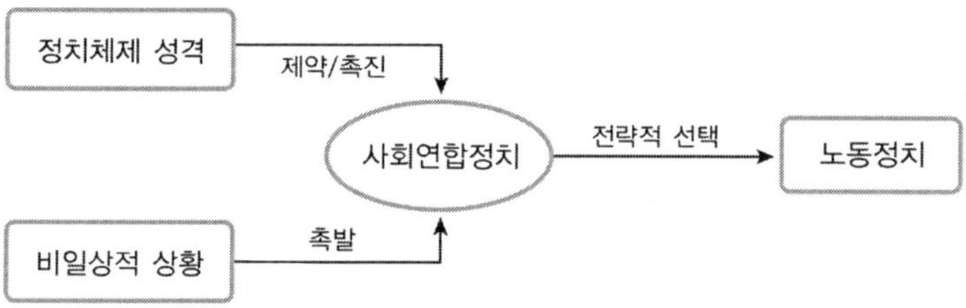

식·비공식의 권위구조"를 지칭한다(Easton and Dennis 1969, 59). 이는 대체로 세 가지 차원에서 사회연합정치의 동학에 관여한다. 첫째, 정치체제는 행위자의 정치적 활동공간을 규정함으로써, 사회연합의 범위와 규모에 영향을 미친다. 예컨대, 민주적 정치체제는 광범한 정치적 참여공간을 허용함으로써 사회행위자들의 정치참여 및 연합형성을 활성화시키는 결과를 가져오지만, 권위주의적 정치체제는 정치적 활동공간을 축소시킴으로써 사회집단들의 정치참여 및 연합활동을 제약하는 결과를 낳는다.

둘째, 정치체제는 사회연합정치의 동학을 둘러싼 절차 및 규범을 명시적 혹은 묵시적으로 일상화함으로써, 사회행위자들 간의 상호작용 및 사회연합의 패턴에 영향을 미친다. 예컨대, 민주적이며 지방분권적인 정치체제는 민주적 선거과정을 제도화하고 정당정치의 활성화를 꾀함으로써, 조직노동(혹은 자본)을 비롯한 시민사회 부문들과 정치사회(계급정당) 간의 수평적 연계를 촉진시켜 복잡하고 다양한 연합형성을 유발한다. 이에 비해, 권위주의적이고 중앙집권적인 정치체제는 선거과정을 왜곡 혹은 조작하고 정당정치의 비활성화를 강요함으로써 시민사회와 계급정당 간의 정치적 연계를 통제하며 분절적이며 수직적 형태의 정치연합을 창출시킨다(Valenzuela 1989, 457-462; Katzenstein 1987, 100).

셋째, 정치체제가 추구하는 목표와 이념은 지배연합 및 반대연합의 구성에 영향을 미친다. 예컨대, 민중주의체제 혹은 민주주의체제하의 정치지도자는 가능한 광범위한 사회세력을 지배연합에 포함시키려 노력하며, 이 경우 노동자·농민·중간계급과 같은 대중적 부문들이 지배연합의 동반자로 선택되어질 가능성이 크다. 반대로, 관료적 보수주의체제하의 정치지도자는 지대추구(rent-seeking)가 상대적으로 용이하고 거래비용(transaction cost)이 비교적 낮은 지배연합을 형성하려 한다. 이 경우 자본가계급이나 군부와 같은 엘리트 부문들이 지배연합의 파트너로 선택되기 쉽다.

사회연합정치란 행위자들 간 권력의 배분상태 및 관계적 역학을 의미한다. 이는 사회연합에 참여하는 행위자들의 정치경제적 위상을 결정지어, 최종적으로 각 집단들의 정치적 전략의 선택에 영향을 미친다(Kume 1988). 사회연합정치는 대체로 세 가지 차원에서 논의될 수 있다. 첫째, 각 사회집단 및 계급정당이 어느 정도의 상대적인 힘(relative strength)을 보유하고 있느냐의 차원이다. 각 행위자들의 상대적 힘은 대체로 조직의 유무, 멤버십의 다소, 강력한 지도부의 유무, 이념적 응집력의 정도, 재정능력 및 동원능력의 정도 등으로 관측·비교될 수 있다. 이는 항상 고정되어 있는 것이 아니라, 시간의 경과에 따라 변화할 수 있다.

둘째, 각 집단 간의 관계적 역학(relational dynamics)의 차원이다. 각 집단들은 타 집단들에 대해 복잡한 상호관계를 갖게 되는데, 이는 궁극적으로 다양한 사회연합의 형성으로 그 모습을 드러낸다. 즉 각 집단들은 강제·갈등·타협 등과 같은 끊임없는 상호작용 및 연쇄반응을 통해 타 집단과의 관계를 설정해 가며, 새로운 지배연합의 출현은 또 다른 반대연합의 생성으로 이어진다. 예컨대, 국가와 자본의 우호적 관계는 국가-노동 및 노동-자본 간의 관계를 긴장시켜 국가·노동·자본 관계의 재편성을 야기하며, 국가-다국적기업-자본 간의 삼자동맹의 형성은 수평적 민중연합의 창출로 이어지기도 한다(Evans 1979).

셋째, 역사적 선행조건 및 유산의 차원이다. 행위자들 간의 관계적 역학은 기본적으로 그 사회의 역사적 산물이다. 즉 각 집단들의 상대적 힘 및 연합적 역량은 역사적 선행상황 및 유산에 의해 영향을 받는다. 따라서 그 사회가 체험한 역사적 사건들(예: 식민지배의 경험, 전쟁 및 혁명, 경제적 발전경로 등)과 그것들이 남긴 역사적 유산들(예: 사회구성, 사회균열, 지배이념 등)에 대한 온전한 이해 없이는 사회세력 간의 연합현상에 대한 유의미한 해석이 불가능하게 된다(Paige 1975; Skocpol 1979; Collier and Collier 1991).

비일상적 상황이란 정치·경제·사회적 변화에 따른 정치적 충격 및 구조적 모순의 발생으로 인해 기존 질서를 위협하는 위기 혹은 준위기적 국면을 의미한다. 이는 행위자들에게 새로운 인식을 강요함으로써 사회연합정치의 형성 및 재형성을 촉발시키며(Calder 1988), 새로운 형태의 노동정치를 형성시키는 구조적 동인으로 작동한다. 비일상적 상황은 대체로 세 가지 형태로 범주화할 수 있다. 첫째, 축적의 위기(accumulation crisis)이다. 이는 불규칙적이며 저조한 경제성장, 재투자율의 저하, 국제수지의 악화, 외채의 증가 등 국민경제의 실패에서 비롯된 경제적 위기를 의미한다. 즉 축적의 위기는 수익성 있는 자본축적의 환경을 유지·생성하는데 실패할 때 나타난다. 이는 국가권력 담당자들에 대한 사회구성원들의 충성심을 현저히 떨어트려, 궁극적으로 자본가계급의 위기의식 및 피지배계급의 혁명적 희망을 촉발하는 객관적 토대가 된다(O'Connor 1973; 1986).

둘째, 분배의 위기(distribution crisis)이다. 이는 불평등한 소득분배, 계층 간 소득격차, 사회안전망의 결여 등과 관련된 사회적 위기를 의미한다(Boix 2003). 이는 사회통합을 현저히 훼손시켜 피지배 계층들 사이에 분배연합의 형성을 촉발하고, 분배연합의 도전은 지배엘리트들에게 정치적 선택을 강요하며 경우에 따라 체제변동을 야기하기도 한다(Acemoglu and Robinson 2001; Ansell and Samuels 2010; Haggard and Kaufman 2012).

셋째, 정당성의 위기(legitimation crisis)이다. 이는 정권의 통치능력(governability)과 관련된 정치적 위기를 의미하는 것으로, 정권의 빈약한 정당성은 여러 측면에서 유발될 수 있다(Habermas 1973). 우선 정권의 탄생과정에서 야기된 정당성의 문제(generic legitimacy problem) 혹은 통치과정에서 야기된 권력의 자의적 행사 및 억압의 지속은 정치적 지배집단의 정당성의 위기를 초래하는 중요 요인이 된다(Linz 1978). 또한 지속적인 경기침체 및 사회적 불평등이 정치적 정당성의 위기를 유발하기도 한다(O'Connor 1986).

요약하면, 노동정치의 변화는 정치체제의 성격, 사회연합정치, 그리고 비일상적 상황의 상호작용의 산물이다. 위기적 국면은 사회연합의 활성화 및 재편성을 촉발하며, 이는 국가·노동·자본 간 역학관계의 변화를 초래하여 각 집단 혹은 계급 간의 이해관계의 재조정을 유발한다. 정치체제의 성격은 정치적 공간, 선거과정 및 정당정치, 그리고 각 행위자들의 정치적 인식과 판단에 영향을 미쳐, 최종적으로 사회연합의 규모와 내용을 제약 혹은 확대하는 변수로 작용한다. 이 과정에서 국가는 자본축적을 위한 안정적인 사회적 조건의 재생산, 그리고 정권유지를 위한 정치적 정당성의 확보 및 유지를 동시에 고려해야 한다. 그리고 자본과 노동은 비일상적 위기상황이 불러온 상황적 맥락하에서 자신들에게 가져다줄 이해득실을 저울질하면서 새로운 형태의 노동정치를 모색하게 된다.

제2부

보수적 노동정치지형의 형성

19세기 말부터 노동자 조직으로 보여지는 단체들이 등장하였지만, 이들의 활동은 대체로 회원들의 상호부조에 국한되는 원시적인 형태의 것이었다. 한국의 노동이 유의미한 정치행위자로 정치무대에 등장한 때는 산업화가 본 궤도에 이르기 훨씬 이전인 일제 식민지통치의 시기이다. 일제의 식민지 통치는 노동 조직들이 나름의 리더십과 운동 이념을 발아시키기도 전에 노동자를 정치적 투쟁의 장으로 끌어들였다. 또한 뒤이은 미군정의 통치는 조직노동의 정상적 성장과 발전을 근본적으로 제약하는 위축된 조직적 공간과 보수적 이념공간을 형성시켰다. 이러한 정치적 유산은 이후 한국의 노동이 정상적으로 성장하고 정치적으로 세력화하는 데 커다란 구조적 제약으로 작용하게 된다.

제3장
식민지배와 노동운동

Ⅰ. 임금노동 및 노동운동의 출현

전통적으로 조선사회의 노동은 신분제에 입각하고 있었다. 조선의 봉건정부는 관청 수공업장이나 정부의 토목사업에 공노비(公奴婢) 및 일반 백성의 부역(賦役)노동을 무상으로 동원하였으며, 민간부문에서의 노동력은 사노비(私奴婢) 제도를 통해 충당되었다. 즉 모든 노동은 수평적이고 대등한 계약을 매개로 하는 고용－피고용 관계가 아닌, 봉건적 사회질서를 바탕으로 수직적이고 일방적인 신분예속적 동원제도에 얽매어 있었다.

18세기 이후, 농업생산력의 발전과 함께 상품화폐경제가 출현하고 봉건국가의 수취제도가 재편됨에 따라, 봉건정부가 부과하는 부역노동의 일부가 그 대가를 지불하는 고역(雇役)노동으로 전환되기 시작하였다(최윤오 1992). 고역노동은, 인신적 지배 및 예속 관계에 기초한 부역노동과 달리, 봉건국가가 부과하는 강제노동을 대신할 자를 고용하는 것으로 신분에 관계없이 노동력을 제공하는 자에게 그 대가를 지불한다는 점에서 매우 중요한 변화였다. 그러나 고역노동은 토지에 속박되고 계절에 영향을 받는 일시적이고 임시적인 고용노동이었으며(강만길 2004, 34－43), 기본적으로 봉건적 신분질서에 기초한 노동이었다는 점에서 여전히 전근대적 성격을 지닌 임금노동이었다(카터 J. 에커트 2008, 28).

한반도에서 근대적 의미의 임금노동이 등장하고 원시적 형태의 노동조직들이 출현한 시기는 외세의 영향력이 급격히 상승하던 19세기 후반이었다. 서구열강의 제국주의적 침탈로 중국 중심의 동북아질서가 급속히 무너지는 가운데, 메이지유신(明治維新)을 통한 일본의 재빠른 제국주의화는 조선을 둘러싼 국제질서의 급격한 변화를 초래하였다. 이에 대처한 것이 대원군의 쇄국정책이었으나, 정치적·경제적·군사적 자원과 능력이 결여된 쇄국정책은 그 효과를 기대하기 어려웠다(Kim 1980; Palais 1991).

1876년 조선은 일본과의 강화도 조약을 필두로, 1882년 미국과, 1883년 영국 및 독일과, 1884년 러시아와, 그리고 1886년 프랑스와 수호통상조약(修好通商條約)을 체결하였고, 이로써 한반도는 외세의 영향력에 본격적으로 노출되기 시작하였다. 더불어 1894~1896년 갑오개혁의 일환으로 진행된 양반·상놈의 신분제도와 공사노비법의 폐지는 경제외적 강제에서 벗어난 근대적 의미의 임금노동의 출현을 촉발하는 계기가 되었다. 그 결과, 19세기 말 조선사회에는 반농반노(半農半勞)의 노동자들이 광범위하게 존재하였다.

하지만 그들 대부분은 임금노동과는 거리가 먼 농업노동자들이었고, 극히 일부만이 임금을 받는 광산·부두·철도건설·공장노동자로 존재하고 있었다. 비록 소수에 불과하였지만, 이들 임금노동자의 출현에는 조선사회 자체의 자생적 근대화보다는 외세의 제국주의적 침탈에서 기인된 외생적 요인이 더욱 크게 작용하였다. 한반도의 주요 항구들이 개방되고 면제품 수입과 곡물 수출의 국제무역이 형성되면서 부두노동자가 탄생하였으며, 광산채굴권 및 목재채벌권 등 경제적 이권들이 서구열강에 넘겨지고 외국인 고용주가 출현함에 따라 광산노동자·목재노동자·공장노동자들이 빠르게 증가하였으며,[1] 1897년부터 경인선·경부선의 일부 구간과 도로 건설이 시작되면서 건설노동자들이 출현하였다(강만길 2000, 76-80).

한반도에서 노동운동이 등장한 것은 바로 이 시기였다. 노동운동의 발생 배

---

1 예컨대, 부두노동자의 규모는 1895년에 1천여 명, 1900년에 2천여 명, 1905년에 5천여 명, 그리고 1909년엔 7천여 명에 달한 것으로 추정되고 있으며(전국부두노동조합 1979, 37), 1890년대 말과 1990년대 초 광산노동자는 약 2만여 명을 상회하였던 것으로 추정된다(전국광산노동조합 1974, 16).

경은 기본적으로 임금수탈과 관련된 경제적 이슈가 대부분이었다. 이는 대체로 당시 노동자 수탈적 노동시장기제와 밀접한 연관을 지니고 있었다. 즉 17세기 이래 존재해 왔던 십장제(什長制) 및 덕대제(德大制)로 대표되는 봉건적이며 노동 착취적 인력시장 관리기제에서 비롯된 노동자들의 불만이 노동운동으로 표출되었던 것이다.[2]

19세기 말, 덕대는 10~20명 규모의 전업 광산노동자나 계절노동자인 농민을 거느리는 우두머리를 의미하였고, 십장은 10여 명 규모의 부두 하역노동자들을 거느리고 일거리 교섭 및 인력공급을 수행하는 조두(組頭)를 지칭하였다. 이들은 자본을 투여하는 물주(物主)나 객주(客主)를 대신하여 노동자를 모집·고용하는 인력공급 역할을 수행하거나 고용된 노동자를 관리·통제하는 역할을 수행하였다. 즉 십장제 및 덕대제는 일종의 노무관리 시스템이었으며(Park 1999, 24), 동시에 광산작업이나 부두하역에 있어서 하나의 경영단위였다(강만길 2000, 61).

물주나 객주를 대신하는 십장 및 덕대의 관심사는 노동자의 경제적 이익이나 복리보다는 노동자들의 통제 및 임금착취를 통해 자신들의 수입을 최대화하는 데 있었다. 이에 따라 십장과 덕대는 노동자들의 불만과 원망의 대상이 되었다. 실제로, 20세기 초반 부두 하역장에는 '반십장운동' 혹은 '십장폐지운동'이 빈번히 발생하였으며(전국부두노동조합 1979, 71; 강만길 2000, 200-201), 광산 작업장에는 일본인 사용주 및 조선인 덕대에 항의하는 광부들의 폭동과 소요가 자주 발생하였다(전국광산노동조합 1974, 16-17).

그러나 노동자들의 집단행동은 대부분 자연발생적인 것으로 일시적이고 비조직적인 형태를 띠고 있었다. 즉 당시 노동자들의 사회의식 및 능력은 그들 스스로 리더십을 선택하여 멤버십을 확충하고 조직력을 배양하기에는 크게 부족한 상태였다. 이러한 상황에서도 1900년을 전후하여 '노동조합'의 명칭을 지닌 단체들

2 17세기 중반 이후, 봉건정부가 개인에게 광산경영을 맡기는 설점수세법(設店收稅法)이 실시되었다. 이에 따라, 전국의 광산에는 지방의 수령과 결탁한 지방의 토호나 부상(富商)들의 자본이 투자되었고, 광산 소재지 출신의 덕대(德大)가 노동자를 모집·관리하는 협업적 인력시장 관리방식이 출현하였다(강만길 2004, 48-49).

이 출현하기 시작하였다. 그러나 이들 단체들은 매우 원시적 형태의 노동자 조직들이거나, 비노동자 혹은 외부 집단에 의해 만들어진 단체들이 대부분이었다. 전자는 상호부조를 목적으로 노동자들에 의해 자발적으로 형성된 것으로 지연이나 혈연에 바탕하여 조직된 노계(勞契)의 성격이 강하였다. 이에 비해, 후자는 일종의 취업알선 단체로 이에 가입한 노동자들에게 조합비 명목으로 노임의 1/10~2/10를 납부하도록 강제하는 노임 착취적 성격을 띠고 있었다(한국노동조합총연맹 1979, 12-15).

Ⅱ. 식민지배와 민족주의적 노동운동

일제 식민정권에게 한반도는 기본적으로 착취와 수탈의 대상이었다. 일제에 의한 식민지 예속적 산업화는 빠른 속도로 임금노동자를 양산하였으나, 민족자본의 형성은 억제되고 지체되었다. 독립투쟁은 시대적 과제가 되었으며, 노동운동은 자연스럽게 '민족주의적 사회주의' 노선에 포섭되어 항일투쟁이라는 정치적 성격을 띠게 되었다.

1. 식민지배의 기반구축과 노동운동

식민통치는 출발부터 '전제적'(despotic)이었다. 일본은 한반도를 쌀 생산 및 공급지로, 그리고 일본 공업상품의 판매시장으로 접근하였다. 식민정권의 제국주의적 목표성취를 위해, 일본은 조선인들의 정치활동을 "무의미하고 비효율적이며 위험한" 것으로 간주하여 철저히 금지하고 탄압하였다(Henderson 1968, 101). 1910년 설치된 조선총독부는 일본의 제국주의적 의도를 반영한 것으로, 조선사회의 통제와 착취를 위해 설치된 강력한 국가억압기구에 기반한 '군사독재' 식민정부였다.

효과적인 식민통치를 위해, 조선총독부가 행한 첫 번째 프로젝트는 광범위한 토지조사사업이었다. 약 8년(1910~1918년)에 걸쳐 진행된 토지조사사업은 식량 수탈과 식민지 경영의 재원을 확보하기 위한 것이었다. 토지조사사업은 신고주의에 기초하였는데, 홍보 부족과 법적 무지로 인해 신고하지 못한 많은 농민들은 토지를 상실하였고 신고되지 않은 토지는 모두 국유화되었다. 그 결과, 막대한 규모의 총독부 소유지가 생겨났으며, 배타적인 토지소유권을 확정하는 등기제도가 실시되어 토지의 상품화가 빠르게 진행되었다. 그로 인해 조선의 농촌사회는 급격한 변화를 경험하였다. 조선인 및 일본인 대지주가 탄생하였으며, 토지를 잃은 농민들이 생계를 위해 도회지로 이주함에 따라 수많은 도시빈민이 창출되었다(강만길 2000, 95-96).

이와 더불어, 총독부는 1910년 12월 '회사령'을 공포하고, 총독부의 허가를 받아 회사를 설립하도록 하였으며, 일본인을 포함한 외국인들이 조선에 지점 혹은 자회사를 설립할 때도 반드시 총독부의 허가를 받도록 하였다. 이는 한반도를 쌀의 공급지 및 일본 공산품의 시장으로 유지하는데 필요한 최소한의 수준까지만 개발한다는 일제의 저발전 정책에서 비롯된 것이었으며(카터 J. 에커트 2008, 81), 더불어 조선인 자본에 의한 회사설립을 최대한 억제하여 일본 자본의 조선 진출을 용이하게 만들려는 정책적 의도가 반영된 것이었다(강만길 2004, 211-212). 따라서 1910~1919년 기간 동안, 한반도에서 회사설립은 도로·항만·철도·통신 등 부분적인 사회간접자본의 설치와 정미소와 같이 농업에 관련된 산업에 국한되었고, 특히 총독부는 일본 자본의 조선 진출에 저해될 소지가 있는 경우 조선인의 회사설립을 철저히 차별하였다.

다른 한편, 총독부는 1914년 제정되고 1918년 개정된 '조선지세령'(朝鮮地稅令)을 이용하여 조선인 대지주들을 식민지배의 동맹자로 끌어들였다. 새로운 지세제도는 대지주들을 세제 특혜층으로 설정하여, 민족분열정책의 일환으로 활용되었다. 당시 지세제도는 대지주일수록 과세부담이 가볍고 영세지주에게는 과세부담이 무거운 소득 역진적 요소를 지닌 것이었다. 뿐만 아니라, 지세율이 1.3%로 일본 본토의 3%에 비해 매우 낮았다(강만길 2000, 97-98). 즉 한반도 식민경영의 유력한 조력자로서 대지주 층의 포섭을 시도함으로써, 정치적으로 분할통치(divide and rule)를, 그리고 경제적으로 민족자본의 출현을 억제하는 정책적 수단으로 활용하였다(Kim 1994, 475-476).

표 1 1910년대 노동자 수의 증가

연도	공장노동자	광산노동자	철도·해운 노동자	항만·육운 노동자	토목·건축 노동자	합계
1911	14,000	10,000	12,000	10,000	20,000	66,000
1918	46,000	20,000	20,000	30,000	30,000	146,000

출처: 강인걸·강현욱. 1989. 『일제하 조선 노동운동사』, 13.

그 결과, 1910년대 한반도에서 임금노동자의 규모는 다양한 부문에서 빠르게 증가하였다. 〈표 1〉의 수치는 조선인과 일본인 노동자를 합한 것으로, 노동자들의 규모는 1911년 66,000명에서 1918년 146,000명으로 이 기간 동안 약 2.2배 증가하였다. 특히 공장노동자들은 1911년 14,000명(조선인 공장노동자 12,180명)에서 1918년 46,000명(조선인 공장노동자 40,036명)으로 급증하였다. 이는 공장 설립의 증가에 기인한 것으로, 1911년 총 251개였던 공장이 1919년에는 1,900개로 증가하였다. 그러나 조선인 자본은 재래업종에 집중되었으며, 일본인 자본은 근대적 제조업부문에 편중되었다. 또한 자본의 구성에 있어서 일본인 자본과 조선인 자본 간의 격차는 점차 확대되는 경향을 보였다. 1917년의 경우, 회사 공칭자본액에 있어서 조선인 자본이 15.0%인 데 비해, 일본인 자본은 77.2%로 압도적인 양상을 보였다(최윤규 1988, 230-233).

노동현장에서 조선인 노동자들은 일본인 노동자들에 비해 여러 면에서 차별을 받았다. 임금수준에 있어서 조선인과 일본인 노동자 간의 임금 격차는 평균 2배를 상회하였고, 노동시간에 있어서도 조선인 노동자들은 일본인 노동자들에 비해 평균 1.5배 이상을 더 일해야 했다. 또한 조선인 노동자들은 노동과정에서 일본인

감독들의 가혹한 민족적 차별에 시달려야 했다(강만길 2004, 220-224).

이러한 저임금과 장시간 노동, 그리고 민족적 차별은 노동운동의 조직화를 추동하는 요인이 되었다. 1910년 이전에 존재했던 노동조직들은 대부분 단순한 친목단체 및 노동자 수탈적인 전근대적 성격이 강한 조직이었다. 그러나 1910~1919년 사이, 노동자의 권익보호 및 연대를 강조하는 계몽적 성격의 노동조합들이 출현하였으며, 이에 따라 사업장에는 임금인상 및 처우개선을 요구하는 노동쟁의들이 발생하기 시작하였다. 노동쟁의는 시간이 지남에 따라 점증하는 현상을 보였는데, 1912년 6건, 1915년 9건, 1918년 50건, 그리고 1919년에는 84건으로 증가하였다(한국노동조합총연맹 1979, 23).

2. 저항적 민족주의와 노동운동

1919년 3·1독립운동은 일제에 대한 조선인들의 '저항적 민족주의'의 표출이었다. 지식인과 학생은 물론이고, 중소상인·수공업자·농민 등 모든 계층 및 집단이 3·1운동에 참여하였다. 노동자도 예외가 아니었다. 비록 규모의 면에서 소수였지만, 3·1운동 초기부터 노동자들은 독자적으로 혹은 대중과 결합하여 시위와 파업투쟁을 전개하였다(정용욱 1989; 강만길 2004, 230-243).

약 2개월간 전국에 걸쳐 동시다발적으로 전개된 3·1운동은 일본에 커다란 충격을 주었다. 일제의 반응은 식민정책의 변화였다. 이른바 '문화정책'은 기본 통치수단인 '채찍'(폭력)에 약간의 '당근'(회유)을 조합시킨 통치전략이었다. 그러나 일본의 제국주의적 목표에는 변함이 없었다. 당시 일제가 제시한 '당근'은 일본과 조선 간의 제도적 차별을 축소하여 '내선융화'(內鮮融和)를 꾀하는 것으로, 언론·출판·집회·결사의 자유를 부분적으로 허용하고, 지방행정의 개편을 통해 자문기관을 설치하여 조선인들에게 약간의 정치참여를 허용하며, 조선인들의 산업활동에 대한 규제완화를 통해 일본인 자본가와 조선인 자본가 간의 연계를 형성시킨다는 것이었다(Eckert et al. 1990, 281-285). 결국 문화정책은 사회경제적 지위 향상을 원하는 조선인 지방유지, 지식인, 지주, 상업자본가 등을 포섭하여 친일세력을 확대하는 식민지 분할통치의 일환이었다.

1920년 총독부의 회사령 철폐는 일제의 분할통치 전략과 당시 경제상황의 변화가 반영된 정책적 산물이었다. 1차 세계대전의 종결로 당시 일본은 경기침체와 생산감축으로 인해 해외시장 진출이 절실한 상황이었고, 이에 따라 일본 자본가들에게 한반도는 과잉자본 투자의 매력적인 피난처로 부상하고 있었다. 뿐만 아니라, 한반도에서 저항적 민족주의의 등장은 효과적인 식민통치를 위한 조선인 하위 파트너에 대한 정치적 필요성을 증폭시키고 있었다. 이에 따라 총독부는 회사령의 철폐를 통해 식민지 예속적 토착자본가를 생성시킴으로써 조선사회 내의 계급분화와 계급갈등을 조장하여 궁극적으로 민족독립운동의 단결을 깨트리고자 하였다(카터 J. 에커트 2008, 80-90).

총독부의 식민정책 변화는 공장 및 공장노동자의 증가로 이어졌다. 〈표 2〉에 의하면, 1919년에 1,900개이던 공장이 1923년에 3,442개로, 1926년에 4,293개로, 그리고 1928년에는 5,342개로 급증하였다. 이 가운데, 조선인 소유의 공장은 1919년 965개에서 1923년에 1,602개로, 1926년에 2,013개로, 그리고 1928년에는 2,751개로 증가하였다. 그러나 조선인 공장의 설립은 여전히 유기·자전거·솥·농기구 등과 같은 단순하고 기술수준이 낮은 부분에 집중되었다. 이에 비해 일본인 공장의 설립은 금속제품·전동기·기계·판금세공 등 기술수준이 높은 부분에 치중되었다(김경일 1992, 46). 공장 설립이 증가함에 따라 공장노동자의 규모 역시 빠른 속도로 늘어났는데, 1919년에 48,700여 명이던 것이 1923년에는 69,400여 명으로, 1926년에는 83,500여 명으로, 그리고 1928년에는 99,500여 명으로 증가하였다.

다른 한편, 3·1운동은 노동운동에 있어서 새로운 리더십 집단들을 탄생시키는 계기가 되었다. 3·1운동은 민족적 의식과 각성 그리고 민족적 실력배양의 필요성 강조에 머물지 않고, 하층 사회계층 및 집단들의 인식적 계몽과 조직화를 통한 '신사회 건설'이라는 새로운 사회운동 기조를 생성시켰다. 이에 따라, 일부 진보적

표 2 전체 공장수, 조선인 소유 공장수, 종업원수의 증가 추이, 1919~1928

연도	전체 공장수	조선인 소유 공장수	종업원수
1919	1,900	965	48,700
1920	2,087	943	55,300
1921	2,384	1,088	49,100
1922	2,900	1,336	54,700
1923	3,442	1,602	69,400
1924	3,845	1,768	73,200
1925	4,168	2,005	80,400
1926	4,293	2,013	83,500
1927	4,914	2,457	89,100
1928	5,342	2,751	99,500

출처: 김경일. 1992. 『일제하 노동운동사』, 37과 44.

지식인들을 중심으로 노동을 천시하는 전통적 인습을 타파하려는 계몽운동과 일제의 무력과 강압에 저항하는 민족해방운동이 활발하게 전개되기 시작하였다.

이러한 역사적 상황을 배경으로 1920년 4월 최초의 전국적 노동단체인 조선노동공제회(朝鮮勞動共濟會, 노동공제회)가 결성되었다. 노동공제회는 노동의 신성함과 존귀함, 인권의 자유평등, 노동자의 지식계발, 민중위생의 장려 등을 강령으로 채택하고, 주로 노동사회의 문화적 계몽과 각성을 촉구하는 사업에 집중하였다(김윤환 1981, 112-113). 이를 위해 노동공제회는 노동자들의 조직화 사업에 전념하였는데, 1922년 3월말까지 전국에 약 50여 개에 달하는 지부가 설치되었다. 그리고 이 시기에 노동공제회의 활동에 영향을 받아, 서울·광주·대구 등 주요 도시에는 다수의 지역별 노조와 직업별 노조가 탄생하였다(김경일 2004, 94-95). 그러나 노동공제회는 임금인상 및 노동시간단축 등과 같은 실천적 노동운동보다 계몽주의적 활동에 치중하였고, 그 결과 '실천적 노동운동의 결여'라는 내부적 비판에 직면하여 1922년 10월 발전적 해체를 경험하였다.

대신 1922년 10월 조선노동연맹회(朝鮮勞動聯盟會, 노동연맹회)가 결성되었다. 노동연맹회는 사회주의 지식인들이 조직한 최초의 사회주의적 강령을 가진 노동단체였다(신용하 1989, 95). 노동연맹회는, 개인 자격의 가입 형태를 채택하였던 노동공제회와 달리, 노동조합들의 연합체였다는 점에서 보다 진전된 형태의 조직이었다. 또한 노동연맹회는, 계몽활동을 강조했던 노동공제회와 달리, 신사회 건설, 지식의 계발, 계급의식의 배양과 일치단결을 강령으로 내걸고 노동자들에게 자유와 평등 그리고 평화를 위해 만국의 노동자와 단결하여 분투할 것을 강조하였다(김윤환 1981, 118-119). 즉 개별 노동자들을 대상으로 계몽활동에 치중했던 노동공제회에 비해, 노동연맹회는 노동조합을 대상으로 노동쟁의의 지도 및 조정 등 실천적 노동운동을 전개했다는 점에서 한층 발전적인 모습을 보였다. 그러나 내부적 파벌 및 분파 투쟁으로 인해, 노동연맹회는 1924년 4월 스스로 조직의 발전적 해체를 선택해야 했다.

노동연맹회의 빈자리를 채운 것은 조선노농총동맹(朝鮮勞農總同盟, 노농총동맹)이었다. 1924년 4월 결성된 노농총동맹은 당시 사회주의 지식인들의 주요 관심사였던 노동운동과 농민운동의 전국적 통합을 배경으로 하고 있었다. 이를 위해 당시 사회주의 운동가들은 1923년 가을부터 1924년 4월까지 수많은 모임과 회합 끝에, 노농계급의 해방과 신사회 실현, 자본계급과 투쟁, 노농계급의 복리증진을 강령으로 하는 노농총동맹을 출범시켰다. 결성 직후, 노농총동맹은 임시대회를 소집하여 노동자 단체의 조직 및 원조, 노동운동과 배치되는 이류(異流)단체의 파괴, 노동자 계급의식 함양, 일일 최소 노동임금 및 8시간 노동제 등 당면한 노동문제를 구체화하였다(김윤환 1981, 123-124).

노농총동맹의 출범으로 노동자·농민의 조직화는 빠르게 진행되었다. 노농총동맹이 결성되었다는 소식을 접하고 전국의 노농단체들이 이에 속속 가입하였으며, 노동쟁의 및 소작쟁의에 대한 노농총동맹의 이론적·정책적 지도와 지원은 새로운 노동자·농민 단체들의 결성을 촉발하였다. 조직 활동이 활발해짐에 따라 노농총동맹 내에서 사회주의 사상이 차지하는 이념적 위상은 더욱 강화되었고,

1926년에 이르러 노농총동맹은 1925년 4월에 창립된 조선공산당의 주요 기구로 편입되었다(카터 J. 에커트 2008, 302; 이준식 2009). 또한 그 조직규모도 점차 커져 1927년 9월에 이르러 노농총동맹에 소속된 노동단체가 102개, 농민단체가 132개로 총 234개 단체에 달하고 있었다(김경일 2004, 150).[3] 하지만, 노농총동맹과 조선공산당 간의 조직적 연계에 따른 노동자·농민의 정치세력화 시도는 일제의 극심한 탄압으로 실패로 마감되었다. 조선공산당은 일제의 수차례에 걸친 지도부 검거작전으로 인해 출범한 지 불과 3년이 조금 지난 1928년 7월에 붕괴되었고, 노농총동맹 역시 지도부의 체포·투옥으로 1928년에 이르러 조직 자체가 마비되고 말았다(이준식 2009).

요컨대, 3·1운동 이후 노동운동은 민족주의와 사회주의의 강력한 영향력하에서 전개되기 시작하였다. 그 결과, 노동공제나 상호부조를 위주로 활동하던 노동단체들이 민족주의자와 사회주의자의 활동에 의해 점차 민족해방운동과 결합하면서 정치적 투쟁의 성격을 갖게 되었고, 또한 시간이 갈수록 노동운동은 사회주의적 색채를 띠게 되었다. 이에 따라, 1919년을 정점(84건)으로 한동안 줄어들었던 노동쟁의는 1926년의 81건을 기점으로 1927년에 94건, 1928년에 119건, 1929년에 102건으로 증가하였다(한국노동조합총연맹 1979, 44). 노동운동이 빠르게 민족주의적 사회주의 성향을 보이면서 활성화되자, 조선총독부는 노동단체들에 대한 파괴공작으로 대응하였다. 우선 총독부는 노동운동의 조직화를 철저히 봉쇄하였는데, 그 일환으로 사회주의자들의 총본산인 조선공산당 지도부를 붕괴시킴으로써 노동운동의 정치세력화를 선제적으로 차단하였다. 이와 더불어, 사업장 수준의 노동억압도 함께 진행하였다. 총독부와 경찰의 비호 아래 일본인과 일부 조

3 노농총동맹회가 노동총동맹과 농민총동맹 두 단체로 분화된 것은 1927년 9월이었다. 노농총동맹이 농민 및 노동운동의 전반에 걸쳐 상당한 활동을 수행했음에도 불구하고, 상이한 성격의 두 계급을 하나의 조직에 결합함으로써 사회혁명에서 노동계급의 특수한 역할에 대한 인식부족의 문제가 제기되었고, 나아가 노동자 단체와 농민단체 간의 분열과 대립 현상이 등장하였기 때문이다(김경일 2004, 151－154). 이러한 문제들을 둘러싼 내부적 논란은 최종적으로 노동총동맹과 농민총동맹의 분리·결성으로 이어졌다.

선인을 포함한 식민지 자본가들은 노동자들의 어떤 요구에도 비타협적인 태도를 취하였다(카터 J. 에커트 2008, 301). 구체적으로, 이들은 지역 '상업회의소'를 중심으로 노동단체에 가입한 노동자들의 고용 배제, 노동단체와 노동자들 간의 이간 및 분열, 그리고 어용노동조합의 결성 및 폭력단의 동원을 통한 노동운동 파괴활동을 적극적으로 시도하였다(김인걸·강현욱 1989, 97-100).[4]

3. 병참기지화 정책과 적색노조운동

1929년 미국에서 시작된 세계대공황과 1931년 일본의 만주침략은 일제의 한반도 식민정책에 또 다른 변화를 가져왔다. 경제침체에 직면하여 일본 자본의 새로운 투자처를 모색하기 위해, 일제는 대륙으로의 군사적 진출을 감행하였다. 이에 따라 한반도는 일제의 대륙 진출을 위한 자연스런 경로이자 교두보가 되었다. 즉 1930년대에 접어들면서 일제의 식민정책은 중국 침탈을 위한 병참기지화 정책으로 전환되기 시작하였다. 그 일환으로 한반도가 일제의 군수산업 기지로 선택됨으로써 한반도의 식민지 예속적 산업화는 급속히 진행되었다.

침략전쟁을 위한 군수공업 건설정책의 시행은 공업생산력을 크게 신장시켰다. 1929~31년 기간에 조선경제의 총생산액 가운데 10% 이하에 불과했던 공업생산액은 빠르게 증가하여, 1938~40년에 이르러 총생산액의 26.4%에 달하게 되었다(Lim 1985, 40). 특히 금속·기계·화학공업이 크게 신장되었는데, 이들이 전체 공업생산액 중 차지하는 비중은 1930년의 20.7%에서 1936년에는 33.2%, 1939년에는 46.1%, 그리고 1943년에는 49.5%로 증가하였다(한국노총 1979, 222). 이에 따라, 공장 및 노동자의 수 역시 지속적으로 늘어났다. 1930년에 4,261개였던 공장이 1935년에는 5,635개로, 1940년에는 7,142개로 증가하였고, 공장노동자는

4 그 대표적 사례가 1929년 1월부터 4월까지 약 75일 간에 걸쳐 진행된 원산총파업이었다. 이는 '원산노동연합회'에 소속된 2천여 명의 노동자와, 일제와 결탁한 원산지역 친일자본가를 대표하는 '원산상업회의소' 간의 대결로 진행되었다.

1930년의 101,900명에서 1935년에 168,800명으로, 그리고 1940년에는 295,000명으로 늘어났다(김경일 1992, 37). 뿐만 아니라, 광업노동자 역시 1930년에 31,103명에서 1936년에는 139,934명으로, 그리고 1942년에는 223,996명으로 늘어났고(한국노총 1979, 224), 토건·운수·기타 자유노동자도 꾸준히 증가하여 일제 패망 무렵에 농수산업 종사자를 제외한 임금노동자의 규모는 약 150만 명에 달하고 있었다(김윤환 1967, 40).

이 시기 노동운동은 빠른 속도로 좌경화되고 있었다. 이는 서로 다른 두 요인들이 상호작용한 결과물이었다. 노동자들에 대한 일제의 탄압이 강화되면서, 노동운동은 즉각적인 민족독립을 강조하는 항일무장투쟁운동과 사회주의 혁명을 추구하는 국제노동운동조직과의 연계를 갖게 되었다. 먼저, 노동운동과 항일무장투쟁 간의 연계는 1930년대 초에 형성되기 시작하였다. 당시 중국 동북지방에서 항일유격대의 활동이 활발해지면서, 이들은 반제민족해방투쟁의 확대·발전을 위해 정치공작원들을 국내의 산업중심지를 비롯하여 항만·광산·벌목장 등에 파견하였다. 이들은 '민족주의적 사회주의자'들로, 기존 노동조합에 침투하거나 노조결성을 통해 항일무장투쟁을 지지·옹호하는 사업을 수행하였다(김광운 1989, 151).

더불어 조선의 노동운동과 국제적색노동조합의 연맹체인 프로핀테른(Profintern) 간의 연계가 형성되고 있었다.[5] 그 계기가 된 것은 1927년 5월 개최된 제1회 범태평양노동조합회의였다. 이때, 프로핀테른의 산하기구로서 범태평양노동조합 비서부가 창립되었고, 당시 조봉암이 회의에 참가하여 비서부의 일원이 되었다. 이후 프로핀테른 제4회 대회(1928년)에서 조선노동총동맹의 조직 강화 결의문이 채택되었다. 그리고 제5회 대회 직후인 1930년 9월 프로핀테른 집행위원회가 "조선에서의 혁명적 노동조합운동의 임무"(이른바 '9월 테제')를 발표하였고, 이어 1931년 10월 범태평양노동조합 비서부가 "조선의 범태평양 노동조합 비서부 지지자에 대한 동 비서부의 회신"(이른바 '10월 서신')을 결의하였다. 특히 '9월 테제'와 '10월

5 프로핀테른은 국제적 공산조직인 코민테른(Comintern, 1919~1943)의 자매기관으로 1921년 창설되었으며, 1943년 코민테른의 해산과 더불어 해체되었다.

서신'은 국내 노동운동가들에게 지대한 영향을 미쳤는데, '9월 테제'는 '프롤레타리아 혁명운동'을 '소부르주아 민족운동'으로부터 완전히 분리할 것을 요구하였으며, '10월 서신'은 혁명적 노동조합을 조직하여 1928년 해산된 조선공산당의 재건에 힘쓸 것을 지시하는 내용이었다(강재언 1990, 214).

이러한 국내외 세력과의 연계는 노동운동을 공산주의운동과 더욱 밀착시켰으며, 이는 마침내 '적색노조운동'의 출현으로 이어졌다. 적색노동조합을 결성하려는 움직임은 함경남도 흥남의 공장지대를 중심으로 1930년부터 전개되어, 전국으로 퍼져나갔다. 이들은 소부르주아 및 지식인 중심의 개량주의적 노동운동에서 벗어나 생산현장의 노동대중 중심의 조직기반을 구축하여 혁명적 노동조합운동을 전개하고자 하였다. 적색노조운동에 대한 조선총독부의 태도는 매우 강경하여 곧바로 이에 대한 강력한 탄압이 집중되었다. 1931~1935년 사이에 일제에 의해 적색노조운동으로 적발된 건수는 70여 건에 달하였고, 투옥된 운동가는 1,759명에 이르렀다(윤여덕 1991, 20). 그 결과, 적색노조운동은 좌절되거나 고립되어 지하로 숨어들어야 했다.

일제의 1937년 중일전쟁과 1941년 태평양전쟁의 도발은 병참기지화 식민정책을 더욱 강화시켰다. 총독부는 내선일체(內鮮一體)를 내세워, 조선인의 황국신민화(皇國臣民化)를 위한 민족말살정책을 감행하였다. 1936년 12월 사상통제가 시작되었고, 기존의 토착 정치·사회단체가 해체되었다. 1938년 3월 교육령 개정을 통해 조선어가 학교교육에서 제외되었으며, 1939년 11월 '창씨개명'이 공포되어 조선인들에게 일본식 이름이 강요되었고, 1940년 8월 조선어 신문이 폐간되었다. 총독부의 황민화정책은 전쟁 수행을 위한 인적자원의 강제동원으로 이어졌다. 1938년 4월 육군특별지원병제도가 실시되고, 군사훈련이 모든 중등학교에 도입되었다. 1939년 7월 국민징용령을 공포하여 강제징용이 시작되었고, 1943년 10월 학도병제가 실시되었다. 그리고 1944년 여자정신대 근무령이 시행되었다(강재언 1990, 204-207).

한반도가 일제의 전시동원 체제에 편입되면서 노동력의 강제동원과 노동능률의 극대화를 위한 총독부의 통제와 억압은 더욱 노골화되었다. 경찰의 임무는 파업의 종결뿐만 아니라 예방·방지하는 사전 통제로까지 확대되었다. 또한 총독부는 조선인 기업가들을 보다 적극적으로 전시체제에 동원하였다. 식민지 자본가로서 조선인 기업가들은 노동자들을 독려하고 통제하는 임무를 성실하게 수행하였으며, 정치적으로도 총독부의 식민정책에 헌신하였다. 예컨대, 당시 대표적 조선인 기업가인 김연수와 박흥식, 그리고 '조선의 금광왕'으로 알려진 최창학 등은 전쟁지원을 위한 거액의 자금을 헌납하여 전쟁물자 지원에 나섰으며 정신동원운동의 핵심 조직인 국민정신총동원 조선연맹의 간부로 활동하였다(강재언 1990, 208-209; 카터 J. 에커트 2008, 348-355).

표 3 노동파업과 파업참가자 추이

기간	파업 빈도(연평균)	파업 참가자수(연평균)
1921~1924년	215(53)	17,814(4,454)
1925~1929년	451(90)	37,289(7,458)
1930~1936년	1,196(170)	114,353(16,337)
1938~1941년	388(97)	22,901(5,725)

출처: 朝鮮總督府 警務局. 1933, 1936. 『最近における 朝鮮治安狀況』(김윤환 1981, 144에서 재인용); 朝鮮總督府 警務局. 1941. 『第79回 帝國會議說明資料』(김경일 2004, 400에서 재인용).

총독부의 노동통제는 어느 정도 성공을 거둔 것으로 보인다. 전시체제로 인한 생필품 결핍 및 물가 폭등, 작업현장에서 노무감독의 폭행과 민족적 차별, 그리고 저임금과 임금체불은 노동자들의 불만을 증폭시키기에 충분하였다. 노동자들의 불만은 종종 태업, 집단탈주, 기계파괴 등으로 표출되었다. 그러나 경찰력과 식민지 자본가들의 동원을 통한 총독부의 철저한 노동통제로 인해, 파업의 빈도와 규모는 1937년 이후 현저하게 감소되었다. 〈표 3〉에 의하면, 파업 빈도 및 파업참가자의 규모는 1930~36년 기간 동안 각각 연평균 170건과 16,337명에 이르던 것이 1938~41년 기간에는 각각 연평균 97건과 5,725명으로 현저히 줄어들었다. 이는 일제의 병참기지화 정책에 따른 식민지 예속적 산업성장이 본격화되기 이전인 1920년대 후반의 수준에 근접한 것이었다.

Ⅲ. 요약 및 결론

일본의 식민지 지배자들에게 한반도는 기본적으로 착취와 수탈의 대상이었다. 식민통치 35년 동안, 한반도는 일본의 쌀 생산지 및 공급지였고, 일본 공산품의 판매시장이었으며, 일본의 침략전쟁을 위한 군수산업기지였다. 이러한 목적으로 한반도에 강요된 일제의 '식민지 예속적 산업화'는 빠른 속도로 임금노동자들을 양산하였다. 통계에 따라 차이가 있지만, 1911년 약 5만여 명에 불과하던 임금노동자는 1945년 해방 당시 150만 명을 넘어서고 있었다. 이에 비해, 민족자본의 형성은 억제되고 지체되었다. 해방이 될 무렵, 한반도에 존재하는 제조업체의 94%가, 그리고 광산업체의 75%가 일본인 소유였다.

효과적인 식민통치를 위해, 일제는 처음부터 매우 억압적인 통치체제를 구축하여 조선인들을 감시하고 통제하였다. 정치경제적 수탈이 최우선적 목표였던 까닭에, 특히 임금노동자에 대한 일제의 통제는 더욱 가혹하였다. 3·1운동 이후 계몽주의적 사조와 사회주의 사상의 유입에 크게 영향을 받은 노동운동이 자연스럽게 민족주의적 감정을 표출하는 정치적 양상을 띠게 되자, 일제는 노동운동을 철저히 압살하기 시작하였다. 이때부터 노동단체들의 집회와 쟁의는 철저히 저지되었고, 노동조합의 결성 금지와 더불어 기존 노동조합들은 해산을 강요당하였다. 그리고 이에 저항하는 노동자들은 즉시 체포되고 투옥되었으며, 다행히 이를 피한 노동자들은 지하로 숨어들어가야 했다. 이러한 억압적 양상은 이후 일제의 침략전쟁이 시작되면서 더욱 혹독하게 전개되었다.

여기서 주목할 대목은 한반도의 임금노동자들이 그 출현과 더불어 맨 처음 대면해야 했던 파트너가 매우 '노동 적대적'인 식민주의자들이었으며, 그들에 동화된 조선인 자본가였다는 점이다. 3·1운동 이후 임금노동자들은 새로운 사고와 리더십을 갖춘 활동가들의 출현으로 나름의 운동노선을 발전시키고 전개할 수 있는 기회를 갖게 되었지만, 이러한 기회는 곧바로 일제 식민주의자들에 의해 차단되고 박탈당하였다. 대신 임금노동자들은, 혹독한 정치적 탄압과 더불어, 식민지 자본가들의 병영적 노동통제와 권위주의적 노무관리를 경험해야 했다. 그 결과, 한반도의 사업장에는 지극히 적대적인 노사관계가 깊숙이 자리하게 되었다.

일제 식민통치가 끝나갈 무렵, 한반도의 모든 사업장에서 노동조합은 완전히 사라진 상태였다. 생산현장에는 반일 적대감으로 충만한 노동자들, 소수 노동운동가들의 지하화한 네트워크, 그리고 권위주의적 노동통제에 익숙한 소규모 기업주들과 친일 행적으로 오염된 소수의 토착 자본가들이 해방을 맞이하고 있었다.

제4장
해방과 혁명적 노동운동

Ⅰ. 혁명적 노동운동과 미군정의 대응

1945년 연합국에 의한 일제의 패망은 한국인들에게 독립국가 건설의 기회를 제공하였다. 그러나 '어떤 국가를 세울 것인가'에 대한 생각과 노선은 다양하고 갈등적이었다. 국가형성을 둘러싼 투쟁이 점차 양극화되면서, 노동운동은 좌·우익 정치 갈등에 편입되었다. 그 결과는 파괴적인 것이었다. 노동운동의 지형은 정치적으로 왜곡되고, 노동조합의 자율성은 크게 훼손되었다.

1. 노동자 자주관리운동과 전평의 등장

해방과 더불어, 일본인들의 한반도 탈출 현상이 발생하였다. 조선 내 산업자산의 약 90%를 차지하는 일본 자본의 철수는 대규모의 적산(敵産)을 생성시켰다(Henderson 1968, 137).[1] 이는 사업장에서 경영주의 부재 현상을 낳았고, 이는 다시 노동자들의 '공장자주관리운동'(자주관리운동)으로 이어졌다. 자주관리운동은 분산적이고 동시다발적인 형태로 전개되었다. 해방 후 불과 2개월 반 동안 전국적으로 728개의 공장관리위원회가 구성되어 있었고, 이들 사업체에 속한 노동자의 수는 약 9만여 명에 달하였다(전국노동자신문 1945/11/16).

1 1944년 현재 자본금 백만 엔(円) 이상의 주요 기업들의 경우, 일본인 기업은 자본금 기준으로 97%, 기업체 수 기준으로 무려 92%에 달하고 있었다(조순경·이숙진 1995, 187).

자주관리운동은 일본인 소유 제조업을 비롯하여 교통운수업, 광업, 어업 등 각종 서비스업에 이르기까지 모든 산업부문에서 다양한 모습으로 전개되었다. 많은 경우, 노동자들은 성공적으로 사업체를 접수하였고, 접수된 사업체들은 노동자들이 직접 운영하거나 노동자들이 위촉한 전문경영인이 운영하였다(Cumings 1981, 77). 뿐만 아니라, 자주관리운동은 조선인 친일파 사업체에서도 진행되었다. 노동자들은 조선인 기업가들을 "친일파·전쟁범죄자"로 간주하였고, 따라서 그들의 "재산은 일본인과 같이 취급해야 한다"고 주장하면서 공장관리위원회 혹은 종업원자치회에 의한 공장 및 회사 관리와 운영을 요구하였다(中尾美知子 1984, 185-186). 그 대표적 사례가 친일 기업가 박흥식 소유 사업체인 화신백화점과 조선비행기회사, 그리고 김연수 소유 사업체인 경성방직에서의 자주관리운동이다. 요컨대, 자주관리운동은 기업주의 경영특권 및 사유재산권을 부정하는 것으로 매우 혁명적인 성격을 띠고 있었다(조돈문 2004, 198).

자연발생적인 그러나 혁명적 요소를 지닌 자주관리운동의 분출은 두 요인들이 상호 작용한 결과물이었다. 그 하나는 노동자들의 반일 적대감이었다. 자주관리운동의 저변에는 '일본인들이 남기고 간 재산은 조선인 노동자들을 착취한 산물'이라는 생각이 짙게 깔려 있었으며, 해방을 맞이하여 식민통치가 남긴 이러한 오류를 정상적인 상태로 되돌려야 한다는 민족주의적 당위론이 팽배하고 있었다. 다른 하나는 노동자들의 생존권 확보의 문제였다. 식민통치가 끝날 무렵, 투자액 기준으로 제조업의 94%가 일본인 소유였으며, 제조업 기술자의 80%가 일본인이었다(조선은행 조사부 1948, I-108). 또한 광산업체의 경우, 사업체의 76%가 일본인 소유였으며 광산기술자의 75%가 일본인이었다(조선은행 조사부 1948, I-86과 I-87). 따라서 일본인들이 퇴각함에 따라, 많은 공장들이 폐쇄되거나 해체될 운명에 처해 있었다. 공장 폐쇄 및 해체로 인한 생산현장의 마비는 노동자들의 생계와 직결된 사항이었고, 이에 노동자들은 자신의 생계 확보를 위해 공장의 지속적 가동 및 운영을 확보할 필요가 있었다.[2]

2 당시 일본 기업인들의 귀국으로 인한 공장폐쇄 및 해체에 직면하여, 노동자들의 반응은 다양

개별 사업장 수준에서 노동자들이 주도한 자주관리운동은 자연스럽게 노동조합 결성으로 이어졌고, 이는 다시 전국적 네트워크와 리더십을 가진 조선노동조합전국평의회(전평)의 결성으로 이어졌다. 전평 결성의 움직임은 1945년 9월 26일 개최된 '전평 준비위원회'에서 시작되었다. 이날 위원회에는 금속·화학·출판·섬유·토건·교통운수·식료품·철도·연료·피복 등 전 산업을 대표하는 51명의 위원들이 참여하였으며, 이들은 전국에 산재한 노동자 단체들을 대표하는 중앙집권조직을 결성하기로 결의하였다. 그로부터 4일 후, 제1차 준비위원회가 개최되어 전평 결성을 위한 준비위원들이 선정되었다. 그리고 1945년 11월 1~4일 한반도 전역에 존재하는 1,194개의 노동조합 분회를 16개의 전국적 산별조직으로 편성하였고, 이를 기반으로 11월 5~6일 대의원 505인이 참가한 가운데 노동자들의 전국조직인 전평 결성식이 거행되었다(中尾美知子 1984, 199-200; 김남식 1984, 64).

결성대회에서부터 전평은 '부르주아민주주의 혁명론'의 정치노선을 표방하였다. 전평은 결성대회에서 채택된 실천강령을 통해 "조선의 완전독립"을 위해 "친일파·민족반역자를 제외한 진보적 민주주의에 입각하는 민족통일전선 정권의 수립에 적극 참가"할 것임을 천명하였고, 더불어 행동강령의 채택을 통해 조선공산당 주도로 9월 6일 선포된 "조선인민공화국의 지지"를 천명하였다. 나아가 전평은 결성선언문에서 "노동자의 당면한 경제적 이익을 위하여 … 더 높은 정치투쟁"을 전개해야 함을 강조하였다(한국노동조합총연맹 1979, 269-271). 즉 전평은 그 출범 시기부터 계급노선에 입각한 당시 조선공산당이 주창한 '인민공화국'의 수립을 자신의 목표로 분명하게 공표하였고, 모든 노동자들의 투쟁은 이러한 목표와 연계되어야 함을 촉구하고 있었다.

짧은 기간에도 불구하고 전평의 결성은 매우 신속하게 이루어졌다. 전평 준

하였다. 일부는 직장폐쇄 및 해고에 반대하는 투쟁을 벌였고, 일부는 체불된 임금과 퇴직금 등 해산수당(解散手當) 요구투쟁으로 대항하였으나, 대다수의 노동자들은 보다 적극적인 형태인 공장관리운동을 전개하였다(조순경·이숙진 1995, 210-211; 김태승 1988, 327).

비위원회가 재빨리 전국적 네트워크를 만들어 낼 수 있었던 것은 해방 직후의 정치경제적 상황 요인이 크게 작용하였다(Kim 1994, 484-487; 조돈문 2004, 156-165). 첫째, 해방 직후 일시적인 국가억압 및 기업주의 부재 현상은 노동자들의 조직 활동을 둘러싼 정치적 비용을 현저하게 낮추는 결과를 낳았다. 즉 식민경제가 일시에 붕괴됨에 따라 실업자가 속출하고 물가가 폭발적으로 상승하는 가운데, 노동자들은 자신의 경제적 곤궁에 대한 불만을 표출하는 데 별다른 장애물을 발견할 수 없었던 것이다. 둘째, 자주관리운동의 과정이 보여준 것처럼, 노동자들의 자발적인 참여는 전국적 노동조직 결성을 위한 사업장 수준의 노조 결성 및 노동자 동원의 비용을 자연스럽게 최소화시키는 결과를 가져왔다. 전평이 결성될 즈음, 전국적으로 이미 1천여 개의 노조가 결성된 상태였다(박영기·김정한 2004, 493). 셋째, 해방은 일제의 탄압으로 투옥되거나 지하로 숨어들었던 노동활동가들의 활동을 재개시켰다. 이들 대부분은 적색노조운동에 관여했던 활동가로서 노동운동에 매우 헌신적이었을 뿐만 아니라, 인민위원회나 조선공산당과의 직·간접적인 연계를 지니고 있었다.[3]

요컨대, 해방 직후의 상황은 노동자들의 '밑으로부터의 동원'과 조선공산당을 비롯한 좌익 정치세력들의 '위로부터의 동원'을 가능하게 하였다. 그 결과, 1945년 12월 당시 전평은 16개 산업별 전국노동조합, 1,757개의 단위노동조합, 그리고 55만여 명의 조합원을 거느린 남북한 전 지역을 포괄하는 유일한 전국적 노동조합 연맹체로 등장하였다(한국노동조합총연맹 1979, 265).

3 해방 직후, 감옥에서 풀려난 많은 적색노조 활동가 및 일제의 탄압을 피해 도피중인 공산주의 활동가들은 각자 연고가 있는 공장 및 사업장으로 복귀하여 공장접수 및 자주관리운동에 투신하였다. 조선공산당 서기국원이며 전평 위원장이었던 허성택도 예외가 아니었다. 그는 1933년 소련 유학생활을 마치고 귀국한 후, 함경북도 성진에서 노동운동을 하다가 1937년 체포되어 옥살이를 하는 도중에 해방이 되어 감옥에서 풀려났다(Cumings 1981, 515).

2. 미군정의 초기 노동정책

미군이 한반도에 진주한 것은 1945년 9월 8일이었다. 미군정의 목표는 38선 이남 지역에서 일본세력을 철저히 제거하고, 이미 한반도 북쪽 지역을 점령한 소련세력의 영향력을 견제·차단하는 것이었다. 하지만 미국은 한반도가 소련의 영향력하에 놓이지 않게 하려는 근본적인 정책목표는 가지고 있었지만, 구체적인 세부계획은 갖고 있지 않았다. 따라서 남한 진주 당시 미군정 사령관 하지 중장은 미국으로부터 아무런 구체적 지시를 받지 못했을 뿐만 아니라, 한반도의 현실에 대해서도 철저히 무지한 상태였다(Hoag 1970, 80-81).

노동정책 역시 마찬가지였다. 미군정이 본국으로부터 점령정책과 민정업무에 대한 기본지침을 전달받은 것은 1945년 10월 중순이었다. 그중 노동관련 사항은 "노동, 공업, 농업부분에서 민주적인 조직의 발전을 장려한다"는 것이 유일한 내용이었다. 이후 1945년 10월 30일 공포된 군정법령 제19호 2조 역시 매우 개괄적인 것으로, 노동조합 및 노조의 단체행동권은 인정되나 노동쟁의는 미군정의 노동조정위원회가 최종적으로 판단한다는 내용이었다(조순경·이숙진 1995, 87). 따라서 미군정의 노동정책은 정치적 상황에 따라 임기응변적인 성격을 띨 수밖에 없었다.

초기 해방정국은 좌파세력이 압도하였다. 1945년 8월 17일 여운형의 건국동맹을 중심으로 건국준비위원회가 수립되어 중앙정치를 주도하였고, 전국 각 지역에는 인민위원회가 조직되어 지방을 장악하고 있었으며, 공장과 회사에는 노동조합들이 결성되어 공장접수 및 자주관리운동이 펼쳐지고 있었다. 그리고 9월 6일 박헌영이 이끄는 조선공산당 세력의 주도로 '조선인민공화국'의 수립이 선포되었다.

이러한 좌파 주도의 정국은 국내 우파세력의 친일행적과 무관하지 않았다. 일제의 식민지통치하에서 국내 좌파세력은 무장투쟁을 통한 민족해방운동 노선을 견지한 반면, 국내 우파세력은 일제에 대한 직접투쟁보다는 민족의 실력배양을 통해 향후 민족독립에 대비한다는 입장을 취했다. 그러나 1930년대 중반 이후 일제의 병참기지화 및 황민화 정책이 더욱 강화되면서, 좌파 활동가들은 일제 탄압의 대상이 되었고 이들 중 많은 활동가들이 체포되어 고문당하고 투옥되었다. 이에 비해, 우파 활동가들은 일제의 포섭 대상이 되었고, 이들 가운데 일부가 일제에 협력하는 반민족적 행동에 가담하였다. 해방은 그들의 운명을 바꾸어 놓았다. 좌파는 일제와 타협하지 않고 자신을 희생했다는 점에서 민족주의적 찬사와 지지의 대상이 되었고, 반면 우파는 대중적 비난과 증오의 표적이 되었다.

미군의 진주는 남한 정국에 큰 변화를 가져왔다. 미군정은 즉시 자신이 남한의 유일한 합법적인 통치기구임을 선포하고, 기존의 모든 정치세력의 대표성을 인정하지 않을 것임을 분명히 하였다. 이는 '조선인민공화국'의 선포를 통해 기득권을 확보하려는 좌익세력에게 분명한 타격이었으나, 정치세력으로 집결하지 못하고 있던 우익세력에게는 큰 힘이 되었다. 1945년 9월 8일, 우파세력은 한민당 발기인 명의로 인민공화국 타도의 성명서를 발표하고, 9월 16일 중경 임시정부 지지와 건준 타도를 내세우며 한민당을 창설하였다(심지연 1982, 48-49). 이러한 국내 우파세력의 결집은 내세울 만한 반일투쟁 경력이 없는 상황에서 정치적으로 살아남기 위한 당연한 선택이었고, 팽창일로에 있던 좌파세력에 대항하는 조직화된 우파 정치세력의 등장을 의미하였다.

노동자들의 자주관리운동도 마찬가지였다. 미군정은 자주관리운동에 대해 비판적 태도를 취하였다. 미군정은 애초 남한 경제의 중대한 문제점 중의 하나가 노동자들의 직장이탈 및 조업중단으로 판단하고 있었다. 이에 따라, 하지 사령관이 1945년 9월 25일 기자회견을 통해 노동자들의 직장 복귀를 당부하기도 하였다(매일신보 1945/09/25). 이런 상황에 비춰볼 때, 자주관리운동은 공장가동을 지속시켜 경제안정에 기여한다는 점에서 미군정에게는 매우 고무적인 현상이었다. 그럼에도 불구하고, 미군정은 1945년 10월 하순 경 '일본인 재산 양도에 관한 4개 조항'의 발표를 통해 자주관리운동을 불법화하였다.[4] 이후 미군정은 1945년 12월 9일

4 '일본인 재산 양도에 관한 4개 조항' 가운데, 제1항과 제2항은 각각 "일본인의 사유재산은 군

군정법령 제33호('조선 내 일본인 재산의 귀속 권리에 관한 건')를 공포하여, 국내 일본인 재산과 그 수입에 대한 소유권을 미군정으로 귀속시켰다. 이어 1946년 2월 21일, 법령 제52호를 공포하여 귀속재산을 미군정이 지정한 기관들이 접수·관리하도록 하였다.5

이러한 미군정의 조치들은 노동자들의 자주관리운동을 인민위원회 및 좌익 활동가들의 공장·기업 장악을 위한 정치활동으로 이해했기 때문이었다. 당시 미군정의 기본방침은 사회주의 세력의 확산을 견제하고 시장경제체제를 육성하는 것이었다. 따라서 미군정이 파악한 자주관리운동은 미군정의 정책방향과 근본적으로 배치되는 것이었다. 요컨대, 미군정의 자주관리운동의 금지방침은 노동운동 자체를 억압하려는 의도에서 발현된 것이라기보다, 적산기업체가 인민위원회의 통제 하에 들어가 궁극적으로 인민공화국의 물적 기반이 될 수 있다는 우려 때문이었다(조순경·이숙진 1995, 102-106).

그렇다고 이러한 정치적 우려 때문에, 당시 미군정이 전평의 존재를 일방적으로 부인하고 탄압했던 것은 아니었다. 남한의 피폐한 경제상황에 비춰볼 때, 미군정은 노동자들을 경제활동에 전념케 함으로써 생산을 지속시키고 이를 통해 남한의 사회적 안정을 확보해야 한다고 판단했다. 따라서 미군정은 노동자들이 생산을 중지시키지 않는 범위 내에서 노동조합 및 노조의 단체행동권을 인정할 것이라는 태도를 확고히 견지하고 있었다(조순경·이숙진 1995, 94). 이러한 미군정의 입장에 대해, 전평의 태도는 대체적으로 순응적이며 협조적인 태도를 보였다. 1945년 11월 30일 전평은 '산업건설협력방침'을 발표하였는데, 그 핵심 요지는 "양심적이고 건전한 생산업체에 대해" 파업을 행하지 않으며 "생산에 적극 협력" 한다는 내용이었다(박영기·김정한 2004, 452).

대·경찰에 의해 보호"되며, "협박이나 강제에 의해 일본인의 상점을 접수·관리해온 한국인들은 가까운 경찰서에 관리를 양도"해야 함을 명시하고 있다(김태승 1988, 332).

5 귀속재산 가운데 동산은 물자영단(Material Control Corporation)이, 농지는 신한공사가, 임야는 농무부 임업국이, 광업·공업·상업 관련 기업체들은 상무부가, 은행과 보험회사는 재무부가, 철도와 선박은 운수부가 각각 관리하도록 하였다(김기원 1990, 117-118).

이 같은 전평의 협력적 태도는 자주관리운동이 초래할 수 있는 부정적 효과에 대한 염려에서 비롯되었다. 즉 자주관리운동 자체가 노동자의 경영주 역할 수행을 전제하고 있기 때문에, 노동자들의 쁘띠부르주아화가 우려되었으며, 이러한 우려가 현실화될 경우 전평이 추구하는 산업의 국가소유 원칙이 크게 흔들릴 수 있기 때문이었다(조순경·이숙진 1995, 270-271). 따라서 전평은 자주관리운동 대신 노동자의 경영참여운동을 주창하면서 산업건설협력운동을 전개하였다. 이러한 전평의 산업건설협력운동은 1946년 중반까지 지속되었으며, 따라서 이때까지 미군정과 전평 간의 관계는 최소한 적대적인 것은 아니었다.

II. 좌우대립의 격화와 혁명적 노동운동의 좌절

좌우의 정치적 대립은 1945년 12월 미·영·소의 한반도 신탁통치안 발표를 계기로 더욱 격화되기 시작하였다. 1946년 2월, '신탁통치 반대'를 주장하는 우파정치세력의 연합체인 '비상국민회의'가 결성되었으며, '신탁통치 찬성'을 외치는 좌파정치세력의 결집체인 '남조선 민주민족전선'이 형성되었다. 이로써 정국은 빠른 속도로 좌·우세력 간의 극한적 대결로 치닫고 있었다.

노동운동 역시 마찬가지였다. 우파정치세력은 전평에 대항하는 노동조직의 구축을 시도하였다. 그 최종적 결과물은 1946년 3월 10일 '대한독립촉성노동총연맹'(대한노총)의 결성이었다. 대한노총 결성을 위한 움직임은 1945년 12월에 시작되었다. 우익정치세력은 노동운동이 조선공산당의 영향력하에 있는 전평에 의해 주도되고 있는 상황에 대해 심히 우려하지 않을 수 없었다. 이에 따라, 우파 활동가들은 전평을 견제·약화·와해시킬 정치적 필요성을 절감하기 시작하였다. 그러나 노동자들의 대다수가 이미 전평에 참여하고 있는 상태에서 새로운 노동단체를 조직하는 것은 거의 불가능한 일이었다. 따라서 우익정치세력은 대한노총의 결성을 위해 우익청년단체들을 동원·결집시켜 조직결성의 임무를 수행할 청년조직을 마련하고, 이들로 하여금 전평에 대항하는 전국적 노동조직을 만들어 내고자 했다. 이에 따라 채택된 전략은 두 단계에 걸친 하향식 조직화였다.

우선 1단계 조직화 사업의 일환으로 전국에 산재해 있는 반공청년단체들이 동원되었다. 먼저 약 40여 개의 우익청년단체들의 대표자 모임을 통해 1945년 12월 21일 '대한독립촉성전국청년총연맹'(독청)이 결성되었다. 독청의 총재와 부총재에 각각 이승만과 김구가 위촉되었고, 위원장에는 '협동조합운동'의 경험이 있는 우익활동가 전진한이 선임되었다. 조직이 완비되자, 독청은 산하에 '노동부'를 신설하고 간부들이 중심이 되어 2단계 조직화 사업을 빠르게 진행시켜나갔다. 우익정당, 청년단체, 그리고 기업주들의 지원을 받아, 사업장 내에 존재하고 있는 비노동자 출신의 반공주의자들을 끌어모아 허울뿐인 단위노조들을 결성하였다. 그리고 1946년 3월 10일 우익 정치지도자들이 참석한 가운데 대한노총을 출범시켰다(임송자 2003). 결성대회에서 채택된 강령에서 대한노총은 "건국을 위해" 총력을 다하며 "노자 친선"의 경제적 노동운동노선을 추구할 것임을 분명히 함으로써(박영기·김정한 2004, 461), 좌파 정치세력의 혁명적 노동조합노선과 사회주의 국가건설에 반대하고 우파 정치세력과 미군정이 원하는 실리적 노동조합노선과 자본주의 국가건설에 매진할 것임을 결의하였다.

1946년 중반은 남한 노동정치의 일대 전환점이었다. 이는 "한반도에 어떤 국가를 건설할 것인가?"를 둘러싼 좌우익 대결의 전면화에서 비롯되었다. 신탁통치를 둘러싼 우익의 반탁과 좌익의 찬탁에 대해, 미군정은 매우 당황하였다. 미군정은 우익도 좌익도 공개적으로 지지할 수 없는 난처한 상황에 빠졌다. 그러나 이러한 상황은 오래 가지 않았다. 미군정은 좌익을 약화시키고 우익을 강화시키는 방향을 선택하였다. 1946년 5월 8일 미소공동위원회가 국가형성에 아무런 해결책도 제시하지 못하고 결렬되자, 미군정은 이른바 '조선정판사' 사건을 계기로 조선공산당을 탄압하기 시작하였다.[6] 미군정은 관련자들을 수배·체포하였고, 좌익

6 조선정판사 사건은 조선공산당이 당의 선전활동비를 마련하기 위해 조선정판사(출판사)에서 대량의 위조지폐를 발행했다는 사건이다. 이에 대해, 조선공산당은 미국정보부와 군정경찰이

계 신문인 해방일보, 조선인민보, 현대일보를 잇따라 정간시켰다. 이러한 탄압은 9월 초 박헌영을 비롯한 조선공산당 최고위 간부에 대한 체포령이 발동됨으로써 더욱 고조되었다.

조선공산당의 반응은 즉각적이며 공격적인 것이었다. 조선공산당은 그간 미군정에 대한 유화적 노선을 버리고, '정당방위를 위한 역공세'라는 구호 아래 적대적 노선으로 선회하였다. 1946년 7월 26일 박헌영이 발표한 이른바 '신전술'의 주요 내용은 '반미투쟁의 적극화'와 '인민위원회 정권수립'으로 요약되었다(김태승 1988, 304). 즉 노동자·농민이 주도하여 남한 사회를 혁명적으로 변화시켜 경제적으로 주요 생산수단의 국유화 그리고 정치적으로 인민정권의 수립을 성취한다는 내용이었다.

이에 따라, 조선공산당과 전평의 정치적 태도는 "수세에서 공세로 전환"되었다. 조선공산당은 전평을 독려하여 노동자들의 투쟁을 인민국가의 수립이라는 최종적 목표에 연계시키고자 하였다. 그 첫 번째 시도가 1946년의 '9월 총파업'이었다. 총파업은 9월 15일 서울철도노조가 미군정 운수부에 식량배급 증대와 임금인상을 요구하면서 시작되었다. 9월 23일 부산철도노조가 파업에 돌입하면서, 이후 파업은 출판·통신·교통·전기·섬유·금속·토건 등 전국의 모든 산업으로 번져 11월 말까지 지속되었다.[7] 파업이 전국으로 확산되면서, 노동자들의 요구는 식량배급과 임금인상과 같은 경제투쟁에서 '북한에서와 같은 민주적 노동법의 즉각적 실시,' '전평 지도자들의 조속한 석방,' '박헌영 등 조선공산당 지도부에 대한 검거령의 취소,' 그리고 '모든 권력의 인민위원회로 인계' 등의 정치투쟁으로 발전되었다(조돈문 2004, 211-212).

노동자·전평·조선공산당 그리고 이들과 제휴한 여타 사회세력들의 총공세에 대항하여, 미군정·대한노총·우익정치집단·경영주들 간의 연합적 대응이 기

조작한 정치적 사건이라고 주장하였다(Suh 1967, 309-310).

7 9월 23일~11월 11일 기간 동안 서울에서만 7만여 명의 노동자들이 참여하였고, 전국적으로 약 26만여 명이 총파업에 참여하였다(조돈문 2004, 207).

민하게 이루어졌다. 미군정은 파업노동자들과 협상을 피하면서, 동시에 물리력을 동원하는 양면 전략을 구사하였다. 특히 강압에 의한 진압은 경찰력의 동원에만 국한되지 않았다. 미군정은 대한노총 및 우익청년단체들과 공조하여 파업노동자들에 대한 테러와 검거를 불사하였다(한국노동조합총연맹 1979, 325). 그리고 고용주들은 파업에 참여하거나 관련된 노동자들을 일방적으로 해고하기 시작하였다. 그 결과, 전평은 상당한 조직력의 상실을 경험해야 했다.

미군정과 우익세력의 폭압에도 불구하고, 전평의 공세는 계속되었다. 1947년 3월 22일, 전평은 또다시 총파업에 돌입하였다. '3월 총파업'의 요구 사항은 '해고·폭압 반대,' '노동운동의 자유 보장,' '구금된 전평 간부의 즉시 석방,' '경찰의 민주화,' '인민위원회로 정권이양' 등으로 지극히 정치적인 것이었다(한국노동조합총연맹 1979, 328-322). 미군정과 우익집단들의 반응은 더욱 단호했고 보다 파괴적이었다. 미군정은 파업지도부를 비롯한 관련 좌익인사들을 일제히 체포하였고, 대한노총과 반공청년단체들은 파업노동자들을 향해 폭력과 테러를 불사하며 전평 소속 노동조합들을 와해시켜 나갔다(조돈문 2000, 154).

두 차례에 걸친 총파업으로, 전평은 회복이 불가능할 정도의 조직력 상실을 감수해야 했다. 당시 미군정이 집계한 통계에 의하면, 1946년 11월 전평은 1,111개의 노동조합과 246,777명의 조합원을 보유하고 있었으나, 1947년 9월에 들어 전평 소속 노동조합은 13개로 그리고 조합원은 2,465명으로 줄어들어, 그 조직 역량은 현저히 격감하였다(박영기·김정한 2004, 496-497). 이 같은 전평의 조직력 상실은 미군정 및 우파집단들의 탄압 때문만은 아니었다. 전평의 퇴조에는 귀속재산 관리인 및 일반 고용주들의 전평 노조원에 대한 탄압도 크게 작용하였다. 1946년 9월 총파업부터 1947년 3월 총파업 시기까지, 서울에서만 12,300여 명의 노동자들이 노동운동에 참여했다는 이유로 해고되었고, 1947년 8월 전후 전국적으로 2,400여 명의 노동자들이 같은 이유로 해고되었다(조순경·이숙진 1995, 287).

사실 1947년 3월 트루만 독트린의 발표와, 뒤이은 1947년 5월 제2차 미소공동위원회의 결렬은 남한에서의 좌익과 전평이 활동할 수 있는 공식적 정치공간의 완전한 소멸을 예고하고 있었다. 미국은 소련과의 합의에 의한 통일정부의 수립이 불가능한 것으로 판단하고 한반도 문제를 유엔에 상정하였고, 남북한 인구비례에 의한 총선을 통해 통일정부를 수립하자는 유엔의 제의는 소련과 북한에 의해 거부되었다. 이런 상황에서 남한에서 미군정과 우익세력의 좌파세력에 대한 공세는 더욱 강해질 수밖에 없었고, 이미 대부분의 조직력을 상실한 전평은 사실상 정치활동이 불가능하였다. 이에 따라 국가건설을 둘러싼 치열했던 좌우의 싸움이 마무리되고 있었다. 전평의 혁명적 노동운동은 이후에도 두 차례 – 1948년의 '2·7 구국투쟁'과 '5·8 단선·단정반대투쟁' – 시도되었지만, 그것은 최후의 몸부림에 불과하였다. 그리고 1948년 중반에 이르러 전평은 완전히 와해되었다.

Ⅲ. 요약 및 결론

해방 직후, 전국에 산재한 일본인 소유의 공장과 회사 그리고 일부 조선인 친일파 사업체들이 노동자들에 의해 접수되고 관리되는 현상이 발생하였다. 노동자들의 분산적이고 자발적인 '공장자주관리운동'은 자연스럽게 사업장 수준의 노동조합 결성으로 이어졌고, 이는 다시 사회주의적 성향의 전국적 노동조합 연맹체인 전평의 출현으로 발전하였다. 이 과정은 2개월 반이라는 짧은 기간 동안 매우 신속하게 이루어졌다. 이는 갑작스런 식민경제의 붕괴로 인한 노동자들의 경제적 곤궁 상황, 그리고 일제통치 기간에 생성·배출된 사회주의적 성향의 노동활동가들의 헌신이 낳은 결과물이었다.

그러나 남한에 진주한 미군정은 이런 상황에 대한 어떠한 준비도 되어 있지 않았다. 미군정의 초기 노동정책은 개괄적인 것에 불과하였고, 당시 남한의 노동현실에 대한 이해도 거의 부재하였다. 따라서 미군정의 노동정책은 "시장경제질서를 수용하고 단체교섭을 통해 고용조건의 개선이나 경제적 지위향상을 추구하는 실리적 노동조합주의(business unionism)"라는 지극히 미국적인 관점에서 해석되고 집행될 수밖에 없었다(박영기·김정한 2004, 252). 그 결과는 기업주의 경영특권과 재산권을 부인하는 자주관리운동에 대한 부정이었고, 산업건설 및 생산증진운동을 표방하는 노동운동에 대한 허용 및 인정이었다.

그러나 국가건설을 둘러싼 좌우대립이 격화되고 노동운동의 혁명적 요소가 강화되면서, 미군정은 단순한 경제적 차원이 아닌 정치적 차원에서 노동운동을 바라보기 시작했다. 미군정의 노동운동에 대한 선택적 포섭과 배제가 확연해지기 시작한 것은 1946년 중반 이후였다. 미군정은 혁명적 노동조합주의를 표방하는 전평에 대해서는 정치적으로 배제하였고, 우익세력이 중심이 되어 결성된 대한노총에 대해서는 정치적 공조를 취하였다. 미·소 간의 대립이 심화될수록, 조선공산당-전평-좌익사회단체 등으로 구성된 좌파세력과 한민당-대한노총-우익사회단체 등으로 구성된 우파세력 간의 충돌은 시간이 갈수록 격화되었다. 그 최종적 결과는 미군정의 일방적 후원을 받은 우파의 승리였고, 노동운동을 이끌던 전평의 소멸과 체제순응적인 대한노총의 주도권 장악이었다.

전평의 소멸은 단순히 노동운동의 리더십 교체에만 그친 것은 아니었다. 국가건설을 둘러싼 좌우익 간의 투쟁은 엄청난 이념적 충돌과 적대적 정치대결을 수반하였던 까닭에, 향후 노동운동의 정치적·조직적 활동공간에 지대한 영향을 미칠 수밖에 없었다. 좌우익 대결에서 승리한 우파 정치인들은 좌익적 이념노선과 정치적 조합주의를 표방하는 노동운동을 결코 용납할 수 없었으며, 재산권과 경영권을 위협받았던 기업가들은 노동운동에 대해 적대적 감정을 갖지 않을 수 없었다. 이러한 사회적 분위기는 결국 진보적 성향의 노동운동이 공산주의를 추종하는 용공(容共)활동과 동일시되는 보수적 정치지형의 형성으로 이어졌으며, 노사협조주의 혹은 경제적 조합주의 테두리 내에서만 노동운동이 허용되는 매우 협애한 조직적 활동공간으로 구체화되었다.

제3부

반공국가의 건설과 약탈적 노동동원

일단 좌익세력이 제거되고 우익정권이 수립되자, 기업가들은 노조파괴를 목적으로 노골적으로 노조활동을 억압하였고, 한민당은 자본가의 이익을 대변하였다. 이 시기, 이승만은 대한노총을 상대로 일종의 '후원-피후원' 기제를 성립시키고, 노동자들을 정치적으로 동원하였다. 그러나 국가의 '수혜적 포섭' 전략은 한국전쟁을 거치면서 빠르게 '약탈적 후원'으로 전환되었다. 노조의 자율성은 크게 위축되었고, 정권안보를 위한 노동의 정치적 동원은 더욱 강화되었다. 이는 4월항쟁을 계기로 노동자들의 불만이 폭발적으로 분출되는 원인이 되었다.

제5장
수혜적 포섭에서 약탈적 후원으로

Ⅰ. 수혜적 포섭의 형성

제1공화국 초기, 국가와 노동은 후원-피후원 관계의 정치적 교환을 기초로 한 상호공생적인 수혜적 포섭관계(clientele inclusionism)로 특징 지워진다. 국가는 조직노동의 생존 공간의 보장을 통해 대한노총을 포섭하였고, 대한노총은 노동자의 정치적 동원을 통해 이승만을 지지하였다.

1. 반공국가의 수립과 대한노총

1948년 8월 대한민국 정부의 수립은 노동운동을 둘러싼 정치상황의 근본적 변화를 가져왔다. 이승만 정부의 성립은 크게는 기존의 좌우익 대결에서의 우익의 승리를 의미하였고, 작게는 해방 정국을 뒤흔들던 전평 주도의 좌익 노동운동의 몰락과 대한노총의 주도권 쟁취를 의미하였다. 1948년 12월 '국가보안법'의 제정은 이러한 정치상황의 변화를 상징하는 대표적 입법이었다. 이는 국가안보를 위태롭게 하는 각종 행위를 규제·처벌하려는 것으로,[1] 그 주요 대상은 국내의 공산주의 활동이었다.

---

1 1948년 12월 1일 제정된 국가보안법 제1조는 "국헌을 위배하여 정부를 참칭하거나 그에 부수하여 국가를 변란할 목적으로 결사 또는 집단을 구성한 자는 좌에 의하여 처벌한다"고 규정하고 있다.

그러나 정국의 변화는 대한노총에 반드시 유리하게 전개되지는 않았다. 남한에서의 좌익의 좌절과 전평의 몰락은 역설적으로 노동현장에서 '반공의 기수'를 자처해온 대한노총의 정치적 가치 및 역할의 상실을 가져왔다. 좌우익 대결이 첨예하던 시기에 대한노총과 산하 노조들을 적극적으로 후원하였던 기업가들은 더 이상 그들의 존재를 환영하지 않았고, 오히려 노조 파괴를 목적으로 노골적으로 노조활동을 탄압하거나 노조지도자의 어용화를 시도하였다.

제헌국회에서 가장 큰 세력을 형성했던 한민당 역시 미군정 시기에 보여주었던 대한노총에 대한 호의적 태도를 버리고 기업가들의 입장을 대변하기 시작하였다. 대한민국 정부수립 이전, 한민당은 대한노총의 반(反)좌익 노동운동에 대해 정치적·재정적으로 지원하던 주요 사회세력이었다. 하지만 좌익 활동이 불법화되고 우익정부의 수립이 확실시되자, 한민당은 노동자들의 이익 훼손을 불사하면서 자본가들의 이익을 적극적으로 대변하기 시작하였다(심지연 1982, 110; 한국노총 1979, 295-297).

이와 더불어, 국가공무원법 제정을 위한 국가 관료들의 움직임은 대한노총의 미래를 위협하는 심각한 요소로 등장하고 있었다. 당시 대한노총 산하의 대부분의 주요 노조들 및 조합결성의 주요 대상이 되는 기업들(예: 전기, 철도, 은행 등)이 국가의 관리하에 있었기 때문에, 공무원 및 공기업 종사자들의 조합결성 및 단체행동을 금지하는 국가공무원법의 제정은 조직으로서의 대한노총 존립 자체를 근본적으로 위협하는 것이었다.

새로운 국면에 직면한 대한노총 지도부가 조직의 존속을 위해 취할 수 있는 조치는 두 가지 노력 외에는 별 다른 방도가 없었다. 첫째는 대한노총에 대한 일반노동자들의 적극적 지지를 이끌어 내는 것이었다. 그 일환으로, 1948년 8월 임시대의원회의를 개최하여 진정으로 노동자를 대표하는 조직으로서 대한노총의 재출발을 선언함과 동시에 노동자의 복리 및 사회적 지위향상을 강조하는 새로운 강령을 채택하였다(김낙중 1982, 115). 둘째는 전국적인 노동운동 및 국회 로비활동을 통해 노동 억압적 법안들의 입법을 저지하는 것이었다. 이를 위해 대한노총은 '대한노총 전국투쟁위원회'를 결성하여 노동자의 이익균점권의 쟁취 및 국가공무원법 제정 저지를 시도하였으며, 국회 로비활동을 통해 행정부가 발의한 국가공무원법안의 수정을 시도하였다(한국노총 1979, 297-299).

그러나 대한노총의 생존을 위한 노력은 지도부 내의 파벌 다툼으로 인해 효과적으로 이루어지지 못했다. 1946년 좌익의 전평노동운동에 대처하기 위한 우익세력의 정치적 노력의 일환으로 대한노총이 조직된 이후, 노총지도부는 우익의 다양한 정치집단으로부터 충원되어 왔다. 남한만의 단독정부 수립이 확정되던 1948년 초, 대한노총은 대체로 세 개의 서로 다른 정치적 배경을 가진 그룹들이-안재홍의 국민당 출신, 김구의 한독당 출신, 김성수의 한민당 출신-주도권 다툼을 벌였으며(김중렬 1972, 216), 단독정부 수립 직후에는 다시 '주류 대 비주류'로 나뉘어 치열한 파벌싸움을 전개하였다(한국노총 1979, 348). 그리고 1949년에는 소위 '집권파'와 '혁신파'라는 두 개의 파벌로 재편되어 주도권 쟁탈전을 벌임으로써, 대한노총은 독립 이후 처음 맞는 노동절 기념행사도 치루지 못할 정도로 심각한 내부적 분열을 경험하고 있었다(김낙중 1982, 119).

점증하는 내부 분열과 외부 위협에 직면하여, 조직의 존속 위기를 겪고 있는 대한노총에 그 해결책을 제공한 인물은 조선전업 노사분규를 계기로 노사관계에 적극 개입하기 시작한 이승만 대통령이었다. 조선전업은 원래 조선총독부의 관할하에 있었던 회사인데, 해방 후 미군정의 관리하에 있다가 대한민국 정부의 수립 이후 상공부의 관리를 받게 된 적산기업체였다. 조선전업의 노사분규는 조합결성을 시도하는 노동자들과 이를 반대하는 사용주 간의 충돌에서 비롯되었다(조선전업노동조합 1959, 168-225).

1949년 1월 조선전업 노동자들은 '노동조합결성 위원회'를 구성하여 경영진에게 노조결성에 협조해 줄 것을 요청하였다. 그러나 사장은 조선전업이 국영기업인 까닭에 종업원들은 준공무원 신분에 해당한다는 이유로 조합결성을 반대하였다. 그럼에도 '노동조합결성 위원회'가 대한노총 회의실을 빌어 노조결성을 강행하자, 경영진은 즉각 노조간부를 전직 혹은 해고시키고 상공부에 적산기업체의 노조설립을 불법화해 줄 것을 건의하였다. 이에 대응하여 대한노총과 사회부 노동국은 조선전업 노동조합 결성의 합법성을 인정하라고 경영진에 건의하였으나 거절당하고 말았다. 이에 맞서 조선전업 노동자들은 노동쟁의 조정신청을 사회부에 제출하여 회사 측의 부당조치에 대한 규제 및 조합결성의 합법성을 인정할 것을 요구하였다. 사회부의 행정조정에도 불구하고 경영진이 계속 노조결성 불가입장을 고수하자, 조선전업노조의 쟁의는 중앙노동조정위원회로 이관되었다. 그리고 같은 해 4월 23일, 중앙노동조정위원회가 노조결성이 합법임을 판정하자, 회사는 조정위원회의 판결이 미군정법에 근거한 것이기 때문에 법적 구속력이 없음을 주장하면서 조정위원회의 판정에 불복하였다. 회사의 강경한 태도에 대해 노조는 최후의 수단으로 전면파업을 예고하였다.

노사 간의 대립이 첨예해지자, 정부의 각 관계부처들은 조선전업의 노사분규에 대해 자신들의 입장을 밝혔다. 노동조합에 대한 확실한 국가정책방향이 수립되지 않은 상태에서 정부부처들 간의 이해의 교차는 부처 간의 견해 차이를 노정시켰고, 이는 곧바로 정부부처 간의 갈등으로 발전하였다. 즉 상공부는 조선전업이 자신이 관리하는 국영기업이므로 이 회사에 근무하는 노동자는 준공무원 신분이라는 종래의 입장을 고수함으로써 노조결성의 불법성을 주장하였고, 법무부는 조선전업의 단전파업은 노동자의 복리개선이나 노동조건의 향상이라는 범위를 넘어서서 국영기업 및 국민경제에 악영향을 주는 불법행위로 규정하였다. 이에 비해, 사회부는 중앙노동위원회의 판결은 합법적인 것이었으며, 조선전업 노동자들은 공무원이 아니므로 그들의 파업 예고는 합법적인 것이라고 주장하였다.

노사갈등이 정부부처 간의 갈등으로 발전되고 쟁의가 단전파업의 직전에 이르게 되자, 이승만 대통령이 조선전업 문제에 직접 개입하였다. 1949년 5월 15일 이승만은 조선전업의 경영진과 노조 대표를 경무대로 불러, 노사갈등의 직접 중재를 시도하였다. 이 자리에서 이승만 대통령은 조선전업 노조결성은 합법적이며, 경영진은 부당하게 해고된 노조간부를 복직시키고, 노조는 파업을 중단할 것을 명했다. 이와 함께 대통령은 대한노총 지도부의 분열 문제에도 관심을 표명하면서, '집권파'와 '혁신파'의 파벌싸움을 중재하기도 하였다.[2] 이로써 조선전업의 노사분쟁이 매듭지어지고, 상공부와 법무부를 비롯한 정부 관계부처들의 노조결성에 대한 간섭은 일단락되는 듯하였다.

하지만 1949년 7월 국가공무원법이 국회에서 통과되자, 대한노총은 교통부와 갈등을 겪게 되었다. 같은 해 8월 국가공무원법이 발효되자, 교통부는 대한노총 철도노조총연맹에 노조해체 명령을 내리고 교통부 내에 '현업조합'이라는 어용노조의 결성을 시도하였다. 이러한 상황에 직면하여, 달리 사태의 해결수단이 없었던 대한노총과 철도노조는 이승만 대통령에게 호의적 조처를 내려줄 것을 호소할 수밖에 없었다. 사실 이승만은 국가공무원법이 공표된 직후, 공보부를 통해 공무원법 발효에도 불구하고 철도노조는 계속 활동할 수 있다는 담화를 발표했었다. 그러나 교통부는 대통령의 담화가 법을 능가할 수 없다는 입장을 취하였고, 이에 따라 철도노조의 해체를 주장하였던 것이다. 그러나 대한노총의 진정을 받은 이승만 대통령은 즉시 교통부에 철도노조의 존속 및 '현업조합'의 결성을 중단할 것을 명하였다(김영태 1972, 174-75; 한국노총 1979, 357).

대통령의 결정은 철도노조의 생존과 활동의 보장이라는 차원을 넘어서는 매우 중요한 의미를 담고 있었다. 당시 대부분의 주요 회사들이 정부의 소유·관리하에 있는 적산기업체였기 때문에, 철도노조의 합법성에 대한 대통령의 승인은 나머지 국영기업에서도 노동조합의 결성과 활동이 가능함을 의미하는 것이었다. 즉 이승만 대통령의 국가공무원법에 대한 친노동적 유권해석은 노동자들의 조직공간(organizational space)의 확보라는 중요한 의미를 지니고 있었다.[3] 예컨대, 당시 상공부의 관리하에 있었던 광산기업체들 내의 노조들 및 그들의 전국조직인

2 이승만 대통령은 조선전업 분규를 조정하는 자리에서 대한노총의 파벌다툼을 중재하였으나 이후 결실을 보지 못하자, 1949년 7월 양 파벌 지도자를 경무대로 불러 다시 중재를 시도하였다. 이때 이승만은 대한노총의 위원장제를 최고위원제로 변경하여 양 파벌에서 각각 5명씩 최고위원을 선출하여 대한노총 내의 주도권 싸움을 방지하도록 조처하였다.

3 노동의 조직공간은 ① 일반 노동자들의 지지, ② 조직적 네트워크, ③ 고용주의 인정, ④ 국가의 인정 등의 네 가지 차원으로 구성된다(Valenzuela 1979, 323-326).

광산연맹은 국가공무원법으로 인해 그 합법성이 의문시되고 있었다. 이러한 상황에서, 대통령의 철도노조에 대한 호의적 결정은 상공부로 하여금 광산노조의 합법성을 인정하게끔 하는 계기가 되었던 것이다. 이로 인해 대한노총은 정부수립 직후 전개된 어려운 상황을 극복할 수 있었고, 계속해서 그 조직적 기반 및 멤버십 확장을 시도할 수 있게 되었다. 그 결과, 1948년 초 378개의 노동조합과 45,921명의 노조원을 보유하고 있던 대한노총은 1년 후 683개의 노조와 128,018명의 조직원을 거느린 조직으로 성장할 수 있었다(전국부두노동조합 1979, 143).

2. 친노동정책 선택의 배경

왜 이승만 대통령은 노조결성 및 노사분쟁 과정에서 노동에게 호의적인 조치를 취했는가? 첫째, 당시 남한에서의 정부 수립 및 북한에서의 사회주의 정권의 성립과 관련된 국내외적 상황은 대통령의 친노동적 정책선택을 이해하는 단초가 된다. 이승만 정부는 해방 이후 3년에 걸친 좌우익 투쟁이라는 배경하에서 탄생한 우익 정권이다. 해방 후 짧은 기간 동안, 좌익의 정치적 상승은 기본적으로 그들이 제시한 토지 및 노동에 대한 진보적인 정책노선이 대중들의 광범한 지지를 이끌어내는 데 성공했기 때문이었다.[4] 비록 지정학적 이유로 인해 남한에서의 좌우익 투쟁은 좌익의 몰락으로 마감되었지만, 우익의 승리 그 자체가 진보적 정책을 선호하는 남한 내 사회적 분위기의 소멸을 의미하지는 않았다. 더구나 38선을 경계로 적대적 경쟁관계에 있는 좌익 정권의 존재, 그리고 북한에서의 혁명적인 토지개혁 및 노동정책의 실행[5]은 이승만에게 개혁적이며 대중지향적인 정책선택

4 예컨대, 조선신문기자회가 서울 시민 2,495명을 대상으로 1947년 7월 3일 실시한 가두여론조사에 의하면, '토지개혁의 방식'을 묻는 설문에 대해 응답자의 68%가 '무상몰수·무상분배'를, 17%가 '유상몰수·유상분배'를, 10%가 '유상몰수·무상분배'를 선호하는 것으로 나타났다(국사편찬위원회 1972, 22).

5 북조선 임시인민위원회는 1946년 3월 5일 '북조선 토지개혁에 관한 법령'을 공포하고 지주의 토지를 몰수하여 농민들에게 무상분배하는 토지개혁을 실시하였다. 그리고 같은 해 6월 24일 '북조선 노동자 및 사무원에 대한 노동법령'과 7월 30일 '북조선 남녀평등에 관한 법령'을 공

을 강요하는 비일상적 유인요소를 제공하고 있었다. 다시 말해, 이승만은 남한 내에 잠재해 있는 혁명적 요소의 제거 혹은 중화를 위해, 그리고 국민형성과 체제안정을 위해 친노동적인 정책선택이 필요했던 것이다.[6]

둘째, 정부수립 직후 급격히 변화된 사회연합의 세력판도 역시 이승만의 정책선택에 영향을 주었다. 해방 직후, 치열한 좌우익 정치투쟁하에서 거의 모든 보수우파 사회세력들은 '반공'의 가치 아래 일사불란하게 정렬해 있는 듯 보였다. 그러나 일단 좌우익 대결이 우익의 승리로 마감되자, 우익 정치집단들 사이의 이념적 일체감 및 동지적 유대감은 급속히 사라지고, 권력을 향한 기회주의적 태도가 팽배하게 되었다(Kim 1976, 115). 즉 좌익이라는 공동의 적이 사라진 새로운 정치상황의 도래는 우익 정치세력들의 이합집산을 초래하였다. 그 대표적 사례가 한민당과 이승만 간의 관계 변화이다.

한민당은 창당 이후 이승만이 대통령이 될 때까지 앞장서서 그를 지지해온 대표적 보수우익 정당이었다. 하지만 대통령에 취임한 이승만은 한민당 지도부에게 정부의 주요 직책을 맡기는 것을 거부하였다. 이승만의 한민당에 대한 견제는 제헌헌법 초안 작성 당시 한민당이 보여준 정치적 야심에 대한 경계심에서 비롯되었다. 즉 이승만과 경쟁할 수 있는 강력한 지도자가 없는 한민당은 내각책임제를 채택하여 이승만을 상징적 국가원수의 자리에 앉히고, 대신 실질적 권력을 보유하는 내각을 장악하려고 했다. 이러한 시도는 결국 이승만의 강력한 반발로 무위에 그쳤지만, 한민당의 지원을 받아 국회에서 대통령에 선출된 이승만은 한민당을 내각 구성에서 철저히 소외시켰다(심지연 1982, 109-111).

불붙기 시작한 한민당과 이승만의 권력투쟁은 대한노총에 유리한 정치적 환경을 조성했다. 당시 대부분의 기업가들 그리고 대지주들은 한민당의 주된 자금

포하여 노동시간, 휴가, 임금, 작업규율 및 노동동원, 인력양성, 산업위생, 여성보호, 의무적 사회보험제 등 노동자의 기본 권리와 최저생활 보장을 규정하였다.

6 이승만 대통령의 민중적이며 개혁적 제스처는 초대 내각 구성에서도 보여진다. 예컨대, 과거 공산당의 멤버였으며 농지개혁의 주창자인 조봉암을 농림부장관에 임명하였고, 우익 노동운동의 선봉장이었던 전진한을 보사부장관에 임명하였다.

원이었던 까닭에, 한민당은 국회에서 적극적으로 기업가의 이익을 대변하는 입장에 있었다. 반면에 대한노총은 이승만을 자신의 명예고문으로 모시고 있는 입장이었다. 이런 의미에서 대한노총과 자본가 집단을 둘러싼 사회적 권력관계는 한민당과 이승만이라는 두 진영으로 서서히 재편되고 있는 듯했다. 노사갈등이 심화되면서 곤경에 처한 대한노총이 이승만에게 도움을 청했을 때, 대통령은 대한노총의 요청을 거절할 이유가 전혀 없었다. 오히려 이승만은 서서히 등장하고 있는 반대세력에 대항하여 자신의 대중적 지지기반을 생성·확보해야 할 상황에 직면하고 있었다.

셋째, 행정의 효율성 및 법률적 합리성을 근거로 한 국가 관료의 반대에도 불구하고 이승만 대통령이 친노동정책을 선택했던 것은 가부장적인(patrimonialism) 정권의 성격과도 밀접한 관련을 가지고 있었다.[7] 비록 이승만 정권은 외형상 자유민주주의를 골격으로 삼권분립 및 개방된 정치참여 공간을 허용하고 있었지만, 초기부터 가부장적 경기의 규칙 및 규범을 내재화할 수 있는 구조적 요소를 지니고 있었다. 즉 정치사회의 이념적 동질성, 시민사회의 미발전, 국가기구에 포진하고 있는 고위관료들의 친일경력, 그리고 이승만 개인의 카리스마는 정부·여권 내에 가부장적 정치역학을 생성시키기에 충분한 것이었다. 다시 말해, 대통령으로부터 물질적 보상 및 지위의 보장을 얻어내기 위해 지배엘리트 간의 충성심 경쟁이 주요한 경기의 규칙으로 자리 잡아가고 있었다(김영명 1992, 183-188). 이러한 상황에서 어느 국가 관료집단도 감히 대통령의 결정에 대해 문제를 제기할 수 없었다.

3. 후원-피후원 관계 형성

과거 이승만과 대한노총의 관계에 비추어 볼 때, 1949년 이승만의 친노동정

7 가부장적 체제의 핵심적 특징은, 통치자가 지지를 강요할 강제력이 부족한 상태에서 개인적 추종자들에게 물질적 보상 혹은 지위의 보장을 통해 자신의 권력을 유지·강화하는 것이다. 따라서 가부장적 체제하에서는 후원-피후원 관계 및 지대추구 등이 일상화된 경기규칙으로 등장하기 쉽다(Crouch 1979; Snyder 1992).

책의 선택은 기존의 묵시적인 후원-피후원 관계(patron-client relations)의 강화를 의미하는 것이었다. 원래, 대한노총은 전평 주도의 좌익 노동운동에 대항하기 위해 다양한 우익 정파의 청년단체들이 모여 조직된 일종의 우익 전위대였다. 1945년 12월, 약 40여 개의 우익 청년단체들은 이승만과 김구를 각각 총재와 부총재로, 전진한을 위원장으로 하는 대한독립촉성전국청년총연맹(독청)을 결성하였다. 이후 독청의 조직력과 기동력을 기반으로 1946년 3월 대한노총이 결성되었는데, 이때 이승만을 비롯한 김구, 김규식, 안재홍, 조소앙 등이 대한노총의 고문으로 추대되었다(임송자 2003). 따라서 독청의 뒤를 이은 대한노총의 지도부는 다양한 우익 정파들의 연합체적 성격을 띠고 있었다. 때문에, 1949년 당시 이승만이 비록 대한노총의 고문으로 있었으나, 그렇다고 대한노총이 그의 절대적 영향력하에 있었던 것은 아니었다.

그러던 대한노총이 이승만의 적극적 지지자로 나서게 된 것은 우익의 지도부가 '단독정부노선'과 '남북협상노선'으로 양분된 이후였다. 노선을 둘러싼 우익 지도부의 분열은 1947년 11월에 이루어진 유엔의 결의("유엔 감시하의 남북한 총선"을 통한 독립정부 수립)에 대한 북한과 소련의 반대가 결정적인 계기가 되었다. 북한 지역에서의 총선이 불가능하게 됨에 따라, 다음해 3월 1일 유엔 임시한국위원회는 투표가 가능한 남한 지역만의 총선 실시를 결정하였다. 유엔의 결정은 우익 지도부를 '단독선거반대·남북협상' 노선(김구·김규식)과 '총선을 통한 단독정부 수립' 노선(이승만)으로 양분시켰다. 이에 따라, 우익단체들은 두 노선 중 하나를 선택해야 하는 상황에 직면하게 되었다. 한민당, 독촉국민회, 그리고 대부분의 청년단체들은 단정노선을 선택하였고, 한독당을 비롯한 조선건국청년회, 한국청년회, 삼균주의청년동맹 등은 단독선거 반대와 남북협상추진을 지지하였으며(류상영 1989, 74-75), 잔존 좌익단체들은 마지막 사력을 다해 남한에서의 총선 저지에 나섰다. 이승만으로서는 총선 반대를 주장하는 세력들을 단순하게 무시할 상황이 아니었다. 김구는 이승만의 명성에 못지않게 국민의 존경을 받는 지도자이며, 과거 반탁운동을 통해 미군정이 놀랄 정도의 정치적 권위와 동원능력을 보여준 인물이기 때문이었다. 또한 좌익세력은, 비록 중앙무대에서는 정치적 힘을 상실하였으나, 여전히 일부 지방에서 강력한 영향력을 발휘하고 있었기 때문에 그들의 총선 방해 활동 역시 방관할 수 없었다. 이에 따라 김구의 남북협상노선에 대항하여 총선의 정치적 정당성을 확보하고 좌익의 선거방해공작을 분쇄하기 위해서라도, 이승만은 전국적 조직망과 대중적 멤버십을 보유하고 있는 대한노총과 같은 사회단체의 지지가 절실히 필요한 상황이었다.

남한만의 선거 실시를 둘러싼 지지와 반대라는 정치적 쟁점에 직면하여, 대한노총 지도부는 이승만 노선과 김구 노선 중 어느 쪽을 지지할 것인가를 둘러싸고 한 차례 내부 진통을 겪어야 했다. 그러나 그 진통은 오래가지 않았다. 당시 대한노총 재원의 상당부분은 이승만 노선을 지지하는 한민당 계열로부터 충당되고 있었기 때문에, 한독당과 연계를 가지고 있는 일부 노조지도자들의 반대에도 불구하고, 대한노총은 이승만 노선을 선택해야만 했다(김중렬 1972, 216). 일단 노조지도부의 정치적 입장이 결정되자, 대한노총은 산하조직과 인적자원을 총동원하여 적극적으로 이승만 노선의 지지 캠페인을 전개하였다. 좌익의 선거 방해공작을 분쇄하기 위해 대한노총은 좌익과의 물리적 충돌도 불사하였으며, 남북협상추진파의 총선 거부운동에 대항하여 중앙선거대책위원회를 구성하였으며, 심지어 대한노총의 주요 간부들이 직접 총선에 출마하기도 하였다.[8]

이러한 경험은 집권 이후 이승만이 '후원－피후원' 관계에 기초한 친노동정책을 형성하게 되는 중요한 배경이 되었다. 1948년의 5·10 총선 이후, 대한노총 지도부 내에는 이승만을 자신들의 후원자(patron)로 간주하는 경향이 강하게 등장하였고, 이승만 역시 대한노총을 자신이 보호해야 할 충성스런 피후원자(client)로 생각하였다. 단독정부 수립 직후, 조직의 생존 위기에 처한 대한노총은 자연스럽게 대통령인 이승만에게 그 해결책을 기대하였고, 점증하는 정치적 반대세력에 대처하여 이승만은 충성스런 지지자인 대한노총을 자신의 영향력하에 남겨둘 필

8 당시 총선에 후보자로서 참여했던 대한노총 간부들은 모두 6명이었다. 그 가운데 노총 위원장이었던 전진한만이 제헌국회에 진출하였다(한국노총 1979, 295).

요가 있었다. 그리고 이승만의 호의적인 조치에 보답하기 위해, 대한노총은 산하 노조와 조합원들을 동원하여 대통령의 대내외정책을 열렬히 지지하였다. 예컨대, 1949년 6월 대한노총의 주최로 '국토방위 노동자 총궐기대회'가 열렸고, 같은 해 7월과 10월에는 각각 반공궐기대회 및 공군기 헌납운동을 전개하였다. 또한 대한노총은 1950년 1월 서울운동장에서 미국의 대한경제원조를 촉구하는 노동자 집회를 가졌으며, 같은 해 2월에는 공장노동자 약 3천여 명을 동원하여 야당의 개헌안에 반대하는 궐기대회를 개최하기도 하였다(한국노총 1979, 350-351).

II. 약탈적 후원으로 전환

제1공화국 초기에 형성되었던 국가-노동의 수혜적 포섭관계는 한국전쟁을 겪으면서, 피후원자인 노동의 일방적인 희생만을 강요하는 약탈적 후원(predatory patronism)으로 변모하였다. 이러한 관계 변화의 기본 동인은 일련의 정권 생존의 위기상황에서 촉발되었다. 이러한 일련의 비일상적 상황은 국회를 포함한 사회세력관계의 변화를 초래하였고, 이는 궁극적으로 국가 노동전략의 수정을 가져왔다.

1. 한국전쟁: 대내외적 상황의 변화

1948년 여름, 이승만은 국회의원에 의한 대통령 선출이라는 헌법조항 제정에 대해 별로 신경을 쓰지 않았다. 당시 이승만의 대통령 당선은 그 자신은 물론 대부분의 국민들에 의해 당연한 사실로 받아들여졌기 때문에, 대통령 선출방식은 이승만의 관심 밖의 사항이었다(Oliver 1978, 387). 국회의 압도적인 지지로 대통령에 당선된 직후, 이승만의 한민당에 대한 정치적 견제는 한민당의 강력한 반발을 낳았다. 하지만 한민당의 정치적 도전은 이승만의 정치적 권위에 치명타를 입힐 정도로 위협적인 것은 아니었다. 1949년 2월 대한국민당과의 통합을 통해 당세를 확장한 한민당(민주국민당으로 개칭)은 1950년 3월 이승만 대통령을 실권 없는 상징적 국가원수로 밀어내고 정권을 장악하기 위해 내각책임제 개헌안을 국회에 제출하였다. 그러나 한민당의 적극적인 개헌 노력에도 불구하고, 개헌안은 부결되고 말았다(한태수 1961, 117-119).

뒤이은 한국전쟁의 발발과 전개는 정치지형을 크게 바꾸어 놓았다. 전시 상황에서 이승만 대통령의 실정은 그에 대한 국회의 지지를 급격히 떨어트려 정치사회로부터의 '정당성의 위기' 현상을 초래하였으며, 아울러 전쟁으로 인한 국민경제의 파괴 및 마비 현상은 곧바로 '축적의 위기'라는 비일상적 상황을 연출하였다.

첫째, 대통령 선출권을 보유하고 있는 국회의원들의 이승만에 대한 지지 철회는 이승만의 재임을 위협하는 심각한 장애물로 등장하였다. 국회에서 이승만에 대한 불신임 분위기의 확산은 그의 전시정책들과 밀접한 관련이 있는 이른바 '국민방위군사건'과 '거창사건'에서 비롯되었다(한태수 1961, 122-126; Henderson 1968, 164; Pak 1980, 94). 국민방위군은 전시정책의 일환으로 1950년 12월 정부에 의해 급하게 조직되었다.[9] 1951년 1월 중공군의 한국전쟁 참여로 전황이 불리해지자, 유엔군을 비롯한 한국군과 국민방위군은 남쪽으로 후퇴하지 않을 수 없었다. 후퇴작전 도중, 천 명 이상의 국민방위군이 보급품의 부족으로 기아와 추위에 병들어 사망하는 사건이 발생하였다. 국회는 즉시 이에 대한 진상조사에 착수하였다. 그 결과, 국민방위군의 보급품들이 방위군 간부들에 의해 횡령되었으며, 국민방위군의 일부 예산이 친(親)이승만 정치세력에 의해 유용되었음이 폭로되었다. 한편, 거창사건은 공비토벌 작전 중 국군이 경남 거창군 신원면에서 주민 수백 명을 공비에 가담했다는 이유로 살해한 사건으로 1951년 2월 발생했다. 사건이 알려지자 국회는 조사단을 파견했는데, 지역 계엄군은 국회조사단의 현지답사를 방

9 국민방위군은 1950년 12월 제정된 '국민방위군 설치법'에 따라 만 17세에서 40세 미만의 장정들로 구성된 일종의 예비병력부대였다.

해하여 더욱 사태를 악화시켰다.

이 두 사건으로 인해, 국회 내에는 이승만 대통령에 대한 불신임 분위기가 급속히 확산되어 국회의원들의 새로운 이합집산을 촉발하였다. 특히 이 과정에서 제2대 국회에서 절반 이상을 차지하던 상당수의 무소속 의원들(210명 의원 가운데 126명이 무소속)이 반(反)이승만 그룹에 가담하였다. 당시 내무·국방·법무장관이 사건의 책임을 지고 사직하였으나, 국회의원들의 정부에 대한 불신은 회복되기 어려운 상황으로 치달았고, 마침내 이시영 부통령이 이승만 정부에 대한 항의의 표시로 부통령직을 사임하기에 이르렀다. 1951년 5월에 치러진 부통령 보궐선거에서 민주국민당(전 한민당)의 최고위원인 김성수가 당선됨으로써, 국회 내의 이승만 대통령에 대한 불신 분위기는 확실한 사실로 확인되었다(한태수 1961, 126). 이에 대응하여, 이승만과 그의 추종자들은 대통령직선제 개헌안을 국회에 제출하였으나, 1952년 1월 국회는 직선제 개헌안을 143 대 19로 부결시켰다.

둘째, 한국전쟁으로 인해 국민경제는 축적의 위기에 직면하였다. 전쟁은 약 100만 명에 달하는 민간인 사상자를 낳았으며, 민간 주택을 비롯한 주요 생산시설 및 사회간접자본들을 파괴하였다. 이러한 인적·물질적 피해는 1950~51년 사이에 집중적으로 발생하였는데, 이는 국민경제의 심각한 생산 위축을 초래하였다(Lee 1968, 57). 〈표 4〉에서 보듯이, 경제성장률은 급속히 떨어져 1950년에 −15.1% 그리고 1951년에는 −6.1%를 기록하였다. 특히 생산의 위축은 2차 산

표 4 한국전쟁 기간의 경제 동향

연도	1차산업	2차산업	3차산업	국민총생산
1949	4.5%	33.9%	10.9%	9.7%
1950	−10.5%	−34.7%	−15.5%	−15.1%
1951	−15.3%	−16.1%	8.4%	−6.1%
1952	−0.6%	43.7%	16.6%	8.0%
1953	29.5%	60.3%	15.4%	25.7%

출처: 한국은행. 1963. 『경제통계연보』, 10-11.

업이 가장 심해 1950년에 −34.7%, 1951년에 −16.1%의 성장률을 보였다. 그러나 1952년 이후, 38선을 경계로 전선(戰線)이 안정되어가고, 미국의 군사·경제 원조가 본격화되면서 국민경제는 빠르게 회복되기 시작하였다. 그 결과, 1952년에는 8%, 그리고 1953년에는 무려 25.7%의 경제성장률을 보였다.

미국의 대규모 경제원조는 새로운 사회세력의 출현을 촉발시켰다. 특히 미국의 경제원조는 해방 이래 서서히 진행되어 왔던 도시화와 대중교육이라는 두 근대화 과정을 가속시켜, 이른바 '사회적 동원'(social mobilization)[10] 현상을 촉발하고 있었다(Lee 1968, 67). 그 결과, 당시 우리사회에는 지식인과 학생 그리고 도시 중산층 등 '정치적으로 의식이 있는' 계층이 출현하고 있었다. 이와 더불어, 대규모 미국원조의 유입은 해방 이후 서서히 등장하기 시작한 새로운 기업가 집단의 성장을 가속화시켰다. 이들 기업가 집단은 전쟁의 혼란 속에서 빠르게 성장하였고, 전후 한국사회의 새로운 사회세력으로 자리 잡아가기 시작했다.

2. 약탈적 후원관계의 등장

한국전쟁은 정치사회의 재정렬과 시민사회에 새로운 계층의 등장을 촉발하였다. 특히 전쟁 와중에 국회 내에서 발생한 새로운 정치연합의 출현은 이승만 정권의 생존을 위협할 정도로 중대한 것이었다. 국회의원들의 불신으로 재선 가능성이 희박해진 이승만에게는 기본적으로 두 가지의 대안적 생존전략이 존재하였다. 그 하나는 자신의 카리스마적 리더십을 이용하여 반대 의원들에 대한 국민적 비판운동을 전개함으로써 그들에게 자신을 지지하도록 정치적 압력을 가하는 것이었고, 다른 하나는 물리력을 동원하여 대통령 직선제의 헌법 개정을 달성하는 것이었다(Allen 1960, 141). 그러나 각각의 대안들은 몇 가지 결점을 지니고 있었다. 먼저, 첫 번째 전략은 기존의 헌법 테두리 내에서 재선을 위한 작업이 진행되

10 '사회적 동원'이란 오래된 사회적, 경제적, 심리적 패턴이 침식·와해되고, 새로운 패턴의 사회화와 행태가 등장하는 사회변화의 과정을 의미한다(Deutsch 1961).

기 때문에, 이승만이 재선된다 하더라도 이후 국회의 헌법적 특권을 견제할 수 있는 방법이 전혀 없었다. 그리고 두 번째 전략은 미국의 심한 반대가 예상되었고, 그것이 성공한다 하더라도 국회의 정치적 저항으로 이승만의 권위는 손상당할 가능성이 매우 높았다.

이승만의 선택은 위의 전략들을 적절히 조합한 권위주의적이며 동시에 다분히 민중주의적 냄새를 풍기는 제3의 대안이었다. 그가 선택한 대안은 대체로 세 가지의 핵심전략으로 구성되었다. 첫째, 그의 후원하에 있는 사회집단들을 동원하여 국민여론을 조작하는 것이며, 둘째, 국회 내의 가장 적극적인 반대자인 민주국민당의 재정적 기반을 무너트려 저항력을 약화시키고, 셋째, 국가의 강제기구들을 동원하여 국회 내의 반대자들을 위협함으로써 헌법 개정을 강요하는 것이었다. 즉 이승만은 그가 후원하고 있는 대중적 사회단체들의 정치적 동원을 통해 우호적인 여론을 만들어냄으로써 헌법 개정에 대한 미국의 비판을 중화시키고, 반대당(민주국민당)의 물적 기반을 약화시킴으로써 현저한 억압 없이도 반대당의 목소리를 잠재울 수 있다고 판단하였다. 그리고 최종적으로 자신의 정당을 생성·강화함으로써 안정된 권력기반을 창출하려 하였다.

1952년 2월 대통령 직선제 개헌안이 국회에서 부결되자, 이승만은 이른바 원외자유당과 산하 사회단체들을 동원하여 조직적으로 '개헌안 부결반대 민중대회'를 개최하였고, '국회의원 소환운동'을 전개하였다. 이러한 활동들은 이승만의 재선을 위한 우호적인 사회적 분위기 및 여론의 조성을 위한 것이었다. 더불어, 이승만은 "헌법 조항보다는 국민의 의사가 더욱 중요하다"고 주장하면서, 헌법 개정을 거부할 경우 국회를 해산시키겠다는 공개적 위협도 불사하였다(Kim 1976, 146). 그리고 1952년 5월, 좌익 게릴라의 준동을 명분으로 계엄을 선포한 가운데 몇몇 반대 정치인들을 체포하는 등의 공포분위기를 조성하였다.

다른 한편, 이승만은 한국전쟁으로 그 정책적 집행이 지연되었던 '귀속재산 처리법'과 '토지개혁법'을 적극적으로 추진하기 시작하였다.[11] 토지개혁의 기본원

11 '귀속재산 처리법'은 1949년 12월에, 그리고 '토지개혁법'은 1950년 5월에 제정되었다.

칙에 의하면, 실질 경작자에게 토지를 불하하되 경작자는 토지 값으로 평년 주곡 수확의 1.5배를 5년에 걸쳐 정부에 상환하고, 지주는 평년작의 1.5배에 달하는 지가를 정부로부터 받되 지주가 원하는 경우 일본인 소유의 귀속재산을 불하받을 수 있게 하였다. 따라서 지주들의 입장에서 볼 때, 토지개혁은 토지 몰수적 성격이 강하였다. 또한 귀속재산을 불하하는 과정에서 한민당계의 지주들에 의한 귀속재산 불하는 철저히 배제되었고, 대신 친자유당계의 기업인들에게 특혜가 주어졌다(서재진 1991, 66-68).

이승만의 재선을 위한 캠페인은 강압적 헌법 개정으로 그 절정을 이루었다. 이승만의 3차원적 전략은 국회의원들의 반대 목소리를 효과적으로 봉쇄하였고, 1952년 7월 대통령 직선제 개헌안을 권위주의적 방식으로 통과시켰다. 국민 직접 투표에 의한 대통령선거에서 이승만의 승리는 확정적인 것이었다. 비록 국회의 불신을 받고 있는 이승만이었지만, 당시 그는 일반국민들로부터 국부(國父)로 추앙받고 있었다. 뿐만 아니라, 경찰조직과 우익청년단체(조선민족청년단)의 지원을 받고 있던 이승만과 자유당은 선거동원력에서 경쟁후보들과 야당들을 크게 압도하고 있었다(Allen 1960, 149-151). 따라서 국민직선제로 치러진 1952년 8월 5일 대통령선거에서 이승만은 74.6%의 지지율로 손쉽게 재선에 성공하였다.

이승만의 생존전략 가운데 흥미 있는 대목은 구 한민당 세력을 지지하는 지주와 기업가들이 제거되고, 친자유당 기업가 세력의 형성 및 포섭이 시도되었다는 점이다. 그리고 이를 실현시키는 구체적 정책수단으로 '귀속재산 처리법'과 '토지개혁법'을 통한 민영화 정책을 이용하였다는 점이다. 그러나 이승만의 새로운 지배연합의 형성 노력은 기존 지배연합의 일원이었던 대한노총과의 갈등을 야기하였다. 1949년 제정된 '귀속재산 처리법'의 15조에 의하면, "귀속재산은 … 사상이 온건하고 운영능력이 있는 선량한 연고자·종업원 … 에게 우선적으로 매각한다"는 '연고자 우선 원칙'을 규정하고 있었다(한국노총 1979, 360). 1951년 이후 '귀속재산 처리법'이 본격적으로 시행되자, 당시 국내 최대 규모이던 조선방직 사장과 종업원들은 '귀속재산 처리법' 15조에 고무되어 조선방직을 불하받기 위한 모금운동을 벌이는 등 인수 준비에 착수하였다.[12] 그러나 정부는 귀속재산처리에 있어서 연고권을 무시하고 이승만과 개인적 연고를 지닌 기업인 강일매와 수의계약을 맺음과 동시에 그를 조선방직의 사장으로 발령하였다(한국노총 1979, 360). 즉 자유당의 안정적 정치자금원을 구축하기 위해, 당시 국내 최고의 수익을 올리던 조선방직을 이승만과 개인적 친분이 있는 기업인에게 불하하려고 시도하였던 것이다.

조선방직 노동자들의 좌절은 새로 부임한 사장(강일매) 및 경영진들과의 노사분규로 번졌고, 마침내 정치적 쟁점으로 발전하였다. 1952년 1월 조선방직 노조원 1천여 명이 국회의사당 앞에서 시위를 감행하였으며, 대한노총 조선방직쟁의 대책위원회는 강일매 사장의 파면을 요구하면서 3월 3일을 기해 총파업에 돌입할 것임을 발표하였다. 이에 국회는 진상조사단을 현지에 파견하였고, 같은 해 2월 29일 강 사장의 퇴진과 노조의 파업 중지를 요구하는 결의안을 93 대 0으로 통과시켰다. 국회 결의안이 채택되자, 대한노총은 정부의 선처를 기대하면서 파업 계획을 당분간 유예하기로 결정하였다. 그러나 기대와 달리, 강 사장에 대한 상공부의 지지는 계속되었고, 정부의 지지를 확인한 사장은 노조원을 계속 탄압하였다. 이에 대항하여, 당시 국회의원이자 대한노총의 위원장이던 전진한은 3월 13일을 기해 파업에 돌입할 것이며, 회사 측의 부당행위를 국제노동기구(ILO)에 보고할 것임을 천명하였다(한국노총 1979, 362-64). 이로써 조선방직의 노사분규는 국회-대한노총 대 정부-회사의 대결로 발전하고 있었다.

당시 결사적으로 재선 캠페인을 벌이던 이승만에게 조선방직의 분규는 심각한 문제였다. 이승만은 조선방직분규를 해결하기 위한 모든 정치적 수단을 동원

12 원래 조선방직회사는 일제하에서 일본인에 의해 설립되고 경영되어 왔던 기업으로 독립 이후 국가(상공부)에 의해 관리되던 종업원 6천여 명을 거느린 국내 최대의 적산기업체 중의 하나였다. 한국전쟁 당시, 국내의 대부분의 면방직 공장들이 파괴되거나 조업 불가능 상태에 있었기 때문에, 조선방직은 군·민수(軍民需) 공장으로 국내 유일한 생산 공장이었으며 국내 최대의 수익을 올리는 기업체였다. 그리고 당시 공장관리인이었던 정호종(鄭浩宗) 사장은 해방 이전에 조선방직의 방적과장 출신의 엔지니어였다(안종우 1972).

하였다. 경찰을 동원한 강압적 방법이 실패하자, 대한노총 지도부의 파벌(전진한의 주류와 그를 반대하는 비주류)을 활용하였다. 즉 비주류를 동원하여 이른바 '대한노총 정화위원회'를 구성하고 정화위원회로 하여금 대한노총이 조선방직 분규에 개입하는 것을 반대하도록 하였으며, 나아가 조선방직 노동자의 분열을 꾀하도록 조종하였다. 또한 이들 비주류 지도부는 조선방직 경영진과 함께 노동자들의 노조활동을 공산주의자들을 돕는 이적행위로 고발하였고, 경찰은 조선방직 분규 가담자들을 내란음모 및 간첩 협의로 체포·구금하였다(김낙중 1982, 150). 정부의 강압적 조치에도 불구하고, 노동자들의 항의가 더욱 격렬해지고 이에 동조하는 외부 집단들마저 등장하자, 이승만 대통령이 직접 노사분규에 개입하였다. 그는 담화문을 통해, 노사분규의 즉각 중단을 촉구하였다. 전시(戰時) 노동쟁의는 공산주의자들을 돕는 이적행위라는 대통령의 경고에, 대한노총은 노동자들에게 쟁의중지와 공장복귀를 발표할 수밖에 없었다(한국노총 1979, 365).

당혹스런 조선방직 노사분규를 경험한 직후, 이승만은 노조와의 관계를 재정립하기 시작하였다. 먼저 대한노총 지도부 중 조선방직 노조활동을 적극 지원했던 전진한 위원장을 비롯한 이른바 주류세력에 대한 제거작업이 착수되었다. 1952년 11월 이승만의 지지를 받고 있는 비주류 세력은 대한노총 전국대의원회의를 개최하여 전진한 위원장을 탈락시키고 친(親)이승만 계의 최고위원 3인을 선출하였다. 이 전국대의원회의에서 대한노총을 자유당의 기간단체화하려는 의지가 담긴 이승만 대통령의 메시지가 발표되었다. 그 내용은 대한노총이 "3인을 뽑아 천거하면 (대통령이) 그중에서 1인을 택하여 1년 동안 자유당 중앙위원"으로 위촉한다는 것이었다(김낙중 1982, 167). 이후 대한노총의 자유당 기간단체화 작업은 대한노총의 최상층 지도부에게 자유당 중앙위원회 위원직을, 그리고 연맹수준의 지도부에게 중앙당의 중간 수준 간부직이나 지방당의 최고위 간부직을 할애하는 방식으로 구체화되었다(조돈문 1996, 166). 이러한 조치들은 조선방직 분규와 같은 사태를 되풀이하지 않기 위해, 그리고 대한노총을 자유당의 충성스런 지지자로 묶어놓기 위한 제도적 장치였다. 달리 표현하면, 이는 후견자인 이승만의 정치적 이익을 위해 조직노동의 무조건적 희생을 요구하는 약탈적 후원관계의 정립을 위한 조치였다.

Ⅲ. 약탈적 후원의 공고화와 그 결과

약탈적 후원관계는 시간이 갈수록 더욱 강화되는 양상을 보였다. 그 결과는 지극히 반(反)노동적인 것으로, 대한노총 지도부는 이승만과 자유당에 정치적으로 매수되었고, 사업장의 노조 간부들은 고용주에 의해 포섭되었다. 이에 반발하는 노동의 움직임은 국가에 의해 탄압되거나 회유되었다. 이러한 상황은 노동자들의 불만을 지속적으로 누적시켰다.

1. 약탈적 후원관계의 공고화

이승만의 대한노총에 대한 약탈적 후원관계는 경쟁력을 갖춘 야당이 출현함에 따라 더욱 공고화되어 갔다. 1954년 5월 총선에서 자유당의 일방적인 승리는 민주국민당을 중심으로 하는 범야권 보수대연합의 형성을 자극하였고, 이러한 보수 야당들의 연합전선 구축작업은 마침내 1955년 9월 민주당의 창당으로 이어졌다. 1956년 5월에 실시된 정·부통령 선거전에서 민주당은 과거 어느 정당보다도 훨씬 강력한 도전자임을 보여주었다. 선거전에서 민주당은, 경찰을 비롯한 국가기관의 방해와 탄압에도 불구하고, 자유당과 거의 대등한 대중 동원력을 보여주었다. 특히 대도시의 유세에서 민주당 후보에 대한 일반시민들의 지지는 자유당의 그것을 훨씬 능가한 압도적인 것이었다(Han 1974, 22). 그러나 투표일 며칠 전, 민주당 대통령 후보인 신익희의 갑작스런 죽음으로 이승만은 별 어려움 없이 대통령에 당선되었다. 하지만 이승만은 1956년 선거에서 55.7%의 지지율을 획득함으로써, 1952년 선거에서의 지지율 74.6%에 비해 19% 가량의 지지율 하락을 경험해야 했다. 이는 이승만과 자유당에 대한 국민적 지지가 4년 전에 비해 현저히 낮아졌음을 보여 주는 대목이었다. 더욱 극적인 사태의 전개는 부통령에 민주당 후보인 장면(41.7%)이 자유당 후보인 이기붕(39.6%)을 누르고 당선되었다는 점이다. 특히 장면의 승리는 이승만의 고령(1956년 당시 81세)을 염려하고 있던 자유당 간부들에게는 당혹스런 사건이었다. 왜냐하면 부통령의 지위는 대통령 유고시 그를 승계하는 직책이기 때문이었다.

민주당과의 치열한 선거경쟁은 자유당과 신흥기업가들 간의 연합형성을 부채질하였다. 자유당은 선거경쟁에서의 우위를 확보하기 위해 더 많은 정치자금을 필요로 하였고, 해방 이후 등장하기 시작한 신흥기업가들은 그들 사업의 다양화 및 산업자본화를 위해 정부의 정책적 배려가 절실한 상황이었다(Haggard and Moon 1993, 62). 한국전쟁으로 인한 사회적 혼란과 미국으로부터 대규모 경제원조의 유입은 자유당과 신흥기업가 집단 사이의 공생적 교환관계 성립에 호기를 제공하였다. 이미 귀속재산의 민영화정책을 통해 친자유당 기업인을 양성하기 시작한 이승만 정부는 외국원조자금 및 물자의 분배, 수입허가, 그리고 환율정책 등의 다양한 정책수단들을 동원하여 기업인들과의 유착을 강화하였다. 이 과정에서 정부는 기업인들에게 정책적 특혜를 부여하였고, 특혜를 받은 기업인들은 그 대가로 자유당에 정치자금을 기부하는 정치적 유대관계가 형성되고 있었다(Kim 1976; Jones and Sakong 1980, 270-273).

신흥기업인 집단과 자유당 간의 연합은 한국전쟁 와중에 형성되기 시작한 국가-노동의 약탈적 후원관계를 강화시키는 요소로 작용하였다. 일제가 남겨놓은 권위주의적 노사관계 풍토하에서 이승만과 자유당은 노동과 자본의 두 집단을 동시에 피후원 집단으로 포섭하기란 매우 곤란한 일이었다. 왜냐하면, 두 피후원 집단 간의 갈등은 곧바로 지배연합의 약화를 의미하기 때문이었다. 그렇다고 정치자금의 확보를 위해 조직노동(대한노총)을 지배연합에서 완전히 배제할 수도 없었다. 이승만의 입장에서 볼 때, 대한노총은 여전히 다음 몇 가지 점에서 중요한 정치적 가치를 지니고 있었기 때문이었다.

첫째, 대한노총은 이승만의 부성적 리더십(paternalistic leadership)을 과시할 수 있는 수단적 가치를 지니고 있었다. 이는 이승만 자신이 '국부'(國父)로서 대접받고 처신하고자 하는 강한 욕망에서 비롯되고 있었다. 정부수립 직후 이승만이 자신을 지지해 줄 정당을 조직하지 않은 이유도 그의 유사 민중주의적 정치관(政治觀)과 깊은 관련을 지니고 있었다(Han 1974, 14). 결국 정치적 위기상황을 맞이하여 자신의 정당(자유당)을 창당·출범시켰지만, 이승만은 자유당이 일부 계층의 정당이기보다는 모든 대중을 대표하는 '국민 정당'임을 여전히 강조하였다. 즉 자유당의 정강정책에 노동자와 농민을 위한 정당임을 명백히 함으로써, 이승만은 자신이 일부 당파의 지도자가 아닌 일반 국민들의 아버지임을 보여주려고 노력하였다(김민하 1976, 83). 따라서 노동자들의 유일한 조직체인 대한노총은 이승만의 부성적 리더십을 과시하는 상징적 가치를 지니고 있었다.

둘째, 대한노총은 당시 소수에 불과했던 대중적 사회단체들 가운데 하나였다. 이승만과 자유당의 입장에서 볼 때, 민주적 헌법체계하에서 자신들의 권위주의적 통치를 정당화하기 위한 수단으로 대중동원을 통한 국민여론의 조작이 매우 중요했다. 이 점에서 대한노총은 이승만과 자유당에게 매우 중요한 정치적 가치를 지니고 있었다. 왜냐하면 당시 대한노총은 전국적 조직망을 갖추고 있는 그리고 비교적 잘 조직된 몇 안 되는 대중적 조직체였기 때문이다.

셋째, 이승만 정부는 격렬한 좌우익 투쟁을 배경으로 탄생한 정권이었다. 따라서 이승만 정부는 공산주의에 과민한 반응을 보이는 일종의 '레드 콤플렉스'(red complex)를 지니고 있었으며, 한국전쟁은 이러한 정권적 성격을 더욱 강화시켰다. 특히 이승만 자신은 해방 3년 기간 동안 좌익 노동운동의 강력한 정치적 영향력을 몸소 체험한 사람이었으며, 대한노총은 전평노동운동에 대항하였던 우익노동단체였다. 따라서 정권담당자의 입장에서 볼 때, 대한노총은 노동자 사회에서 사회주의적 요소의 제거 및 침투 방지라는 수단적 가치를 지니고 있었다.

자본과 노동의 동시적 포섭 및 노동의 통제를 위한 이승만의 선택은 약탈적 후원관계의 공고화였다. 그리고 그의 약탈적 후원관계는 다음의 두 가지 전략에 기초하였다. 그 하나는 후원-피후원 관계의 유지를 위한 대한노총 지도부에 대한 정치적 매수(cooptation)와 이를 통한 일반 노동자들의 정치적 동원이며, 다른 하나는 노동조합의 활동을 시장 상황에 최대한 노출시켜 노조의 협상력을 약화시키는 것이었다.[13] 전자는 1952년 말부터 시작된 대한노총의 자유당 기간단체화 작업을 통해 제도화되고 있었다. 즉 대한노총의 지도부에게 자유당 중앙위원회 위원직을 할애하고, 연맹수준의 지도부에게 중앙당 및 지방당의 간부직을 할당하는 전략이었다. 이에 비해, 후자는 1952년에 본격적으로 착수된 정부 주도의 노동관계법 제정 작업을 통해 이루어졌다(송종래 외 2004, 175).[14]

후자와 관련하여, 1953년 3월 8일 제정·공포된 노동관계법은 이승만에게 노동에 대한 후원자로서의 의무를 회피할 수 있는 법적 기제를 마련해 주었다. 즉 집권 이후 이승만 대통령은 노동관계법의 부재로 인해 노사분규의 최종 중재자의 역할을 수행해야 했다. 이 과정에서 이승만은 대한노총의 후원자로서의 위상을 유지하기 위해 노동에 호의를 베풀어야 했다. 그러나 노동관계법의 제정은 이승만에게 후원자로서의 역할을 면제시켜주는 효과를 가져왔다. 노사분규는 이제 법적 규정을 통해 해결되어야 할 사항이 되었기 때문이다. 게다가 새로 제정된 노동조합법(제35조: 단체협약의 범위)은 산별노조의 단체협약 체결권을 인정하지 않고, 협상단위를 사업장으로 한정시킴으로써 노동조합의 협상력 배양에 결정적인 제한을 가하였다(김형배 1989, 72-73; 손낙구 2010; 송종래 2004, 179). 즉 중앙 혹은 산별 수준의 단체협상을 아예 불가능하게 함으로써, 한국전쟁으로 인해 극단적 곤궁상태에 있는 노동자들을 최대한 시장 상황에 노출시켰다.

노동관계법의 제정을 매개로 시장기제(market mechanism)를 활용하는 이승

13 시장기제(market mechanism)를 통해 노조협상력을 약화시키려는 노동통제전략은 종종 '자유시장적 전략'(free-market strategy)으로 불리는데, 이는 노조의 체계를 분산화하여 노조들 간의 연합적 대응을 방지하고 고립화를 시도함으로써 노조의 노동시장에 대한 영향력을 무력화시키는 전략이다(Valenzuela and Goodwin 1983, 7).

14 1953년 3월 노동 관련법들이 제정되었는데, 노동조합법(법률 제280호)·노동쟁의조정법(법률 제279호)·노동위원회법(법률 제286호)이 3월 8일 공포·실시되었고, 근로기준법(법률 제286호)은 5월 10일 공포되어 공포일로부터 90일 후에 실시되었다.

만의 노동 약탈적 후원 전략은 일반 노동자들의 의식 결여로 인해 용이하게 진행되고 공고화되었다. 당시 대부분의 노동자들은 민주적 그리고 평등주의적 가치보다는 위계적이며 권위주의적 인간관계를 강조하는 유교적 가치에 익숙하였다. 따라서 노동자들의 계급의식은 매우 낮은 상태였으며, 그 결과 그들의 이익 및 권리 추구에 수동적이며 소극적이었다. 또한 한국전쟁의 여파로 공장들의 파괴 및 북한으로부터 대규모의 피난민 유입은 수많은 실업자와 잠재 실업자를 양산하여 노동시장의 과잉공급 현상을 초래하였다. 이러한 의식적·경제적 열악함으로 인해, 당시 노동자들은 취업 자체를 커다란 행운으로 여기는 경향이 강하였다(김낙중 1982, 184-185). 그러한 상황에서 직장으로부터의 해고 위험성을 감수하면서 노동자들이 대한노총 혹은 단위노조 지도부의 정치적 동원을 거부한다는 것은 기대하기 어려웠다.

이승만의 노동에 대한 약탈적 후원관계의 관행은 야당의 정치적 도전이 거세짐에 따라 더욱 대담해지는 현상을 보였다. 예컨대, 1956년 정·부통령 선거가 다가오자, 이승만은 차기 대통령 출마 포기를 선언하였다. 이는 1954년 9월에 이승만의 종신 집권을 가능케 하는 개헌안을 억지로 통과시켰던 사실을 감안하면, 일종의 정치적 제스처에 불과한 허구적인 것이었다. 1956년 3월 이승만의 대통령 후보 불출마 선언 직후, 대한노총은 산하 조직원을 동원하여 이승만의 불출마 선언 철회를 요구하는 정치집회를 개최하였다. 뒤이어 대한노총은 긴급회의를 소집하여 이승만이 대통령 재출마를 수락하지 않을 경우 교통부문 노조의 총파업을 단행하겠다고 선포하기까지 하였다. 게다가 대한노총 간부들은 산하 조합원들을 선거운동에 적극적으로 동원하였고, 심지어 야당의 선거운동원들에 대한 방해 및 폭력행사도 불사하였다(한국노총 1979, 396; 김낙중 1982, 231-232). 이러한 대한노총에 의한 조합원들의 정치적 동원은 1958년의 총선 및 1960년의 정·부통령 선거에서도 반복되었는데, 이때에는 아예 대한노총 산하에 이승만과 자유당을 위한 선거추진위원회를 결성하여 노동자들을 조직적으로 선거운동에 동원하였다(한국노총 1979, 480; 김낙중 1982, 239).

2. 약탈적 후원관계의 결과

약탈적 후원관계의 일상화는 높은 노조조직률(union density)과 낮은 노조자율성(union autonomy)이라는 기현상을 낳았다. 그러나 이러한 기현상은 약탈적 후원관계의 정치적 의도에 비추어 볼 때 당연한 결과이기도 했다. 즉 이승만은 약탈적 후원 관계의 정립을 통해 기존의 후원－피후원 관계라는 형태를 유지시켜 노동의 정치적 동원을 확보하고, 노동통제를 강화하여 노사갈등의 잠재성을 제거함으로써 노동과 자본의 동시적 포섭을 원활히 하고자 했다. 노동의 정치적 동원을 극대화하기 위해, 이승만은 대한노총의 조직망 및 멤버십의 확대를 장려하였다. 대한노총 간부들은 자신들의 후원자인 이승만으로부터 재정적·정치적 포상(reward)을 받기 위해 경쟁적으로 조합원 확보에 주력하였다. 왜냐하면 조합원 숫자는 대한노총 지도자들의 정치적 동원능력을 의미하였고, 동시에 대한노총의 주도권 쟁탈에 있어서 중요한 대의원 확보와 직접적으로 관련되어 있기 때문이었다(김낙중 1969, 52). 그 결과 전반적인 사회·경제적 여건에 비추어 볼 때, 노조조직률은 비정상적으로 매우 높은 수치를 보였다. 〈표 5〉가 보여주듯이, 1955년 이후 조직 노동자의 숫자는 급격히 증가하였고, 연도에 따라서는 총 취업자(5인 이상 사업체의 종업원)의 숫자를 초과하는 과장된 통계를 보이고 있다. 이는 대한노총 간부들 간의 지나친 경쟁으로 인해, 일부 노조간부들이 자신들의 조합원 숫자를 부풀려 보고하는 경향에서 비롯된 것으로 추정된다(김낙중 1982, 188). 하지만 분명한 사실은 약탈적 후원관계가 공고화됨에 따라 노조조직률이 상승했다는 점이다.

그러나 높은 노조조직률에도 불구하고, 노동조합의 자율성은 영(零)에 가까웠다. 대한노총의 지도부는 이승만과 자유당에 정치적으로 매수되었고, 사업장 수준의 노조지도자들은 경영진에 의해 조종되는 이른바 '어용' 인사들이 대부분이었다. 다시 말해, 일반 노동자의 이익에 봉사하는 노동조직이라는 개념은 크게 훼손되었고, 정권담당자와 기업주들을 위한 노동조직으로 전락하였다. 그 결과, 노동자의 근로 환경 및 조건은 향상될 기미가 전혀 보이지 않은 채 여전히 열악한 상태였으며, 임금수준은 항상 기본 생계비에 크게 못 미치는 저임금이었다. 예컨대, 산업재해로 사망한 노동자의 수는 1954년 84명에서 1956년에는 114명, 1958년에는 129명, 그리고 1959년에는 175명으로 매년 증가한 데 비해, 노동자의 의료후생시설은 1955년 127개소에서 1957년에는 95개소, 그리고 1958년에는 67개소로 매년 감소하였다(보건사회부 1958과 1962). 또한 서울 지역 노동자의 평균임금이 노동자의 생계비에서 차지하는 비율 역시 1954년 54.8%에서 1956년 52.9%로, 그리고 1958년에는 47.4%로 꾸준히 하락하였다(한국노총 1979, 432).

이승만과 자유당을 위한 무조건적 희생을 강요하는 약탈적 후원관계의 지속은 1950년대 말에 이르면서 일부 노조지도자들의 반발과 노동자들의 불만을 야기하였다. 노동의 통제와 정치적 동원이라는 측면에서, 국가－노동의 약탈적 후

표 5 노동조합·조직노동자·노조조직률·노사분규, 1949~1960년

연도	단위조합 수	조합원 수	종업원 수	노조 조직률	노사분규
1949	683[a]	128,018[a]	265,965[a]	48.1%	－
1950	－	－	－	－	－
1951	－	－	－	－	－
1952	－	－	266,429	－	－
1953	202[b]	112,731	239,758	47.0%	9
1954	396[b]	151,960	254,820	59.6%	26
1955	562	205,511	－	－	32
1956	578	233,904	220,280	101.6%	32
1957	572	241,680	244,660	98.8%	39
1958	634	248,507	236,401	105.1%	41
1959	558	280,438	204,985	136.8%	106
1960	589[c]	301,891[c]	235,298[c]	128.8%	227

주: '종업원 수'는 5인 이상 사업체를 기준으로 한 것임.

출처: a의 통계는 전국부두노동조합. 1979. 『한국부두노동운동100년사』, 143; b의 통계는 내무부. 1954. 『대한민국통계연감』, 214; 나머지 통계는 보건사회부. 각 연도. 『보건사회통계연보』와 내무부. 1959. 『대한민국통계연감』, 200.

원관계는 적어도 1957년까지 비교적 효과적으로 작동하는 것처럼 보였다. 그러나 1958년에 접어들면서 일단의 저항적 노조지도자들이 형성되어 대한노총의 민주화를 요구하기 시작하였으며, 매년 30여 건 수준에서 맴돌던 노사분규는 1958년에는 41건 그리고 1959년에는 106건으로 급격한 증가 추세를 보였다(〈표 5〉 참조).

이즈음 약탈적 후원관계의 와해 징후는 지배연합의 핵심 파트너인 기업가들 사이에서도 관찰되기 시작했다. 민주당의 경쟁력이 상승함에 따라, 자유당에 정치자금을 기부하던 기업인들이 비밀리에 야당인 민주당에도 헌금을 하는 사례가 빈번히 발생하였다(Kim 1976, 154-155). 이러한 친자유당 기업가들의 민주당에 대한 '정치적 보험금' 성격을 지닌 자금투여 현상은 이승만 정권의 반복되는 정치적 반칙과 자의적 통치에 따른 국민적 지지의 이탈 현상과 밀접한 연관을 지니면서 전개되었다. 특히 대도시 지역에서의 이승만과 자유당의 인기는 급속히 하락하였고, 언론과 지식인들의 비판은 대통령의 사임을 요구하는 공개서한을 발송할 정도로 심각하였다.[15] 정권에 대한 국민적 여론의 악화와 이승만의 고령(高齡)은 친자유당 기업가들을 불안하게 만들었고, 이에 따라 기업가들의 이탈은 날로 심화되어 갔다.

국민적 지지의 쇠락과 지배연합의 균열은 이미 표출되기 시작한 노동운동의 민주화 요구를 한층 고조시켰다. 1959년 8월, 일단의 노조지도자들이 '전국노동조합협의회 설립준비위원회'(전국노협 준비위원회)를 발족시켜, 노동운동의 민주화를 위한 전국적 노동조직의 구성을 시도하였다. 당시 준비위원회의 발표에 따르면, 전국 단위조합 중 약 57%가 대한노총을 탈퇴하고 전국노협 준비위원회에 가입하겠다는 의사를 밝혔으며, 이들의 숫자는 전국 27만 조직 노동자 가운데 절반을 상회하는 14만 명에 달하였다(김낙중 1982, 250). 그리고 동년 10월, 이들은 '전국

15 1958년 총선에서 자유당은 126석(민주당 79석)을 획득하였다. 그러나 인구 5만 이상의 도시 지역에서 민주당이 43명에 달하는 당선자를 배출한 데 비해, 자유당은 오직 13명의 당선자를 내는 데 그쳤다(중앙선거관리위원회 1964, 802).

노동조합협의회'(전국노협)의 결성대회를 갖고, 노조민주화 운동을 통해 노동자의 권리와 복리의 향상에 앞장설 것임을 공표하였다(전국광산노동조합 1974, 80-82). 그러나 정부 및 자유당의 탄압으로 인해, 전국노협의 노조개혁운동은 뚜렷한 활동을 전개하지 못한 채 4월항쟁을 맞이하였다.

Ⅳ. 요약 및 결론

이승만 정권하의 노동정치는 기본적으로 후원-피후원 관계에 기초하였다. 국가·대한노총·자본가 간의 3자 관계에서 국가는 정점에 위치하였고, 대한노총과 자본가들은 서로 경쟁하는 관계에 있었다. 정권 초기(1948~1952), 국가와 대한노총의 후원-피후원 관계는 공생적 교환을 기반으로 하였다. 좌익노동운동이 제거된 이후, 자본가 및 친자본가 정치세력에게 대한노총은 더 이상 정치적 파트너가 아닌, 통제되어야 할 대상이었다. 자본가와 친자본가적 정치집단인 한민당의 공세에 직면하여 대한노총은 자신의 후견자인 이승만 대통령에게 의존할 수밖에 없었으며, 대중적 지지기반이 필요했던 이승만은 대한노총을 적극적으로 보호하였다.

한국전쟁 이후, 국가-노동관계는 피후원자의 일방적 희생만을 강요하는 약탈적 후원관계로 변화하였다. 그러한 관계 변화는 한국전쟁 와중에 발생한 정당성 및 축적의 위기에서 비롯되었다. 일련의 위기는 정치사회 및 시민사회의 세력관계를 빠르게 변화시켰다. 이러한 변화에 직면하여, 가부장적 요소가 강한 준경쟁적 정치체제하에서 이승만 대통령은 약탈적 후원이라는 새로운 노동전략을 선택하였다. 반대당의 도전을 무력화시키기 위해, 이승만 정권은 귀속재산 불하 및 원조물자의 배분이라는 정책적 수단을 동원하였고, 친자유당 자본가 집단을 길러냈다.

국가의 약탈적 후원 전략은 집권 자유당을 매개로 하였으며, 이로 인해 조직

노동은 집권정당의 기간단체로 전락하였다. 그리고 노동에 대한 약탈적 후원은 민주당의 도전이 거세짐에 따라 더욱 강화되는 모습을 보였다. 생산현장의 조합원들은 어용적 성격이 강한 노조지도부 및 경영진들에 의해 통제되었고, 노동자들은 이승만과 자유당의 정치적 목적에 동원되곤 하였다. 그 결과, 노조조직률은 비정상적으로 높은 현상을 보였으나 조직노동의 자율성은 철저히 무시되는 기현상을 초래하였다.

1950년대 말에 이르면서, 오직 정권의 안보(regime security)만을 위한 무조건적 희생을 강요하는 약탈적 후원관계는 일부 노조지도자들의 반발과 노동자들의 불만을 야기하였다. 조직노동 내에 개혁집단이 출현하고 노동자들의 저항이 고개를 들기 시작하였다. 비록 이승만 정권의 억압과 회유로 전국노협을 위시한 노동계 내부의 개혁 움직임은 차단되었지만, 노동자들의 불만은 여전히 누적되고 있었다.

제6장

4월항쟁과 노동운동의 분출

Ⅰ. 노동운동의 활성화

4월항쟁을 계기로 노동운동은 빠른 속도로 활성화되었다. 노동자들은 이승만의 약탈적 노동정치가 남긴 폐해를 청산하기 위해 다양한 형태의 노동운동을 전개하였다. 이승만과 자유당의 이해를 대변해 왔던 대한노총체제를 부정하고, 부패한 노조지도자를 몰아내고, 새로운 노조결성을 위한 투쟁이 전개되었다.

1. 4월항쟁과 사회연합정치

4월항쟁은 이승만 권위주의체제의 붕괴를 가져온 우리 사회 최초의 성공적인 민주화운동이었다. 4월항쟁은 3·15 부정선거로[1] 촉발되었지만, 보다 근본적인 원인은 정당성의 위기와 경제위기에서 비롯되었다(이화수 1990, 13-14). 우선 자유민주주의적 규범과 권위주의적 현실정치 간의 심각한 괴리에서 기인된 정당성의

1 3·15 부정선거는 정·부통령선거 1년 전부터 치밀하게 기획되었고, 그 임무는 내무부장관에게 맡겨졌다. '야당 선거운동원에 대한 테러,' '4할 사전투표,' '3인조·9인조 공개투표,' '투표함 바꿔치기' 등 다양한 수법들이 개발되었고, 이에 대한 '예행연습'이 1960년 대선을 앞둔 1959년 1월과 6월의 재선거에서 실시되었다(민주화운동기념사업회 2008, 97-99). 그리고 1960년의 정·부통령선거는 선거유세에서 개표에 이르기까지 전국적으로 조직적인 부정선거가 감행되는 가운데 치러졌다.

위기는 1950년대 후반기에 접어들면서 더욱 심화되는 경향을 보였다. 1956년 정·부통령선거를 계기로 야당(민주당)의 정치적 도전이 거세지자 이승만 정권은 권력의 유지를 위한 비민주적 수단과 방법을 동원하였고, 이는 체제의 이념적 경직성 및 권위주의적 성격을 가속화시켜 부정부패와 불법선거를 일상화하였다. 더불어 경기침체는 정권의 정당성을 더욱 약화시켰다. 경제성장률은 1957년 7.6%에서 1958년에 5.5%, 1959년에 3.8%, 그리고 1960년에 1.1%로 꾸준히 하락하고 있었다(한국은행 1982, 12). 이러한 상황에서 3·15 부정선거는 국민적 불만을 폭발적으로 분출시키는 결정적 계기가 되었다.

4월항쟁의 주체는 대학생들과 대도시 시민들이었다. 이들이 4월항쟁의 주역으로 등장하게 된 배경은 당시 한국사회의 구조적 특성에서 비롯되었다. 1950년대 한국사회는 도시화와 교육기회의 증대라는 이른바 근대화를 경험하고 있었으나, 산업화를 기반으로 하는 계급의 분화 및 성장은 매우 미진한 상태였다.[2] 즉 '산업화 없는 근대화'로 인해, 국민경제는 여전히 농촌경제에 기반을 두고 있었으며, 시민사회는 계급의 미분화로 독자적인 정치세력을 형성하지 못하고 있었다. 그러나 교육의 확대와 급속한 도시화는 미성숙한 시민사회에 소리 없는 변화를 일으키고 있었다. 우선 1950년대를 거치면서 확대된 교육의 기회는 대학의 양적 성장을 가져와, 1948년에 대학 및 전문학교 42개교에 학생 24,000여 명에 불과하던 것이 1960년에는 85개교에 학생 10만여 명으로 증가하였다(고영복 1983, 87). 상대적으로 이상주의적이며 도덕적 정의감이 강한 대학생 집단의 수적 팽창은 여타 시민사회의 세력이 성장하지 못한 상황에서 그들의 잠재적 정치적 위상이 그만큼 높아질 수밖에 없었다(김영명 1992, 207). 이와 더불어, 1950년대를 지나면서 등장한 급속한 도시화 현상은[3] 궁극적으로 정부·여당에 비판적인 유권자

2 사회경제적 계급구성의 관점에서 볼 때, 1960년의 한국사회는 전체 경제활동인구 중 농민이 58.1%, 도시의 쁘띠부르주아 및 전문직 종사자가 13.4%, 그리고 생산직 노동자가 10.5%에 불과한 농촌경제사회였다(서관모 1984, 36−37).

3 1950년대 도시화 현상은 매우 빠르게 진행되었다. 1955년의 도시인구를 1949년과 비교할 때, 인구 2만 이상의 도시거주자는 27.5%에서 43.2%로, 5만 이상의 도시거주자는 18.3%에서

들을 생성해 냈다. 도시지역은 교육받은 인구, 일간신문의 보급률, 대학교와 학생 수효 등에서 농촌보다 훨씬 우위에 있었다. 더구나 상당수의 도시거주자들은 농촌에서 이주한 사람들로 고용상태가 매우 불안정하였고, 특히 경제성장률의 급격한 하락으로 인한 1960년의 경기침체는 이들을 실직상태 혹은 심각한 생활고에 빠트렸다(전철환 1983, 144-145). 이러한 구조적 변화와 비일상적 상황은 대학생과 도시거주자들이 4월항쟁의 주역으로 등장하게 된 중요한 배경이 되었다.

하지만 4월항쟁 시기의 느슨한 형태의 '민주화 연합'은 7·29 총선을 거치면서 빠르게 재편되어갔고, 그것은 최종적으로 '보수 대 혁신'의 모습으로 재정렬되었다. 대체로 보수 세력은 이념적으로 반공주의를 지지하고 정치적으로 절차적 민주주의를 옹호한 반면, 혁신 세력은 강한 민족주의적 성향을 보이면서 실질적인 사회경제적 변혁을 요구하고 있었다. 이러한 사회연합의 분화와 활성화는 기본적으로 민주당 정권의 자유민주주의에 대한 인식과 이념적 성격에서 비롯되었다. 압도적 총선 승리를 통해 집권한 민주당 정권은 자유민주주의를 추구하였지만, 민주당 엘리트들의 자유민주주의에 대한 인식은 최소주의적인 것으로, 대중들의 정치참여를 강조하는 '참여의 포괄성'보다는 제도권 내에서의 '엘리트 간 경쟁'에 국한된 것이었다. 즉 정권 엘리트들은 자유민주주의를 "제한된 정치의 공간 내에서 정당으로 조직된 복수의 엘리트그룹들이 선거를 통해 경쟁하는 것"으로 이해하였다(최장집 1996, 38-39). 또한 민주당 정권은 이념적으로 전임 이승만 정권처럼 반공보수주의를 표방하였다. 그것은 해방 3년 시기의 좌우익 투쟁과 한국전쟁의 경험을 통해 공고화된 반공주의에 기반한 것으로, 모든 진보적 입장과 활동을 해석·규율하는 통치집단의 정치적 준거 틀이었다. 그 자연스런 연장으로, 민주당 정권은 자유민주주의 규범과 가치보다 반공주의를 우선시하였다.

이러한 민주당 정권의 보수적 성격은 시간이 갈수록 더욱 강화되는 경향을 보였다. 민주화이행 시기 동안, 학생, 지식인, 대도시 거주의 시민 등 개혁세력은

34.5%로, 그리고 10만 이상의 도시거주자는 14.7%에서 28.8%로 증가하였다(통계청 1995, 61).

민주당과 협력하여 민주질서의 회복을 위한 투쟁에 합류할 수 있었다. 그러나 민주화전환 이후, 급진적 이념에 기초한 학생·지식인·사회단체들이 사회개혁 및 민족문제에 대한 근본적인 문제제기에 나서기 시작하자, 보수적 이념에 충실한 민주당 정권과 변혁적 이념에 기초한 혁신 세력 간의 갈등과 충돌은 불가피하였다(최장집 1996; 박명림 1996). 민주당 정권의 입장에서 민주질서의 복원은 수용 가능한 요구였으나, 사회구조 및 분단구조를 변경하려는 혁신 세력의 시도는 그 수용 범위를 넘어선 것이었다. 이에 대응하여, 사회개혁과 통일운동을 주도하는 혁신 세력들은 학생, 지식인, 일부 조직노동과 연대하였고, 우익단체들은 혁신 세력에 대항하여 보수 세력으로 결집하는 양상을 보였다. 그 결과는 '보수 대 혁신'의 사회연합 간의 적대적 경쟁이었다.

2. 노동 정상조직의 재편

이승만 정권의 몰락은 노동에게 약탈적 후원관계의 종식을 의미하였다. 즉 이승만 정권의 와해는 자유당과 긴밀한 관계를 유지하였던 대한노총 지도부에게는 조직의 생존 여부가 달린 심각한 도전이었고, 일반 노동자들에게는 노조민주화를 위한 절호의 기회였다. 정치적 상황 변화에 대해 가장 기민하게 대응한 집단은 3·15 부정선거에 깊숙이 관여했던 대한노총 지도부였다. 4월항쟁으로 인해 이승만 정권이 붕괴될 조짐을 보이자, 대한노총 지도부는 기존의 입장을 완전히 뒤집는 성명서를 발표하였다. 1960년 4월 23일, 대한노총 위원장은 '긴급회무처리위원회'를 소집하여 자유당과의 관계 절연을 결의하였다(임송자 2006, 257-258). 그리고 4월 25일, 결의문에 기초하여 대한노총 위원장은 자유당과 결별하고 대한노총의 정치적·경제적 자율성 확보에 노력할 것이라는 성명서를 발표하였다(한국노총 1979, 526). 이 같은 대한노총 지도부의 반응은 자유당과의 절연을 통해 기존 대한노총체제를 그대로 존속시키려는 의지의 표현이었다.

그러나 이러한 대한노총 지도부의 시도는 산하 단위노조들과 조합원들의 반발에 직면하였다. 이들은 그간 대한노총 지도부가 보여주었던 권력 기생적이고 반노동적인 행태가 자유당과의 관계 청산으로 해소될 수 있는 단순한 문제가 아니라고 보았다. 단위노조와 노동자들은 부패한 '노동귀족'을 제거하고 노동조직의 민주적 재편성이 반드시 이루어져야 한다고 판단하였다. 이러한 이들의 인식은 대한노총 지도부의 퇴진과 노조의 민주화 요구로 표출되었다.[4] 밑으로부터의 반발에 직면하여, 5월 3일 대한노총 위원장이, 그리고 5월 9일 지도부 전원이 사퇴하였다. 이에 따라, 대한노총은 임시전국대의원대회를 개최하여 새로운 지도부를 구성하고, 이를 통해 대한노총을 재출범시킨다는 구상을 갖고 있었다.[5]

하지만 전국노협의 활동은 대한노총에게 또 다른 도전이었다. 전국노협은 대한노총의 반(反)노동자적 노선에 반대하여 1959년 10월 26일 결성되었으나, 그간 자유당의 탄압으로 그 활동은 미미하였다. 그러나 4월항쟁은 전국노협에게 대한노총을 대체하는 대안적 노동조직체로 활동할 수 있는 호기를 제공하였다. 1960년 5월 1일, 전국노협은 ① 기아임금과 임금체불 등으로 노동자를 착취해온 기업주들의 즉각적인 피해복구, ② 관권과 기업주의 앞잡이 노릇을 해온 대한노총 간부들의 사퇴, ③ 노동쟁의 과정에서 기업주와 야합한 어용노조의 민주적 개편, ④ 경찰의 노동운동 개입 금지, ⑤ 노동행정 책임자들의 퇴진 등을 요구하는 성명서를 발표하였다(한국노총 1979, 494). 이렇듯 전국노협은 대한노총을 대체하는 노동조직임을 표방하면서, 1960년 5월 말까지 170여 개의 단위노조와 약 16만여 명의 조합원들을 포괄할 정도로 빠른 속도로 그 세를 확장해 가고 있었다.

하지만 전국노협의 조직 확대는 전국노협 지도부의 헌신적 노력보다는 4월

4 예컨대, 4월 26일 부산 부두노동자들은 "어용간부 타도"를 요구하는 시위를 벌였고, 5월 3일 인천 자유노조 산하의 노동자들은 어용간부 축출, 조합원 권리회복, 체불임금 및 비료조작비에 대한 책임소재 규명 등을 요구하며 가두시위를 전개하였다(전국부두노동조합 1979, 302-302).

5 애초 대한노총은 산하 연맹대표들로 구성된 수습위원회를 꾸리고, 이를 통해 새로운 과도체제를 구성하여 대한노총을 재조직한다는 구상을 갖고 있었다. 그러나 대한노총은 당시 허정 내각으로부터 수습위원회의 법적 지위에 문제가 있음을 통보받고, 임시전국대의원대회를 소집하여 대한노총을 재조직하는 방향으로 선회하였다(임송자 2006, 260).

항쟁 직후의 '혁명적' 분위기 및 대한노총에 대한 일시적인 거부감에서 비롯된 부분이 많았다(강신준 2002, 211). 즉 전국노협의 지도부 내에는 과거 자유당과 유착관계에 있었던 자들이 일부 포함되어 있었으며, 전국노협의 세력기반인 단위노조들의 대부분은 대한노총에서 이탈한 노조들로 과거 대한노총체제 하에서 비리와 부패에 연루된 기회주의자들에 의해 이끌어지고 있었다. 그 결과, 노동운동의 민주화와 자주화를 내세운 전국노협이 산하 단위노조들에 대해 강력한 지도력을 발휘하기란 쉽지 않은 상황이었다(송종래 외 2004, 484-485).

더구나, 노동운동의 주도권 경쟁에 뛰어들어 나름의 몫을 챙기려는 기회주의적 노동집단들의 출현은 전국노협에게는 자립적 기반의 확보를 더욱 어렵게 하였고, 더불어 대한노총에게는 조직의 재건 가능성을 더욱 불투명하게 만들고 있었다. 예를 들면, 해방 직후 전평에 대항하여 대한노총을 조직하는 데 기여했던 김두한과 전진한은 1960년 9월 5일 '부정축재처리긴급대책 노동권익투쟁위원회'를 구성하고 노동회관을 폭력으로 접수하여, 자신들이 주도하는 노동조직의 결성을 시도하고 있었다.6

이러한 상황에서, 독자적 기반을 확보하지 못한 대한노총과 전국노협은 결국 1960년 9월 13일 노동조직의 통합에 대한 합의성명서를 발표하였고, 다음 날 '전국노동단체통합대의원대회'를 10월 1~2일에 개최할 것임을 공고하였다. 그러나 10월 1일 개최된 노동단체통합대의원대회는 새로 만들어질 통합노동조직의 명칭문제로 인해 이견을 좁히지 못하고 유회되고 말았다. 이후 일련의 통합대회를 통해, 두 조직은 마침내 11월 26일 '한국노동조합총연맹'(한국노련)으로 통합되었다. 그리고 이날 한국노련은 "민주적 노동운동을 통해 노동자의 인권수호 및 경제적·사회적 지위향상"을 위해 투쟁하며, "노자평등의 균등사회 건설에 매진"하며, "민권의 확립으로서 완전한 국가적 자유를 구현시키고 국제자유노동조직과

---

6 노동회관의 무력점거 사건은 9월 6일 전국철도노련의 고발, 그리고 9월 7일 김두한 세력의 자진 철수로 마감되었다. 이 사건에 대해, 한국노총의 '한국노동조합운동사'는 "사회적 혼란을 틈타서 … 정치적 영향력을 강화"하기 위한 기회주의적 행태였다고 평가하였다(한국노총 1979, 498).

제휴하야(여) 세계평화에 공헌"한다는 기본 강령을 채택하였다(한국노총 1979, 532). 이는 자유당의 기간단체로서 노동자 약탈에 앞장섰던 대한노총의 어용성에 비춰 볼 때 커다란 변화였다. 이로써 노동 약탈적 대한노총체제는 공식적으로 마감되었고, 노동운동의 민주화와 자주화를 추구하는 한국노련체제가 성립되었다.

3. 사업장 노동조합의 재편

대한노총과 전국노협 간의 경쟁 및 통합 과정과는 무관하게, 4월항쟁 직후 다양한 부문의 사업장에서 신규노조의 결성운동 및 어용노조 지도부의 교체운동이 활발하게 전개되었다. 특히 교육부문과 금융부문의 노조결성이 두드러졌는데, 이들은 대체로 이승만 정권의 정치적 부패와 부조리에서 비롯된 권력 의존적 노동운동의 민주화 및 자주성 회복이라는 명확한 목표하에 독립적인 노조결성을 시도하였다.

교육과 금융 부문에서 신규노조 결성이 두드러졌던 것은 기존 대한노총체제가 생산직 노동자들을 중심으로 조직되었던 까닭에, 그간 이들 사무직 부문의 노동 조직화는 거의 이루어지지 않았기 때문이었다. 특히 이들 부문은 1950년대를 지나면서 이승만 정권의 정치적 부패와 부조리에 직접적으로 노출되어 교사와 은행원들의 불만이 상당히 축적된 상태였으며, 이들 중의 일부는 4월항쟁 발생 이전부터 이미 자주적 노조결성을 위해 자체적인 노력을 경주해 왔던 까닭에 상당 수준의 잠재적 조직역량을 갖추고 있었다(강신준 2002, 214).

금융부문의 노조결성 움직임은 1959년부터 등장하였다. 이러한 움직임은 자유당과 신흥재벌 간의 정치적 유착으로 인해 금융기관들이 대기업의 사금고로 전락하고 정치인들의 정치자금 공급처 역할을 수행하는 비정상적 금융질서에 대한 누적된 불만에서 비롯되었다(전국금융노동조합 1981, 15-16). 그러나 '노동 약탈적' 권위주의적 정치질서하에서 신규노조의 결성은 현실적으로 매우 어려운 일이었다.

4월항쟁의 발생은 금융부문 노동자들에게 노조결성을 위한 절호의 기회를 제공하였다. 은행들의 경우, 1960년 6월 1일 조흥은행 노동조합의 결성을 필두로, 6월 8일에 제일은행 노동조합이, 6월 11일에 한국상업은행 노동조합과 한일은행 노동조합이, 6월 16일에 한국무진(현 국민은행) 직원노동조합이, 그리고 6월 18일에 서울은행 노동조합이 각각 결성되었다(전국금융노동조합 1981, 16-33). 그리고 이들 신규노조들은 7월 23일 전국은행노동조합연합회(전은노련)를 결성하고, "일체의 정치성을 배격"함으로써 금융질서의 정상화를 꾀하고 노동자들의 권익신장과 "국민경제의 정상적인 발전"에 기여하는 것을 골자로 한 선언문 및 강령을 채택하였다(전국금융노동조합 1981, 45). 이와 더불어, 비은행 금융기관에서도 노조결성 작업이 진행되었다. 대한증권거래소 노동자들은 "노동자의 복리와 사회적 지위향상"을 목적으로 1960년 5월 28일 노동조합을 결성하였다. 또한 제일생명보험 노동자들도 "자주적 단결권의 행사를 통한 기본권의 수호와 지위향상"을 내걸고, 6월 18일 노동조합을 출범시켰다(전국금융노동조합 1981, 31-33).

교육부문의 노조결성 움직임 역시 1950년대 후반부터 시작되었다. 이는 이승만 정부의 부당한 인사정책과 낮은 보수, 대한교육연합회의 어용성과 부패,[7] 그리고 정부·여당에 의한 학교의 정치적 동원 등에 대한 교사들의 불만에서 비롯되었다(한승주 1983, 182). 1958년과 1959년, 교육부문의 부조리와 부패를 견제하기 위해 노조결성을 시도한 집단은 서울의 일부 사립대학 교수들이었다. 그러나 당시 이들의 시도는 정부의 탄압으로 좌절되었다(이목 1989, 15).

교육부문에서 본격적으로 노동조합 결성이 시도된 것은 4월항쟁 직후였다. '학원의 민주화'와 '교사의 권익보호'라는 기치 아래, 초·중·고등학교 교사들이 중심이 되어 노동조합을 결성하기 시작하였다. 그 최초의 움직임은 1960년 4월 29일 대구의 중·고등학교 교사 60여 명이 조직한 대구시 교원노조결성 준비위원

7 대한교육연합회(대한교련)는 교원 상호간의 친목도모 및 교원들의 복지를 위해 1947년에 설립된 교원단체로, 조직구조가 대체로 교육행정기구와 일치하였다. 즉 교장이 대한교련의 학교지부의 책임자였다. 이승만 정권하에서 대한교련은 교원들의 권익보호보다는, 교원들의 정치적 동원 및 통제를 위한 기구로 활용되었다(한승주 1983, 181-182).

회였다. 이를 시작으로, 5월 1일 서울시 교원노조결성준비위원회가, 5월 3일 대구시 초등교원 노조결성준비위원회가, 5월 15일 부산시 중등교원 노동조합결성 대회가, 5월 21일 부산시 초등교원 노동조합결성 대회가 각각 개최되었다. 그리고 5월 22일 전국 교원 200여 명이 참석한 가운데 전국교원노조연합회(교원노조)가 결성되었다(이목 1989). 이후 교사들의 노조결성운동은 전국으로 번져갔는데, 5·16 군사쿠데타가 발생하기 직전까지 교원노조는 전체 교사 83,873명 가운데 22.3%에 해당하는 18,678명을 조합원으로 거느리는 강력한 조직으로 발전하였다(한승주 1983, 184).

금융부문 및 교육부문과 달리, 이미 노조가 존재하고 있었던 여타 부문의 사업장에서는 어용지도부 교체운동이 활발하게 전개되었다. 그 가운데 어용노조 타도투쟁이 가장 격렬했던 곳은 부두부문이었다. 부두부문은 그간 노조지도부의 수많은 부패와 비리는 물론이고, 특히 '십장제'를 이용한 노조간부들의 제도화된 노임착취로 인해 노동자들의 불만이 매우 높은 사업장이었다. 4월항쟁과 정치변동을 계기로 수세에 몰려 있던 당시 대한노총위원장이면서 동시에 전국자유노동조합연맹 및 부산부두노조 위원장이던 김기옥이 자유당과의 단절을 통한 대한노총의 재조직을 선언했지만, 부두노동자들은 어용지도부의 완전 사퇴를 요구하며 격렬한 시위에 돌입하였다. 그 시위의 시작은 김기옥이 위원장으로 있던 부산부두노조였다. 4월 26일 부산 부두노동자들은 학생들의 시위에 합류하여 '어용노조간부 축출'을 외쳤으며, 4월 27일에는 김기옥의 집을 급습하고 규탄시위를 감행하였다. 이를 시작으로, 인천(5월 3일), 군산(5월 7일), 장항(5월 7일) 등지에서 부두노동자들의 어용간부 축출시위가 연달아 이어졌다(전국부두노동조합 1979, 302-306; 김낙중 1982, 263-265).

이에 비해, 섬유부문의 노동조합 민주화운동은 약간 다른 양상을 띠었다. 5월 19일 인천의 흥한방직 노동자들의 어용노조 규탄시위를 제외하면, 대부분의 사업장의 경우 노동운동은 어용노조 축출운동으로 시작된 것은 아니었다. 임금인상, 해고자의 복직, 혹은 노동조건의 개선 등을 요구하는 과정에서 기업주의 노조분열 및 방해공작 시도가 드러나면서, 비로소 노조민주화를 요구하는 시위로 발전되었다. 제일모직 대구공장의 경우, 6월 14일 부당해고자 복직을 요구하는 과정에서 회사 측이 이른바 '사원파 노조'를 동원하여 노조분열을 시도하자, 제일모직 노동자들의 어용노조간부 규탄시위가 발생하였다. 그리고 9월 13일 경성방직 영등포 공장노동자들의 어용노조간부 사임을 요구하는 연좌시위는 단체협상과정에서 기업주가 자신에게 유리하게 협상을 이끌기 위해 노조위원장을 매수한 사실이 드러나면서 시작되었다(한국노총 1979, 515-517).

하지만 부두부문 노조를 제외하면, 대한노총 산하의 단위노조들 가운데 실질적인 조직개편을 통한 노조의 민주화를 성취한 사업장은 거의 없었다(강신준 2002, 207-209). 기존 노조간부들의 어용성을 비판하는 조합원들의 목소리는 지속적으로 터져 나왔지만, 사업장별로 고립된 채 전개된 노조민주화운동은 대부분의 경우 기업주의 방해공작으로 소기의 성과를 거두지 못하였다.

요컨대, 4월항쟁을 계기로 무노조 사업장에서는 신규노조 결성운동이 발생하였고, 유노조 사업장에서는 노조민주화운동이 활발히 전개되었다. 그 결과, 노동조합을 보유한 사업장이 크게 늘어났으며, 조직노동자의 규모 역시 증가하였다. 구체적으로, 1960년 3월말 불과 589개였던 노동조합은 그해 12월에 914개로 늘어났으며, 이에 따라 조합원 규모는 1960년 3월말의 301,891명에서 같은 해 12월에는 321,097명으로 증가하였다(한국노총 1979, 495). 하지만 노조민주화운동은, 부두부문과 소수의 사업장을 제외하면, 대부분의 경우 기업주의 반대 및 방해로 성공하지 못하였다.

II. 갈등적 다원주의의 출현

정치적 개방 및 자유주의적 분위기가 사회를 압도하는 상황에서, 노동을 비롯한 시민사회의 정치·사회적 개혁요구가 폭발적으로 분출하였다. 국가는 노사갈등에의 직접적인 개입을 자제하였고, 이에 따라 생산현장에서는 노동자와 기업주가 대립하는 현상이 빈번히 연출되었다. 그러나 국가는 사회변혁운동에 동조하는 노동운동에 대해서는 적극적으로 개입·억압하였다.

1. 노동의 다양한 개혁 요구

노동운동의 활성화는 이승만 정권의 권위주의적이며 약탈적인 노동정치에 대한 반작용이었다. 따라서 노동운동은 단순히 사업장 수준에서의 노동자의 권익 보호 및 복리향상이라는 경제적인 이슈에만 머물지 않고, 사회개혁 및 정치이념과 관련된 이슈로까지 확대되는 양상을 보였다. 전자가 임금인상, 노동조건의 개선, 단체교섭의 체결 요구, 조직노동의 자율성 확보 등과 같은 노동과 자본 간의 이슈였다면, 후자는 사회개혁 및 정치적 쟁점과 관련된 문제로 국가와 노동 간의 이슈였다.

〈표 6〉은 보건사회부가 집계한 월별 통계를 이용하여 1959년 1월~1961년 5월 사이에 발생한 노동쟁의를 4월항쟁 발생 전후의 시기로 나눠 재작성한 것이

표 6 4월항쟁 전후한 의제별 노동쟁의 빈도

기간	노동쟁의 빈도		노동쟁의 발생 의제			
	기간별 빈도	월평균 빈도	임금 관련 의제	단체협약 관련 의제	노동조합 관련 의제	기타 의제
4월항쟁 직전 15개월(a) (1959년 1월~1960년 3월)	140	9.3	87	32	3	18
4월항쟁 직후 14개월(b) (1960년 4월~1961년 5월)	350	25	165	71	22	92
이전기간(a) 대비 직후기간(b) 증가 배율		2.7배	1.9배	2.2배	7.3배	5.1배

출처: 보건사회부. 1959. 『보건사회통계연보』, 436-437; 보건사회부. 1960. 『보건사회통계연보』, 472-473; 보건사회부. 1962. 『보건사회통계연보』, 468-469에서 재구성.

다. 이 시기에 발생한 노동쟁의의 빈도 및 의제별 추이를 살펴보면 다음과 같다. 첫째, 4월항쟁을 전후로 노동쟁의의 월평균 빈도가 2.7배 증가하였다. 구체적으로, 4월항쟁 이전 15개월 동안의 월평균 빈도는 9.3이었으나, 4월항쟁 직후 14개월 동안의 월평균 빈도는 25로 치솟았다. 이러한 현상은 그간 노동 약탈적인 이승만 정권하에서 축적된 노동자들의 불만이 정권의 붕괴와 함께 한꺼번에 분출되었음을 보여준다.

둘째, 노동쟁의 분출과 더불어, 또 다른 가시적인 변화는 '노동조합' 관련 의제와 '기타' 의제가 원인이 되어 발생한 노동쟁의가 획기적으로 증가하였다는 점이다. 즉 〈표 6〉에서 '이전 기간 대비' 월평균 노동쟁의 빈도의 증가 배율이 2.7임을 감안할 때, '노동조합' 의제와 '기타' 의제로 인해 발생한 노동쟁의 배율은 각각 7.3과 5.1을 기록하였다. 특히 '기타' 의제로 인해 발생한 노동쟁의의 상당 부분은 정치변동에 따른 조직노동의 사회개혁 요구 등과 같은 정치참여 활동으로 인해 발생한 것으로 추정되는데(김영수 2010, 19), 이는 4월항쟁 직후의 노동운동이 임금인상 및 임금 체불, 노동조건, 해고, 노동조합 민주화운동 등의 노·사 갈등 이슈뿐만 아니라, 사회개혁을 둘러싼 노·정 갈등으로도 확산되었음을 뜻한다.

셋째, 당시 노·정 갈등 이슈는 기본적으로 '보수 대 혁신'이라는 정치적 혹은 이념적 대립 양상을 띠고 있었다. 그 대표적인 사례가 교원노조의 투쟁, 전국미군종업원노조연맹(미군노련)의 한미행정협정체결 요구투쟁, 그리고 한국노련의 반공임시특별법제정 반대투쟁 등이 그것이다. 구체적으로, 1960년 5월 결성된 교원노조는 정부를 대상으로 교원노조 불법화 반대투쟁, 대한교련 대체를 위한 투쟁, 교직단체법안 철회투쟁, 법적수당 쟁취투쟁 등 다양한 운동들을 전개하였다(한국노총 1979, 504-508). 또한 1961년 2월, 미군노련은 한국의 노동법을 미군 기지에 근무하는 노동자들에게도 적용할 수 있게 해달라고 보사부에 요청하고, 이를 실현하기 위해 한미행정협정의 체결을 요구하는 전국적인 가두시위를 전개하였다(한국노총 1979, 521-522; 전국외국기관노동조합 1979, 51). 그리고 한국노련은 1961년 3월 장면 정부가 추진한 '반공임시특별법안'이 노동운동의 민주성과 자주성을 훼손하는 것이라며, 반공임시특별법제정 반대투쟁을 전국적으로 전개하였다(강신준 2002, 222).

이처럼 4월항쟁 직후 노동쟁의는 임금인상과 같은 경제적 이슈에 국한되지 않고, 노동운동의 조직적 공간의 확대 그리고 정치적 요구에 이르기까지 다양한 개혁의제들을 둘러싸고 전개되었다. 그러나 대부분의 노동쟁의는 임금인상 및 단체협상을 둘러싼 노동과 기업주 간의 갈등이었으나, 당시 혁신 세력의 사회변혁운동에 동조하여 발생한 일부 조직노동과 국가 간의 갈등 역시 상당하였다.

2. 국가와 자본의 반응

노동자들의 개혁 요구에 대한 정부의 반응은 다분히 이중적인 것이었다. 국가는 사업장 수준에서 발생하는 노사분규에는 가급적 개입을 자제하는 대신, 노동의 정치·사회적 개혁운동에 대해서는 적극적으로 개입하는 양상을 보였다. 국가는 전자와 관련된 노동의 요구에 대해서는 시장 메커니즘(market mechanism)을 이용한 통제전략을, 그리고 후자와 관련된 노동의 요구에 대해서는 권위주의적 통제전략을 구사하였다.

우선, 국가는 모든 급진적 사회개혁운동들(예: 민족통일운동, 한미경제협정체결 반대운동, 반공임시특별법 및 데모규제법제정 반대투쟁 등)에 대해 적극적으로 개입·억압하였다. 이 점에서 노동운동도 예외가 아니었다. 당시 대부분의 조직노동들이 혁신 세력의 사회변혁운동에 일정한 거리들 두고 있거나 관망하는 입장이었다(박현채 1988, 167). 하지만 국가는 이념적 성향이 의심되거나 급진적인 사회개혁에 동조하는 조직노동의 움직임에 대해서는 단호하게 대응하였다. 예컨대, '학원의 민주화'를 주장했던 교원노조운동은 그 결성부터 국가의 반대에 직면하였다. 1960년 5월 18일, 과도정부의 문교부 장관은 교원노조의 불허방침을 발표하였고, 6월 16일 법무부는 교사들에 대해 "그 직무의 성질이나 국가공무원법 제37조 또는 교육공무원법 제29조의 취지로 보아서 근로자로서의 노동 3권을 향유할 수 없으며 노동조합을 조직 또는 가입하거나 근로자로서의 단체교섭 또는 단체행동을 할 수 없다"는 유권해석을 발표하였다(송종래 외 2004, 562). 나아가 6월 22일 문교부 장관은 담화문을 통해 교원노조의 해체를 지시하였고, 6월 23일에는 교원노조 가입 교사들이 노조에서 탈퇴하지 않을 경우 파면조치도 불사하겠다고 위협하였다. 이러한 국가의 강경한 입장은 1960년 8월 23일 출범한 민주당 정권하에서도 지속되었다. 장면 정부는 교원노조의 좌경화 위험성을 내세워, 교원노조의 결성을 불법화하는 '노동조합법'의 개정 및 '교직단체법'의 제정 등을 시도하였다. 이러한 정부의 시도는 1961년 2월 21일 국회에 제출된 법안들이 교원노조 및 사회단체들의 반대로 완전히 폐기되기까지 계속되었다(송종래 외 2004, 570-572).

이러한 장면 정부의 태도는 1961년에 들어서면서 더욱 강경해졌다. 남북통일을 둘러싼 정치적 논의가 활발해지고 한미경제원조협정 반대운동이 확산되어가자, 이에 위협을 느낀 장면 정부는 혁신 세력들을 제어하기 위한 방안으로 '집회시위규제법'과 '반공임시특례법'의 제정을 시도하였다. 이 같은 정부의 움직임에 대해 전국의 언론, 혁신정당, 사회단체, 노동조합들이 반대 의사를 표명하기 시작하였다. 특히 노동조합들을 자극한 것은 '반공임시특례법안' 제7조("본법 또는 국가보안법의 죄를 범한 자에 대해서는 노동쟁의조정법 제13조의 규정은 적용하지 아니한다")였다. 이 조항은 현행범 외에는 쟁의기간 중의 노동자를 구속할 수 없게 한 노동쟁의조정법 제13조를 무력화시키는 것으로(후지이 다케시 2011, 19-20), 이 같은 법 제정 움직임에 대해 조직노동들은 노동자들의 정치활동을 제압하기 위한 국가의 의도적인 조치로 인식하였다. 이른바 '2대 악법 제정 반대운동'에 적극적으로 참여한 노조는 경북교원노조와 대구시노동조합연맹이었다. 1961년 3월 13일과 3월 31일 교원노조와 대구시노동조합연맹이 이에 반대하는 성명서를 발표하였다. 그리고 4월 2일 대구에서 개최된 '2대 악법 반대집회'에 경북교원노조 조합원들이 참여하자, 정부는 주저 없이 44명에 달하는 경북교원노조의 주도자급 인물들을 대거 연행·구속하였다(민주화운동기념사업회 2008, 168-269).

이와는 대조적으로, 사업장 수준에서 임금인상, 노동조건의 개선, 그리고 단체협약체결 요구를 둘러싼 노사분규에 대해 국가는 직접적인 개입을 회피하면서 필요한 경우 제한된 범위에서 노사분규에 관여하는 모습을 보였다. 따라서 노동현장에서의 갈등은 노동자와 기업주 간의 치열한 힘겨루기 양상을 띠었다. 즉 노동자들의 요구에 대해 기업주 혹은 경영진은 매우 적대적인 반응을 보였다. 구체적으로, 기업주들은 노동자들의 요구를 철저히 무시하거나, 인사이동 및 징계조치 등과 같은 부당노동행위를 통해 노조간부들의 활동을 방해하거나, 어용노조를 조직하여 노동자들의 분열을 획책함으로써 노조활동의 무력화 및 노조의 해체를 시도하였다.

그 대표적인 사례가 농업은행과 제일모직 대구공장이었다. 농업은행의 경우, 1960년 12월 20일 노조가 결성되었지만 노조는 출범 직후부터 경영진의 방해에 직면하였다. 은행 경영진은 노조사무실의 제공 및 노조전임자들의 직무조정 요청을 묵살로 일관하였고, '직원회'라는 반(反)노동조합 조직을 구성하여 노동자들에게 노조 탈퇴 압력을 가하였으며, 전보 및 징계 조치 등 부당한 인사 조치를 통해 노조간부들의 활동을 방해하였다. 경영진의 협박과 억압에 직면하여, 농업은행노조는 파업과 간부들의 단식농성으로 맞섰다. 그러나 조직적 역량이 미약한 농업은행노조는 경영진의 혹독한 공세에 직면하여 1961년 3월 초 자진 해산해야 했다(전국금융노동조합 1981, 54-60).

또한 제일모직 대구공장의 경우, 이른바 '사원파 노조'라는 어용노조가 존재하고 있었는데, 1960년 6월 노동자들이 부당노동행위에 항의하여 단식투쟁에 들어가자 기업주는 어용노조의 유지가 더 이상 어렵다고 판단하고 조업중단과 폐업조치로 대응하였다. 이에 대항하여 노동자들은 공장사무실을 점거하고 농성투쟁을 전개하였고, 이를 지켜 본 경상북도 당국은 공장폐쇄가 위법임을 지적하며 조업재개를 권고하였다. 그러자 기업주는 노동자들의 점거농성이 불법적인 것이라며 경찰에 고발하였고, 경찰은 노동자들의 점거농성 해산에 나섰다. 그러나 대구시내에 위치한 대한방직노조, 당성제사노조, 조선기업노조 등의 연대시위로 사태가 심각한 상황으로 치닫자, 정부는 경찰병력의 투입 대신 보건사회부로 하여금

중재에 나서도록 하였다. 보건사회부의 중재안은 비교적 중립적인 것으로 ① 대구공장의 신·구 노조는 통합단일화를 위해 모두 해산하고, ② 회사는 3일 이내에 직장폐쇄를 해제하고 조업에 들어가며, ③ 통합된 단일노조는 조업 개시 후 40일 이내에 결성하고 외부의 개입이나 간섭을 받지 않는다는 내용이었다(김낙중 1982, 301-303). 이로써 노동쟁의는 평화롭게 마감되고 공장의 조업은 재개되었으나, 이후 기업주의 지속적인 방해 공작으로 자주적 노조결성에는 이르지 못하였다.

노동자들의 요구를 성공적으로 관철시킨 노동조합조차도 경영진의 방해와 위협에 시달리기는 마찬가지였다. 예컨대, 1960년 6월 인천 미군유류보급창 용역하청회사 노조인 '인천POL노동조합'의 임금인상 파업은 성공적인 것이었다. 그러나 투쟁과정은 결코 순탄치 않았다. 용역하청회사인 평화공사는 파업을 무력화시킬 목적으로 실업자 500여 명을 모집하여 대체인력을 작업현장에 투입하였고, 이로 인해 '인천POL노동조합'은 작업권을 둘러싸고 노동현장에 투입된 대체노동자 및 하청회사에 대항하여 싸워야 했다(전국외국기관노동조합 1979, 39).

또한 경기지구 해원노조의 투쟁활동(1960년 8월~11월) 역시 성공적으로 마감되었지만, 그 투쟁과정에서 노동자들은 경영진(한국해운주기회사)의 방해공작에 직면해야 했다. 1960년 8월에 시작된 노조의 임금 50% 인상 및 단체협약체결 요구는, 경영진의 철저한 '무시전략'으로 인해, 무려 2개월 이상 아무런 성과를 내지 못한 채 지체되고 있었다. 회사 측의 무반응에 대응하여, 11월 16일 노조는 노동쟁의에 돌입하였지만, 경영진은 온갖 협박 및 회유를 통해 선원들에게 노조탈퇴 및 쟁의중지를 강요하였다. 이에 11월 20일 노조가 서둘러 파업에 돌입하자, 회사 측은 파업이 법이 정한 냉각기간을 무시한 불법적인 것임을 경기도 당국에 신고하였다. 경기도 당국은 중재에 나섰고, 결국 회사 측의 강경한 대응에 초조해진 노조와 장기간 파업으로 경제적 손실을 우려한 경영진 간의 협상이 진행되었다. 그 결과, 노조와 경영진은 장시간의 협상 끝에 11월 23일 '임금 20% 인상 및 단체협상체결'에 합의하였다(전국해원노동조합 1973, 93-94).

요약하면, 4월항쟁 이후 국가의 노동통제전략은 다분히 이중적인 것이었다.

사업장 수준의 노사분규가 일상적인 경제적 이슈에 국한되는 경우, 국가의 개입이 최대한 자제되는 양상을 보였다. 반면, 경제적 이슈를 벗어나 급진적 성격을 띠거나 정부의 입장과 완전히 배치되는 노동운동에 대해 국가는 억압적 개입으로 일관하였다. 그 결과, 이 시기의 노동정치는 노동과 자본 간의 갈등은 물론, 노동과 국가 간의 갈등이 심화되는 '갈등적 다원주의'의 노동정치 양상을 보였다.

3. 이중적 노동통제전략의 배경

왜 국가는 이중적 노동통제전략을 구사했는가? 우선, 장면 정부가 개별 사업장 수준의 노사분규에 대해 적극적으로 개입하기보다 가급적 개입을 삼가는 전략을 선택한 것은 다음 두 가지 이유 때문인 것으로 보인다. 첫째, 7·29 총선을 통해 집권한 민주당 정권이 집회, 결사, 언론, 정당결성 등의 시민적·정치적 권리의 실현을 정치적 정당성의 근거로 삼았다는 점에서, 국가는 권익보호와 복리향상을 요구하는 사업장 수준의 노동운동을 통제해야 할 정치적 명분을 결여하고 있었다. 더구나 노동운동의 분출은, 기본적으로 이승만 정권의 약탈적 노동정책이 낳은 산물이었다는 점에서, 학생 및 지식인들의 묵시적인 지지를 받고 있었다. 달리 표현하면, 4월항쟁 이후 노동자들의 임금 및 노동조건, 그리고 단위노조의 자율성에 대한 요구들이 사회적으로 규범적 정당성을 획득·보유하고 있었다. 때문에, 4월항쟁의 계승자임을 자처하던 장면 정부의 입장에서 볼 때, 개별 사업장의 노사분규에 대해 공권력을 투입하여 규제하는 것은 정권의 성격에도 맞지 않을 뿐만 아니라, 강력한 시대정신으로 떠오른 자유민주주의와 사회개혁이라는 시대적 명분에도 어긋나는 것이었다.

둘째, 장면 정부는 부패한 기업가집단에 대해 형사적 처벌과 같은 무거운 형벌보다는 벌금부과와 같은 상대적으로 가벼운 '재정적' 처벌을 원하고 있었다. 이는 엄격한 처벌을 요구하는 사회여론과 배치되는 것으로, 장면 정부의 이 같은 온건한 입장은 기업가 집단에 대한 형사적 처벌이 공장가동률을 떨어트려 침체된 국민경제의 회복을 더욱 어렵게 만들 수 있다는 우려 때문이었다(한승주 1983, 160-161). 그러나 이러한 장면 정부의 태도는 또 다른 사회적 비판을 몰고 왔다. 즉 장면 정부가 이들 기업가 집단으로부터 재정적인 지원을 받고 있다는 비판적 여론이 그것이었으며, 이러한 비판에 대해 장면 정부는 정면으로 부인할 수 없는 입장이었다.[8] 이러한 상황 전개는 장면 정부를 정치적으로 매우 곤란한 입장에 빠트렸고, 이는 동시다발적으로 분출되고 있는 노동운동에 대한 국가의 개입 가능성을 더욱 축소시키는 방향으로 작용하였다. 만약 사업장 수준의 노동운동에 국가가 개입할 경우, 이는 부패한 기업가집단 처벌문제와 관련하여 또 다른 혼란을 초래할 가능성이 높았기 때문이었다.

셋째, 당시 한국사회는 노동력의 과잉 공급과 수요 부족으로 노동자들의 취업 기회는 절대적으로 부족한 상태였으며, 더구나 노동자들의 계급의식은 매우 낮은 수준이었다. 이러한 객관적 상황은 노동운동에 당면한 기업주들에게 상대적으로 유리하게 작용할 가능성이 높았다. 즉 기업주들이 노동력 과잉 상태를 최대한 활용하는 시장 기제적 노동억압전략을 효과적으로 구사할 수 있다면, 개별 사업장의 고립된 노동운동은 어렵지 않게 제어될 수 있는 상황이었다. 이러한 국면에서 장면 정부는 굳이 자신의 정치적 명분을 훼손하면서까지 개별 사업장의 노사분규에 깊숙이 개입할 이유가 없었던 것이다.

이에 비해, 국가는 노동의 정치·사회적 개혁운동에 대해서는 적극적으로 개입·통제하였다. 이는 대체로 정권의 성격과 사회연합구도를 감안한 조치였다. 첫째, 과도정부는 물론이고 장면 정부 역시 이념적으로 보수적이라는 점에서 이승만 정부와 크게 다르지 않았다. 1960년 4월 27일 출범한 허정 과도정부는 자신의 역할을 철저히 권력의 안정적 이양 및 신정부의 구성을 위한 '관리정부'에 국한시켜 민감한 개혁과제를 철저히 회피하였고, 7·29 총선을 통해 집권한 장면 정부

8 훗날 장면은 그의 회고록 『한 알의 밀이 죽지 않고는』에서 "7·29 총선거를 전후하여 당시 창궐하던 혁신세력의 진출을 막아야겠다는 이유로 주로 선거자금으로 민주당을 위해 (기업인들이) 자진해서 2억원 내외를 제공한 일이 있다"고 기술하였다(장면 1967, 84).

역시 "반공주의를 자유민주주의 규범과 가치보다 우선시"한다는 점에서 철저히 보수적이었다(최장집 1996, 38). 따라서 노사협력주의 혹은 경제적 조합주의의 테두리를 벗어난 민족통일운동, 한미경제협정체결 반대운동, 반공임시특별법 및 데모규제법제정 반대투쟁 등과 같은 진보적이고 사회주의적 성향을 띠는 노동운동은 결코 용인될 수 없었다.

둘째, 장면 정부가 노동의 정치·사회적 개혁운동을 적극적으로 규제할 수 있었던 것은 7·29 총선을 통해 혁신 세력이 정치적으로 매우 취약하다는 점을 확인했기 때문이었다. 7·29 총선은 '보수와 혁신'이라는 사회연합구도하에서 치러졌지만, 그 결과는 보수 세력의 일방적 승리였다. 이렇게 된 데에는 민주당이 선거에 참가한 정치세력들 가운데 전국적으로 조직된 유일한 정당이었다는 점도 작용하였지만, 근본적으로 혁신 정당들이 제시한 진보적이고 사회주의적 요소를 지닌 정견들이 유권자들의 지지를 받지 못했기 때문이었다. 당시 유권자들은 비민주적 지배 및 사회적 부조리에 대한 반대 목소리도 컸지만, 공산주의의 위협에 관심과 우려가 더 많았다(한승주 1983, 98-99). 이렇듯 일반 대중들의 반(反)좌익적 성향은 장면 정부가 진보적 혹은 정치적 성향의 노동운동을 적극적으로 규제하는 기반이 되었던 것이다.

Ⅲ. 요약 및 결론

이승만 정권이 야기한 정당성의 위기와 경제침체는 3·15 부정선거를 계기로 대규모 민주화운동을 초래하였다. 4월항쟁은 이승만 정권의 붕괴를 낳았고, 이에 따른 정치적 개방과 민주화 전환은 일반 노동자들의 불만과 요구의 분출로 이어졌다. 노동자들의 요구는 체불임금, 임금인상, 노동조건을 둘러싼 노동자 권익향상에 관련된 이슈에서 통일문제, 교육의 자율성, 사회개혁을 둘러싼 요구에 이르기까지 다양했다.

이승만 정권의 붕괴로, 기존의 약탈적 노동질서가 급속히 와해되었고, 새로운 노동질서의 구축이 요구되었다. 정치상황의 변화에 대한 대한노총의 대응은 기민하였다. 대한노총 지도부는 자유당과의 연계를 끊고 노총의 정치적·경제적 자율성 확보에 노력할 것임을 발표하였다. 대한노총에 대항하여 대안적 노동운동을 추구하던 전국노협 역시 재빠른 움직임을 보였다. 전국노협은 이승만 정권하에서 자유당 및 기업주와 야합했던 대한노총을 맹렬히 비판하면서 노조민주화의 필요성을 역설하였다. 그러나 두 조직의 대립은 오래가지 않았다. 대한노총과 전국노협은 여러 차례의 협상 끝에 1960년 11월 26일 한국노련으로 통합되었다. 이로써, 노동 약탈적 대한노총체제는 공식적으로 마감되었고, 노동운동의 민주화와 자주화를 추구하는 한국노련체제가 성립되었다.

노동운동에 대한 국가의 반응은 다분히 이중적인 것이었다. 경제적 권익과 복리와 관련한 노동자들의 요구에 대해 국가는 가급적 개입을 자제하는 태도를 취하였다. 이에 비해, 국가는 사회개혁 및 변혁운동과 연계된 노동운동에 대해서는 적극적 개입과 억압으로 대응하였다. 이러한 국가의 노동통제전략은 사회연합 차원의 대립구도의 변화, 그리고 정권적 차원의 반공·보수주의적 질서에 기인하였다. 그 결과, 사업장 수준의 노사분규는 급증하였고, 노동과 국가 간의 갈등 역시 빈번히 발생하였다. 그러나 자원 배분을 둘러싼 노사갈등 해소를 위한 제도적 장치는 부재하였고, 더구나 국가의 통치능력(governability)은 매우 취약한 상태였다. 그 결과는 국가와 노동 그리고 노동과 자본이 충돌하는 '갈등적 다원주의'의 노동정치였다.

제4부

산업화 그리고 국가권위주의

박정희 정권 18년과 뒤이은 전두환 정권 8년은 경제적 성취와 민주적 안정성 간의 상쇄현상으로 특징 지워진다. 박정희 통치하에서 산업구조가 전통적 농업경제에서 산업경제로 빠르게 탈바꿈됨에 따라, 임금노동자의 규모 역시 빠르게 증가하였다. 경제적 성취를 이룩하는 동안 노동자들의 정치경제적 소외는 심화되었고, 이로 인해 노동운동은 1970년대 중반 이후 '발전연합' 대 '민주화연합'이라는 정치적 대결구도의 일원이 되었다. 민주화연합의 공세가 진행되는 가운데 박정희 정권은 내부적 균열로 스스로 붕괴되었으나, 전두환 신군부 집단이 그 자리를 채웠다. 전두환 정권의 전면적 노동억압은 노동과 정치적 도전세력 간의 연계를 더욱 강화시키는 역설적 현상을 초래하였다.

제7장

박정희의 경제개발과 노동억압

Ⅰ. 군사쿠데타와 노동정치의 재편

1961년 5·16 군사쿠데타는 노동운동을 둘러싼 정치상황을 또다시 바꾸어 놓았다. 군사정부(1961년 5월 16일~1963년 12월 16일)는 일련의 조치들을 통해 노동의 정치적·조직적 공간을 철저히 폐쇄하고, 자신들이 원하는 새로운 형태의 노동정치를 구축하기 시작하였다. 군사정부의 노동정치의 재편은 하향적(top-down) 방식으로 진행되었고, 이 과정에서 노조재편에 반발하는 노조활동가들은 강압적으로 제거되었다.

1. 노동정치의 재편

1961년 5월 16일 새벽, 박정희 소장이 이끄는 약 3,700여 명의 무장 군인들은 기습적으로 쿠데타를 단행하였다. 쿠데타 세력은 순식간에 주요 권력기관을 점령·접수하고, 쿠데타를 정당화하는 6개 항의 '혁명공약'을 발표하였다. 이날 새벽 발표된 혁명공약은 "반공을 국시의 제1의(第一義)로 삼고," "모든 부패와 구악을 일소하고," "절망과 기아선상에 허덕이는 민생고를 시급히 해결하고 국가 자주경제 재건에 총력을 경주"하며, "과업이 성취되면 참신하고 양심적인 정치인들에게 언제든지 정권을 이양"한다는 내용이었다(한국군사혁명사편찬위원회 1963, 236).

그리고 곧바로 전국에 비상계엄을 선포하고, 정권의 장악 및 유지를 위한 다양한 조치들을 취하기 시작하였다.

군사정부의 조치들 가운데 노동정치와 관련된 이슈는 '부정축재 기업인'과 '노동조합 재편'이었다. 전자는 부정축재 기업인들을 처벌하는 사안이었고, 후자는 조직노동의 활동을 규제하는 사안이었다. 그러나 이 두 사안들에 대한 군사정부의 처리 과정과 결과는 매우 상이했다. 우선, 기업인들의 부정축재를 둘러싸고 당시 많은 시민들은 기업인들의 탈세와 부정에 대해 매우 분노하고 있었다. 이에 군사정부는 부정축재자의 문제를 철저히 완결지어 국민들에게 자신의 청렴성과 개혁적 이미지를 심어주고자 하였다. 군사정부의 조치는 매우 신속하게 진행되었는데, 1961년 5월 28일 '부정축재처리위원회'가 구성되었고, 6월 14일 '부정축재처리법'이 공포되었다. 그리고 탈세와 부정축재 혐의가 있는 기업인들을 본격적으로 조사하여 체포·구금하기 시작하였다(한국군사혁명사편찬위원회 1963, 466-467). 그러나 7월 14일, 군사정부는 갑자기 기존의 입장을 바꿔 '부정축재처리 개정법률'을 공포하고, 구속된 기업인들을 전원 석방하였다. 대신 기업인들은 부정축재에 대해 국민들에게 사죄하고 기업인 단체를 만들어 경제개발에 적극적으로 협력할 것을 요구받았다(전국경제인연합회 2011, 64).

부정축재 기업인들의 석방은 6월 27일에 이루어진 이병철(당시 삼성물산 회장)의 박정희와의 면담이 결정적인 계기가 되었다. 이 면담에서 이병철은 기업인들의 경제개발에 대한 투자와 협력을 약속하였고, 대신 부정축재자 전원의 석방을 요구하였다. 하지만 이는 부정적 여론이 예상되는 사안이었다. 따라서 군사정부는 정부감독관을 부정축재 기업체에 파견하여 기업운영을 감독한다는 조건을 붙여 부정축재 기업인들을 석방하였다. 이러한 조치에 대해 군사정부는 "부정축재자라 하더라도 그들의 기업의욕과 기업경영능력을 효율적으로 활용하는 것이 국가경제 재건의 첩경"임을 강조하였다(한국군사혁명사편찬위원회 1963, 282). 그리고 석방된 기업인들은 7월 17일 '경제재건촉진회'를 출범시키고,[1] 초대 회장에 이정림(李庭

1 '경제재건촉진회'는 1961년 8월 16일 '한국경제인협회'로 개칭되었고, 이는 다시 1968년 3월

林, 당시 대한양회 사장)을 선출하였다. 다음은 당시 발표된 '경제재건촉진회'의 창립 선언문이다(전국경제인연합회 1971, 102).

> 혁명공약에 규정된 과업의 실천은 국민 한 사람 한 사람에게 부하된 지중한 의무가 아닐 수 없읍니다. 그리고 이 혁명과업의 성패를 결정하는 관건이 바로 경제의 부흥발전에 있다 함은 명백한 사리(事理)라 하겠읍니다. 우리는 조국의 이 엄중한 역사적 명제를 충심으로 명감(銘感)하면서 과거를 청산하고 새로운 기점에서 뜻을 같이하는 경제인들의 합심하에 … 지닌 바 모든 건설적 요인과 성력이 결정(結晶)될 것이며 이를 원동력으로 국가의 시책에 호응하여 즉각적이며 집중적인 실천이 있을 것입니다.

이에 비해, 군사정부의 노동조합 재편은 다른 양상을 보였다. 노동과 관련하여, 군사정부가 취한 최초의 조치는 1961년 5월 19일에 발표된 계엄사령부 공고 제5호 '경제질서 회복에 관한 특별성명서'였다. 그 내용은 "노임은 5월 15일의 수준으로 유지하고 노동쟁의는 일체 금지한다"는 것이었다. 이어 5월 21일, 군사정부는 '포고령 제6호'를 통해 노동조합을 포함한 모든 정당·사회단체들에 대해 5월 23일을 기해 해체하도록 지시하였고, 다만 노동조합 및 종교단체 등 정치성이 없는 단체들에 대해 5월 31일까지 재등록할 것을 명령하였다. 재등록 과정에서 22개의 노동조합 연맹체와 155개에 달하는 단위노조들이 등록미필 혹은 유명무실한 조합이라는 판정을 받고 해체당해야 했으며, 교원노조 역시 장면 정부의 허가를 받지 못한 노조라는 이유로 재등록이 거부되었다(한국노총 1979, 569). 그리고 8월 3일, '사회단체 등록에 관한 법률'을 개정하여 노동단체의 역할을 "노동조건의 개선"과 "경제적·사회적 지위향상"을 목적으로 하는 자율적인 경제조직으로 한정함으로써 노동단체의 정치활동을 금지할 것임을 명확히 하였다. 아울러, 같은 날 군사정부는 '근로자의 단체활동에 관한 임시조치법'을 공포하여 기존의

28일 '전국경제인연합회'(전경련)로 개칭되었다.

노조설립에 있어서 '신고주의'를 사실상 '허가주의'로 전환시켰다.

또한 1961년 8월 4일 보건사회부 장관은 '근로자의 단체활동에 관한 임시조치법 공포에 제(際)하여'라는 담화문을 통해 향후 노동조합의 재편과 관련하여 두 가지 방향을 밝혔다(한국노총 1979, 587). 첫째, 조직노동의 '혁신'과 '정화' 그리고 '순수한 노조활동'(경제적 노동조합주의)을 위해 9개 항목의 노조간부 결격 사유(노조를 정치적으로 이용한 자, 용공운동에 관여한 자, 어용노조 간부, 조합원의 의사를 무시하고 독재한 자, 파벌과 반목을 일삼는 자, 병역미필자, 반혁명적 언동을 하는 자, 공민권이 박탈된 자, 사이비 노동자)를 제시하고, 이에 해당하는 자는 스스로 물러날 것을 요구하였다. 둘째, 재조직되는 노조는 "전국 단일 산별노조"를 구축하는 방향으로 이루어질 것이라고 표명함으로써 복수노조체제를 허용하지 않을 것임을 분명히 하였다.

요컨대, 1961년 5·16 쿠데타로부터 8월 초순까지 취해진 군사정부의 노동조합정책의 핵심은 '기존 노동조합의 해체,' '산별체제로의 재편,' '정치활동의 금지,' 그리고 '복수노조의 금지' 등으로 압축되었다. 이러한 일련의 조치들로 인해 기존 노동조합들은 해체되었고, 이에 불만을 표명한 노조지도자들은 체포·구속되었다. 이로써 4월항쟁 직후 크게 활성화되었던 노동운동은 일시에 동면 상태에 빠져들었다. 이러한 강압적 분위기 속에서 군사정부는 그해 6월에 창설된 중앙정보부를 활용하여 노동조합의 재편작업을 본격적으로 진행하였다.

우선 중앙정보부는 노조재편의 임무를 담당할 핵심세력으로 각 산별조합의 대표 9명을 지명하고, 1961년 8월 4일 이른바 '9인위원회'로 알려진 '한국노동단체 재건조직위원회'(재건위)를 구성하였다. 그리고 재건위는 8월 6일과 8월 9일 두 차례의 회합을 통해 15개 산별노조의 조직책임자들을 임명하였고, 8월 12일 재건위 총회를 통해 '재건조직 기본방침'을 채택하여 산별노조의 재건작업을 지휘하였다. 그 결과, 8월 16일~25일 사이에 11개의 산별노조(철도, 섬유, 광산, 외기, 체신, 운수, 해상, 금융, 전매, 화학, 금속)가 재조직되었고, 8월 30일 산별노조들의 대의원 78명이 참석한 가운데 창립대회를 개최하고 한국노총을 출범시켰다(김준 1999, 118-120). 이 날 한국노총이 채택한 '선언문'은 노동의 이익대변보다는 군사정부를 지지하고 따른다는 내용이 강조되었다(한국노총 1979, 573).

> 백척간두에 놓인 국가의 운명을 바로잡고 심각한 경제위기를 극복하기 위한 민족대약진의 여명은 밝았다. 모든 부패와 구악을 일소하고 국가민족의 번영을 기약하는 군사혁명의 성스러운 봉화를 선두로 우리들 노동자는 견고한 단결과 피끓은 동지애로서 민주주의 원칙하에 산업부흥의 주도성을 확보하고 국가재건에 전력을 다하여 근로대중의 복지사회건설을 이룩하고자 한다.

군사정부의 노조재편 과정은, 기업인들에 대한 조치와는 달리, 일방적인 것이었고 일사불란하게 진행되었다는 점에서 그리고 노동조합의 재편에 반발하는 노조지도자들을 강압적으로 제거했다는 점에서 매우 권위주의적인 것이었다. 그 결과, 1962년 12월 6일의 계엄령해제 및 1963년 1월 정당 활동의 재개를 계기로 노조재편 과정에서 배제되었던 일부 노조지도자들의 반발이 표출되었다. 그 대표적인 사건이 1963년 1월과 3월에 각각 발생한 '민주노동당 창당운동'과 '한국노련 결성운동'이었다. 전자는 군사정부의 노조 정치활동 금지방침과 한국노총의 '정치적 중립' 노선을 비판하면서, 노동이익이 적극적으로 대표될 수 있는 노동자 중심의 정당 창설을 시도하였다. 이에 비해, 후자는 군사정부의 권위주의적 노조재편을 비판하고 한국노총을 '관제어용노조'로 규정하면서, 새로운 노동조합 연맹체의 결성을 시도하였다(김준 1999, 111-112: 한국노총 1979, 579-586). 그러나 이들의 활동은 군사정부의 탄압과 회유로 무산되었다.

이후 군사정부는 1963년 '노동조합법,' '노동쟁의조정법,' 그리고 '노동위원회법'을 각각 개정하여, 군사정부 자신이 설계한 노동조합체제를 법적으로 뒷받침하였다. 개정된 노동관련 법들은 복수노조의 금지, 노조의 정치활동 금지, 노조운영에 대한 행정관청의 개입권한 확대, 쟁의행위에 대한 제한의 강화 등을 주요 골격으로 하는 대단히 노동 억압적인 것이었다. 이에 비해, 자본가들은 박정희 정권의 경제개발을 돕는 조력자가 되어 각종 정책적 특혜와 과실을 향유하게 된다.

2. 노동정치 재편의 배경

왜 박정희는 노동정치의 재편을 시도하였을까? 박정희의 노동정치 재편 배경을 파악하기 위해서 당시 그가 직면했던 정치적 상황을 살펴 볼 필요가 있다. 우선, 군사정부는 비정상적인 정권탈취로 인해 민주적 정당성의 결여라는 태생적 결함을 지니고 있었다. 따라서 어떤 형태로든 쿠데타에 대한 반발이 예상되었고, 군부의 실세들도 이 점을 충분히 인식하고 있었다. 사실 박정희가 쿠데타 당일 발표한 '혁명공약'을 통해 "우리의 과업이 성취되면 참신하고 양심적인 정치인에게 언제든지 정권을 이양하고 우리는 본연의 임무에 복귀"할 것임을 공개적으로 표명한 것도 이 때문이었다.

쿠데타에 대한 가시적 반발은 미국으로부터 왔다. 미국의 반대를 누그러트리기 위해, 쿠데타 발생 사흘째인 1961년 5월 18일, 군사정부는 미국 대통령에게 서한을 보내 "자유와 평등에 기초한 민주주의"를 건설할 것임을 약속하였으며, 8월 12일 박정희는 담화를 통해 1963년 중반까지 민주적 선거를 통해 민정이양을 할 예정임을 공표해야 했다(Chung 1971, 35-36). 요컨대, 민주주의로의 복귀를 요구하는 미국의 압력에 직면하여 박정희는 쿠데타 당일부터 군사정부를 일종의 과도기적 정부로 규정할 수밖에 없었고, 향후 '민정이양'에 대비한 정치적 생존전략에 대해 심각하게 고민해야 했다.

박정희의 정치적 생존전략은 처음부터 어느 정도 그 윤곽이 잡혀져 있었다. 그것은 향후 민정이양을 위한 선거에 대비하여 단기적으로 사회개혁의 단행을 통한 쿠데타의 정당성을 설파하고, 중·장기적으로 경제개발에 대한 비전 제시 및 정책집행을 통해 대중적 호감을 획득하는 것이었다. 이러한 박정희의 판단은 매우 정확한 것이었다. 당시 국내 상황은 장면 정부의 보수적인 노선 및 정치력 부재로 인해 사회개혁은 부진을 면치 못하였고, 이에 대한 국민적 불만이 매우 높은 상태였다. 특히 경제사정은 급속히 퇴조국면으로 치닫고 있었다. 1960년 당시 경제성장률은 1.1%, 도매물가 상승률은 7.1%를 기록하고 있었으며(한국은행 1982,

12), 완전실업률 8.2%와 잠재실업률 26%를 합하면 사실상 총실업률은 34.2%에 이르고 있었다(전철환 1990, 56). 뿐만 아니라, 취업인구의 79.5%를 차지하는 농업 부문의 경우, 농가의 30%가 '춘궁농가'(春窮農家)에 해당하여 농촌은 빈곤 상태를 벗어나지 못하고 있었다(山本剛士 1984, 274). 이러한 경제적 어려움은 1961년에도 회복될 기미를 보이지 않고 있었다. 특히 대부분의 대기업들은 '부정축재'에 대한 처벌 가능성 때문에 새로운 신규 투자를 꺼리고 있었으며, 미국의 경제원조는 한국전쟁 이래 최하 수준이었다. 이는 경기침체와 물가상승의 지속으로 나타났고, 만성적인 실업문제를 더욱 심각하게 만들었다(한승주 1983, 198-199). 이러한 경제적 어려움은 여론조사에서도 확인되는데, 1960년 11월 내무부가 실시한 여론조사에 의하면 응답자의 70% 이상이 정부의 '가장 시급한 과제'로 경제문제의 해결을 꼽고 있었다(Oh 1968, 83). 요컨대, 박정희가 5·16 '혁명공약'에서 "사회의 모든 부패와 구악을 일소"하고 "절망과 기아선상에 허덕이는 민생고"의 시급한 해결을 위해 "자주경제 재건"에 총력을 기울일 것임을 다짐한 것은 당시 국민생활의 전반적인 파탄을 반영한 것이었다.

정당성 결여와 경제 불황은 박정희의 향후 정치적 생존과 직결되는 사항이었다. 박정희는 그의 생존전략을 1962년 3월에 출간된 그의 저서 『우리 민족의 나갈 길』 서두에서 다음과 같이 압축적으로 표현하였다(박정희 1962, 1).

> 과거 17년사는 두 정권의 부패, 부정으로 '빈곤의 악순환'에 허덕이는 오늘의 위국(危局)을 결과하고야 말았다. … 사회개혁을 통해서 '굶주리는 사람이 없는 나라' '잘 사는 나라'로 만드는 길이 없을까. … 혁명이란 수술만으로 환자가 원기를 회복하는 것이 아니며 병인(病因)을 도려내는 것만으로 건강이 오는 것은 아니다. … 병이 오지 않도록 항구적인 방략과 기초공사를 해 놓아야 한다.

노동정치의 재편은 정권 생존전략의 일환이었다. 박정희에게 자본과 노동은 자신의 최대 과업인 경제개발을 '항구적'으로 뒷받침하는 핵심 요소로 개혁의 대상이었다. 하지만, 이들에 대한 박정희의 접근법은 상이했다. 박정희는 위협과 회유를 통해 기업인들을 자신의 경제개발 정책을 위한 하위 파트너로 끌어들이고자 했지만, 노동에 대해서는 일방적인 협박과 강제를 통해 경제개발의 수단으로 삼고자 하였다. 실제로, 군사정부는 부정축재 기업인들에 대해 관대한 조치를 취한 대신, 이들에게 경제개발의 조력자로서의 책무를 부여하였다. 이에 따라 '한국경제인협회'는 '민간외자도입 교섭단'을 구성하여 외국의 자본가와 해외교포를 대상으로 경제개발에 필요한 자본의 확보 활동에 나서야 했다(전국경제인연합회 1971, 19-21). 이와는 달리, 조직노동에 대해서는 "노동자의 권익보호"에 앞장서야 할 노동조합이 "파쟁과 반목"에 휩싸여 "산업사회의 불안조성에 큰 요인"이 되었음을 지적하고(한국군사혁명사편찬위원회 1963, 1324), 군사정부는 노동귀족, 사이비 노동자, 병역미필자 등 9개항에 달하는 노조간부 결격 사항을 발표하고 일방적으로 노조재편 작업을 실행하였다.

박정희의 노동정치 재편은 사회적 역학관계에 비춰볼 때도 매우 자연스런 선택이었다. 당시 군사정부는 조직력 및 강제력의 측면에서 자본과 노동을 포함한 모든 사회세력을 압도하고 있었다. 4월항쟁 직후 조직노동자는 약 30만여 명에 달하고 있었으나, 노조지도부의 분열 및 계급의식의 결여로 조직노동의 정치력은 매우 취약한 상태였다.[2] 즉 노동집단은 박정희에게 '포섭' 혹은 '감시'의 대상이 될 정도의 정치적 위상을 지닌 위협적인 존재가 아니었다. 자본가들 역시 그 역량이 취약하기는 마찬가지였다. 더구나 이들은 부정축재 문제로 사회적 비난의 대상이 되어 풍전등화(風前燈火)의 상태에 몰려있었다. 뿐만 아니라, 군사정부는 전임 정권들과 달리, 노동과 자본은 물론이고 기존 사회집단들과 어떠한 직·간접적 연계도 지니고 있지 않았다. 따라서 군사정부는 노동집단에 특별한 정책적 배려를 제공해야 할 정치적 채무가 전혀 없었으며, 자본가 집단에도 특별히 정책적

2 1960년 4월항쟁 직후, 노동조합은 대한노총과 전국노동조합협의회(전국노협)가 양립하고 있다가 1960년 11월 25~26일 통합 결성대회를 거쳐 한국노동조합총연맹(한국노련)으로 통합되어 있었다. 그러나 한국노련은 통합결성대회 이후 주도권을 둘러싼 대립으로 임원진을 구성하지 못한 채 별다른 역할을 하지 못하고 있었다.

처벌을 가해야 할 정치적 책무도 전혀 없었다. 요컨대, 군사정부에게 노동정치 재편작업은 비교적 손쉽게 달성할 수 있는 대상이었다.

노동정치의 재편은 군사정부의 체제적 성격과도 부합되는 것이었다. 박정희와 그 추종자들은 직업군인이었으며, 그들의 태도는 민간 정치인들과 확연히 구분되는 반(反)정치적인 것이었다. 박정희는 이승만 정부의 가부장주의적(patrimonialism) 관행 및 규범을 혐오했으며, 장면 정권 하에서 만연했던 정치적 파쟁과 사회적 갈등을 죄악시하였다(송호근 2000, 199). 대신 군사정부는 능률과 생산을 바탕으로 하는 관료적 효율성과 경제적 합리성을 선호하였다. 따라서 국가 통제하의 일사불란한 노동질서의 확립은 당시 군사정부가 추구하던 이른바 '행정적 민주주의'와도 상통한 것이었다.

요약하면, 군사정부의 노동정치 재편은 당시 박정희가 직면한 대내외적 상황, 사회연합관계, 군사정부의 체제적 성격이 반영된 일종의 정치적 선택이었다. 그것은 단순히 노동과 자본의 '경제적 동원'이라는 경제적 목표만을 위한 조치이기보다는, 박정희의 정치적 생존전략의 일환이었다. 즉 노동정치의 재편은 정권의 개혁 이미지를 극적으로 연출하여 쿠데타의 정당성을 구축하고, 노동과 자본을 국가의 통제 하에 둠으로써 정권의 최대과제인 경제성장을 뒷받침하려는 전략적 선택이었다.

II. 유사 국가조합주의적 노동통제전략

1960년대 박정희의 노동전략에 대해 그것이 국가조합주의(state corporatism)적 노동배제 방식이었는지, 아니면 시장기제(market mechanism)적 노동배제 방식이었는지를 둘러싸고 논쟁이 있어 왔다. 전자의 입장에 의하면 박정희의 통제전략은 국가가 공식노조를 조직하여 노동자들을 중앙집중적으로 통제하고 관리하는 '국가조합주의'의 형태였다고 주장한다(최장집 1988; 김영래 1987; Shim-Han 1986-

7). 이와는 달리, 후자의 입장에 의하면 박정희는 노동자의 조직화를 최대한 저지하면서 단체교섭을 기업단위로 분산시키는 '시장기제적 억압전략'을 구사했다고 주장한다(송호근 1991; 김준 1993; 임혁백 1994). 그러나 전자는 당시 많은 노동조합들이 기업주의 강력한 영향력 하에 있었다는 점을 감안할 때, 그리고 후자는 박정희가 중앙집중적 산별노조체제로서 '한국노총체제'를 지향했다는 점을 고려할 때, 이들 견해는 다시 살펴 볼 필요가 있다.

우선, 박정희는 중앙정보부를 통해 국가가 후원하는 공식노조인 한국노총을 탄생시켰다. 그리고 '한국노총체제'는 1963년 전면 개정된 '노동조합법'에 의해 제도적으로 뒷받침되었다. 구체적으로, 개정 노동조합법은 ① 모든 신규노조들의 설립신고서를 관할 행정기관에 제출하고 '신고증'을 교부받도록 규정함으로써(13조와 15조) 노조의 설립요건을 '신고주의'에서 사실상의 '허가주의'로 전환시켰고, ② 신규노조가 "기존 노동조합의 정상적인 운영을 방해"할 경우 '신고증'을 교부받을 수 없도록 명시함으로써(3조 5항) '복수노조'를 금지하였으며, ③ 산별노조를 단체협약의 당사자로 인정함으로써(14조 11항과 33조) 전국수준에서 통합되고 중앙집권화된 노조체제로의 지향을 분명히 하였고, ④ 유니온 숍(union shop) 제도를 수용함으로써(39조 2항) 노조가 있는 사업장에 한하여 노동자의 노조가입을 의무화하였다. 이러한 제도적 장치는 한국노총에게 전국단위의 공식노조로 활동할 수 있는 법적 기반을 제공하였다.

다른 한편, 1963년 노동조합법은 노조의 예산집행과 활동에 대한 감독권을 행정관청에 부여하였으며(30조 1항), 나아가 "공익을 해할 염려가 있다"고 판단되는 경우 노조를 해산할 수 있는 권한도 행정관청에 부여하였다(32조). 또한 공직선거에서 특정정당 및 특정인을 위한 선거활동, 조합원으로부터 정치자금의 징수, 그리고 조합기금의 정치자금으로의 유용을 포함한 노조의 정치활동을 금지하였다(12조). 이로써, 박정희는 노동운동의 탈정치화를 위한 '국가에 의한 노조통제'를 제도적으로 뒷받침하였다.

이렇게 볼 때, 박정희는 '한국노총체제'를 통해 중앙 집중적인 방식으로 노동통제를 시도하였던 것이 분명해 보인다. 박정희는 중앙정보부와 보사부 등의 국가기관을 통해 한국노총 및 산하 산별노조의 간부들을 철저하게 관리·감독하고 노동운동의 정치활동을 금지함으로써, 경제성장과정에서 노동집단의 부정적인 역할을 사전에 방지하려 하였다. 달리 표현하면, 박정희는 한국노총 지도부에게 조직 기득권을 보장해 주는 대신, 노조의 활동범위를 '경제적 조합주의'를 넘어서지 못하도록 제한하였고, 노조지도부에게 '경제개발정책의 지지 및 협조'라는 정치적 책무를 강요하였다.[3] 이러한 중앙집중적 통제방식은 국가조합주의적 노동전략과 그 맥을 같이하는 것이었다.

그러나 박정희가 취한 노동통제전략은 국가조합주의적 통제의 원형에서 일정부분 벗어난 변종에 가까웠다. 국가조합주의적 전략은 국가가 공식노조를 만들어 모든 노동자들에게 공식노조에의 가입을 의무화시키고, 국가가 정책적 '유인'(inducements)과 '제약'(constraints)의 적정 수준의 교환을 통해 공식노조를 관리하여 공식노조를 통해 중앙 집중적인 방식으로 노동자들을 통제하는 방식이다(Collier & Collier 1979). 이에 비해, 박정희는 모든 노동자들의 한국노총 가입을 의무화하지도 않았으며, 한국노총을 유일한 공식노조로 인정한 것 외에는 정책적 유인이 거의 없는 '저수준의 유인'과 '고수준의 제약'에 기초한 불안정한 국가조합주의 전략을 구사했다.[4] 따라서 한국노총체제는 전국수준의 노조지도부가 단위노

3 박정희는 1963년 3월 10일 노동절 축사에서 ① 한국노총의 임무가 "자주경제 확립을 위한 5개년경제개발계획"에 총력을 기울이는 데 있으며, ② 당시 정치활동의 허용에 편승한 일부 노조간부들의 행태를 비판하면서, 한국노총이 추구해야 할 노선은 "노동조건의 개선" 등과 같은 경제적 조합주의에 있음을 강조하였고, ③ 노조와 사용자는 상호 유기적 관계에 있음을 지적하면서, 한국노총은 평화적인 산업질서 유지에 그 역할이 있음을 강조하였다(한국노총 1964, 822-824). 이에 대해, 한국노총은 "새로운 희망과 불타는 의욕으로 이 나라의 경제부흥과 전체노동자의 권익신장에 총력을 경주"할 것임을 다짐하였다(한국노총 1964, 820). 이후, 한국노총에 부여된 '정치적 책무'는 한국노총 스스로 확인하고 다짐하곤 하였는데, 예컨대 1967년 한국노총은 '당면운동방침과 활동목표'에서 "… 계급투쟁주의가 포기되어야 할 것은 당연한 일이거니와 현실에 부응하는 노동조합주의로서 노동조건의 개선과 생활수준의 향상을 도모하는 것이 보다 중요하다"고 밝히고 있다(한국노총 1967, 194).

4 박정희는, 라틴아메리카의 경험과 달리, 노조지도부에게 노동자에 대한 복지혜택의 결정권 및 분배권 등 어떠한 권한도 부여하지 않았다. 그가 한국노총 및 산별노조의 간부들에게 제공한

조 및 조합원의 충성을 이끌어 내는데 매우 취약할 수밖에 없는 구조였다(송호근 2000, 212). 이 점에서 박정희의 국가조합주의적 전략은 '유사 국가조합주의'(quasi-state corporatism)에 가까운 것이었으며, '단위노조와 조합원들의 통제'라는 측면에서 상대적으로 취약한 것이었다.

박정희는 국가조합주의적 노동통제의 취약점을 시장기제적 억압전략으로 보완하려 했다. 비록 박정희는 산별노조체제를 지향하였으나, 국가독점산업(철도노조, 전매노조, 체신노조)과 공기업(전력노조, 금융노조)을 제외하면 민간기업의 단체교섭은 대체로 산별교섭보다는 지역별 혹은 기업별교섭의 형태를 취하고 있었다(Ogle 1973, 90-96). 예컨대, 1967년 당시 민간기업 노조원은 총 281,215명에 달하였는데, 이 가운데 산별교섭을 진행시킨 섬유노조, 외기노조, 해상노조의 조합원 수는 총 105,893명으로 전체 조합원의 37.7%에 불과하였다. 반면, 지역수준(운수노조, 부두노조, 자동차노조) 및 기업수준(화학노조, 금속노조, 출판노조, 광산노조, 연합노조)의 단체교섭을 행한 노조원 수는 총 175,322명으로 전체 조합원의 62.3%를 차지하고 있었다(한국노총 1967, 65). 이렇게 볼 때, 한국노총체제는 형식상으로 산업별 단일조직이었지만, 그 본질은 기업별 노조체제에 가까운 것이었다(김삼수 2003, 201).

노조의 협상력은 중앙수준의 산별교섭에 비해 지역별 혹은 기업별 교섭이 훨씬 취약할 수밖에 없다. 특히 거의 무제한에 가까운 노동력 공급이 존재하는 노동시장의 경우 노조의 교섭력은 더욱 위축될 수밖에 없으며, 이 경우 '시장기제'를 이용한 노동억압전략은 매우 효과적으로 작동할 가능성이 높아진다. 이 점에서 1960년대 한국의 노동시장은 시장기제적 노동억압이 효과적으로 작동될 개연성이 높은 환경이었다. 노동집약적 산업화가 진행되면서, 권위주의적 질서의 수용성이 높은 농촌적 성격을 지닌 노동력의 무한공급은 전근대적 기업관에 충만한 기업주들의 가부장적이고 권위주의적 노동관행을 더욱 부추기고 있었다(이종구 2006). 기업주들의 장시간·저임금 노동의 강요는 다반사였고, 단체교섭 자체가

것은 청와대 초청 및 간담회 개최 등 상징적 차원의 우대뿐이었다(송호근 2000, 212).

아예 거부되거나 단체협약이 체결되었다 하더라도 형식적인 것에 불과한 경우가 허다했다. 심지어, 기업주들은 단체교섭의 행위자인 노동조합을 아예 무력화시키는 행동을 거리낌 없이 감행하기도 하였다. 그 결과, 1960년대 후반까지 대부분의 "조합은 그 자주성을 경영주 측에 넘겨줌으로써만 존립"이 가능할 정도로 회사의 강력한 영향력하에 놓여 있었다(최장집 1988, 118).

이러한 노동 억압적 시장기제의 작동에 대해 공식노조인 한국노총마저도 "기업주들은 단체계약의 체결이야말로 노사관계를 혼란하게 만드는 것 같이 인식하여 가능한 한 이를 피하려는 태도를 버리지 못하고" 있다고 강하게 비판할 정도였다(한국노총 1967, 64). 기업들의 노동 억압적 시장기제의 횡포는 해가 갈수록 심해졌는데, 한국노총은 1968년도 '사업보고'에서 기업주들이 "온갖 수단과 방법을 다하여 이(단체교섭)를 기피하고 있는 경향마저 나타남으로써 계속 마찰과 불안을 조성하고 있음을 볼 때 한심스럽기 그지없는 일"이라고 개탄하였고(한국노총 1968, 64), 1969년도 '사업보고'에서는 고용주들의 "전근대적인 기업관을 조속히 시정하기 위하여 … 강력한 활동을 전개할 필요가 있음"을 인정할 정도였다(한국노총 1969, 69).

그러나 정부는 기업주들의 부당노동행위에 대해 방관으로 일관하였다. 한국노총의 불만에 대해 노동청은 외면적으로 경영자 및 노조지도부를 대상으로 몇 차례의 교육 및 계몽 행사를 개최하여 기업주의 부당노동행위를 경고하고 나섰으나(노동청 1969; 노동청 1971, 19), 그것은 겉치레에 불과한 것이었다. 오히려 집권세력은 법제도적 장치(노동쟁의 신고제, 장시간의 냉각기간의 설치, 그리고 전략산업의 지정 등)를 통해 노동자들의 단체행동을 제한하였다. 구체적으로, 1963년에 개정된 '노동쟁의조정법'은 모든 노동쟁의는 발생 즉시 행정관청과 노동위원회에 신고하도록 하였으며(16조), 노동위원회의 쟁의행위 적법 판정일로부터 20일의 냉각기간이 경과한 이후에 비로소 쟁의행위에 돌입할 수 있도록 하였다(14조). 또한 쟁의행위가 행정관청의 요구 혹은 노동위원회의 결정에 의해 중재에 회부될 경우, 20일간의 냉각기간 종료 후에도 20일 동안 쟁의행위의 돌입이 불가능하도록 하였다

(31조). 심지어 모든 법적 요건을 충족한 쟁의행위라 할지라도 보사부장관이 쟁의행위에 대해 '긴급조정권'을 발동할 경우(40조 1항), 긴급조정권의 발동일로부터 30일 이내에 쟁의행위는 재개할 수 없었다(41조). 이러한 제도적 장치는 노동쟁의를 거의 불가능하게 하였을 뿐만 아니라, 설령 쟁의행위에 돌입하였다 하더라도 보류기간(최초의 냉각기간과 연장된 냉각기간을 합한 기간)이 너무 길어 노동쟁의는 실효성을 상실하는 경우가 많았다.

뿐만 아니라, 공익산업체로 지정된 사업장의 경우 쟁의행위는 일반사업체보다 더 긴 냉각기간(노동위원회의 쟁의행위 적법 판정일로부터 30일)이 요구되었다(14조). 당시 운수·체신·전매·조폐사업, 수도·전기·가스·유류산업, 공중위생 및 의료사업, 증권거래소 및 은행사업 등은 "국민의 일상생활에 필수불가결한" 산업체로 간주되어 모두 '공익산업'으로 지정되었다(4조 1항). 나아가, 국회의 동의를 얻어 정부는 "사업의 정지 혹은 폐지"로 인해 국민경제 및 국민생활이 위협받을 소지가 있는 산업체를 1년 이내의 기간 동안 '공익산업'으로 지정할 수 있었다(4조 2항). 이러한 법적 규정에 의해, 당시 공익산업으로 지정된 사업장의 노조 수는 전체 노조의 상당 부분을 차지하였다. 예컨대, 1960년 후반 존재했던 총 16개의 산별노조들 가운데 명백하게 공익산업체에 해당하는 산별노조는 철도노조, 전력노조, 체신노조, 운수노조, 해상노조, 부두노조, 금융노조, 전매노조 등 8개로 전체 산별노조의 50%에 해당하였다. 그리고 이들 산별노조에 속한 조합원은 1967년 당시 142,609명으로, 전체 노조원(366,873명)의 38.9%를 차지하고 있었다(한국노총 1967, 34).

1960년대 말에 이르면서 노조 활동에 대한 법제도적 제약은 더욱 강화되어, 외국인 투자 사업장에서 노조의 단체행동은 아예 금지되었다. 1966년 외국 자본의 국내투자에 대한 각종 특혜를 부여하는 '외자도입법'이 제정되었지만, 만족스런 성과를 내지 못하고 있었다. 이에 정부는 1969년에 구미공업단지를 그리고 1970년에 마산 수출자유지역 공단을 조성하여 보다 공격적으로 외국자본의 유치를 시도하였다. 그 일환으로 정부는 1969년 12월 20일 '외자기업의 노동조합 및 쟁의조정에 관한 특례법'을 제정하여 외국인 투자 사업장에서의 노조 활동에 법적 제약을 가하였다. 이에 따라, 외국자본이 투자한 사업장에서 노동자들은 아예 단결권과 단체행동권을 행사할 수 없게 되었다(한국노총 2002, 340).

요약하면, 1960년대 국가의 노동통제전략은 유사 국가조합주의적 억압전략에 기초하여 시장기제적 통제전략을 보완적으로 활용한 '유사 국가조합주의적 혼합전략'에 가까운 것이었다. 박정희는 공식노조인 한국노총을 만들어 전국수준에서 통합되고 중앙집중화된 '한국노총체제'의 제도화를 시도하였고, 노조의 이익대표활동 범위를 경제적 조합주의로 한정하는 국가조합주의적 억압전략을 구사하였다. 그러나 박정희가 조성한 '한국노총체제'가 외형적으로 중앙집중적인 것이었으나 내용적으로 분산화된 기업별 노조체제였다는 점에서, 그의 국가조합주의적 전략은 단위노조 및 노조원에 대한 통제가 제대로 작동될 수 없는 취약점을 안고 있었다. 이러한 불완전한 국가조합주의적 전략을 보완하기 위해 박정희는 시장기제를 이용한 노동억압을 적극적으로 구사하였다. 즉 기업별 단체교섭을 용인함으로써 고용주들의 압도적인 힘의 우위에 바탕한 노동 억압적 시장기제의 작동을 허용하였고, '공익사업'을 지정하여 전략산업부문에서 노조의 단체행동을 제도적으로 제약하였으며, 외국인 투자회사에서의 노조 활동을 사실상 금지시키는 법적 규제를 단행하였다.

Ⅲ. 유신체제와 시장기제적 억압전략

유신체제의 성립과 더불어 국가의 노동통제전략은 '시장기제적 억압전략'으로 변화하였다. 이는 산별노조체제를 지향했던 기존의 '한국노총체제'에서 중앙집중적 요소를 탈각시키고 단체교섭의 행위자로서 단위노조들을 최대한 개별화 혹은 원자화시켜 궁극적으로 노동운동을 무력화시키는 통제전략이었다. 이러한 변화는 거시적 차원의 정치·경제적 변화 징후 및 미시적 차원의 노동통제전략의 결함에 대해 정권적 차원에서 민감하게 반응한 결과물로, 매우 공세적이고 선제적인 성격을 지닌 것이었다.

1. 시장기제적 억압전략으로 전환

박정희는 1971년 12월 6일 '국가비상사태'를 선언하고, "일체의 사회불안을 용납하지" 않을 것이며, 최악의 경우 자유의 일부도 유보할 수 있음을 공표하였다(동아일보 1971/12/06, 1). 그리고 동년 12월 27일 '국가보위에 관한 특별조치법'(국가보위법)을 제정하여 "비상사태하에서 근로자의 단체교섭권 또는 단체행동권의 행사는 미리 주무관청에 조정을 신청하여야 하며, 그 조정결정에 따라야 한다"(9조 1항)고 규정함으로써 노조의 자율적인 단체교섭권 및 단체행동권을 사실상 박탈하였다. 이와 더불어 국가보위법은 "국가안보를 해하거나 국가동원에 지장을 주는" 노동자 조직의 "단체행동을 규제하기 위하여 특별한 조치를" 취할 수 있다고 규정함으로써(9조 2항) 노동운동에 대한 전면적 억압 방침을 명시적으로 표명하였다. 그리고 1년 후, 노조의 자율성을 전면 부정한 국가보위법의 취지는 1972년 12월 27일 공포된 유신헌법에 적극 수용되었고, 1973년과 1974년 두 차례에 걸쳐 개정된 '노동조합법'과 '노동쟁의조정법'에 의해 뒷받침되었다.

새로 개정된 '노동조합법'은 "전국적 규모를 가진 노동조합"과 "산하노동단체"라는 용어들을 삭제함으로써(13조), 산별노조체제를 지향했던 '한국노총체제'의 중앙집권적 규정들을 아예 없애버렸다. 그 대신 노사협의회 설치의 의무규정(6조 1항)을 존치시키면서, "노사협의회는 단체협약 또는 취업규칙의 범위 안에서 생산·교육·훈련·작업환경·불만처리·협의회운영 등에 관하여 필요한 사항을 협의한다"(6조 2항)는 조항을 신설하여 노사협의회의 위상 및 역할 강화를 통해 노동조합의 기능을 약화시켰다. 다른 한편, 개정 '노동쟁의조정법'은 '공익사업'의 범위에 대한 규정 권한을 국가의 재량권에 귀속시켜(4조 2항), 노조의 쟁의행위가 거의 불가능한 전략산업의 범위를 확대하였다. 이러한 법제도의 변경은 기존의 중앙집권적 '한국노총체제'의 분산화를 촉진하여 노조의 활동을 무력화시키는 시장기제적 억압전략을 더욱 강화하려는 정책적 조치의 일환이었다(임혁백 1994, 379).

강화된 시장기제적 억압전략은 ① 기업주의 횡포와 구사대의 동원, ② '반공주의' 및 '공장새마을운동'을 통한 국가의 이념적 통제, 그리고 ③ 한국노총 지도부를 이용한 민주노동운동의 방해공작 등 초법적 기제에 의해 뒷받침되었다. 먼저, 기업주들은 다양한 수단과 방법을 동원하여 노동자들의 조직 활동을 억압하였는데, 당시 기업주들의 노동억압에 동원된 전략들은 대체로 황색노조의 구축, 신규노조의 설립방해, 기존노조의 파괴 등이었다.[5] 첫째, 신규노조의 설립을 억제·방해하는 공작이 시도되었다. 노동자들의 노조결성 시도가 감지되면, 기업들은 핵심 노동자들에 대한 감시와 일반 노동자들에 대한 통제를 강화하였고, 나아가 노조결성대회 자체를 무산시키는 공작을 시도하였다. 둘째, 일단 노조가 결성될 경우, 기업주들은 노조파괴 공작을 개시하였다. 이 과정에서 노조간부들에 대한 회유와 협박, 나아가 조합원의 부모나 친척들의 동원을 통한 노동자의 노조탈퇴를 강요하는 방법들이 구사되었다. 셋째, 노조파괴 공작이 실패할 경우, 기업주들은 일부 노조간부들을 매수하여 노조를 장악하였다. 넷째, 노조의 '어용화'가 무산될 경우, 기업주들은 '사내 폭력단' 및 '구사대'를 조직하여 노조활동을 폭력적으로 억압하였다.

다른 한편, 국가는 이념적 조작을 통해 기업주의 부당행위를 묵인하거나 부추겼으며, 노동의 조직공간을 현저하게 위축시켜 노동자들의 조직화를 저지하였다. 그 방식은 대체로 세 가지 차원으로 진행되었다. 첫째, 집권세력은 노사분규가 발생할 때마다 반공주의 이념을 적극 활용하였다. 반공주의의 역사적 기반은 남북분단이었으며, 그 법적 기반은 국가보안법이었다. 경찰을 비롯한 국가 사찰기관들은 근로조건의 개선을 요구하거나 억압적 노동통제에 저항하는 노동자들을 "불순분자" 혹은 "용공분자"로 낙인찍는 행동을 주저하지 않았으며, 나아가 노동

5 노동운동에 대한 기업주의 대응 방식은 유신체제 하에서 발생한 주요 노동쟁의 사례들(한국기독교교회협의회 1984, 280-424 및 467-605)의 분석에 기초하였다.

자들의 고충처리 및 노조결성을 지원하는 사회·종교단체들을 국민경제를 파멸로 이끄는 "공산주의" 추종세력으로 몰아갔다(한국기독교교회협의회 1984). 한국전쟁 이래 이미 지배이데올로기로 확고히 자리 잡은 반공주의를 이용한 집권세력의 이념적 공세에 노동자들은 대단히 무력할 수밖에 없었다.

둘째, '공장새마을운동'은 집권세력의 또 다른 이념적 억압수단이었다. 원래 농촌지역을 대상으로 1970년에 시작된 새마을운동은 1973년에 들어서면서 도시지역을 대상으로 하는 '도시새마을운동'으로 확대되었고, 1974년에는 노동자들을 대상으로 하는 '공장새마을운동'으로 확장되었다(장상철 2006, 175-178). 공장새마을운동은 한국의 전통적 문화인 '가부장적 가족주의'를 생산현장에 주입하여, 권위주의적 노사관계의 정당화를 꾀하였다. 즉 공장새마을운동을 통해 정부는 기업주를 가장(家長)에 그리고 노동자를 가족구성원에 비유하여, 기업주에 저항 혹은 투쟁하는 노동자의 행동은 일종의 패륜적 행위에 해당됨을 강조하였다. 초기 공장새마을운동은 시범업체로 지정된 1,500개 공장만을 대상으로 추진되었으나, 1977년 이후에는 10인 이상 사업체 전체를 대상으로 확대 실시되었다(장상철 2006, 180). 나아가 1978년 이후에는 자본가 단체(상공회의소, 전국경제인연합회, 한국무역협회, 한국중소기업연합회)들까지 공장새마을운동에 참여하였다(최장집 1988, 187). 이들 자본가 단체들은 다양한 교육 및 캠페인을 통해 가부장적 노동윤리 및 노사협조주의를 작업현장에 주입하였다.

셋째, 한국노총 및 산별노조의 지도부를 이용한 민주노동운동의 파괴공작이다. 비록 중앙 집중적인 산별체제는 약화되었지만, 박정희는 한국노총 지도부를 매수하여 그들을 유신체제의 지지자로, 그리고 민주노조운동을 저지하는 전위대로 활용하였다. 이러한 한국노총 지도부의 반노동적 행태는 1974년 이후 노동자들을 지원하는 종교단체들과 한국노총 간의 갈등과 대립을 빚어내기도 했다(임송자 2010).

요약하면, 1971년 12월의 '국가비상사태' 선언을 기점으로 박정희의 노동전략은 빠른 속도로 '시장기제적 억압전략'으로 전환되었다. 박정희의 새로운 노동전략은 유신헌법과 뒤이은 노동관계법 개정을 통해 제도적으로 뒷받침되었으며, 이는 다시 국가의 물리적 통제와 이념적 통제, 그리고 한국노총 지도부를 이용한 민주노동운동의 내부적 분열전술에 의해 보완되었다. 그것은, 1960대의 '유사 국가조합주의적 혼합전략'에 비해, 노동억압의 강도와 범위에서 훨씬 권위주의적인 것이었고 전면적인 것이었다.

2. 노동통제전략의 변화 배경

왜 박정희는 노동통제전략의 변화를 꾀했던가? 기존 연구들에 의하면, 서로 다른 두 견해가 존재해 왔다. 하나는 급속한 산업화로 인한 계급구조의 변화 및 그에 따른 노동의 분배요구 상승이 국가의 노동통제전략의 변화를 촉발하였다는 경제적 인과론이며(강민 1983; Im 1987; Lee 1988), 다른 하나는 유신체제로의 전환에 따른 제도적 조응에서 노동전략 변화의 근본 이유를 찾는 정치적 인과론이다(이영철 2004). 그러나 전자는 당시 노동시장의 인력공급 상황이 아직도 여유가 있었다는 점에서,[6] 후자는 유신체제로의 전환 1년 전인 1971년 12월에 이미 국가의 노동통제전략에 변화가 발생하기 시작했다는 점에서, 재검토의 필요성이 제기된다. 이를 위해, 미시적 관점에서 1960년대의 '유사 국가조합주의적 혼합전략'이 지닌 문제점과 거시적 관점에서 1970년대 초의 정치경제적 상황을 살펴볼 필요가 있다.

먼저 미시적 관점에서 볼 때, 박정희가 부분적으로 채택한 국가조합주의적 전략은 산별지도부의 충성에만 의존하는 불완전한 것이었다. 그는 국가조합주의적 전략을 채택하면서 산별노조 지도부에게 단위노조에 관여할 광범한 권한을 부여하였으나, 산별노조 지도부가 단위노조와 조합원들의 충성을 이끌어낼 수 있는 정책적 수단은 전혀 제공하지 않았다. 게다가 산별노조의 지도부는 조합원에 의

6 경제개발계획이 진행됨에 따라 노동력의 이촌향도 현상이 가속화되었지만, 농촌소득과 도시근로자의 소득수준이 비슷해지는 시점은 1975년경이었다(Bai 1982).

해 선출되기 때문에, 그들은 재선을 위해 단위노조의 목소리를 무조건 무시할 수는 없는 상황이었다. 경제개발이 급속히 진행되고 노동자의 수가 늘어나면서, 결국 1960년대 후반에 이르러 애초 '노동자 통제를 위한 수단'으로써 고안된 산별노조체제가 '노동자들의 항변수단'으로써 작동할 조짐이 발생하기 시작하였다(이영철 2004, 159). 예컨대, 1967년 한국노총은 "신중한 3단계 투쟁(사전협의 → 단체교섭 → 파업투쟁)으로 전환하기로 하고 이것을 지도 원리로" 삼아, "악덕 기업가에 대하여는 과감한 극한투쟁을 전개"할 것임을 밝혔다(한국노총 1967, 194). 이러한 한국노총의 기조는 1968년에도 재확인되었는데, "우리의 투쟁방법은 노동조합주의이다" 라는 제목 하에 노동자의 "생활수준을 향상하기 위한 임금인상투쟁과 노동조건의 개선을 위한 투쟁"을 전개해 갈 것임을 공표하였다(한국노총 1968, 184). 단위노조와 조합원들의 지지를 생성·유지할 유인책이 전혀 없는 한국노총과 산별지도부는 높은 경제성장에도 불구하고 노동자의 임금과 노동조건은 개선되지 않는 상황에서 소속 단위노조 및 조합원의 불만을 의식하지 않을 수 없었다.

다른 한편, 거시적 관점에서 박정희의 노동전략의 전환점이 되었던 1971년 12월 27일 제정된 국가보위법의 입법배경을 파악해 볼 필요가 있다. 국가보위법은 1971년 12월 6일 선포된 '국가비상사태'의 법적 근거를 마련하고, 국가비상사태하에서 대통령에게 노동자의 단체교섭권과 단체행동권에 대한 규제권을 포함한 국방·경제·언론 등에 관한 '비상대권'을 부여하기 위해 제정되었다.[7]

여기서 주목해야 할 대목은 박정희 스스로가 국가비상사태 선언의 이유를 '국제정세의 급변'과 '북한의 남침 가능성의 증가'로 인한 '국가안보에 중대한 위기상황의 발생'에서 찾고 있다는 점이다. 박정희의 주장을 액면 그대로 수용한다면, 1971년 말에 취해진 일련의 조치들이 노사분규 혹은 분배압력의 증대로 인한 '축적' 및 '분배'의 위기감과는 전혀 무관한 것임을 뜻한다. 당시 박정희의 '안보위

7 본문 12개 조항과 부칙으로 구성된 국가보위법은 대통령에게 국가비상사태 선포권, 비상사태 시 물가·임금 등에 대한 통제권, 인적·물적 자원에 대한 총동원권, 옥외집회 및 시위, 언론과 출판, 노동자의 단체교섭권·단체행동권에 대한 규제권을 부여하였다.

기론'은 사실 여부를 떠나 신중하게 검토되어야 할 대목이다. 왜냐하면, 그 후 1년 뒤에 박정희가 체제변화를 시도했다는 점을 감안할 때, '안보위기론'은 그 어떤 것보다 체제변화를 합리화할 수 있는 최선의 구실이었을 개연성이 높기 때문이다(오창헌 2001, 99-113).

사실, 박정희에게 1970년대 초는 정치·경제적으로 매우 어려운 시기였다. 우선, 경제성장률은 1968년(11.3%)과 1969년(13.8%)의 두 자릿수에서 1970년(7.6%)과 1971년(9.4%)에는 한 자릿수로 하락하였다. 더욱 심각한 문제는 급격히 늘어나는 무역적자와 외채였다. 무역적자는 1966년의 1억 3백 달러에서 1968년에 4억 4천만 달러로, 1970년에 6억 2천만 달러로, 그리고 1971년에는 8억 5천만 달러로 급증하였고(한국은행 1982), 외채는 1966년의 3억 9천만 달러에서 1968년에 12억 달러로, 1970년에 22억 4천만 달러로, 그리고 1971년에는 29억 2천만 달러로 빠르게 증가하였다(Amsden 1989, 95). 특히 외채는 1971년 국제통화기금(IMF)이 한국의 차관 도입액을 제한할 정도로 심각한 수준이었다(Kim 1976, 278). 경제성장률의 하락과 외자도입의 어려움은 기업들의 부도사태 빈발로 이어졌고, 마침내 1971년 7월 박정희는 더 이상의 기업부실 및 기업도산을 막기 위한 '사채동결조치'를 심각하게 고려해야 할 상황에 이르고 있었다(김정렴 1990, 263-269). 1971년 1월 11일 기자회견에서 박정희는 당시의 경제적 위기감을 다음과 같이 표현하였다(문화공보부 1971, 5-6).

> 금년에 우리가 10억불 수출목표를 달성할 수 있느냐 없느냐 하는 것은 앞으로 우리나라의 수출이 장기적으로 지속적인 성장을 할 수 있느냐 없느냐 하는 … 하나의 분수령이 될 것입니다. … 만약에 이것을 우리가 달성할 수 없을 때에는 … 계속적인 성장은 대단히 어려우며, 그 성장의 속도는 둔화될 것이라는 전망을 가지지 않을 수 없을 것이라고 이야기한 일이 있읍니다.

경제적 어려움과 더불어, 당시 박정희는 상당한 사회적 도전에 직면하고 있었다. 그 가운데, 학생시위는 규모와 강도 면에서 매우 격렬하였다. 1971년 초의 교련교육 반대시위로 시작된 학생시위는 대통령 선거(1971년 4월)에서 저질러진 선거부정을 규탄하는 시위로 발전하여, 마침내 권위주의적 정치에 항의하는 격렬한 시위로 발전되고 있었다. 더불어, 1971년 4월 동아일보를 시작으로 전국 14개 언론기관의 언론자유수호운동이 전개되었고, 1971년 8월 경기도 광주에서 도시철거민 정책에 항의하는 폭동이 발생하였다.

이 시기에 노동자들의 격렬한 시위도 등장하기 시작했다. 비록 노동쟁의 빈도는 1969년 94건, 1970년 90건, 1971년 109건으로, 1963~1968년 기간의 평균 빈도인 118건보다 약간 낮은 수준을 보였으나(〈표 7〉 참조), 열악한 근로조건, 저임금, 그리고 임금체불에 항의하는 노동자 시위는 상당한 사회적 반향을 불러일으켰다. 그 대표적 사례가 1970년 11월 전태일의 분신자살 항거, 1971년 8월 신진자동차 노조원 900여 명과 가족 1천여 명의 파업농성, 동년 9월 한진상사 파월노동자 400여 명의 KAL빌딩 방화사건 등이었다. 이러한 노사분규들은 이미 1968년부터 노동자 교육 및 노동조합 조직사업을 전개해 왔던 '도시산업선교회'의 활동을 더욱 활성화시켰고, 특히 전태일 분신사건은 대학생들의 노동문제 연구모임을 촉발시킴으로써 노동운동과 학생·종교단체가 연계되는 조짐을 보였다. 이러한 노동자 항의들과 관련하여, 박정희는 1971년 1월 11일 기자회견에서 다음과 같이 상당한 우려감을 토로하였다(문화공보부 1971, 99-101).

> 우리나라의 임금상승률을 통계에 나타난 것으로 볼 것 같으면, 지난 65년부터 69년까지 지난 5년 동안에 한국의 노임 임금상승률이 연평균 20.7%로 나타나고 있습니다. … 최근 한국에 투자하겠다는 외국 기업가들이 가장 한국에 투자하기를 꺼리고 염려하고 있는 이유의 하나가 한국에는 임금상승률이 너무 빠르다는 이야기를 많이 합니다. … 노임 상승률은 결과적으로 … 한국경제의 발전을 위축시키며 우리 한국에서 생산되는 제품이(의) 국제적인 경쟁력을 약화시키는 결과를 가져옵니다.

요컨대, 1970년대 초, 한때 성공적으로 작동했던 '경제성장을 통한 정당성의 확보'라는 박정희의 생존전략이 급속히 그 유효성을 상실하고 있었으며, 동시에 '유사 국가조합주의적' 노동통제 역시 문제점을 드러내고 있었다. 즉 1971년 12월의 '국가비상사태' 선언과 '국가보위법' 공포의 배경에는 박정희의 경제적 위기감과 정치적 어려움이 자리하고 있었다. 그러나 1970년대 초의 비일상적 상황의 도래가 사회연합정치의 구도에 즉각적인 영향을 주었던 것은 아니다. 비록 학생시위는 점차적으로 노동문제에도 관심을 표명하기 시작했으나, 학생들의 주요 관심은 1969년 삼선개헌 이래 여전히 '권위주의 대 민주화'를 둘러싼 정치적 이슈였다. 노동운동은 일부 종교단체와 연계되는 조짐을 보이기 시작했으나, 대부분의 경우 임금 및 근로조건 등의 경제적 이슈에 국한되었다. 달리 표현하면, '지배연합'과 '민중연합' 간의 명시적 대립은 아직 등장하지 않은 상태였으나, 그 징후들이 사회전반에 걸쳐 서서히 나타나고 있었다. 이렇게 볼 때, 박정희의 노동통제전략 변화의 전환점이 되었던 국가보위법 9조 2항(단체교섭권 등의 규제)은 거시정치·경제적 변화 징후 및 미시적 노동통제전략의 결함에 대해 정권적 차원에서 민감하게 반응한 매우 공세적이고 선제적인 성격을 지닌 것이었다.

Ⅳ. 시장기제적 억압전략의 정치경제적 결과

박정희는 국가보위법과 위수령의 발동을 통해 일시적으로 저항집단의 목소리를 효과적으로 제압할 수 있었다. 그러나 일련의 조치들은 한시적 성격을 지닌 것이었다. 특히 대통령에게 광범위한 '비상대권'을 부여한 국가보위법은 당시의 헌법체계와 충돌하는 위헌적 요소를 지닌 입법이었다. 따라서 박정희에게 남겨진 과제는 "현실과 제도 간의 괴리를 어떻게 극복해 나갈 것인가"의 문제였다. 그가 최종적 선택에 이르기까지는 오랜 시간이 걸리지 않았다. 박정희는 1972년 10월 17일 비상계엄을 선포하고 헌법의 일부 조항의 기능을 정지시킨 후, 11월 21일 국민투표를 통해 유신헌법을 통과시켰다. 그리고 박정희는 12월 23일 유신헌법이 규정한 간접선거를 통해 대통령에 다시 선출되었다. 결국 박정희의 선택은 '강성 권위주의'로의 체제 전환이었다.

유신헌법은 대통령을 입법·사법·행정의 삼부 위에 군림한 '제왕적 대통령'으로 격상시켰다. 대통령은 국회해산권과 국회의원 1/3의 추천권을 행사함으로써 국회를 거수기로 전락시켰으며, 판사임면권과 긴급조치권까지 부여받아 일인 지배체제를 확립시켰다. 반면, 국민의 정치적 자유와 시민권은 크게 축소되었으며, 국민기본권의 약화는 '총력안보'와 '경제성장'의 이름으로 정당화되었다. 1973년 1월, 박정희는 그 구체적 정책적 수단으로 중화학 공업화를 선언하고, 동년 10월 철강·조선·기계·전자·화학·비철금속 부문에 대한 집중적인 개발·육성계획을 발표하였다(김견 1988, 140). 이는 정권의 운명과 직결된 정치적 프로젝트였기에 더욱 강도 높은 국가의 개입 및 통제가 요구되었으며, 그 잠재적 통제 대상은 학생과 재야세력 그리고 노동이었다(마인섭 1992, 251-251). 이에 따라, 박정희는 권위주의적 통치를 떠받치는 핵심기구로 중앙정보부, 기술관료, 군부를 전면에 내세워 이른바 '국민총화체제'를 뒷받침하였다.

유신체제의 성립으로 이제 박정희는 선거를 의식하여 노동자들의 이해관계를 의식하거나 수용하지 않아도 되었다. 우선 강성 권위주의체제의 등장은 한국노총을 더욱 체제 순응적 집단으로 변화시켰다. 1973년 발표된 한국노총의 '운동방침'은 스스로 자신의 역할을 '유신적 개혁의 기수'로 규정하고 국가에 대한 한국노총의 절대적 순종을 결의하는 내용을 담고 있었다(한국노총 1973, 12).

> 격동하는 70년대를 맞이하여 조국의 안정·번영·통일을 위한 유신과업 수행의 강력한 추진력이 될 것을 다짐한 우리 노총은 … 국가이익 우선주의 원칙에 입각하여 계급투쟁적인 극렬한 운동방향을 배제하고 … 임금인상 일변도의 활동노선을 지양하고 생산성 향상운동을 통한 분배 원천의 증대라는 노사 공동이익의 영역을 찾아 서로 협력하는 보다 건전한 기업풍토를 이룩할 수 있는 새로운

제도를 마련하는데 최선을 다하려는 것이다. … 우리는 유신정신과 새마을운동으로 개인소득의 증대와 국민경제의 발전을 기하는 한편 … 유신적 개혁의 기수가 되려는 것이다.

더욱 중요한 대목은 유신체제의 성립이 노동억압전략의 재조정을 위한 우호적인 제도적 환경을 조성해 주었다는 점이다. '국가보위법'의 취지를 반영한 새로운 헌법체계의 등장으로 박정희는 별다른 저항 없이 '총력안보'를 국가의 통치이념으로 채택할 수 있었고, 이를 근거로 조직노동의 저항을 무력화하여 1973년과 1974년 두 차례에 걸쳐 노동조합법과 노동쟁의조정법을 손쉽게 개정하였다. 개정 노동관계법은 노조의 단체행동권과 교섭권을 사실상 박탈하였고, 산별노조체계를 약화시켜 노동자들을 개별 시장 상황에 최대한 노출시켰다. 이와 더불어, 박정희는 1974년부터 '공장새마을운동'을 도입하여 가족주의적 인화단결(人和團結)에 기초한 공장생활 규범을 지속적으로 주입하였고, 한국노총은 '운동방침'을 하달하여 산하 조합원들에게 "새마을운동에 적극 참여"할 것을 홍보·독려하였다(한국노총 1974, 13). 그리고 국가정책 및 유신체제에 저항하는 노동운동은 긴급조치권의 발동을 통해 억압하였다. 그 결과, 노동자들은 장시간 노동에도 불구하고 생계비에도 못 미치는 저임금을 받아야 했다(〈표 7〉 참조).

박정희의 시장기제적 노동억압으로 사업장 내의 노조활동은 철저히 봉쇄되었다. 하지만 노동억압은 오히려 노동자들을 정치공간으로 진출시키는 역설적 현상을 연출시켰다. 노동자들의 정치공간으로의 진입을 도왔던 최초의 사회단체는 가톨릭노동청년회(JOC)와 도시산업선교회(UIM)였다.[8] 이들 종교단체는 1970년대

8 JOC는 불어 'Jennesse Ouvriere Chretienne'(Young Christian Workers)의 약자로 1925년 벨기에에서 시작된 가톨릭 교회의 평신도단체로서, 노동청년들을 크리스찬 정신으로 재무장시켜 올바른 노동자로서 살아가도록 하는 노동운동단체이다. 우리나라에서는 1958년부터 활동하였다. 그리고 도시산업선교회(Urban Industrial Mission)는 '개인 구원'보다는 '사회 구원'이 우선이라는 진보적 해방신학(解放神學)에 이론적 기초를 둔 개신교 선교단체로서, 우리나라에서는 1957년 대한예수교장로회통합 전도부에 산업전도위원회가 조직되면서 공식적으로 활동하기 시작하였다.

표 7 박정희 정권의 노동관련 지표

연도	최저 생계비(A)	월평균 임금		주당 노동시간	조합원수	노조조직률		노동 쟁의
		광업(B) [(B/A)×100]	제조업(C) [(C/A)×100]			a	b	
1963	6,750	4,670 [69.2]	3,180 [47.1]	50.3	224,420	20.3	9.4	89
1964	8,220	5,620 [68.4]	3,880 [47.2]	56.0	271,579	23.3	11.5	126
1965	9,260	7,130 [77.0]	4,600 [49.7]	57.0	301,522	22.4	11.6	113
1966	12,650	8,410 [66.5]	5,420 [42.8]	57.4	326,974	22.7	11.8	117
1967	19,100	10,990 [57.5]	6,640 [34.8]	53.8	377,576	22.2	12.4	130
1968	21,700	12,240 [56.4]	8,400 [38.7]	57.6	412,906	21.1	12.1	135
1969	25,260	15,100 [59.8]	9,790 [38.8]	56.3	444,783	21.3	12.5	94
1970	29,005	15,032 [51.8]		52.5	473,259	20.0	12.6	90
1971	38,900	17,434 [44.8]		51.9	497,670	19.7	12.7	109
1972	43,638	19,791 [45.4]		51.6	515,292	20.4	12.9	–
1973	51,790	23,267 [44.9]		51.2	548,054	20.4	13.2	–
1974	–	31,552 [–]		49.9	655,785	22.1	14.8	102
1975	86,315	40,020 [46.4]		50.5	750,235	23.0	15.8	133
1976	122,658	53,326 [43.5]		52.5	845,630	23.3	16.5	110
1977	162,267	71,022 [43.8]		52.9	945,727	24.3	16.7	96
1978	210,992	95,157 [45.1]		52.9	1,054,608	24.0	16.9	102
1979	277,942	122,268 [43.9]		52.0	1,088,061	23.6	16.8	105

주: 노조조직률(a)=조합원수÷비농가상시고×100; 노조조직률(b)=조합원수÷총피용자×100.

출처: 생계비와 월평균임금은 한국노총(2002, 346과 504)에서 재인용; 나머지 통계는 '한국통계연감'(각년도)과 '노동통계연감'(각년도)에서 추출하여 작성함.

에 들어서면서 산업사회의 비민주성, 불균형적 소득배분, 저임금 및 노동자의 인권침해 등에 관심을 갖고 선교활동을 전개하였다. 이들이 노동운동에 관심을 갖게 된 동기에 대해 도시산업선교회 중앙위원회는 다음과 같이 밝히고 있다(한국기독교교회협의회 1984, 273-274).

> 현대 도시 산업사회는 과거 우리 교회가 성장해온 시대적 배경과는 (달리) 많은 발전적 변화를 이룩하였으며 반면 온갖 사회적 역기능도 위험선에 다다르고 있음을 인정치 않을 수 없다. 경제발전과 빈부격차, 고층빌딩과 판자촌, 기계문명과 인간소외, 공업화와 공해문제 … 등등, 수많은 부조리 현상이 각계각층에 만연하여 사회와 교회를 질식시키고 있다. 교회는 이런 상황 속에서 예수 그리스도의 복음으로 고난당하는 백성들을 향해 해방을 선포함으로(써) 구원의 역사를 감당해야 할 것이다. 이에 우리 도시산업선교 중앙위원회는 … 다음과 같은 기본자세를 밝힌다.
>
> 1. 우리는 산업사회에서 일어나는 모든 노사문제에 관심을 가지고 그 해결을 위해 능동적으로 참여해야 함을 믿는다.
> 1. 우리는 노사분규가 일어났을 때 근로자의 입장을 중요시하며 기업가들의 어떤 부당한 처사로부터 근로자를 보호해야 한다고 믿는다.
> 1. 우리는 노동조합운동에 깊은 관심을 가지며 노동조합이 근로자의 권익을 대변하기 위해 정치나 기업주로부터 절대적인 자주성을 갖도록 노력해야 한다고 믿는다.
> 1. 우리는 경제성장에 따른 이익을 균등하게 분배함으로써 이익의 편중을 방지하며 빈익빈, 부익부 현상의 해소를 위해 노력해야 한다고 믿는다.
> 1. 우리는 도시 산업사회에서 발생하는 제반 인권유린 사실에 대하여 깊은 관심을 가지며 이의 시정을 위해 노력해야 한다고 믿는다.

권위주의적 산업화가 가져온 노동자들에 대한 불공정한 대우와 비인간적 처우가 만연된 사회현실을 바로 잡기 위해 JOC와 산업선교회는 공장예배, 봉사활동, 상담, 소모임 등 다양한 활동을 통해 노동자들의 의식을 일깨우고 그들의 자주적인 노조결성을 지원하였다. 특히 산업선교회의 활동은 매우 적극적인 것으로,

1970~1974년 동안 약 4만 명의 노동자를 교육시켰고, 1967년부터 1978년까지 연인원 2,000~2,500명의 노조지도자를 훈련시켰다(조승혁 1979, 50). 그 결과, 교회와 노동자 간의 연계가 형성되어 이른바 '민주노조'로 불리는 자주적인 노동조합들이 산업현장에 속속 등장하여 활동하기 시작하였다. 그리고 1970년대 중반 이후, 민주노조운동은 유신체제를 반대하는 재야세력과 일종의 느슨한 수평적 정치연합을 형성하기 시작하였다. 이에 따라, 유신체제의 유지와 지속적인 경제개발을 주창하는 '발전연합'과, 권위주의 독재를 타파하고 인권회복을 요구하는 '민주화연합' 간의 대결구도가 형성되고 있었다. 이런 상황에서 민주노조운동은 당연히 국가억압의 대상이 되었다.

집권세력은 종교단체와 연대한 노동운동을 "사회를 혼란시키는 극력분자"로 규정하여 탄압하였고, 이에 관여한 종교인과 재야 활동가들은 경찰의 감시 대상이 되었다(한국기독교교회협의회 1984, 256). 1974년 1월 14일 문화공보부는 산업선교회와 JOC에 공문을 보내 종교단체의 노동문제 개입을 엄중히 경고하였으며(한국기독교교회협의회 1984, 270-271), 동년 2월 비상군법회의는 노동문제에 개입한 종교인 6인에 대해 '헌정질서의 부인'과 '국론 분열'의 혐의로 징역 10년에서 5년을 선고하였다(중앙일보 1974/02/08). 뿐만 아니라, 1974년 3월 개최된 정부-여당 연석회의에서 '도시산업선교회와 노동문제' 등을 포함한 종교계의 움직임에 관한 대처방안이 논의되었고(중앙일보 1974/03/16), 동년 12월 도시산업선교회를 이끌어 왔던 오글(Geogre E. Ogle) 목사가 강제 추방되었다(중앙일보 1974/12/14).

국가의 감시와 탄압에도 불구하고, 노동자들과 사회·종교단체가 연대한 노동운동은 시간이 갈수록 빈번히 발생하였다. 그 대표적인 사례가 1977~1978년 사이에 발생한 종교단체의 '노동자인권선언서' 발표, 방림방적노조의 '체불임금요구투쟁,' 동일방직노조의 '인분사건,' 그리고 1979년의 '부활절예배 시위사건'과 'YH사건'이었다. 이 사건들은 노동투쟁의 격렬함을 보여주기도 했지만, 국가의 노동탄압이 오히려 정치적 저항세력과 노동자들 간의 연계를 촉발시키는 '풍선효과'를 초래하고 있음을 여실히 보여준 사건이었다.

1977년 3월 10일, 가톨릭과 개신교의 노동운동단체들은 노동절을 맞아 명동천주교회에서 연합특별미사를 개최하고 '노동자인권선언서'를 발표하였다. 이들은 "노동자의 인권은 천부적인 것"이며 "어떠한 이유로서도 침해할 수 없는 존엄한 것"임을 선언하면서, 공개적으로 국가와 자본에 의한 노동자들의 인권침해를 규탄하였다. 그리고 이들은 국가와 자본에게 노동 3권의 보장, 8시간 노동제, 최저임금제 도입, 기아임금의 추방, 외자도입을 위한 노동자 권리유보 중지 등을 요구하였다(한국기독교교회협의회 1984, 454-455).

노동-종교단체의 연계 활동은 생산현장에서도 발생하고 있었다. 1978년 방림방적노조의 '체불임금요구투쟁'은 장시간·저임금 및 임금체불에 시달려온 방림방적 노동자들이 영등포 도시산업선교회의 지원을 받아, 회사 측에 '정시출근-정시퇴근'의 준수 및 체불임금 지급을 요구하면서 시작되었다. 노동자들의 호소에도 불구하고 기업주가 무성의한 태도로 일관하자, 방림방적 노동자와 도시산업선교회는 '방림방적 노동자를 위한 기도회,' '관련기관에 진정서 제출,' '체불임금대책위원회' 결성 등 다양한 활동을 전개하였다(한국기독교교회협의회 1984, 552-558).

또한 1978년 2월 발생한 이른바 '인분사건'은 동일방직노조를 와해시킬 목적으로 회사 측이 구사대를 동원하여 조합원들에게 폭력을 가한 사건이었다.[9] 이 과정에서 구사대가 농성 중인 여공들에게 인분을 끼얹고 강제로 먹이는 사태가 발생하였고, 신고를 받고 출동한 경찰은 구사대의 폭력을 방관하였다(조화순 1986, 76-79). 이후 이 사건은 노동자들의 명동성당 농성으로 이어졌고, 이에 동조한 인천도시산업선교회, 동아자유언론수호투쟁위원회, 천주교정의평화위원회 등의 단

9 1972년, 인천도시산업선교회의 '소집단활동'에 참여해온 일부 여성노동자들은 동일방직노조의 어용지도부를 대체하는데 성공하였다. 그러나 자주노조 지도부에 대한 정부와 기업 그리고 한국노총 지도부의 탄압과 회유는 매우 집요하고 끈질겼다. 1976년 7월, 회사와 전국섬유노조 지도부가 동원한 '조직행동대'의 탄압에 항의하여 200여 명의 동일방직 여공들은 '알몸 투쟁'으로 맞섰고, 회사로부터 신고를 받은 경찰은 여공들의 농성을 불법파업으로 간주해 노동자들을 해산시켰다(조화순 1986, 68-69). 이후 동일방직 여공들은 그들이 겪은 부당함을 외부에 알리기 위해, 1977년 2월 서울 명동성당에서 도시산업선교회·가톨릭노동청년회·교회여성연합회·한국기독교교회협의회·한국천주교정의평화위원회 등 12개 사회단체들과 함께 '동일방직사건 해부식' 행사를 개최했다(구해근 2002, 128).

식농성과 기도회로 발전하였다(한국기독교교회협의회 1984, 494-501).

그렇다고 당시의 노동운동이 외부집단의 지원하에 이루어진 것만은 아니었다. 국가와 자본의 노동억압에 대항하여 노동자 스스로 자신들의 어려운 처지를 사회에 알리려는 노력도 빈번히 시도되었다. 그 대표적 사례가 1978년의 '부활절 예배 시위사건'이었다. 1978년 3월 26일, 50만여 명이 모인 여의도 부활절 연합 예배장의 새벽기도회에 6명의 노동자들이 단상으로 뛰어 올라가 CBS라디오 생방송 중계 중인 상태에서, 당시 노동 현안인 "노동 3권 보장하라," "우리는 똥을 먹고 살 수 없다," "방림방적 체불임금 지불하라" 등의 구호를 외치며 점거시위를 감행하기도 하였다(한국기독교교회협의회 1984, 602-605).

일련의 사건들을 배경으로 더욱 고양된 민주노조운동은 'YH사건'으로 그 절정에 달하였다. 1979년 8월, 임금체불과 일방적 공장폐쇄에 항의하여 소규모 수출업체인 YH무역의 여공 200여 명이 신민당사에 진입하여 농성을 벌이는 사건이 발생하였다. 신민당사 농성은 노동자들의 딱한 사정을 알고 있던 재야인사들과, 유신체제에 대해 강경한 입장을 견지하고 있던 신민당 김영삼 총재의 적극적인 협조로 가능했다(신민당 1986, 105-108). YH사건은 즉각 정치적 이슈로 비화되어 '발전연합' 대 '민주화연합' 간의 대결 양상으로 이어졌다.

YH사건을 계기로 국가는 노동문제에 외부세력이 개입하는 것을 규제하기 위한 제도적 방안을 고려하기 시작했다. 정부는 제3자가 노조조직 및 단체활동에 개입하지 못하게 하는 금지조항과, 이를 위반하면 2년 이하의 징역에 처하는 벌칙조항을 신설하는 내용의 노동조합법 개정안을 마련하여 여당의 심의에 넘겼다(중앙일보 1979/10/10). 그러나 '발전연합'과 '민주화연합' 간의 첨예한 대결이 전개되는 가운데, 박정희는 그의 부하인 중앙정보부장의 총탄에 쓰러지는 사건이 발생하였다. 그것은 유신체제의 종말을 뜻했다. 이로써 당시 '제3자 개입금지법'의 입법화 움직임은 불발에 그치고 말았다.

Ⅴ. 요약 및 결론

결국 박정희 정권의 지지기반은 소수의 대기업 자본가와 농민이었다. 재벌은 경제개발의 최대 수혜자로, 유신체제로 전환 이후 국가－자본 동맹은 더욱 견고해지는 모습을 보였다. 농촌은 권위주의적 질서에 대한 수용성이 높은 사회로 전통적으로 집권세력의 지지기반이었지만, 1969년 삼선개헌 이후 박정희는 정부지원 사업인 고미가(高米價)정책 및 농촌새마을운동을 통해 농민들을 자신의 지지집단으로 계속 남아있도록 만들었다. 경제개발의 또 다른 수혜자인 중산층은 박정희 정권의 새로운 지지기반이었으나, 유신체제 출범 이후 형성되기 시작한 '발전연합'과 '민주화연합' 간 대결구도 사이에서 침묵하는 집단으로 남아있었다.

이에 비해, 노동자들은 박정희 정권의 출범부터 배제의 대상이 되었다. 그것은 경제개발을 통한 정치적 정당성의 확보라는 정권적 차원의 생존 프로젝트의 결과였다. 1960년대 박정희가 채택한 노동전략은 '유사 국가조합주의적 혼합전략'에 가까운 것이었다. 그것은 전국수준에서 통합되고 중앙 집중화된 산별체제를 통한 노동통제에 시장기제적 억압전략을 결합시킨 노동배제전략이었다. 이러한 통제전략은 단순히 '노동의 경제적 동원' 혹은 노동에 대한 '극단적 혐오감'에서 기인된 것이기보다, 1960년대 초 박정희가 직면한 대내외적 상황, 사회연합관계, 군사정부의 체제적 성격이 반영된 일종의 정치적 선택이었다. 즉 그것은 국가의 압도적인 힘의 우위를 이용하여 노동정치의 재편을 시도함으로써 정권의 개혁 이미지를 극적으로 연출하고, 노조를 국가의 통제하에 둠으로써 정권의 최대과제인 경제성장을 성취하려는 전략적 선택이었다.

1967년 실시된 대선과 총선은 박정희의 산업화 프로젝트가 정치적으로 매우 유효하였음을 보여주는 사례였다. 1963년 대선에서 46.5%의 지지율을 획득해 야당후보와 불과 1.1%라는 근소한 차이로 어렵게 대통령에 당선되었던 것과는 달리, 박정희는 1967년 대선에서 51.4%를 획득하여 41%를 획득한 야당의 경쟁후보를 가볍게 물리쳤다. 뒤이은 총선에서도 1963년의 33.5%의 득표율보다 훨씬 많은 50.6%를 획득하여, 불과 4년 사이에 민주공화당의 지지율이 17.1%가 상승하였다(중앙선거관리위원회 1973).

하지만 1970년대에 접어들면서, 박정희의 산업화 프로젝트는 서서히 그 정치적 유효성을 상실하고 있었다. 1971년 대선과 총선을 앞두고 박정희는 "(경제성장이라는) '10년 치적'을 자부하고 있었고," 따라서 "야당의 그 누구도 (자신의) 적수가 될 수 없다"는 자신감에 차 있었다(김충식 1992, 302). 그러나 선거결과는 박정희와 집권당에게 매우 당혹스런 것이었다. 1971년 대선 경쟁에서 박정희 후보와 김대중 후보 간의 득표율 차이는 7.9%로, 이는 1967년 대선에서 보여준 득표율 차이 10.4%에 비하면 현저하게 축소된 것이었다. 뒤이어 치러진 총선에서도 집권당과 야당 간의 득표율 차이는 불과 4.4%로 나타나, 4년 전 1967년 총선에서의 득표율 차이 17.9%에 비하면 그 격차가 큰 폭으로 줄어들었다(중앙선거관리위원회 1973). 이러한 선거 결과가 갖는 메시지는 분명하였다. 그것은 산업화 프로젝트가 지닌 정치적 유효성의 약화 혹은 소멸이었다. 거시적으로 정치경제적 불안정 증후들이 등장하고, 미시적으로 '유사 국가조합주의적' 억압전략의 결함이 나타나고 있었다.

박정희는 정치적 어려움과 경제적 위기감을 1971년 12월의 '국가비상사태'와 '국가보위법'으로 돌파하였으며, 마침내 1972년 12월 27일 유신헌법을 공포하였다. 체제유지를 위한 프로젝트로 중화학공업화를 통한 지속적인 '경제성장'과 일사불란한 '국민총화체제'가 채택되었다. 이는 더욱 높은 수준의 국가통제를 요구하는 것으로, 그 잠재적 통제의 대상은 학생과 재야세력 그리고 노동이었다. 특히 노동의 통제는 경제성장의 핵심적 요건으로 인식되었다. 박정희는 임금상승이 상품경쟁력을 약화시키고, 심지어 이를 무역수지와 연계된 문제로 판단하였다. 민주주의를 명시적으로 부인한 유신체제로의 전환은 노동통제전략의 재조정을 위한 우호적인 제도적 환경을 창출하였다. 박정희는 1973년과 1974년 일련의 노동관계법 개정을 통해 1971년의 한시적 조치를 손쉽게 제도화하였고, 이에 따라 노동통제전략은 급속히 '시장기제적 억압전략'으로 전환되었다.

그러나 사업장 수준에서의 노동운동의 억압은 노동자들의 정치적 공간으로의 진출을 초래하였다. 1970년대 중반 이후 노동운동은 '발전연합' 대 '민주화연합'이라는 정치적 대결 구도의 구성원으로 등장·활동하기 시작하였다. 그 절정은 1979년 'YH사건'이었고, 이를 계기로 박정희는 '제3자 개입금지조항'을 검토하기 시작했다. 그러나 '10·26' 사건으로 유신체제가 종말을 고하면서, '제3자 개입금지'의 법제화 움직임은 무산되었다. 그러나 이후 박정희 정권의 유산을 고스란히 물려받은 전두환 정권이 1980년 12월 31일 '제3자 개입금지' 조항(노동조합법 12조 2항)을 법제화함으로써 시장기제적 노동억압전략은 더욱 강화되는 양상을 보이기 시작했다.

제8장
전면적 노동억압과 노동자 대투쟁

Ⅰ. '서울의 봄'과 노동자

박정희 통치하에서 한국경제는 규모의 팽창뿐만 아니라 구조적·질적 변화를 경험하였다. 1961~1979년 기간 동안 한국경제의 연평균 경제성장률은 거의 10%에 달하였다. 1인당 국민소득은 1961년의 82달러에서 1979년에 1,546달러로 18배 이상 증가하였고, 수출은 1961년의 4,090만 달러에서 1979년에 150억 달러를 기록하여 무려 360배 이상 급성장하였다. 이와 더불어, 한국경제의 산업구조는 생계를 위한 전통적 농업경제에서 공산품 수출을 바탕으로 한 산업경제로 탈바꿈하였다. 즉 국내총생산(GDP)에서 차지하는 광공업 부문의 비중은 1961년 15.5%에서 1979년 26.9%로 증가하였으며(한국은행 1982), 산업별 취업자의 구성비에서 차지하는 광공업 부문의 비율은 1961년 4.9%에서 1979년 24.5%로 늘어났다(노동부 1981).

그러나 박정희의 경제적 성취는 노동자의 희생을 바탕으로 이룩된 것이었다. 박정희 통치하에서 거의 모든 노동자들은 저임금과 장시간 노동을 강요받아야 했고, 노동자들의 조직공간 및 정치공간은 철저히 폐쇄되었다. 노조의 자율성은 무시되었고, 노동자들은 기업주의 전제적 기업경영에 작은 목소리조차 내지 못할 지경이었다. 국가정책과 기업주에 저항하는 노동자는 공장에서 퇴출되고, 정치적으로 '불순분자'라는 낙인을 받아야 했다.

이러한 상황에서, 1979년 10월 26일 박정희의 갑작스런 사망은 일시적인 정치적 개방을 가져왔다. 정치적 억압의 이완은 야당과 재야세력 그리고 학생들의 민주화 요구로 이어졌다. 이른바 1980년 '서울의 봄'은 기나긴 권위주의적 통치라는 암울한 '겨울' 끝에 맞이한 정치적 해빙기였다. 비록 1979년 '12·12' 쿠데타로 군권을 장악한 전두환 신군부가 정권장악의 적절한 계기와 빌미를 찾으면서 정치무대 뒤에서 호시탐탐 기회를 엿보고 있었지만, 시민들은 오랜만에 찾아온 '서울의 봄'을 맞아 정치적 권리와 자유를 누리고 있었다.

정치적 해빙 분위기 속에서 그간 억압되었던 노동자들의 불만이 일시에 분출되기 시작하였다. 사업장 곳곳에서 노동자들의 노조결성, 임금인상, 노동조건 개선, 어용간부 퇴진 등의 요구로 격렬한 노사분규가 발생하였다.[1] 이 시기의 노동쟁의는 대체로 자연발생적이고 비조직적인 것이었다. 오랫동안 억눌려온 불만들을 정제된 집단행동으로 이끌어 낼 리더십이 거의 존재하지 않는 상황에서, 노동자들의 요구는 종종 폭력을 동반한 격렬한 행동으로 발산되었다. 그 가운데 가장 격렬했던 사례가 강원도 사북탄광과 부산의 동국제강에서 발생한 노동자 항의 시위였다.

이른바 '사북사태'로 알려진 탄광노동자들의 파업은 1980년 4월 21일 강원도 정선군 사북읍에 위치한 동원탄좌 사북광업소에서 노동자들의 시위로 시작되었다. 파업의 배경은 동원탄좌의 열악한 작업환경과 어용노조에 대한 누적된 불만이었다. 직접적인 발단은 동원탄좌 노조지부장인 이재기가 광산노동조합연맹 전국지부장회의에서 결정된 42.7%의 임금인상안을 무시하고, 회사 측과 비밀리에 20% 임금인상에 합의한 데서 비롯되었다. 이에 4월 21일 탄광노동자들은 어용노조의 타파를 외치며 임금인상과 처우개선 등을 요구하는 항의농성에 나섰다. 경찰은 이를 불법집회로 간주하고 전투경찰을 파견하였다. 그러나 경찰과 대치과

1 공식집계에 의하면, 1980년의 노동쟁의 건수(407건)는 1979년(105건)에 비해 무려 4배가량 급증하였다. 그러나 한국노총의 비공식적 집계에 의하면, 1980년 5월 17일 계엄령의 전국 확대 이전까지 노동쟁의는 총 2,168건에 이른 것으로 보고되고 있다(한국노총 2002, 591).

정에서 시위자 4명이 경찰차에 받쳐 부상당한 사건이 발생하였다. 분노한 탄광노동자들은 노조사무실을 불태웠고, 피신한 노조지부장에 대한 보복으로 그의 부인을 감금하였다. 그리고 사북읍으로 진출하여 경찰지서를 파괴하였다. 4월 22일 탄광노동자들은 사북읍을 완전히 장악했다. 그러나 리더십의 부재와 불법행동에 따른 두려움으로, 4월 24일 노동자들은 당국의 대책위원회와의 협상에 임하였다. 그 결과 노조집행부의 사퇴, 상여금의 인상, 회사와 당국의 사태 해결을 위한 노력 등에 합의하였으나, 5·17비상계엄 전국 확대 조치로 70여 명의 광부와 가족들이 경찰과 군대에 의해 연행되고 40여 명이 구속되었다(이창언 2003).

노동자의 폭력적 항의는 부산에 위치한 동국제강에서도 발생하였다. 1980년 4월 28일, 저임금 및 열악한 노동조건에도 불구하고 동종업계 내에서도 상대적으로 낮은 수준의 대우를 받던 동국제강 노동자들은 40% 임금인상을 요구하며 전면파업에 돌입하였다. 회사 측이 적당히 사태를 무마하려하자, 4월 29일 노동자들은 회사 기물을 파괴하고 회사 곳곳에 불을 지르는 등 더욱 격렬한 시위를 전개하였다. 노동자들의 항의는 가두시위로 변모되어, 최루탄과 페퍼포그를 쏘아대는 경찰과의 투석전으로 발전하였다. 4월 30일, 전열을 재정비한 노동자 1천여 명이 공장에 재진입하여 부서별로 선출한 100여 명으로 협의기구를 구성하고, 56.5% 임금인상, 근로조건 개선, 퇴직금누진제 실시 등의 요구사항을 제시하고 사장과 교섭에 들어갔다. 회사는 30% 임금인상을 제외한 모든 조건을 수락했지만, 노동자들은 이를 거부하고 계속 투쟁을 전개하였다. 그러나 방화에 대한 책임, 경찰의 협박, 경영진의 회유로 5월 5일 투쟁은 별 성과 없이 끝나고 말았다. 이 투쟁으로 14명의 노동자들이 구속되었고, 경찰 11명이 중경상을 입었으며, 회사 건물 50평을 포함한 연건평 5백여 평이 불에 타 한동안 조업이 중단되었다(민주노총 2001, 80-81).

노동자들의 항의는 개별 사업장에만 국한되지 않았다. 그간 국가와 자본에 대해 수동적이며 순종적인 태도를 보여 왔던 한국노총에 대해 산업현장의 노조간부들이 거센 비판을 쏟아냈다. 1980년 5월 13일 전국 지부장급 이상의 노조간부

1천여 명이 '노동기본권확보 궐기대회'를 개최하고, "치욕스러운 인내를 벗어 던지고 투쟁의 횃불을 높이 들자"고 결의하였다(한국노총 2002, 671). 이에 5월 12일부터 농성 중이던 경기·인천지역 노조간부들이 적극 동조·참여함으로써, 이날의 궐기대회는 순식간에 농성장으로 돌변하였다. 이들은 결의문에서 "한국노총 및 17개 산별노조위원장은 유신적 환상에서 깨어나 기본권 투쟁에 적극 참가할 것"과 "한국노총은 긴급중앙위원회를 열어 '어용간부'를 제명할 것"을 요구하였다(한국노총 2002, 672).

그러나 '서울의 봄'은 너무 짧았다. 노동자들의 항의와 투쟁 그리고 노조의 민주화 작업은 5·17 계엄확대와 함께 중단되었다. 노동운동은 또다시 국가에 의해 처참하게 짓밟혔고 노동자들은 침묵을 강요당하였으며, 한국노총은 또다시 묵종의 길을 걸어야 했다. 아래는 1980년 6월 3일 발표된 한국노총의 성명서 내용이다(한국노총 1981, 222-223).

> 현하 국내외적으로 고난과 시련이 중첩되어 있는 어려운 상황 속에서 그 동안 사회불안과 경제혼란의 중대요인이 되어 온 일련의 비극적인 사태를 눈앞에 바라보며 반공과 건설의 역사적 전통을 이어받은 우리 노총은 큰 충격과 깊은 우려를 금할 길이 없다. … 이에 우리는 7백만 노동자를 비롯한 전국민은 국가의 운명이 걸려있는 이 중대 국면에 처하여 … 천추만대에 후회를 남기지 않도록 애국심을 발휘할 때가 왔다고 생각한다. 이에 정부에서는 … 국가보위비상대책위원회를 구성하기에 이르렀고 … 우리 7백만 노동자는 이를 전폭적으로 지지 환영하는 바이다.

II. 신군부와 노동통제의 강화

유신체제의 정치적 갈등구도를 그대로 이어받은 신군부는 이른바 '노조정화

사업'을 통해 노동통제를 시도하였다. 신군부의 노동억압은 기본적으로 '경제위기'와 '정당성 위기'라는 비일상적 상황, 군부세력에 바탕을 둔 정권의 성격, 그리고 이러한 요소들로 인해 촉발되었던 사회연합정치의 활성화에 따른 전두환의 정치적 선택이었다.

1. 노조정화사업

1980년 5월 31일 '국가보위비상대책위원회'(국보위)의 출범은 신군부의 본격적인 정치무대로의 진출을 의미하였다. 국보위는 안보태세의 강화, 경제난국의 타개, 사회안정의 확보, 사회악의 일소 등을 명분으로 신군부의 권력 장악에 걸림돌이 되는 요소들을 하나하나 제거해 나가는 이른바 '사회정화사업'에 착수하였다. 이는 1961년 군사쿠데타 직후 박정희 소장이 행했던 사회정화운동을 연상케 하는 이른바 '전두환 버전'의 정권장악을 위한 정지작업이었다.

국보위가 출범하자, 전경련·경총·대한상의 등 자본가 단체들은 "국보위가 정치사회적 안정을 가져다 줄 것이며 경제의 안정적 성장에도 크게 기여할 것"이라는 성명서를 발표하고(전국경제인연합회 2011, 241) 자본의 이익을 위해 적극적인 로비활동을 전개하였다. 1980년 6월 13일, 전경련은 정치사회의 안정 및 산업평화의 정착 등 "기업이 해결할 수 없는 사항에 대해서 정책적 배려를 해 줄 것"을 정부에 건의하였고(전국경제인연합회 2011, 243), 총리, 부총리, 노동청장을 각각 예방 혹은 초청하는 방식으로 여러 차례의 정책간담회를 가졌으며, 이를 통해 노동문제에 대한 자본의 입장을 전달하였다. 그리고 1980년 11월 12일, 경총은 일련의 폭력적 노동파업의 재발방지를 위한 일환으로 '노사협의제법 제정에 대한 의견'을 정부에 제출하였다(한국경영자총협회 1990, 192-184).

표 8 1980년 신군부의 노동정화 조치

조치일	지침의 제목	주요 내용
7월 1일	비상계엄하의 노동조합 활동	신규노조 결성금지; 노총, 산별지부, 시도 및 지역별 협의회 활동의 유보
7월 12일	근로자 집단행동 예방 강화	불법적 집단행동 엄단
7월 25일	비상계엄하 노정업무지침 추가	노조연합단체의 단체교섭, 단체협약, 회의소집 불가; 부득이한 경우 노동청의 사전승인과 계엄당국의 집회허가를 받아야 함
8월 21일	노동조합 정화지침	비위 노조간부의 정화; 노조의 지역지부 폐지; 운수노조와 항만노조의 통합; 노총 및 산별노조에 정화위원회 설치
8월 27일	노동조합 정화지침 보완	'정화'를 노조의 주도권 다툼에 이용하지 말 것; 조직분규 등 '역(逆)정화조성자'를 노동청에 통보할 것; 지역지부 폐지에 따른 산하 노조분회는 1980년 9월 30일까지 신고하되 이 기간이 지나면 모두 해산된 것으로 간주함; 노조임원이 상하급 노동조합의 상근임원을 겸임할 수 없음; 당해 사업장의 근속년수가 1년 이하인 자, 임원개선 명령을 받고 3년이 경과하지 아니한 자, 노조업무와 관련하여 금고 이상의 형을 받고 2년이 경과하지 아니한 자는 9월 15일까지 전원 사퇴할 것; 조합비 총액의 50% 이상을 조합원의 복지후생 사업에 지출해야 하며, 단위노조가 상급단체에 납부하는 의무금은 조합비 총액의 10%를 초과할 수 없음
9월 3일	노동조합 정화지침 보완처리	8월 27일 하달된 '노동조합 정화지침 보완' 사항 가운데 "상급단체 의무금 10% 초과 금지" 및 "조합비 총액의 50% 이상을 조합원의 복지후생 사업에 지출"해야 한다는 지침을 별도 지시가 있을 때까지 보류
9월 3일	노동조합정화 역(逆)이용사례 방지	노동조합 정화를 이용한 노조간부들의 주도권 다툼 및 기업주들의 부당노동행위 금지
10월 25일	노동조합 정화지침 보완	9월 3일 지침과 관련된 보완 사항으로, 노조간부의 사퇴에 따른 퇴직금에 대한 세부 내용을 하달
11월 4일	정화된 노조간부의 노조활동금지	'정화된' 노조간부들의 직·간접적 노조활동 개입 금지
11월 22일	노동조합 운영지침 시달	한국노총 및 산별노조에 근무하는 노조전임자의 축소; 각급 노조의 예산 편성과 집행과 관련한 규제 및 노동청 보고 의무화; 단체교섭의 당사자로 사업장 단위의 노조대표와 사용자 대표로 규정; 한국노총 및 산별노조의 운영 정상화와 관련한 지침

출처: 한국노총. 1981. 『1980 사업보고』, 187-204.

노동은 신군부의 정화사업의 대상 가운데 하나였다.[2] 그리고 신군부의 노동통제는 두 단계에 걸쳐 일사불란하게 진행되었다. 그 첫 단계는 "건전한 노사관의 확립"과 "노동조합의 불법활동 시정"이라는 명분으로 진행된 노조정화사업으로, 노조지도부의 재편과 산별노조의 실질적인 해체 및 기업별 노조체제의 강화를 겨냥한 것이었다. 그리고 두 번째 단계는 노동관계법의 개정을 통해 조직노동 간의 수평적·수직적 연계를 제도적으로 차단하는 것이었다.

신군부의 노조정화사업은 약 한 달(1980년 6월 10일~7월 10일) 간에 걸친 한국노총 및 17개 산별노조, 그리고 39개 지역지부에 대한 내사로 시작되었다(한국노총 1981, 190). 이를 바탕으로, 신군부는 노동청을 통해 동년 7~11월 사이 10차례에 걸쳐 정화지침들을 한국노총, 산별노조, 그리고 지역지부에 하달하였다(〈표 8〉 참조). 최초의 정화지침은 '비상계엄하의 노동조합 활동'(7월 1일)이었다. 이 지침을 통해 신군부는 신규노조의 결성 금지와 한국노총을 비롯한 산별지부 및 지역지부들의 노조활동을 중단시켰다. 이어, 신군부는 '근로자 집단행동 예방 강화'(7월 21일)를 하달하여 노조의 집단행동을 금지시켰다. 그리고 8월 21일, '노동조합 정화지침'을 하달하고 부정 및 비리 혐의로 산별노조 위원장 12명을 사퇴시켰고, 사업장단위 노동조합을 지역적으로 연합하는 지역지부를 폐지하였으며, 운수노조와 항만노조의 통합을 명령하였고, 한국노총에 정화위원회를 설치하여 자체적인 정화운동을 전개하도록 하였다. 또한 8월 27일 '노동조합 정화지침 보완'

2 당시 정부의 발표에 따르면, 국보위가 각 분과위원회별로 수행할 9개항의 활동방향은 다음과 같다: ① 각계에 잠재하는 안보적인 불안요인과 계급의식의 선동이나 정부전복기도 등을 근본적으로 제거한다; ② 학원의 자율성은 보장하되 불법시위나 소요행위 등 사회혼란을 통해 북괴를 이롭게 하는 행위를 근절한다; ③ 권력형 부조리 등 사회적 비리를 과감하게 척결하고 사회의 불신풍조를 없애, 노력하는 사람만이 정당한 대가를 받는 사회 기틀을 확립한다; ④ 정치풍토를 쇄신하여 부정과 불의에 대하여는 자유로운 비판이 가능한 도의정치를 확립한다; ⑤ 언론에 있어서는 국가이익이 우선하고 윤리나 도덕이 존중되는 건전 풍토를 조성한다; ⑥ 종교 및 신앙의 자유는 보장하되 종교를 빙자한 정치활동은 통제되어야 한다; ⑦ 건전한 노사관의 확립과 기업인의 비윤리적 행위, 노동조합의 불법 활동은 시정되어야 한다; ⑧ 밀수·마약·폭력·부정식품·강력범 등 각종 사회악은 말끔히 근절시켜 사회정화를 기한다; ⑨ 학원의 기업화와 과외과열 등 비뚤어진 교육풍토를 바로잡아 도의사회를 구현하는 데 전력을 다한다(중앙일보, 1980/06/13).

을 통해 ① 한국노총과 산별노조로 하여금 '역(逆)정화 조성자'의 명단을 제출할 것을 지시하였고, ② 지역지부 폐지에 따른 산하 노조분회는 1980년 9월 30일까지 신고하도록 하고, 이 기간이 지나면 모두 해산된 것으로 간주할 것임을 천명하였으며, ③ 노조임원이 상하급 노동조합의 상근임원을 겸임할 수 없고, ④ 당해 사업장의 근속년수가 1년 이하인 자, 임원개선 명령을 받고 3년이 경과하지 아니한 자, 노조업무와 관련하여 금고 이상의 형을 받고 2년이 경과하지 아니한 자는 9월 15일까지 전원 사퇴할 것을 명령하였다(한국노총 1981, 187-204).

이후에도 신군부의 노조정화지침은 1980년 11월까지 단속적으로 하달되었는데, 그 주요 내용은 이미 하달된 정화지침들에 대한 보완 조치들이었다. 즉 '노동조합 정화 역이용 사례방지 철저'(9월 3일), '정화된 노조간부의 노조활동 금지'(11월 4일), '노동조합운영지침 시달'(11월 22일) 등을 통해 퇴출된 노조간부 및 조합원들의 노조활동 관여를 방지하고 노조의 예산 편성과 집행을 규제하였다. 그 결과, 노조간부 121명이 정화대상으로 분류되어 노조에서 퇴출되었으며, 신군부의 지침에 순응하지 않는 노동자들은 사업장에서 해고되거나 보안사 등 국가기관에 연행되어 가혹한 고문을 당하거나 삼청교육대에 끌려가 혹독한 훈련을 받아야했다. 또한 지역지부 118곳이 강제 해체되었고, 단위노조에 대한 한국노총과 산별노조들의 권위는 철저히 부정되었다(전국노동조합협의회 2003a, 66-69).

6개월에 걸친 노조정화사업이 마무리되자, 신군부는 조직노동의 원자화(atomization) 혹은 개별화(individualization)를 제도적으로 뒷받침하는 후속 조치를 단행하였는데, 1980년 12월 '국가보위 비상입법회의'에서 진행된 노동관계법의 개정이 그것이었다. 첫째, 노동조합법을 개정하여 노동의 조직역량의 약화와 연대운동의 차단을 꾀하였다. 구체적으로, ① 단위노조의 설립요건을 기존의 단순신고제에서 "사업장 단위로 근로자 30인 이상 또는 1/5 이상의 찬성이 있는 설립총회의 의결"을 얻도록 강화하여(13조) 노조설립을 더욱 어렵게 하였고, ② 단위노조가 단체교섭에 있어 특수한 사정이 있거나 직종·업종·산업 간의 조정이 필요하다고 인정될 때에 한하여 행정관청의 승인을 얻어 그 연합단체에 교섭을 위임할 수 있도록 규정함으로써(33조), 기업별 단체교섭원칙을 강화하여 노조의 교섭력을 약화시켰으며, ③ 유니온 숍(union shop) 제도를 부당노동행위로 규정하여(39조 2항) 노동자의 의사에 의해서만 노조에 가입하거나 탈퇴할 수 있도록 함으로써, 노조의 조직역량을 약화시킴과 동시에 기업주들의 조합원에 대한 협박 및 회유의 소지를 한층 높여 놓았고, ④ 노조활동과 관련하여 제3자 개입금지조항(12조의 2)을 신설하여 노조 간 그리고 노조와 외부세력 간의 연대형성을 규제하였다.

둘째, 노동쟁의조정법을 개정하여 노조의 쟁의행위에 대한 규제를 강화하였다. 구체적으로, "국가·지방자치단체·국공영기업체 및 방위산업체"에서의 쟁의행위를 금지하였고(12조 2항), 쟁의행위가 가능한 사업체의 노동자라 하더라도 쟁의행위는 당해 사업장 외의 다른 장소에서 행할 수 없게 하였으며(12조 3항), 제3자의 쟁의행위 개입을 금지하여 노조 간 혹은 노조와 외부집단 간의 연대를 불법화하였다(13조의2). 또한 쟁의행위의 냉각기간을 일반사업체는 20일에서 30일로, 공익사업체는 30일에서 40일로 연장하였고(14조), 쟁의행위의 알선기간을 일반사업체는 종래 10일에서 15일로, 공익사업체는 15일에서 20일로 늘려(20조) 노동쟁의를 사실상 불가능하게 하였다.

셋째, 노사협의회법의 개정을 통해 노사협의회의 위상을 제고시킴으로써 노동조합의 역할을 최소화하였다. 원래 노사협의회는 노사협조의 증진을 목적으로 1963년 4월(노동조합법 6조)에 도입되었고, 유신체제에 들어서 제도적 보완을 통해 노사협의회의 활성화를 시도하였으나,[3] 그다지 실효를 거두지 못하였다. 왜냐하면, 1971년 12월의 '국가보위에 관한 특별조치법'에 의해 노조의 단체교섭권이 매우 제약된 상황에서, 노동자들은 노사협의회를 단체교섭의 채널로 활용하려 했던 까닭에 기업주들이 노사협의회의 개최를 꺼려했기 때문이었다(전국노동조합협의회

3 1973년 3월 개정된 노동조합법(6조 2항)에 의하면, 노사협의회는 "단체협약 또는 취업규칙의 범위 안에서 생산·교육·훈련·작업환경·불만처리·협의회의 운영 등에 관하여 필요한 사항을 협의"하는 역할을 수행하는 것으로 규정하였다.

2003a, 85). 이에 따라 1980년 12월에 개정된 노사협의회법은 100인 이상의 사업체에 노사협의회 설치를 의무화하였고(2조 3항), 100인 미만의 사업체라 할지라도 노동조합이 조직되어 있는 사업장에는 반드시 노사협의회를 설치하도록 강제하였다(2조 2항).

이러한 노동관련법의 개정은 유신체제 하에서 채택·구사되었던 '시장기제적 억압전략'의 강화를 의미하였다(임혁백 1994, 380). 즉 기업별 노조체계의 강요, 유니언 숍의 불법화, 제3자 개입금지 등의 조치를 통해 노조의 협상력 배양 기회를 차단하고, 노사협의회의 위상 강화 및 단체행동권의 규제를 통해 노조의 교섭권을 철저히 약화시킴으로써 산업현장에서 기업주의 압도적 힘의 우위를 제도적으로 보장하고자 하였다.

2. 노동통제 강화의 배경

국가의 노동통제가 강화된 이유는 무엇인가? 일부에서는 1980년 초의 경제위기 상황에서 경제안정화 정책의 효율적 집행을 위한 노동의 분배요구를 억제해야 하는 경제적 필요성에서(Shafer 1990, 136; Moon 1991, 59), 다른 일부에서는 신군부의 원활한 집권을 위한 사회적 통제의 강화라는 정치적 필요성에서(Lee 1988, 113) 그 이유를 찾고 있다. 그러나 이러한 분석들은 당시 노동의 정치경제적 역량이 신군부의 집권 및 경제정책을 방해할 정도로 강력하지 못했다는 점을 감안할 때, 그다지 설득적이지 못하다. 그 보다는, 국가의 노동통제 강화는 '경제위기'와 '정당성 위기'라는 비일상적 상황의 발생, 군부세력에 기반한 전두환 정권의 성격, 그리고 이러한 요소들로 인해 촉발되었던 사회연합정치의 활성화에 따른 전두환 신군부의 정치적 선택이었다.

우선 전두환 정권은 태생적으로 민주적 정당성을 결여하고 있었다. 박정희 피살과 유신체제의 붕괴 이후 정치개혁을 열망하던 민주화세력의 기대와는 달리, 신군부는 1979년의 12·12 군사반란, 1980년의 5·17 비상계엄령 전국 확대, 5·

18 광주항쟁의 유혈진압 등을 통해 폭력적으로 정권을 장악하였다. 즉 전두환 신군부세력은 "국민에게 불필요한 고통만 안겨 준 채 민주화 과정만을 지연"시킨 역사 반동적 집단으로(김영명 1992, 359), 처음부터 정당성의 위기에 직면해야 했다. 이에 따라 전두환은 유신체제 말기의 정치적 갈등구도 – 개발독재를 옹호하는 '발전연합'과 이에 저항하는 '민주화연합' – 를 그대로 이어받을 수밖에 없었다. 이러한 상황에서 전두환의 권력 장악은 유신의 잔존세력인 신군부, 관료, 그리고 일부 보수적 정치인들로 구성된 지배연합과, 학생·재야·야당으로 구성된 저항세력 간의 치열한 힘겨루기 현상으로 이어졌다.

다른 한편, 전두환은 경제위기의 상황과 대면하고 있었다. 유신정권으로부터 물려받은 경제적 문제들은 경제침체를 넘어 경제위기로 치닫고 있었다. 1962~1978년 동안 평균 9.9%를 기록하던 경제성장률이 1979년에는 6.4%로 하락하고, 1980년에는 –6.2%로 곤두박질하였다. 무역적자는 1978년 17억 8천만 달러에서 1980년에는 44억 달러로 증가하였고, 실업률은 1979년의 3.8%에서 1980년에는 5.2%로 급증하였다. 더불어, 1980년의 소비자 물가지수는 25%를 상회하였고, 해외부채는 날로 증가하여 1981년에는 320억 달러를 기록하면서 한국은 멕시코와 브라질에 이어 세 번째 채무국이 되었다(경제기획원 1987). 이에 따라 경제개혁은 가장 시급한 정치적 과제로 대두되었고, 그것은 단기적 경제안정화와 장기적 경제구조조정으로 요약되었다. 특히 경제안정화 정책은 긴축재정 및 임금동결을 전제하는 것으로, 노동을 비롯한 민간부문의 상당한 비용과 희생을 요구하는 것이었고, 그 비용을 감수해야 할 노동집단의 격렬한 저항이 예상되는 프로그램이었다(김용철·문정인 1995, 125).

이러한 비일상적 상황들은 하루빨리 정권의 안정을 꾀하고자하는 전두환에게 상당한 정치적 부담이었다. 집권과정에서 엄청난 피를 강요하였던 까닭에, 집권세력이 정권안보를 위해 광범위한 국민적 동의를 이끌어 내기란 애초부터 불가능한 상태였다. 시급한 문제는 경제위기를 극복하고 최소한의 사회적 지지기반을 창출하여 궁극적으로 정권안보(regime security)를 확보하는 것이었다. 전두환의 정권안보 및 생존전략은 유신체체와의 차별화로부터 시작되었다. 중화학공업화와 새마을운동을 통해 대기업과 농촌부문의 포섭을 시도하였던 박정희와는 달리, 전두환은 당시 전문직 종사자, 화이트칼라, 자영업자 등으로 구성된 이른바 도시중산층의 포섭을 시도하였다. 도시중산층은 1960~1970년대 산업화 과정에서 경제성장의 혜택을 받아온 집단으로, 정치적으로 신군부의 정권장악도 민주화세력들의 저항에 따른 정국의 불안정도 원치 않은 침묵집단이었다(김영명 1992, 350).

정권안정을 위한 전두환의 선택은 정치적으로 저항세력을 억압하고, 경제적으로 경제개혁을 통해 경제적 역동성을 회복하여 경제적 안정을 희구하는 도시중산층을 정권의 지지 세력으로 포섭하는 것이었다. 도시중산층과 달리, 전두환과 그 추종세력의 입장에서 볼 때 노동은 잠재적 저항세력이었다. 1970년대 중반 이래, 이미 노동운동과 저항세력 간의 연계가 형성되고 있었다. 그 대표적인 사례가 1977~1978년에 걸쳐 발생한 방림방적노조의 체불임금요구투쟁, 동일방직노조의 '인분사건,' 그리고 1979년의 'YH사건'이었다. 이에 대응하여, 1979년 9월 유신정권은, 비록 박정희의 갑작스런 죽음으로 무산되었지만, 저항세력과 노동운동 간의 연계를 차단하기 위한 '제3자 개입금지'의 법제화를 시도하기도 했다. 더구나, 1980년의 경제침체에 따른 물가폭등, 조업단축, 휴·폐업 등으로 노동자들의 불만이 증폭되고 있었으며, 이에 따라 노동집단의 저항세력에로의 전면적 진입 가능성은 어느 때보다 높은 상황이었다.

전두환의 선택은 신속·과감하였다. 1980년 4월 30일, 전두환은 전군지휘관회의를 개최하고, "과격한 노사분규, 학원소요, 정치인들의 학원 내의 집회의 금지"를 공포하였다(전국노동조합협의회 2003a, 63). 그리고 임금동결과 긴축재정을 바탕으로 하는 경제안정화 정책을 일사불란하게 실행에 옮기기 시작하였으며, 노조정화사업과 노동관계법의 개정을 통해 노동운동의 무력화를 꾀하였다.

이러한 전두환의 선택은 정권의 성격에 비춰 볼 때도 매우 자연스런 것이었다. 이미 태생적으로 정당성이 결여된 전두환 체제는 유신체제의 잉여적 성격을 지닌 군부정권이었다. 따라서 전두환에게는 물리력을 이용한 통치 외엔 다른 효과적인 방법이 남아있지 않았다. 전두환은 '복지국가건설' 및 '정의사회구현'을 내세워 가능한 유신체제와의 차별화를 시도하였으나, 그것은 정치적 제스처에 불과한 것이었다. 전두환 정권은 안정 희구 세력인 도시중산층을 정치적 지지기반으로 삼기 위해 이념적으로 보수적이고 경제적으로 성장주의를 강조하는 '안보-발전주의'(security-developmentalism)적 성향을 강하게 드러내고 있었다(Kihl 1982, 39). 이러한 성향은 제11대 대통령 취임식(1980년 9월 1일)에서 전두환에 의해 거듭 강조되었다(대통령비서실 1983, 50).

> 지속적인 경제성장과 발전이야말로 복지국가건설의 밑거름이 될 뿐만 아니라, 우리가 지금까지 추구해 왔고, 앞으로도 계속 추구해야 할 튼튼한 자주국방의 초석이 된다고 믿습니다. 우리의 막강한 군사력 유지는 아직도 한반도 문제의 평화적 해결을 외면하고 있는 북한 공산집단의 무력적화야욕을 분쇄하는 데 있어 필요불가결한 전제임은 두말할 나위도 없습니다.

요약하면, 전두환 정권의 노동통제는 사회연합정치의 활성화에 따른 노동집단의 저항세력에로의 가담을 미리 차단하기 위한 선제적 조치였다. 1980년 초, 정당성의 위기와 경제위기라는 비일상적 상황은 기존 '발전연합'과 '민주화연합' 간의 대결구도를 첨예화시키면서, 노동자들의 정치적 저항세력화 가능성을 높이고 있었다. 전두환 정권의 권위주의적이고 '안보-발전주의'적 성향은 지배세력이 취할 수 있는 옵션을 극도로 제한하였다. 노동집단을 지배세력으로 끌어들일 수도, 노동운동을 그대로 방치할 수도 없는 상황이었다. 전두환이 취할 수 있는 선택지는 정치적 침묵집단인 도시중산층을 포섭하여 정권의 지지기반으로 삼는 대신, 저항세력을 포함하여 잠재적 저항집단인 노동을 억압하는 방법 외엔 다른 방안이 없었다.

Ⅲ. 전면적 노동억압과 노동운동의 연대

전두환 정권의 노동억압으로 노조조직률은 하락하고 노동쟁의는 감소하였다. 그러나 이는 산업평화와는 거리가 먼 것이었다. 전면적인 노동억압은 노동조합의 연대와 노동운동의 정치화를 촉발하는 역설적인 결과를 낳고 있었다.

1. 전면적 노동억압

전두환 정권의 노동억압은 전면적이며 극단적인 것이었다. 우선 '사회악'을 일소하여 사회개혁을 이룩한다는 명분으로, 1980년 8월부터 1981년 1월까지 네 차례에 걸쳐 깡패 및 폭력배와 함께, 많은 노조활동가들이 체포되어 감옥이나 삼청교육대로 보내졌다. 1981년 2월 국무총리 훈령 163조에 근거하여 노동부, 경찰, 안기부, 보안사가 참여하는 '노동대책회의'가 구성되었다. 나아가 반공이데올로기의 강화와 재구축을 통해 민주노동운동을 '급진 좌경세력의 책동'으로 규정·처벌하였다(전국노동조합협의회 2003a, 64). 뿐만 아니라, 국가정보기관들은 노조정화사업으로 해고되거나 민주노조활동에 가담한 노동자들에 대한 블랙리스트(blacklist)를 작성하여 이를 전국의 사업장에 배포함으로써 이들 노동자의 재취업을 조직적으로 봉쇄하였다.

자본가 단체도 국가의 전면적 노동억압에 호응하고 나섰다. 한국경영자총협회(경총)는,[4] 1980년 노동법개정으로 노조체계가 완전한 기업별 노조체계로 바뀌고 노사협의회의 위상이 제고됨에 따라, 노동운동에 민감하게 대응할 수 있는 지역별 경영자협회를 구성하였다. 구체적으로, 1981년 4월 28일 부산경영자협회의

4 한국경영자총협회(경총)는 점증하는 노동운동에 대처하기 위해 1970년 7월 15일 결성되었다. 결성 당시의 이름은 '한국경영자협의회'였으나, 1974년 '한국경영자협회'로 개칭되었고, 1981년 다시 '한국경영자총협회'로 바뀌었다(전국경제인연합회 2011, 214).

창립을 시작으로, 5월 29일에 대구경영자협회가, 9월 25일에 전남경영자협회가, 12월 16일에 충남경영자협회가 조직되었다. 그리고 1982년 9월 21일에 인천경영자협회가, 1983년 9월 6일에 경남경영자협회가, 1983년 10월 17일에 전북경영자협회가, 1984년 3월 21일에 강원경영자협회가, 1986년 2월 27일에 충북경영자협회가, 그리고 1986년 3월 27일에 경북경영자협회가 창립되었다(한국경영자총협회 1990, 191).

이들 지방경영자협회의 주요 업무는 노사협력주의를 설파하고 노사협의회의 활성화를 꾀하여 노사분규를 사전에 예방하는 것이었다. 당시 기업주들에게 노사협력주의란 오로지 "생산성 향상과 기업 성장을 위한 노동자들의 희생"만을 의미하는 것으로, "경제적 보상과 대가"를 요구할 수 있는 노동자의 집단적 권리에 대한 개념은 거의 존재하지 않았다(전인 2007, 83). 이에 따라, 지방경영자협회의 활동은 기업의 노무관리자들을 대상으로 노사분규 방지를 둘러싼 교육과 홍보, 산업현장에서 이른바 '불순세력'의 색출, 그리고 임금동결 및 생산성 향상 등에 집중되었다. 나아가 노사관계에 이상 조짐이 보일 경우, 즉시 확대회장단회의, 종합정책위원회 연석회의, 혹은 노동정보협의회를 개최하여 노사분규에 선제적으로 대처하였다(한국경영자총협회 1990, 195).

국가의 전면적 노동억압과 자본가들의 호응은 한때 폭발적으로 고양되었던 노동운동을 급속히 위축시켰다. 1981년 1월 청계피복노조에 대한 해산명령을 신호로, 신군부 세력의 민주노조 파괴 작전이 본격적으로 진행되었다. 노조들은 격렬하게 저항했지만 역부족이었다. 청계피복노조, 반도상사노조, 콘트롤데이타노조, 서통노조 등이 차례로 해체되었고, 마지막으로 1982년 원풍모방노조가 파괴되었다.

아래 사례들은 당시 국가와 기업주들이 어떻게 노조를 탄압·파괴했는지 잘 보여준다. 우선, 국가에 의해 노동조합 해산을 강요받은 청계피복노동조합의 사례이다. 1970년대의 대표적인 민주노조인 청계피복노조[5]는 전두환 신군부의 정화조

5 전태일은 1970년 11월 13일 열악한 노동조건에 항거하여 분신자살한 평화시장 재단사 출신

치의 대상에 올랐다. 신군부는 1980년 '서울의 봄' 시기에 노동쟁의에 개입했다는 이유로 이소선[6]을 포고령 위반으로 구속하여 징역 1년을 선고하였고, 과거 노동운동으로 구속된 전력이 있는 노조간부들의 사퇴를 명령하였다. 뒤이어 1980년 12월 정부의 명령에 불복·저항하는 노조간부들이 체포되었고, 1981년 1월 6일 서울시장 명의로 노조해산명령이 내려졌으며, 1월 21일 경찰력이 투입되어 노조 사무실이 폐쇄되었다(민주노총 2001, 97-99).[7]

청계피복노조와 달리, 반도상사노동조합의 강제 해산 사례는 국가와 기업주의 합작품이었다. 1975년 도시산업선교회의 지원으로 조직되었던 반도상사노조는 1980년 4월 임금인상투쟁을 추진하던 중에 5·17 비상계엄령 확대조치를 맞이하였다. 신군부세력은 7월 10일 노조지도위원 2명의 구속을 시작으로, 11월 30일 노조지부장과 지도위원들을 포고령 및 반공법 위반으로 구속하고, 12월 3일과 11일 각각 노조간부 2명과 7명을 군 수사기관에 연행하는 등 공포분위기를 조성하였다. 그러는 동안, 조합원 300여 명은 경영진의 협박과 휴업조치로 공장을 그만두어야 했다. 나아가 1981년 1월 공장을 재가동한 경영진은 남아있는 노조원들을 완전히 제거할 목적으로 1981년 2월 3일 다시 휴업을 단행하였다. 거듭되는 휴업

의 노동자였다. 그는 1964년 17세의 나이로 평화시장 피복공장 미싱사보조로 취직하여, 1969년 재단사들의 친목모임인 '바보회'를 조직하였고, 근로기준법을 탐독하면서 평화시장의 노동실태에 대한 개선방안을 노동청에 제출하기도 했다. 이러한 일련의 행동으로 해고를 당했지만, 1970년 9월 다시 재단사로 취직해 '삼동친목회'를 결성했다. 이들은 곧바로 설문지를 돌렸으며, 그 결과를 분석해 노동청에 '평화시장 피복제품상 종업원 근로개선 진정서'를 제출, 선처를 약속받았다. 그러나 개선을 약속한 기한인 11월 7일에도 노동청으로부터 아무런 소식이 없자, 그는 동료들에게 "아무짝에도 쓸모없는 근로기준법 책을 화형하자"고 제의하고 시위 날짜를 잡았다. 1970년 11월 13일 피켓 시위를 벌이기 직전에 경찰에 의해 강제해산을 당하게 되자, 전태일은 "근로기준법을 준수하라," "우리는 기계가 아니다," "노동자들을 혹사하지 말라"고 외치면서 분신을 감행하였다. 그는 병원으로 옮겨졌으나 숨을 거두고 말았다. 이 사건을 계기로 1970년 11월 27일 청계피복노동조합이 결성되었다(조영래 1991).

6 이소선은 전태일의 어머니이다. 그녀는 아들 전태일의 죽음을 계기로 노동운동 지원활동에 전념하였다.

7 이후 청계피복노조는 국가의 탄압을 피해 장기간 지하에서 활동할 수밖에 없었다. 전두환 정권하에서 조합원들은 여러 차례에 걸쳐 노조복구를 위한 활동을 전개했으나, 노조가 합법성을 인정받은 것은 1987년 민주화 이후인 1988년 5월이었다.

으로 노동자들은 생계에 대한 불안감에 휩싸였다. 노동자들은 굳게 닫힌 공장의 철문을 붙잡고 일터로 보내달라고 절규하였고, 노동청과 인천시청에 도움을 호소하기도 했다. 그러나 모든 노력은 허사였다. 공권력과 회사에 의한 노조 고사 작전으로 인해, 반도상사노조는 3월 13일 해산선언을 할 수밖에 없었다(민주노총 2001, 99-100).

국가와 기업주의 노조파괴 활동의 결과는 매우 가시적인 것이었다. 1979년 16.8%였던 노조조직률(b)이 1980년에 14.7%로, 1981년에 14.6%로, 1982년에 14.4%로, 1983년에는 14.1%로 지속적으로 감소되었다. 또한 1980년에 407건을 기록했던 노동쟁의 역시 1981년에 186건, 1982년에 88건, 1983년에 98건으로 급감하였고, 이에 따라 파업규모는 1980년의 9.5에서 1981년에 4.7, 1982년에 1.7, 1983년에 1.6으로 줄어들었다(〈표 9〉 참조).

2. 노동운동의 연대

노조조직률의 하락과 노동쟁의의 감소가 결코 산업평화의 정착을 의미하는 것은 아니었다. 오히려 국가와 자본의 노동억압은 노동조합의 연대와 노동운동의 정치화를 촉발하는 역설적 상황을 만들어냈다. 전두환 정권 초기 3년 동안의 정치적 탄압은 수많은 재야 노동운동가를 양산하였다. 직장으로부터 쫓겨나고, 블랙리스트로 인해 재취업의 기회를 박탈당한 노동자들은 전문적인 노동운동가로 변신하고 있었다. 또한 개발독재의 모순과 1980년의 광주학살을 지켜본 학생운동 활동가들은 산업현장에 직접 뛰어들어 '노학(勞學)연대'를 모색하고 있었다.

1983년 후반, 전두환 정권은 부분적인 정치적 자유화 조치를 취하기 시작하였다. 1983년 12월 반정부 활동으로 해직되거나 제적된 교수 및 대학생들의 복교가 허용되었으며, 대학에 투입된 경찰병력이 캠퍼스에서 물러났다. 더불어 노동운동에 대한 강력한 통제도 어느 정도 완화되었다. 이 같은 자유화 조치는 지난 3년간의 정치적 경험을 통해 얻은 전두환의 통치능력에 대한 자신감, 다가오는 1985

년 총선에 대비한 사회적 지지기반의 확대 필요성, 그리고 서울에서 개최될 1986년 아시안게임과 1988년 올림픽을 대비한 정권 이미지의 개선 필요성 때문이었다.

자유화 조치를 계기로 노동자들은 재빨리 자주노조의 건설에 착수하였고, 재야 노동운동가들은 연대투쟁 네트워크를 구축하기 시작하였다. 특히 노동운동가들의 활동은 매우 활발하게 전개되었다. 이른바 '선진노동자'로 불리던 민주노동운동 세력들은 기업별 노조운동의 한계를 극복하고 노동자 연대투쟁의 대중화를 목적으로 1984년 3월 10일 '한국노동자복지협의회'를 조직하여 노동법개정투쟁, 해고자 복직투쟁, 블랙리스트 철폐운동을 전개하기 시작하였다(전국노동조합협의회 2003a, 131-132). 한편, 학생운동 활동가들은 자신의 신분을 감춘 채 공장에 취업하여 권위주의적 국가권력에 대항한 노학연대의 형성을 시도하였다. 이에 따라, 매년 수백 명에 달하는 학생들이 공장에 들어갔으며, 1980년대 중반 이들의 규모는 최소 3천여 명에 달하고 있었다(Ogle 1990, 99). 이들 학생 출신 활동가들은 다양한 소모임 활동을 통해 노동자들의 정치의식을 고양시키고 노동자들의 노조활동을 지원함으로써 노동자와 학생 간의 긴밀한 연대는 물론이고, 노동운동과 민주화 세력 간 연계 네트워크의 형성을 꾀하였다(채구목 2007; 구해근 2002, 5장).

1984년의 청계피복노조의 복원운동은 연대투쟁의 시작을 알리는 신호탄이 되었다. 1981년 국가에 의해 강제 해산된 청계피복노조원들은 노동조합의 복원을 목표로 1984년 4월 8일 명동성당 사도회관에서 '청계피복노동조합 복구대회'를 갖고 준비위원회를 결성하였다. 그리고 1984년 가을, 이들은 국가의 노동억압에 항의하는 대중집회와 가두시위를 감행하였다. 그들의 활동은 더 이상 사회적으로 고립된 투쟁이 아니었다. 경찰의 구타와 최루탄 발사에도 불구하고, 많은 학생들과 재야 활동가들이 청계피복 노조원들의 대중집회와 거리투쟁에 동참하였다(민주노총 2001, 109-111).

1985년 6월에 발생한 '구로연대파업'은 국가의 전면적 노동억압이 어떠한 결과를 초래하고 있는지 여실히 보여준 대표적 사례였다. 연대파업은 임금협상 기간에 철야농성을 했다는 이유로 구로공단 대우어패럴 노조간부 3인이 6월 22일 경찰에 의해 체포되면서 시작되었다. 소식을 접한 구로공단의 노조간부들은 국가의 민주노조 파괴공작에 대항하여 노조 간의 연대파업으로 맞설 것을 결의하였는데, 그들 중 상당수가 학생 출신 노동자였다(오하나 2010, 56). 연대파업은 "노조간부 석방, 노동법 개정, 노동 3권 보장, 민주노조 탄압중지, 노동부장관 퇴진"을 요구하며 6일 동안 지속되었고, 대우어패럴, 효성물산, 가리봉전자, 선일섬유, 부흥사, 남성전기, 세진전자, 롬코리아, 삼성제약 등 총 10개 사업체의 노조와 2,500여 명의 노동자가 참여하였다. 파업이 진행되는 동안, 학생들의 기습적인 파업현장 방문 및 선전물 배포, 한국노동자복지협의회, 노동운동탄압저지투쟁위원회, 노조민주화추진협의회 등 노동단체들의 연대파업 지지농성, 그리고 민통련(민주통일민중운동단체연합)을 비롯한 종교·사회단체들의 지지성명이 잇달아 발표되었다(유경순 2002, 123-125).

비록 구로공단이라는 제한적 공간에서 발생한 파업이었지만, 국가는 매우 민감하게 대응하였다. 경찰력을 동원하여 파업지도부를 구속하고 연대파업을 지원한 외부집단들의 핵심 인물들을 배후 조정자로 수배·체포함으로써, 사업장 간 노조연대 및 노동집단과 민주화세력 간의 연계를 차단하였다. 그리고 파업을 노동자들의 자발적 집단행동이 아닌 '위장취업자'와 '불순세력'이 선동한 사건으로 선전함으로써 일반국민들로부터 노동운동의 고립을 꾀하였다(오하나 2010, 59; 유경순 2002, 128-129). 구로연대파업 이후, 국가의 노동억압은 다시 강화되는 양상을 보였다. 예컨대, '선도적 정치투쟁'을 표방하면서 1985년 8월과 1986년 2월에 각각 출범한 서울노동운동연합(서노련)과 인천지역 노동자연맹(인노련)은 국가의 집중적인 탄압으로 핵심활동가들이 구속 혹은 수배되었고, 마침내 조직이 해체되는 운명을 감수해야 했다(채구목 2007).

그러나 1985년을 기점으로 국가의 노동억압의 실효성은 상실되기 시작했다. 노동쟁의의 빈도와 규모는 시간이 지남에 따라 점증하는 추세를 보였다. 구체적으로, 1983년 98건을 기록하던 노동쟁의의 건수는 1984년에 113건, 1985년에

표 9 전두환 정권의 노동관련 지표

연도	노동조합				노동쟁의			
	노조수	조합원	노조조직률		건수	참가인원	손실일수	파업규모
			a	b				
1979	4,965	1,088,061	23.6	16.8	105	14,258	16,366	2.5
1980	2,635	948,134	20.1	14.7	407	48,970	61,269	9.5
1981	2,158	966,738	19.6	14.6	186	34,586	30,948	4.7
1982	2,208	984,136	19.1	14.4	88	8,967	11,504	1.7
1983	2,255	1,009,881	18.1	14.1	98	11,100	8,671	1.6
1984	2,382	1,010,522	16.8	13.2	113	16,400	19,900	1.3
1985	2,551	1,004,398	15.7	12.4	265	28,700	64,300	7.9
1986	2,675	1,035,890	15.5	12.3	276	46,941	72,025	8.5
1987	4,103	1,267,457	17.3	13.8	3,749	1,262,285	6,946,935	755.9

주: 노조조직률(a)=조합원수÷비농가상시고×100; 노조조직률(b)=조합원수÷총피용자×100; 파업규모(strike volume=노동쟁의로 인한 손실일수÷임금노동자(천 명).

출처: 대한통계협회. 1992. 『한국통계연감』; 한국노동연구원. 1991. 『KLI 노동통계』.

265건, 1986년에 276건으로 매년 증가하는 추세를 보였고, 파업규모 역시 1983년의 1.6에서 1984년에는 1.3, 1985년에는 7.9, 그리고 1986년에는 8.5로 늘어나, 유신체제의 붕괴로 한때 노동운동이 고양되었던 1980년의 수준(9.5)에 육박하였다(〈표 9〉 참조).

Ⅳ. 7~9월 노동자 대투쟁

'노동자 대투쟁'은 사회적 가치와 자원의 배분과정에서 배제되고 소외되었던 노동자들이 그간 누적된 분노를 한꺼번에 쏟아낸 대규모 항의운동이었다. 비록 비조직적이고 자연발생적인 것이었지만, 노동자들의 투쟁은 '계급전쟁'을 연상시킬 정도로 격렬하였다(구해근 2002, 232). 엄청난 규모의 노동공세에 직면하여 국가가 잠시 머뭇거리는 동안 자본은 사업장 수준의 개별적 대응 외엔 다른 방책이 없었다. 국가가 노동의 공세에 대해 '개입 자제'에서 '개입'으로 전환한 것은 1987년 8월 중순경이었다. 반공이데올로기에 기대어, 국가는 노동자들의 항의를 폭력적으로 진압하였다.

1. 6월항쟁

꿈적도 하지 않을 것 같았던 전두환 정권이 대규모 국민저항운동에 직면하여 민주화 개방을 약속한 것은 1987년 6월 29일이었다. 이날 집권당(민정당)의 대통령 후보인 노태우는 이른바 '6·29 선언'을 통해 대통령 직선제를 위한 개헌을 실시할 것임을 발표하였다. 이는 정당성의 위기에 당면하여 전두환 정권이 취한 정치적 선택이었다.

6월항쟁을 촉발한 정치적 계기는 전두환 대통령의 '4·13 호헌조치'와 천주교 정의구현사제단의 박종철 고문치사사건에 대한 폭로(5월 18일)였다. 1987년 4월 13일에 발표된 '호헌조치'의 내용은 당시까지 진행되던 모든 개헌논의를 1988년 올림픽 이후로 유보하고 1987년 말에 치러질 대통령선거는 현행 헌법에 의해 간선제로 실시한다는 것이었다. 대통령의 발표는 즉시 민주화세력들의 호헌반대 투쟁을 불러왔다. 호헌반대선언문 발표, 항의농성, 그리고 직선제 개헌을 위한 서명운동이 전개되는 동안, 5월 18일 정의구현사제단에 의해 박종철의 사망이 경찰의 고문에 의한 것임이 폭로되었다. 이러한 상황 전개는 마침내 5월 27일 모든 민주세력의 연대기구인 '민주헌법쟁취 국민운동본부'(국민운동본부)의 결성으로 이어졌다.

호헌반대운동은 순식간에 전국적인 국민저항운동으로 발전하였다. 국민운동본부가 주도한 6월 10일의 '국민대회'는, 6만여 경찰병력을 투입한 원천봉쇄에도 불구하고, 전국 22개 도시에서 30만여 명의 시민들이 참여하였다(6월 민주항쟁 10

주년사업 범국민추진위원회 1997, 265). 서울의 경우, 이날의 시위는 밤 10시부터 '명동성당 점거농성'으로 이어졌고, 15일 해산될 때까지 명동성당 주변에는 매일 대학생들과 시민들의 지원시위가 계속되었다. 18일 개최된 '최루탄추방결의대회'는 전국 16개 지역에서 50만여 명이 참여하였고, 특히 부산에서는 대규모의 시위 인파로 경찰로는 진압이 불가능한 상황에 이르렀다. 이에 전두환은 군대의 동원을 고려하였으나, 군부지도자들의 소극적 태도와 미국정부의 반대로 군 동원은 불발에 그치고 말았다. 시위가 계속되는 가운데, 24일 전두환과 김영삼(통일민주당 총재) 간의 회담이 개최되었다. 그러나 김영삼의 강경한 태도로 정치적 타협은 불가능하였다. 그리고 26일 국민운동본부는 '국민평화대행진'을 전개하였다. 이날 전국 주요 도시에서 1백만여 명이 시위에 참가하였다. 엄청난 규모의 민주화운동에 직면하여, 전두환은 29일 직선제 개헌을 수용할 수밖에 없었다.

6월항쟁은 전두환 정권의 위기를 뜻하였다. 사회연합정치의 관점에서 볼 때, 6월항쟁은 '민주화연합'과 '발전연합' 간의 첨예한 대결이었다. 그러나 유신 시기와 박정희 피살 직후 정치변동기에 보여주었던 대결구도와는 달리, 6월항쟁 이전까지 침묵하던 '도시중산층'이 학생과 재야세력이 중심이 된 민주화운동에 적극 동참하는 모습을 보였다. 사실, 도시중산층(자영업자, 전문직, 경영직, 기술직 종사자 등)은 1960년대와 1970년대를 지나면서 빠른 속도로 성장한 산업화의 주요 수혜집단이었으며, 정치·경제적 안정을 희구하는 집단이었다. 따라서 이들은 처음부터 전두환 정권의 정치적 포섭의 대상으로 자연스럽게 떠올랐고, 실제로 1980년 초반 전두환 정권이 실시하였던 경제안정화 및 구조조정 정책의 수혜집단이기도 하였다. 그러나 6월항쟁이 전개되는 동안, 이들은 학생들의 시위를 격려하거나 직접 시위에 참여함으로써 정권의 훼방자로 행동하였다. 도시중산층의 '반란'은 '민주화연합' 대 '발전연합'의 대결구도에서 힘의 균형추를 '민주화연합'으로 기울게 하였다. 급속한 산업화와 경제발전, 그에 따른 교육수준의 향상이 도시중산층의 정치의식을 변화시키고 있었던 것이다(김용철·문정인 1995, 130-132).

이에 비해, 산업화와 경제발전의 과실로부터 소외되고 배제되었던 공장노동자들은 대체로 침묵하였다. 6월항쟁이 전개되는 동안, 공장노동자들의 조직적 참여는 물론이고, 이들의 개별적 참여 역시 미미하였다. 비록 개인적 차원에서 노동계의 인사가 국민운동본부에 참여하였으나, 그것도 2,200여 명의 발기인 가운데 37명에 불과한 작은 부분이었다(임영일 1988, 143). 이른바 '넥타이 부대'로 표현되었던 금융기관에 근무하는 상당수의 사무직 노동자가 거리시위에 참여하였으나, 이들은 산업화와 경제성장의 주요 수혜자인 도시중산층의 일원이었다.

2. 노동자 대투쟁

공장노동자들의 조직적 요구는 6월항쟁 직후 분출되기 시작하였다. 6월항쟁이 가져온 민주화 개방은 국가의 통제능력과 의지를 일시적으로 위축시켰다. 비록 국가의 개입 가능성은 여전히 존재했지만, 공장노동자들은 국가폭력에 대한 염려와 두려움을 떨쳐내고 그간 쌓아둔 불만과 분노를 봇물 터지듯 쏟아내기 시작하였다. 그것은 '7~9월 노동자 대투쟁'의 서곡이었다.

노동자들의 투쟁은 한국의 최대 공업도시인 울산에서 시작되었다. 1987년 7월 5일, 노조결성이 금기시되던 현대그룹 산하의 울산 현대엔진 노동자들이 전격적으로 노조를 결성하였다. 현대엔진노조의 탄생을 계기로 노조결성의 열기가 순식간에 울산지역 현대계열사 전체 사업장으로 번져갔고,[8] 이는 8월 8일 현대계열사 노조의 연대기구인 '현대그룹노조협의회'의 출범으로 이어졌다. 울산 현대계열사

8 구체적으로, 7월 15일 현대미포조선에서, 7월 21일 현대중공업에서, 7월 25일 현대자동차에서, 7월 26일 현대중전기에서, 7월 31일 현대종합목재에서, 8월 2일 현대정공에서, 8월 5일 현대알미늄과 현대강판에서 노조가 결성되었다. 이에 당황한 현대그룹 경영진은 노조결성 반대공작에 나섰으나, 무리한 공작으로 여론의 비판의 대상이 되었다. 예컨대, 현대미포조선의 경우, 7월 16일 노동자들이 노조설립 신고서를 해당관청에 접수하는 과정에서 신고서가 회사측 사람들에 의해 탈취당하는 사건이 발생하였다. 탈취사건이 언론에 보도되고 비판적 여론이 들끓자, 회사측은 노조설립 신고서를 되돌려주어야 했다. 또한 현대중공업과 현대자동차의 경우, 노조결성을 위해 준비해오던 노동자들보다 먼저 회사측이 어용노조를 설립하였다. 이는 복수노조 금지조항을 악용한 것이었다. 그러나 노동자들은 어용노조 퇴진투쟁을 통해 노조를 접수하였다(전국노동조합협의회 2003a, 214－221).

의 노동자투쟁은 급속히 다른 사업장으로 확산되었다. 7월 27일에는 태광산업과 동양나이론 노동자들이 어용노조퇴진과 임금인상을 요구하면서 파업농성에 돌입하였고, 7월 31일에는 울산시내 버스업체 노동자들이 파업을 전개하였다. 그리고 8월 초에는 한국프랜지, 고려화학, 고려아연, 효성금속, 효성알미늄, 대한알미늄, 경기화학 등에서 파업과 농성이 이어졌다(유범상 2001, 93).

울산에서 시작된 투쟁은, 7월 하순 남부 중공업지역을 거쳐, 8월 중순 전국의 사업장으로 확산되었다. 부산지역 노동자 투쟁의 경우, 7월 하순부터 대한조선공사(현 한진중공업), 세신정밀, 국제상사, 효성중공업 등 대기업 사업장을 시작으로 중소규모 사업장으로 번져갔다. 8월 초 투쟁은 마산과 창원지역을 비롯하여 대구, 구미, 광주, 전북, 수도권으로, 그리고 8월 중순에 이르러서는 전국의 사업장으로 확산되었다(한국노총 1988, 22).

노동자들의 투쟁은 약 3개월 동안 격렬하게 진행되었다. 대투쟁 기간 동안, 노동쟁의는 7월에 86건, 8월에 2,552건, 그리고 9월에 703건 등 총 3,341건이 발생하였다(한국경영자총협회 1988, 207; 전국노동조합협의회 2003a, 197). 이는 1981~86년 동안 발생한 노동쟁의(1,026건)의 3.3배에 달하였고, 산업화가 본격적으로 진행되었던 1960년대 초부터 민주화개방 발생 이전인 1986년까지 발생한 총 노동쟁의 수(3,084건)를 훨씬 상회하는 규모였다(〈그림 3〉 참조).

이 시기의 노동투쟁은 대부분 비조직적이며 자연발생적인 형태를 띠었다. 즉 노동자 대투쟁은 조직노동의 중앙지도부에 의해 기획되고 지휘된 연출물이 아니라, 6월항쟁이 수반한 개방된 정치공간을 배경으로 노동자들의 누적된 분노와 불만이 전국에 걸쳐 모든 산업부문에서 동시다발적으로 터져 나온 결과물이었다. 따라서 투쟁의 형태는 작업거부, 농성, 시위 등 비합법적 집단행동으로 시작하여 최종적으로 경영진과 협상하는 '선파업－후협상'의 모습을 보였다. 그러나 요구의 수준은 대부분 임금인상, 어용노조퇴진 및 노조민주화, 인간적 대우 및 노동조건 개선 등의 개별사업장 차원에 머무르고 있었다. 노동자 대투쟁의 또 다른 특징은 중화학공업지역의 대규모 사업장에서 점화되어 경공업지역의 중소규모 사업장으

그림 3 1987년 월별 노동쟁의 발생 현황

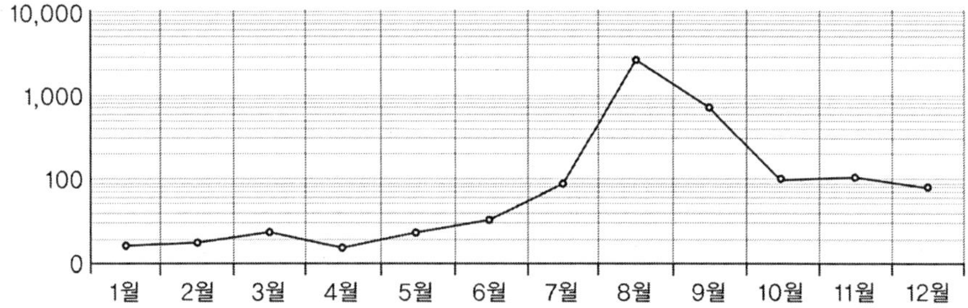

출처: 전국노동조합협의회. 2003a. 『전국노동조합협의회 백서: 제1권』, 197에서 재작성.

로 확산되는 양상을 보였다는 점이다. 즉 노동운동의 주축이 경공업 및 중소기업에서 중화학공업 및 대기업으로, 여성노동자 중심에서 남성노동자 중심으로 변화하는 모습을 보였다(전국노동조합협의회 2003a, 197-202).

3. 국가와 자본의 반응

노동자 대투쟁을 둘러싼 국가의 초기 반응은 방관자적 태도에 가까웠다. 7월 9일, 정인용 부총리는 노사분규에 관해 "정부가 개입하기보다는 사용자와 근로자가 협의를 통해 해결하는 것이 바람직하다"는 입장을 표방하였으며(경향신문 1987/07/10, 5), 사공일 재무부장관 역시 "노사협조가 순조롭게 이루어질 수 있도록 기업주들이 적극적인 자세로 노사 간 분쟁발생 소지를 사전에 없애야 한다"고 강조하였다(경향신문 1987/07/09, 5). 나아가, 7월 10일 이헌기 노동부장관은 "합법적이고 건전한 노동운동은 계속 육성·활성화시켜 나가야 하며 경영자들도 이를 긍정적으로 받아들여야 한다"면서 노사자율을 통한 해결을 강조하였다(동아일보 1987/07/10, 4).

국가의 무개입 전략은 기업주들을 매우 당혹스런 상황에 빠트렸다. 정부의 도움을 기대할 수 없는 상황에서, 협상과 타협에 익숙지 않은 대부분의 기업주와 경영진들은 개별 회사 차원에서 구사대의 동원, 노조간부의 납치, 어용노조의 결성 등 불법적인 수단을 동원하여 노동자들의 항의와 투쟁에 대응해 나갔다. 이러한 기업주와 경영진의 부적절한 대응은 노동자들을 더욱 분노케 하였고, 노사분규는 더욱 악화되고 노동시위는 격화되어갔다.

그 대표적인 사례가 현대중공업 노동자들의 어용노조 퇴진운동이다. 사건은 노조결성 움직임을 포착한 경영진이 선제적으로 일부 노동자들을 사주하여 7월 22일 어용노조를 설립한 데서 비롯되었다. 이에 분노한 노동자들은 '현대중공업 노조개편 대책위원회'(대책위원회)를 구성하고, 7월 25일부터 '어용노조 퇴진'과 '민주노조 쟁취'를 내걸고 투쟁에 돌입하였다. 대책위원회는 경영진과의 협상을 통해 노조의 새 집행부 구성과 임금인상에 합의하였으나, 이후 회사 측은 노조결성에 전혀 협조하지 않았다. 특히, 8월 6일 회사를 방문한 정주영 회장의 발언("내 눈에 흙이 들어가기 전에는 노동조합을 인정할 수 없다")과 8월 7일 회사의 전면휴업 단행은 노동자들의 투쟁을 더욱 격화시켰다. 8월 17일, 노동자들은 관광버스를 타고 서울 계동에 있는 현대사옥에 도착, 정주영 회장과의 면담을 요구하며 연좌농성에 돌입하였다(전국노동조합협의회 2003a, 215-220).[9]

사업장에서 기업주들의 개별적 대응에도 불구하고 노동자들의 투쟁이 더욱 확산되는 양상을 보이자, 자본가 단체들이 나서서 노동자들의 자제를 호소하기 시작하였다. 8월 3일, 한국경영자총협회는 회장단 및 지방경영자협의회장단 긴급 확대회의를 열고 노사분규 확산방지를 위해 기업 스스로 노동법규를 준수하며 정당한 노조활동을 수용하고 고생산성을 통해 고임금을 확보해가기로 결의하였다. 그리고 다음 날 경총은 '전환기에 있어서 민주적 노사협력 증진을 위한 우리의 다짐'을 발표하고, 노동자투쟁에 대한 대응전략으로 전국의 기업주들에게 ① 노사

9 노조결성문제를 둘러싼 현대중공업 노동자들의 연좌농성은 8월 19일 정주영 회장과의 협상을 통해 타결되었다.

협의회를 실질적인 대화 창구로 활용하고, ② 제3자 등 외부세력의 노사관계 개입을 단호히 배제하며, ③ 민주적 절차에 따라 노사문제를 해결할 것을 촉구하였다(동아일보 1987/08/04, 2; 경향신문 1987/08/04, 5). 8월 10일, 전경련도 30대 주요 그룹 노무담당 임원들의 긴급회동을 갖고, 노사분규를 해결하기 위해 '순수한' 노동자들의 의견을 적극 수렴하나 '외부 불순세력'의 개입에는 철저히 대응할 것임을 결의하였다(동아일보 1987/08/10, 2). 8월 12일에는 중소기업협동조합중앙회가[10] 이사회를 개최하고 노동자들에게 노조활동을 최대한 보장할 것임을 약속하면서 중소기업의 어려움을 호소하는 결의문을 채택하였다(서울신문 1987/08/12, 5). 또한 8월 14일 한국무역협회는 '민주화를 위한 우리의 선택'이라는 결의문을 통해 노동자들에게 "폭력이 아닌 대화와 순리로 문제를 해결"해 나가자고 호소하였다(동아일보 1987/08/14, 1). 이 같은 자본가 단체들의 호소문들은 한편으로 노사공존을 앞세워 노동자들의 자제를 요청하면서, 다른 한편으로 노동투쟁을 '폭력적 불법행동'으로 매도하고 있다는 점에서 국가의 노동통제전략과 다르지 않았다.

그간 무개입으로 일관하던 국가가 개입정책으로 선회하기 시작한 시기는 8월 중순이었다. 8월 18일, 전두환 대통령은 청와대에서 관계장관 대책회의를 개최하였다. 이 회의에서 대통령은 노사분규의 전국적 확산이 '경제적 파국과 국가위기'로 이어질 수 있음을 지적하면서, 이 문제를 '국가보위'의 차원에서 다룰 것을 지시하였다(동아일보 1987/08/18, 1). 이에 따라 8월 20일 검찰은 노동부와 경찰 등 유관기관과 합동으로 '중앙합동수사본부'를 설치하였고, 치안본부는 '좌경척결을 위한 3대 방안'의 하나로 "위장취업자와 외부세력의 개입을 색출"할 것임을 발표하였다(한국기독교사회문제연구원 1987, 56). 또한 8월 27일 국무회의에서 김정렬 국무총리는 좌경급진세력의 노사분규에의 침투가 심각한 상태에 이르렀음을 강조하였고, 내무부장관은 '좌경세력 활동사례'들을 보고하면서 이에 대한 범국민적 경각심이 필요함을 지적하였다(경향신문 1987/08/27, 1). 이러한 정부의 움직임은

10 중소기업들의 단체인 중소기업협동조합중앙회는 1962년 5월 설립되었고, 2006년 9월 중소기업중앙회로 변경되었다.

"노동운동의 격화가 좌경세력의 개입에 의한 것"이라는 반공주의적 논리를 동원하여 노동자 대투쟁에 대한 국가의 개입을 정당화하기 위한 사전 작업이었다.

국가의 개입은 9월 들어 본격화되었다. 9월 1일 서울택시 총파업 및 가두시위의 강제해산을 시작으로, 9월 2일 전국에 '위장취업자 일제 검거령'을 내렸고, 9월 4일 울산 현대중공업과 부평 대우자동차에 대해 군사작전을 방불케 하는 노동쟁의 진압작전을 실시하였다(한국기독교사회문제연구원 1987, 57). 물리력을 동원한 정부의 강경한 대처는 노동자들의 투쟁 열기를 급속히 냉각시켰다. 그 결과, 440여 건에 달하던 9월 첫째 주 노동쟁의가, 둘째 주에는 70여 건으로, 셋째 주에는 40여 건으로, 그리고 넷째 주에는 20여 건으로 급감하였다(유범상 2001, 108). 더불어 10월 초, 대통령선거 정국의 도래는 정치개혁 및 노동문제를 포함하는 사회적 개혁 이슈들을 압도하여 노동투쟁의 분위기를 빠르게 퇴조시켰다.

Ⅳ. 요약 및 결론

전두환 신군부의 노동통제는, 박정희가 1961년에 행했던 노조재편 작업처럼, 전면적이고 일방적인 것이었다. 노동조합의 자율성은 완전히 부정되었고 노동의 정치적 공간 역시 철저히 통제되었다. 이러한 상황에서 일부 '선진노동자' 및 '민주노조'를 제외한 대부분의 노동자들 및 노조들은 국가의 권위주의적 억압에 순종하거나 침묵할 수밖에 없었다. 국가의 노동통제는 단순히 전두환 신군부의 원활한 집권 혹은 경제안정화 정책의 효율적 집행만을 겨냥한 것은 아니었다. 그것은 부차적인 것에 불과하였고, 보다 근본적인 배경은 노동의 저항적 정치세력화를 사전에 제어할 정권적 차원의 필요성에서 비롯되었다고 보아야 할 것이다. 당시 노동집단은 산업화로 인해 양적으로 팽창하였고, 질적으로 사회비판적 의식에 눈뜨고 있었다. 또한 경제위기는 노동자의 불만을 증폭시키는 방향으로 작동하고 있었다. 이에 따라, 집권세력은 노동집단의 정치적 도전세력으로의 변화가능성 및 기존 저항세력에 의한 노동집단의 포섭 가능성을 철저히 관리할 필요가 있었다.

전두환의 노동억압은 한동안 노동쟁의를 감소시키고 파업규모를 축소시키는 듯하였다. 그러나 그것은 표면적인 현상에 불과했다. 전면적 노동억압은 내면적으로 노동자의 불만을 더욱 누적시키고, 노동자들과 외부집단 간의 연계를 심화시키는 역설적인 현상을 초래하고 있었다. 1984년의 청계피복노조의 복원운동과 1985년의 구로연대파업이 그 대표적인 사례였다.

노동자들의 불만이 한꺼번에 분출된 것은 1987년 6월항쟁 직후였다. 7월부터 9월까지 지속된 '노동자 대투쟁'은 문자 그대로 노동자들의 대규모 저항이었다. 6월항쟁이 가져온 정치적 개방으로 국가의 통제력이 약화된 틈을 비집고, 노동자들은 그간 누적된 분노를 한꺼번에 쏟아냈다. 비록 비조직적이고 자연발생적인 것이었지만, 노동자들의 투쟁은 '계급전쟁'을 연상시킬 정도로 격렬하였다. 타협과 협상의 전통 및 기제가 부재한 상황에서 대규모의 노동자 항의는 필연적이었다. 엄청난 규모의 노사갈등에 직면하여 국가는 한동안 '무개입' 전략으로 임하였다. 이에 당황한 것은 기업주와 경영진이었다. 이들은 개별 사업장 차원에서 임금인상이라는 물질적 양보와 구사대를 동원한 노조파괴라는 강온의 양면전략으로 임할 수밖에 없었다.

동시다발적인 노동자들의 항의에 대해 국가가 '개입 자제'에서 '개입'으로 노동전략을 전환한 것은 1987년 8월 중순경이었다. 전두환 권위주의 세력은 자신의 개입을 합리화하는 방편으로 반공이데올로기를 적극적으로 호출·활용하였다. 집권 세력은 노동자 대투쟁의 배후에 좌경세력이 자리하고 있음을 대대적으로 환기시켜 국가안보적 차원에서 노동운동의 적극적 통제와 관리의 필요성을 강조하였다. 국가개입의 정당화 작업이 어느 정도 마무리되자, 정부는 곧바로 물리력을 동원하여 노동자들의 항의를 폭력적으로 진압하였다. 이로써 3개월에 걸친 노동자 대투쟁은 그 막을 내렸다.

1987년의 노동자 대투쟁은 산업화 이래 진행되어 왔던 국가의 권위주의적 노동통제와 기업주의 비인간적 대우에 분노한 노동자들의 봉기였다. 즉 한국의 노동자들이 더 이상 국가와 자본의 일방적 희생 요구에 인내하지 않고 언제든지 봉기할 수 있음을 보여준 사건이었다. 이로써 '국가권위주의'의 노동정치는, 타협과 합의의 기제가 마련되지 않는 한, 계급적 이해관계가 첨예하게 대결하는 '갈등적 다원주의'의 노동정치로 전환될 가능성을 내재하게 되었다.

제5부

민주화 그리고 갈등적 다원주의

민주화 전환은 노동정치를 '국가권위주의'에서 '갈등적 다원주의'로 변화시켰다. 1987년 대규모의 노동운동에 직면하여, 민주적 협의기제가 부재한 상황에서 국가가 취할 수 있는 전략은 노사분규에 대한 직접적 개입을 자제하는 것이었다. 그러나 국가의 개입자제전략은 오래가지 않았다. 1989년 후반 경제호황 국면이 사라지고 사회연합구도가 변화하자, 국가는 다시 노동억압전략으로 회귀하였다. 하지만 노동의 조직역량이 상대적으로 증대된 상태에서 노동은 쉽게 제압되지 않았다. 국가·자본 연합과 노동 간의 충돌은 불가피하였다. 갈등적 다원주의는 김영삼 정권 기간에도 지속되었다. 1996년의 변칙적인 노동법개정안 처리는 사회연합정치를 급속히 활성화시켰다. 국가와 자본의 '신자유주의 연합'에 대항하여 노동을 비롯한 국내외 시민단체들 사이에는 '반신자유주의 연합'이 형성되었고, 두 연합 간의 적나라한 힘의 대결이 전개되었다.

제9장
민주주의 이행과 갈등적 다원주의

Ⅰ. 국가의 유화적 노동통제

민주주의 이행 직후, 노동자들의 투쟁 열기는 거의 '혁명적' 분위기에 가까운 것이었다. 노동자의 단결과 연대의 목소리가 드높은 가운데, 생산현장에서는 노동자들의 불만과 요구가 쉼 없이 터져 나왔다. 이에 대한 노태우 대통령의 선택은 노동문제를 둘러싼 국가의 개입을 가능한 자제하되, 선택적 개입을 통해 노동운동이 일정한 테두리를 벗어나지 못하도록 통제하는 것이었다.

1. 국가의 개입자제전략

6월항쟁은 권위주의적 집권세력이 더 이상 민주화를 회피할 수 없게 하였다. 그 구체적인 결과는 1987년 10월의 헌법 개정이었다. 개정헌법은 기본적으로 민주적 절차성을 강화한 것으로, 대통령 직선제를 채택함으로써 일반시민들의 정부 선택권을 보장하였고, 대통령의 비상조치권 및 국회해산권을 폐지하여 대통령의 권한을 상대적으로 축소하였으며, 국회의 임시회의 소집요건을 완화하고 국정감사권을 부활함으로써 의회의 대정부 견제기능을 강화하였다.

6월항쟁이 민주주의 이행을 불가피하게 하였다면, 노동자 대투쟁은 국가·노동·자본을 둘러싼 역학구도의 변화를 불가피하게 하였다. 노동자 대투쟁을 경험하면서 노동조직률은 크게 증가하였으며, 노동자들 사이에는 정치적이며 계급적인 성격의 운동노선이 등장하고 있었다. 즉 1987년 6월 말 2,725개였던 노조가 불과 6개월이 지난 12월 말에 4,086개로 늘어났고, 조합원수는 1987년 6월 105만 명에서 12월 말에 128만 명으로 증가하였다(한국노동연구원 1989, 31-32). 그리고 기존 한국노총체제와는 별개의 조직체계의 건설을 통해 경제투쟁은 물론이고 정치투쟁을 추구하는 노동세력이 등장하기 시작하였다. 노동자들은 더 이상 공권력을 두려워하고 희생과 불만을 감내하는 묵종적 집단이 아니었다.

이러한 변화는 노태우 대통령에게 노동통제를 더욱 강화할 것인가, 아니면 전면적 개혁을 통한 민주적 산업질서를 확립할 것인가의 선택을 요구하고 있었다. 이와 관련하여, 그는 회고록에서 다음과 같이 적고 있다(노태우 2011, 50-51).

> 6공화국에 들어와 민주화가 본격화하자 노사분규는 폭발하다시피 일어났다. 그 시점에서 공권력을 투입해 정면으로 막는 것과, 시간을 두고 폭발력이 가라앉은 후에 대처하는 두 가지 방안을 생각할 수 있을 뿐이었다. 나는 결국 후자를 택했다. 노사분규현장에는 가급적 공권력을 투입하지 못하게 했다.

노태우 대통령의 선택은 당장의 국가 개입으로 인해 발생할 수 있는 정치적 부담을 가급적 회피하면서 노동통제를 위한 '적정한' 개입 시기를 모색하는 이른바 '기다림의 전략'(wait-and-see strategy)이었다. 그것은 변화된 정치상황을 의식한 것으로, 당분간 노사관계에 있어 국가의 직접적 개입을 자제하면서 노사갈등의 자율적 해결을 유도하는 중립적 조정자로서의 정부의 이미지를 부각시키는 전략이었다. 달리 표현하면, 국가는 노동운동을 일정한 한계 내에서 용인하되, 노조의 불법적 파업, 외부단체들과 연대한 노동운동, 그리고 정치적 요구를 내건 과격한 노동운동에 대해서는 강경하게 대응한다는 것이었다(김준 1989, 20). 이러한 노태우 정부의 노동통제전략은 '한국적 노사관계의 정착'을 위한 노동정책으로 표현되었는데, 그 기본 방향은 ① 노사문제의 자율적 해결기반 조성, ② 조합주의에 입각한 노동운동의 정착, ③ 노사관계의 준법질서 확립, ④ 외부 불순세력의 노조침투 방지 등이었다(한국노총 1989, 66). 요컨대, 노태우 정부의 노동통제전략은 '전면적'이고 '직접적' 개입을 삼가나, 일정 테두리를 벗어난 급진적 노동운동에 대해서는 '선별적'으로 개입하는 노동통제정책이었다.

이러한 노동전략은 1987년의 노동자 대투쟁 시기에 잠시 채택된 바 있는 전두환 정권의 '개입자제전략'을 연상케 하는 것이었다. 당시 노동부장관은 "합법적이고 건전한 노동운동을 계속 육성, 활성화시켜나가지 않으면 급진적, 비정상적인 노동운동이 파급될 우려"가 있기 때문에, 노동운동이 전투적이고 계급적인 방향으로 발전해 가는 것을 선제적으로 차단하는 대신, 법적 테두리 내의 노조활동은 장려하는 이른바 '건전노조 육성정책'을 내세웠었다(동아일보 1987/07/10, 4). 노태우 정부의 노동전략도 이와 유사한 것으로, 국가는 노조자율성을 일정부분 인정하는 대신, 노동운동이 경제적 조합주의 테두리를 벗어나지 못하도록 규제한다는 것이었다. 이에 따라 노태우 정부는 1988년 임금교섭 및 주요 노사분쟁에 대해 가급적 국가의 개입 및 관여를 자제하도록 하였으며, 블랙리스트를 통한 노동통제를 폐지하고 기업주의 부당노동행위에 대해 엄정한 처벌을 경고하고 나섰다. 이와 함께, 노태우 정부는 언론 홍보를 통해 노사협조주의의 당위성을 꾸준히 강조하면서 정치적 혹은 계급적 성격을 띤 과격한 노동운동 및 불법적인 노조활동에 대해서는 강경하게 대응해 나갔다.

이러한 노태우 정부의 노동통제전략은 기본적으로 노동자 대투쟁 이후 급속히 고양된 노동운동에 기인한 것이지만, 이와 더불어 민주화 이행으로 인한 사회연합구도의 변화와 노태우 정권의 양면적 성격(권위주의와 민주주의) 역시 중요한 요인으로 작용하였다. 우선 민주화 전환과 더불어, 사회연합구도에는 두 가지 새로운 변화가 등장하고 있었다(김용철 1996, 327-330). 그 하나는 1987년 6월의 민주화 개방을 계기로 기존의 '민주 대 반민주'라는 대결구도가 약화되고, 대신 '보수 대 혁신'이라는 새로운 대결구도가 등장하기 시작하였다. 재야세력 및 민중부문 사이에는 노동자·농민의 생존권과 실질적 민주화를 추구하는 경향이 강하게 대두되었고, 자본가, 국가관료, 그리고 일부 중산층을 포함한 지배집단들 사이에는 계급 및 이념 문제를 우회하여 절차적 수준에 국한하는 민주화를 추구하려는 경향이 등장하고 있었다.

다른 하나는 1987년 민주화 이후 선거공간의 개방과 더불어 가시화된 지역주의적 대결구도였다. 지역적 대결구도의 등장은 정치개혁 및 노동문제를 포함하는 경제적·사회적 공정배분과 같은 사회개혁의 이슈를 압도할 정도로 매우 강력한 것이었다. 지역균열로 인해 1987년 12월 대선에서 민정당의 노태우 후보는 36.6%의 낮은 득표율에도 불구하고 강력한 야당 후보인 김영삼(통일민주당)과 김대중(평화민주당)을 누르고 집권에 성공하였다. 그러나 같은 이유로 1988년 4월 총선에서는 여당이 소수파가 됨으로써 '여소야대'의 국회가 출현하게 되었다.

결국 민주주의 이행과 이에 따른 새로운 게임규칙의 등장은 시민사회를 '민주－반민주'라는 단일적 대결구도에서 '보수 대 혁신' 및 '지역 대 지역'이라는 이중적 대결 구도로 전환시키고 있었다. '보수 대 혁신' 구도의 등장은 노동 및 민족문제를 비롯한 제반 사회문제들의 급진적 변화를 추구하는 민중운동단체들의 느슨한 연대를 탄생시켜, 시민사회 저변의 이념적 선호와 계급적 이해의 정치적 표출을 가속시키고 있었다. 이에 비해 퇴영적 지역대결구도의 출현은, 비록 단기적으로 '여소야대' 국회를 출현시켜 노태우 정권에 대한 자유주의적 보수 엘리트들의 정치적 견제를 가능하게 하였으나, 민주화 이후 시민사회에서 발아하고 있는 이념적·계급적 담론들의 정치적 성장과 경쟁을 어렵게 하고 있었다.

이와 더불어, 노태우 정부가 갖는 정권적 성격은 한국사회의 근본적인 개혁을 크게 제약하고 있었다. 노태우 정부는 권위주의와 민주주의의 양면성을 지닌 과도기적 정권이었다. 즉 외면적으로는 시대적 실천과제로 떠오른 민주화를 추구해야 할 입장에 있었으나, 내면적으로는 여전히 군부를 비롯한 권위주의 잔존 세력의 특권을 지속시켜야 하는 모순적 위치에 놓여 있었다(김용철 1996, 328). 따라서 집권세력 내의 반공주의적 정치이념 및 반(反)민중주의적 가치정향은 여전히 공고하였고, 노동정치의 근본적인 개혁에 대해 부정적일 수밖에 없었다.

요컨대, 노태우 정부는 보·혁 구도의 등장과 고양된 노동운동에서 발현되는 '개혁 압력'에 직면하여, 민주주의 이행이 가져온 민주적 절차와 규범이라는 새로운 게임의 규칙을 의식하지 않을 수 없었다. 또한 노태우 정부는 태생적으로 군부를 비롯한 권위주의 잔존 세력과 자본가 단체들과 같은 보수 집단들로부터 그들 특권의 보호·유지를 요구하는 '반(反)개혁 압력'에 직면하고 있었다. 이러한 상황에서 노태우 대통령의 노동통제전략은 노사관계로부터 일정한 거리를 두는 '개입자제전략,' 즉 국가의 개입으로 인해 발생할 수 있는 정권적 차원의 정치적 부담을 가급적 회피하면서 노동억압을 위한 적정한 개입 시기를 엿보는 '기다림의 전략'으로 귀착되었다.

2. 국가의 개입자제와 방어적 공세

노태우 정부의 개입자제전략의 핵심은 정치적 상황을 고려해 가급적 국가의 개입은 삼가나, 일정한 테두리를 벗어난 노동운동의 경우 국가의 개입을 불사한다는 것이었다. 이러한 노동통제전략은 1988년 쟁점이 되었던 '무노동·무임금' 이슈와 국회 주도의 노동법 개정과정에서 그대로 적용되었다. 노태우 정부는 '무노동·무임금' 이슈를 한국경제의 축적과 밀접히 관련된 중요 이슈로 인식하였으며, 야3당이 주도한 노동법개정 시도는 내용적으로 기존의 보수적 노동질서를 급격하게 무너트리는 포퓰리즘(populism)적 행동으로 파악하였다.

첫째, '무노동·무임금'을 둘러싼 노동과 자본 간의 대립에 대한 국가의 개입이다. 그 계기가 된 것은 1988년 4월 초에 발생한 임금인상을 둘러싼 대우조선 노사분규였다. 당시 대우조선의 임금교섭이 타결 직전에 결렬되었는데, 그 이유는 '쟁의기간 중의 임금지급'의 문제 때문이었다. 경영진은 파업기간인 4월 5~7일의 3일분 급료를 5월 급료에 50%, 연말상여금에 50%씩 나눠 지급하겠고 주장하였고, 노조는 쟁의기간 중의 임금을 4월 급료에 즉시 포함시켜야 한다고 요구하였다(경향신문 1988/04/14, 8). 이를 계기로, '쟁의기간 중의 임금지급' 문제는 노·사의 중요 쟁점으로 떠올랐다. 일개 사업장의 갈등 이슈가 전국적 수준의 쟁점으로 부상하게 된 이유는 이 문제가 '무노동·무임금' 원칙과 관련된 민감한 사항이기 때문이었다. 당시 경총을 비롯한 자본가 단체들은 "일하지 않으면 임금도 없다"는 원칙은 모든 선진자본주의 사회에서 준수되는 일반적 관례로 이는 당연히 준수되어야 한다는 입장이었다. 반면, 한국노총은 "쟁의기간 중의 임금 불지급은 헌법에 보장된 노동자의 파업권을 봉쇄하려는 처사"라고 맞서고 있었다.

'쟁의기간 중의 임금지급' 이슈가 '무노동·무임금'의 쟁점으로 번지자, 1988년 6월 8일 노동부는 '쟁의기간 중의 근로조건 인정 범위에 관한 지침'을 발표하였다. 노동부 지침의 내용은 ① 노동조합원은 파업이나 직장폐쇄 기간 중의 임금과 상여금을 요구할 수 없으며, ② 비조합원의 경우 같은 기간에 평균임금의 60%만 휴업수당으로 지급받을 수 있고, ③ 태업의 경우 기업주는 생산이 줄어든 만큼 임금을 삭감할 수 있으며, ④ 파업기간 중의 휴일은 무급 처리된다는 것이었다(한겨레신문 1988/06/16, 4).

이 같은 노동부의 지침은 이 문제를 방치할 경우 국민경제가 크게 위협받을 수 있다는 판단에서 비롯된 것이었다. 특히 장기화 추세를 보이는 임금투쟁이 한국경제의 전략산업(자동차, 기계, 조선, 전자 등)에 돌이킬 수 없는 부정적 영향을 미쳐, 궁극적으로 국민경제를 위협할 수 있다는 우려가 강하게 작용하였다. 이에 따라, 노동부는 사업장에서의 임금투쟁에 대해 물리적 억압으로 대응하기보다는 간접적이고 이데올로기적 방식으로 노동자의 투쟁열기를 잠재우고 경제주의적 타협의식을 조장할 수 있는 전술적 수단으로 '파업기간 중 노조원 임금지급 불가' 지침을 발표하였던 것이다(이중희 1988, 154).

이 문제에 대한 노동부의 개입은 야당과 학계의 반발로 이어졌다. 6월 15일, 평민당과 통일민주당은 노동부 지침에 대해 반대 입장임을 분명히 하였다. 이들은 '파업기간 중의 임금 불지급' 지침보다는 '직장폐쇄기간 중 임금 불지급' 지침에 주목하였다. 두 야당은 노동부의 지침이 기업의 선제적이며 공격적인 직장폐쇄를 조장하는 지침이며, 궁극적으로 노동자들의 단체행동권을 침해하는 부당한 지침이라고 지적하였다. 그리고 노동부가 이 지침을 철회하지 않을 경우, 직장폐쇄에 대한 개·폐법안을 제출하겠다고 위협하였다. 한편, 노동법학계에서는 '무노동·무임금' 원칙이 세계적 추세이기는 하지만, 파업기금(strike fund)이 거의 마련되어 있지 못한 한국의 노동 상황을 고려할 때 이 원칙의 적용은 노조의 힘을 크게 약화시키는 조치일 뿐만 아니라, 정부가 표방하는 '노사자율주의'에 크게 위배됨을 경고하고 나섰다(한겨레신문 1988/06/16, 6).

이렇듯 국가의 개입이 국가-자본 대 노동-야당-학계 간의 대립으로 이어지자, 1988년 7월 18일 노동부는 아무런 설명 없이 자신의 지침을 슬며시 철회하였다(한겨레신문 1988/07/19, 6). 이는 '무노동·무임금'을 둘러싼 사회적 대립과 갈등에 대한 국가 개입이 정권의 안정을 위협할 수 있다는 점을 의식하였기 때문이었다. 그러나 이를 계기로 '무노동·무임금'에 대한 정부의 강력한 지지 입장을 확인한 자본가 단체들은 이후 끊임없이 개별 기업들에게 '무노동·무임금' 원칙을 고수할 것을 독려하였다.

둘째, 국회 주도의 노동법개정에 대한 대통령의 거부권 행사이다. 국회 주도의 노동법개정 움직임이 구체화되기 시작한 것은 1988년 7월 29일 개최된 야3당(평민당, 민주당, 공화당)의 '노동관계법개정 합동공청회'였다. 이날 공청회에서 논의된 핵심 쟁점은 복수노조금지·제3자 개입금지·노조 정치활동금지 조항들의 삭제, 공무원의 단결권 및 단체교섭권 보장, 그리고 방위산업체의 쟁의권 허용에 관한 것이었다. 이에 대해, 이해 당사자들(자본, 한국노총, 민주노조진영)의 입장은 상이하였다. 그러나 노·사 및 노·노 간의 첨예한 입장 차이를 협의·조정할 체계적인 제도적 장치가 전혀 없는 상태에서, 자본과 노동 및 노동과 노동 간의 갈등은 불가피하였다. 경총은 1988년 12월 8일 발표한 '야당 노동법개정(안)에 대한 경영계 의견'이라는 성명서에서 법 개정이 노사관계를 또다시 혼란에 빠뜨릴 소지가 있다며 법 개정의 필요성을 근본적으로 부정하였다. 이에 비해, 한국노총은 야당 초청간담회 및 노동법개정 토론회를 통해 복수노조금지와 제3자 개입금지의 필요성을, 그리고 민주노조진영은 대규모 노동자집회 및 야당 당사 점거농성을 통해 두 조항의 폐지를 주장하였다(최영기 외 2000, 67-74).

우여곡절 끝에 국회노동위원회는, 민정당의 반대에도 불구하고, 12차례의 소위원회의 심의 끝에 1989년 3월 7일 노동법개정안을 의결하였다. 그리고 3월 9일 야3당은 본회의 표결을 통해 노동법개정안을 통과시켰다. 그 핵심 내용은 ① 복수노조금지 조항은 유지시키되, ② 노조의 정치활동 금지조항은 폐지하고, ③ 제3자 개입금지 조항은 대폭 완화(노조의 위임을 받은 변호사 및 공인노무사와 노동위원회의 승인을 얻은 자에 대해 개입을 허용)하고, ④ 6급 이하 공무원의 단결권 및 단체교섭권은 허용하며, ⑤ 방위산업체의 쟁의권을 허용한다는 것이었다(한겨레신문 1989/03/08, 1).

야당들이 발의한 개정노동법은 노동운동의 조직 공간 및 정치 공간의 확장을 시도하였다는 점에서 매우 개혁적인 것이었다. 자본가 단체들의 반대에도 불구하고, 이렇듯 야당 주도의 노동법개정이 가능했던 것은 시민사회의 개혁에 대한 열망, 이를 반영한 야3당의 의지, 그리고 '여소야대' 국면으로부터 기인하였다. 그러나 노동법개정안에 대한 민정당의 반대 입장과 노사관계개혁에 대한 정부의 부정적 태도는 여전하였다. 정부·여당의 입장은 개정노동법이 국가안위 및 산업평화에 부정적 영향을 초래할 가능성이 높다는 것이었다. 그 결과, 1989년 3월 24일 노태우 대통령은 개정노동법에 대해 거부권을 행사하였다(매일경제일보 1989/03/25, 3).

요컨대, '정치적 중립' 및 '민주적 노사관계'라는 유화적 외피를 지닌 노태우 정부의 노동통제전략은 한편으로 국가의 노사관계 개입으로 인한 정치적 부담을 피하고, 다른 한편으로 정권적 차원의 보수적 이해관계를 보존하는 전략이었다. 이는 노사갈등을 관리하고 해소할 중재 및 타협 기제가 부재한 상황에서, 그리고 국가가 예전처럼 일방적인 물리적 억압에 의존할 수 없는 상황에서, 노동정치가 '국가권위주의'적 형태에서 집단적 이해관계가 첨예하게 교차되는 '갈등적 다원주의'의 형태로 전환되고 있음을 뜻하였다.

Ⅱ. 자본과 노동의 대응전략

국가가 노사관계에 직접적이고 노골적인 개입을 자제함에 따라, 자본은 보다 적극적으로 노동통제를 위한 다양한 전략들을 개발·실행해야 하는 상황에 직면하였다. 반면, 노동은 상대적으로 확대된 정치적 공간 속에서 조직 활동의 활성화를 꾀하였다. 민주노조진영의 활성화는 1990년 1월 전국노동조합협의회의 결성으로 이어졌고, 한국노총은 일련의 내부 개혁을 통해 진정한 노동자 조직으로서의 '재탄생'을 시도하였다.

1. 자본의 대응전략

노태우 정부의 유화적 노동통제전략은 자본을 노동의 공세에 직접적으로 노출시켰다. 이에 따라 자본은 새로운 노동통제전략을 개발해야 했다. 1987년의 노동자 대투쟁 이전, 국가의 노동억압에 기대어 기업들은 전제적이며 병영적인 기업경영에 온정주의적 노무관리를 가미한 노동통제를 구사하였다. 그러나 국가의 보호막이 일시적으로 약화된 상황에서 기업주들은 스스로 새로운 돌파구를 찾아야 했다.

우선 대다수 기업주들은 노동자 대투쟁 과정에서 노동자들이 요구했던 노동조건의 개선 및 임금인상 등에 대해 호의적으로 반응해야 했다. 많은 기업들이 두발 및 복장의 자유화 조치를 통해 비인간적 대우를 시정하였고, 간부식당 및 상여금 차별지급제도 등 신분적 차별대우를 철폐하였다. 임금의 경우, 1988~89년 두 해 동안 실질임금 상승률이 노동생산성 증가율을 상회하도록 허용하였고, 기업내 노동조합 활동 및 단체교섭에 대한 경영진의 인내의 폭을 넓혔다(김형일 1997, 163).

그렇다고 자본의 대응이 모두 유화적인 것만은 아니었다. 개별 사업장 수준에서 기업주들은 노동조합의 협상력과 결속력을 약화 혹은 무력화하는 전략을 적극적으로 모색·추진하였다. 노동자들의 부서이동, 생산라인 축소 및 하청업체로의 이동, 핵심부서의 독립적 법인체로의 전환 등을 통해 노조의 영향력을 약화시키는 시도가 등장하였으며, 심지어 공장의 해외이전의 모색 혹은 추진이라는 위협을 통해 노조의 요구를 무력화시키는 전략이 구사되기도 하였다(한국노총 1989, 67). 나아가 기업들은 노동자의 쟁의행위에 대해 '직장폐쇄'라는 극단적인 대응도 불사하였으며, 하청업체인 중소기업은 원청업체인 대기업들의 협조하에 신규노조의 결성을 방해하거나 노조파괴를 목적으로 하는 '위장폐업'도 빈번하게 시도하였다(허상수 1989, 150-151). 뿐만 아니라, 기업들은 노무관리 전담부서를 신설 혹은 확장함으로써 노동자들에 대한 관리체제를 강화하였다. 기업들은 노동자들의 기업에 대한 충성심의 강화를 목표로 인성검사제도, 고충처리제도, 컨디션체크제도 등을 고안·추진하였고, 경영진과 노동자가 함께 참여하는 상조조직의 운영을 도입하였다(이상영 1988; 박형준 1988, 135-137). 특히 대기업들의 노무관리는 매우 체계적이었는데, 이들의 노무관리 전략은 '인간중심의 경영' 혹은 '경영의 민주화'라는 슬로건을 내세워 노동자에 대한 감시체계를 강화하고, 노동조건의 개선 및 사내 복지의 확충을 통해 기업에 대한 애착심을 증대시키며, 협조적 노조를 장려·육성하여 투쟁적 노조를 무력화시키고, 사내교육, '보람의 일터' 운동, 기업문화운동을 통해 노사협조주의를 전파함으로써 이데올로기적 통제를 강화하는 것이었다(김형일 1997, 163-164).

이와 더불어, 전국적 수준에서 자본가 단체들의 활동이 본격화되었다. 이들은 '무노동·무임금' 원칙의 제도화를 주장하면서, 개별 기업들에게 '무노동·무임금' 원칙의 당위성을 홍보하고 쟁의기간 중의 임금을 지급하지 말 것을 독려하였다. 원래 '무노동·무임금' 원칙은 1987년 노동자 대투쟁 과정에서 자본가 단체들이 제기하고 1988년 6월 노동부가 지침으로 채택한 바 있었다. 나아가 자본가들은 노동문제를 "더 이상 정부에게만 맡겨둘 수 없다"는 인식하에 강력한 집단적 대응을 모색하였다(정기평 1990, 42). 그 결과, 1989년 12월 전경련·대한상의·무역협회·중소기업중앙회·은행연합회·경총 등 자본가 단체들은 노동의 공세에 효과적으로 대응하기 위한 경제단체협의회(경단협)를 결성하였다. 경단협은 노동운동에 대한 자본의 집단적 대응을 강구하고 기업주들의 결속강화 및 이탈방지를 위한 다양한 전술을 개발·실행하였다. 구체적으로, 1990년 1월 경단협은 '단체협약지침'을 작성하여 이를 전국 8천여 기업에 배포하였다. 그리고 경단협은 이 지침을 어긴 '이기적' 기업들에 대해 동종업계의 사업자 단체를 동원하여 원·부자재 공급중단, 어음유통거부, 제품불매 등의 제재가 가해질 수 있음을 강조하였다. 이 지침에는 '무노동·무임금' 원칙의 관철, 노조의 경영인사권 개입 배제, 노조전임자에 대한 임금지급 금지, 한 자릿수 임금인상 전략 등의 내용이 상세히 제시되어 있었다. 나아가 경단협은 자본가들의 공통적 이해관계를 법제화하기 위한 다양한 로비활동 및 홍보활동을 전개하였다(전병유 1990, 55).

2. 노동의 대응전략: 전투적 노동운동

(1) 민주노조운동

1987년의 노동자 대투쟁을 계기로 전국의 사업장에서는 신생노조들이 지속적으로 결성되고 있었다. 그 결과, 1986년 말 2,675개였던 노조(조합원 1,035,890명)가 1989년 말에는 7,883개(조합원 1,932,415명)로 늘어나, 불과 3년 만에 노조와 조합원은 각각 3배 및 1.9배가 증가하였다(〈표 10〉 참조). 신규노조들은 그동안 국가통제를 용인하고 노사협조주의 노선에 충실했던 한국노총을 거부하고, 노동운동의 자율성 및 노동자의 정치세력화를 추구하는 '민주노조운동'을 전개하기 시작했다. 이들은 이미 노조결성 과정에서 전투적인 노동운동의 경험을 공유하고 있었고, 노조결성 이후에는 위장폐업, 직장폐쇄, 구사대 폭력 등 기업들의 노조 무력화를 위한 지속적인 공작에 직면하고 있었다. 이러한 경험과 상황의 공유는 신규노조들 간의 협력과 연대를 촉발하여, 1988년에는 지역적 수준에서 그리고

1989년에는 전국적 수준에서 노조 간 연대조직들이 빠르게 결성되었다.

민주노조운동은 지역, 업종, 재벌그룹 차원의 연대조직 결성으로 시작되었다. 우선, 지역별 노동조합협의회(지노협)는 제조업부문 노동자들이 지역을 기반으로 결성한 노조 간 연대조직으로, 1987년 12월 마산·창원지역의 '마창노련'의 결성을 필두로 전국 각지에서 건설되었다. 그 결과, 1989년 말까지 총 16개의 지노협이 결성되어 630개의 노조와 26만여 명에 달하는 조합원들이 이들 지노협에 참여하였다(최영기 외 2001, 164). 또한 비제조업부문의 연대조직인 업종별 노동조합협의회(업종협)가 결성되었다. 업종협은 1987년 11월 전국사무금융노동조합연맹을 시작으로 1989년 말까지 총 11개가 결성되었고, 이들은 690개 노조와 17만여 명의 조합원을 포괄하고 있었다(최영기 외 2001, 174). 이와 더불어, 재벌그룹 차원에서도 단위노조들의 연합체가 탄생하였는데, 1987년 8월에는 '현대그룹 노동조합협의회'가, 1990년 12월에는 '대우그룹 노동조합협의회'가 결성되었다.

이들 민주노조들은 국가와 자본의 노동통제에 대항하여 노동자들의 계급적 연대를 구축하고 노동의 정치적 위상을 제고함으로써 노동자들의 이익을 대변하고자 하였다. 투쟁전략의 일환으로, 민주노조들은 조직적 연대를 바탕으로 지역별 혹은 업종별 임금인상 공동투쟁을 전개하였으며, '전국노동법개정투쟁본부'를 결성(1988년 10월)하여 이른바 '3금 규정'(복수노조 금지, 제3자 개입금지, 노조의 정치활동 금지)을 비롯한 노동기본권을 제약하고 있는 법규정의 철폐를 요구하는 대중집회를 빈번히 개최하였다. 더불어 조직역량의 제고를 목적으로, 지노협과 업종협은 1988년 12월 전국적 연대조직인 '지역·업종별 노동조합 전국회의'(전국회의)를 출범시켰다.[1] 이후 전국회의는 산하에 '전노협준비소위원회'를 설치하고, 민주노조들의 전국적 중앙조직을 건설하기 위해 전국을 순회하며 13차례의 대표자회의를 개최하였다(한국사회연구소 1989, 405-406).

국가와 자본의 적극적인 훼방에도 불구하고, 민주노조들은 1990년 1월 22일

---

1 전국회의는 결성 당시 16개의 지노협과 4개의 업종협이 참여하였고, 이에 참여한 조합원은 약 20만 명에 달하였다.

마침내 그들의 전국적 중앙조직인 전국노동조합협의회(전노협)를 출범시켰다.[2] 전노협은 창립선언문에서 '전투적 투쟁노선' 및 '정치적 조합주의'를 견지할 것임을 다음과 같이 표방하였다(전국노동조합협의회 2003b, 751-752).

> 우리 노동자가 이제까지 얼마나 긴 세월을 비인간적인 생활조건과 정치적 무권리 속에서 노예적인 생활을 강요당해 왔던가 … 노동자에 대한 억압과 착취를 영구화하기 위해 노동자의 조직적 진출과 투쟁을 가로막았던 자본가와 국가권력의 온갖 탄압과 회유를 분쇄하고, … 우리는 … 마침내 지역과 업종을 뛰어넘어 전노협으로 결집한 것이다. 우리는 이제 이 땅의 노동자가 진정으로 자신의 경제·사회·정치적 지위를 향상시키고 자본과 권력의 탄압에 통일적으로 대처할 수 있는 전국조직을 갖게 되었음을 선언한다 … 우리는 … 노동자의 처지를 근본적으로 변화시킬 수 있는 경제·사회구조의 개혁과 조국의 민주화, 자주화, 평화통일을 앞당기기 위해 제 민주세력과 굳게 연대하여 투쟁해 나갈 것이다.

(2) 한국노총의 개혁

민주노조운동의 활성화는 그간 국가의 권위주의적 노동통제에 투항하여 그 명맥을 유지해 왔던 한국노총의 조직적 위상을 심각하게 위협하였다. 한국노총에 대한 비판은 이미 6월항쟁 직전부터 한국노총 내부로부터 제기되고 있었다. 1987년 5월 8일, 한국노총 산하의 전국금융노련 소속 단위노조 간부들은 "한국노총의 4·13 호헌조치 지지를 반박한다"는 성명서를 발표하고 한국노총의 체제 안주적 태도에 강한 불만을 표시하였다. 또한 노동자 대투쟁이 점화되기 시작한 7월 12일, 한국노총 소속 33개 단위노조들은 "현재의 노총체제가 1백만 노동조합원들의 뜻을 충실히 대변할 수 없다"며 노동자 조직으로서 한국노총의 정체성에 대한 극

2 원래 전노협은 민주노조진영 전체를 아우르려 했으나 국가의 방해로 상당수의 단위노조들이 가입을 주저함에 따라, 14개의 지노협과 2개의 업종협(민주출판노동조합협의회 및 전국시설관리노동조합협의회)으로 조직되어 600여 개의 단위노조와 20만 명의 조합원으로 출발하였다. 이때 전노협에 가입하지 않은 비제조업 부문 노조들은 1990년 5월 30일에 '전국업종노동조합회의'(업종회의)를 결성하였다.

심한 불신을 표명하였다(한국기독교사회문제연구원 1987, 67). 뿐만 아니라, 노동자 대투쟁을 거치면서 결성된 지노협과 업종협 등 민주노조들은 오랜 굴종과 투항의 역사로 얼룩진 한국노총의 어용성을 비판하면서, 자주적이고 독자적인 조직체계(전노협)의 구축 필요성을 공개적으로 주장하고 있었다(한국민주노동자연합 1994, 190-191). 이러한 상황에서, 8월 27일 한국노총의 성명서("노총을 어용으로 몰아붙이는 세력에 대해 물리적인 힘을 동원해서라도 단호히 응징하겠다")는 노동자들의 불신을 더욱 증폭시켰다(한국기독교사회문제연구원 1987, 64-65).[3]

이렇듯 그간 한국노총이 보여주었던 기회주의적 행태는 외부집단으로부터 '어용노조' 혹은 '황색노조'로 비판받고 있었고, 내부적으로도 한국노총 지도부는 조합원들로부터 상당한 불신을 받고 있었다. 예컨대, 1989년에 실시한 한국노총 자체의 설문조사에 의하면, 44.5%의 조합원들이 노조지도부를 불신한다고 응답하였고, 그 이유로 '안이한 노사교섭'(57.3%), '지도력의 부족'(20.8%), 그리고 '비민주적 조합운영'(10%)을 들었다(한국노총 1990, 162-164). 이러한 대내외적 도전은 결국 한국노총의 내부개혁을 불가피하게 만들었다.

한국노총의 개혁은 1988년에 들어서면서 가시화되기 시작하였다. 1988년 2월 27일 개최된 대의원대회에서 한국노총은 "지난날의 노동운동에 대해 냉철한 자기성찰과 겸허한 자기비판"을 토대로 "소외된 노동자의 정치적·경제적·사회문화적 지위의 획기적인 개선·발전"을 위해 "노동운동의 본래적 기능을 충실히 수행함으로써 전체 노동자와 국민으로부터 신뢰"받는 노동조합을 구축할 것임을 선언하였다(한국노총 1989, 337-338). 그리고 한국노총의 혁신에 대한 각오는 1988년 11월에 개최된 임시대의원대회에서 다음과 같이 재차 강조되었다(한국노총 1989, 386-387).

3 8월 27일의 한국노총 성명서에 대해, 9월 2일 '노동조합 민주화 실천위원회'는 "한국노총은 역사와 조합원 앞에 사죄하라"는 성명서를 발표하기도 했다(최영기 외 2001, 141).

> 우리는 지난해 노총의 '4·13 호헌 지지선언' 이후 제기되어온 내외의 가차 없는 비판을 겸허하게 받아들이고, 뼈저린 자기반성을 토대로 오늘 민주화를 열망하는 일천만 노동자의 한결같은 요구와 전체 국민의 엄숙한 뜻을 받들어 '집권여당과 국가권력으로부터 노동조합운동의 자유'를 선언하고 자주적 민주노동운동의 기치 아래 새로운 각오로 자기혁신을 과감히 추진하고자 한다. … 오늘의 이 임시대회가 노총의 '제2탄생'이라는 역사적 이정표가 될 수 있도록 노동운동의 모든 전선에서 분연히 총궐기하여 진군할 것을 엄숙히 선언한다.

그 일환으로, 한국노총은 산하에 '정치위원회'(1989년 4월)를 설치하여 정당 및 정부기관에 대한 이익대표활동의 적극화를 꾀하였으며, 각종 성명서의 발표 및 대중집회를 통해 기업들의 부당노동행위를 규탄·견제하였고, 노동자의 경제적 이익을 확보하기 위한 다양한 '준법투쟁'을 시도하였다. 그러나 한국노총의 개혁은 기본적으로 '실리적 조합주의' 노선을 크게 벗어나지 않았다(최영기 외 2001, 257-259).

한국노총의 실리적 조합주의와 전노협의 정치적 조합주의로의 노선 분화는, 비록 일부 노동현장에서 노·노 갈등을 유발하기도 하였지만, 노동운동의 활성화에 일정부분 기여하였다. 한국노총의 기본 관심사는 자본으로부터 '물질적 양보'를 얻어내는 것이었으나, 전노협은 궁극적으로 노동계급의 연대를 통한 '사회변혁'을 추구하였다. 그러나 한국노총은 전노협과의 경쟁관계를 의식하여 산하 단위노조들에게 적극적이며 공격적인 임금 및 단체 교섭을 장려하였으며, 정부당국에 대해 노사관계의 민주화를 촉구하였다.

3. 국가개입의 자제와 갈등적 다원주의

노태우 정부의 노동통제전략은 과거에 비해 상대적으로 유화적인 것이었지만, 그렇다고 결코 포섭적이거나 중립적인 것은 아니었다. 정부의 공식적인 입장은 노사자율과 노조활동의 자유화에 기초한 '건전노조의 육성'과 '노사협조주의의 확립'이었지만, 그것은 동시에 전투적이고 급진적인 노동운동은 철저히 억압하겠다는 내용을 포함하고 있었다. 그럼에도 불구하고, 노태우 정부가 노동억압에 따른 정치적 부담을 회피할 목적으로 노사관계에 대한 직접적 개입을 가급적 자제함에 따라, 기업주들은 노동자들의 항의와 요구를 직접적으로 그리고 개별적 방식으로 대응할 수밖에 없었다. 반면 노동자들은 상대적으로 확장된 조직공간을 이용하여 노동운동의 활성화를 꾀하기 시작하였다.

그 결과는 폭발적인 노동운동의 지속이었다. 민주화 이행 직후인 1988~89년 노동자들의 경제적·정치적 요구는 지속적으로 분출되었고, 신규노조의 결성과 노사관계의 민주화를 위한 노동자들의 투쟁은 더욱 강화되었다. 우선, 2년이라는 짧은 기간 동안 단위노조의 수가 급증하였다. 1987년 12월말 4,086개였던 단위노조의 수가 1988년 6월에 5,062개로, 1988년 12월에 6,164개로, 1989년 6월에 7,380개로, 그리고 1989년 12월에 7,883개로 급증하였다. 이에 따라, 1987년 6월 105만 명이었던 조합원의 규모는 1989년 12월 193만 명으로 늘어, 불과 2년 6개월 만에 노조조직률a는 14.7%(조직률b 11.7%)에서 23.7%(조직률b 18.7%)로 치솟았다(〈표 10〉 참조).

표 10 조직노동의 성장: 1987~1989년

		1987년 6월	1987년 12월	1988년 6월	1988년 12월	1989년 6월	1989년 12월
단위노조 수		2,725	4,086	5,062	6,164	7,380	7,883
조합원 수(천 명)		1,050	1,267	1,510	1,707	1,825	1,932
노조조직률 (%)	a	14.7	17.3	19.7	22.0	22.3	23.7
	b	11.7	13.8	15.9	17.8	18.0	18.7
노동쟁의 건수		124	3,625	1,161	712	1,055	496

주: 노조조직률(a)=조합원수÷비농가상시고×100; 노조조직률(b)=조합원수÷총피용자×100.

출처: 한국노동연구원. 1990. 『분기별 노동동향분석』 3권 1호, 46-47과 57; 한국노동연구원. 1991. 『분기별 노동동향분석』 4권 1호, 162.

표 11 노동쟁의와 경제손실: 1987~1989년

연도	노동쟁의	참가인원	손실일수	파업규모	생산차질액 (억원)	수출차질액 (백만 달러)
1987	3,749	1,262,285	6,946,935	755.8	27,782	537
1988	1,873	293,455	5,400,837	562.0	32,020	732
1989	1,616	409,134	6,351,433	611.4	41,995	1,363

주: 파업규모(strike volume)=노동쟁의로 인한 손실일수÷임금노동자(천 명).
출처: 한국노동연구원. 1992. 『KLI 노동통계』, 178.

노조조직률의 증가와 더불어, 높은 수준의 파업규모는 여전히 지속되었고 노동자들의 항의와 투쟁은 질적으로 변화하는 양상을 보이기 시작했다. 비록 노동쟁의의 빈도는 1987년의 3,749건에서 1988년 1,873건 그리고 1989년 1,616건으로 급격히 줄어들었으나, 1981~86년의 평균 노동쟁의 빈도수 171건에 비하면 1988년과 1989년의 노동쟁의 빈도는 여전히 매우 높은 수준을 기록하였다. 여기서 주목해야 할 대목은 노동쟁의 빈도수가 1987년에서 1989년을 경과하면서 절반 이상 감소하였음에도 불구하고, 노동쟁의로 인한 경제손실은 오히려 2배 이상 증가하는 현상을 보였다는 점이다. 구체적으로, 노사분규로 인한 생산차질액과 수출차질액은 1987년 2조 8천억원과 5억 4천억 달러를 기록하였는데, 1988년에는 각각 3조 2천억원과 7억 3천억 달러, 그리고 1989년에는 4조 2천억원과 13억 6천억 달러로 더욱 증가하는 추세를 보였다(〈표 11〉 참조). 이러한 경제손실의 증가는 노동쟁의로 인한 노사분규의 지속일수가 1987년 5.3일에서 1988년 13.9일, 그리고 1989년 18.8일로 증가한 데 기인하였다(한국노동연구원 1990, 58). 노사분규의 감소에도 불구하고 경제손실액의 증가는 노동자들의 응집력이 그만큼 향상되었음을 의미하였다. 그러나 노동운동의 응집력 향상은 정부와 기업주들에게는 매우 당혹스러운 것이었다.

Ⅲ. 국가의 노동전략: 억압적 공세로의 전환

1989년 후반에 들어서면서, 국가의 노동전략은 개입자제에서 개입강화로 선회하였다. 그리고 이는 자연스럽게 국가－자본 동맹의 부활로 이어졌다. 국가－자본 연합은 '산업평화'와 '임금안정'의 기치 아래 임금통제와 노동법개정을 시도하였다. 이에 대한 조직노동의 반발은 격렬했다. 대체로 전노협을 비롯한 민주노조진영은 전투적 태도로 임하였고, 한국노총은 타협적 태도로 대응하였다.

1. 헤게모니적 배제전략

노태우 정부의 노동전략이 강경노선으로 선회하기 시작한 것은 1989년 후반이었다. 그 시발은 이른바 '경제위기 노동자책임론' 및 사회의 '총체적 위기론'이라는 이데올로기적 공세였다. 대통령은 각종 회견이나 연설에서 빈번하게 '사회적 무질서,' '경제침체,' '경쟁력 약화' 등을 언급하였고, 그때마다 '좌파집단의 무절제한 욕구분출,' '과격한 노사분규,' 그리고 '지속적 임금인상'에 따른 기업투자환경의 악화를 그 주요 요인으로 지목하였다.[4] 이러한 대통령의 공세는 노동운동에 대한 정부의 수세적 대응이 적극적 대응으로 전환될 것임을 예고하는 것이었다.

노동문제에 대한 정부의 적극적 개입이 공표된 것은 1990년 초였다. 1월 20일, 노태우 대통령은 '산업평화와 임금안정을 위한 관계장관 대책회의'를 통해 ① 노동쟁의에 대한 사후적 사법처리 방식을 지양하고 쟁의발생 초기부터 강력하게 대응할 것, ② 노동쟁의의 배후조종 세력을 철저히 색출하여 의법 조치할 것, ③ 관련 정부부처 간의 공조체제를 더욱 강화하여 노사분규에 기민하게 대처할 것을

4 예컨대, 1989년 6월 9일의 '한국일보 창간 35돌 기념 특별회견,' 6월 23일의 '제2회 세계한민족대표자회의 메시지,' 6월 28일의 '6·29선언 2주년 기념 특별회견,' 9월 25일의 '라디오 週例방송(17),' 10월 10일의 '1990년도 예산안 제출에 즈음한 국정연설' 등이 있다(대통령비서실 1990).

강조하였다. 이에 따라, 노동부는 '급진노동세력 대책과 위법 부당쟁의행위 지도방안'을, 상공부는 '기업의 노사안정을 위한 사용자 지도대책'을, 법무부는 '노사분규 사법처리대책'을, 그리고 경제기획원은 '산업평화 조기정착과 임금안정대책'을 속속 발표하였다(서울신문 1990/01/20, 5).

요컨대, 노태우 정부의 노동통제전략은 대체로 '억압적 배제'와 '헤게모니적 고립'을 조합한 것이었다(노중기 1994, 143-145). 즉 정부는 한편으로 노동관계법·교육공무원법·국가보안법 등의 법적 장치를 앞세워 안기부·보안사·검찰·경찰 등의 국가기관을 동원하여 민주노조운동을 물리적으로 억압하였으며, 다른 한편으로 이념적·담론적 수단을 활용하여 진보적 노동운동을 시민사회로부터 분리·고립시키고자 하였다.

노태우 정부의 강경한 노동통제전략으로의 선회는 사회연합구도의 변화와 밀접한 관련을 지니면서 진행되었다. 민주화 전환 이후, 집권세력은 '국가 대 시민사회'의 대립구도뿐만 아니라, 정치사회의 연합구도에서도 수세적 입장에 처해 있었다. 시민사회에는 학생·재야세력의 급진적 통일운동과 민주노조진영의 노동해방운동 등 '혁명적 열기'로 가득했으며, 정치사회에는 권위주의 국가 및 정치질서의 변화를 요구하는 개혁의 목소리로 팽만하였다. 특히 '5공 청산' 및 '광주문제' 등 다양한 개혁이슈를 둘러싼 시민사회와 야당들의 공조에 집권세력은 효과적 대응방안을 찾지 못하고 방어적으로 상황에 대처해야 했다.

그러나 이러한 사회연합구도는 오래가지 않았다. 1986~88년의 '3저 호황'(저금리, 저환율, 저유가) 국면이 사라지고 경제침체의 조짐이 가시화되는 상황에서, 시민사회의 분화가 진행되고 있었다. 한편으로 1989년 초 현대중공업의 128일간의 노사분규, 동년 3월과 7월의 문익환 목사와 임수경의 밀입북 사건, 그리고 일련의 과격한 사회변혁운동이 전개되고 있었고, 다른 한편으로 비(非)계급적이면서 점진적 개혁을 표방하는 시민운동단체들(예: 1988년 9월, 공해추방운동연합; 1988년 11월, 경제정의실천 시민운동연합)이 출현하여 활동을 개시하고 있었다. 시민사회가 '보수 대 혁신'으로 분화되고 경제적 불안정 신호가 나타나고 있는 상황에서 '민중해방'

과 '노동해방'을 외치는 민주노조운동을 비롯한 사회변혁운동은 안정을 희구하는 도시중산층의 위기의식을 부채질하였고, 이에 따라 노동운동에 대한 일반시민들의 우호적인 관심과 동조는 빠르게 사라지고 있었다.[5]

집권세력은 이러한 기회를 놓치지 않았다. 그들은 곧바로 정치사회의 개편을 시도하였다. 민주화 이후, '민주 대 반민주'의 대립구도가 사라지고 지역균열에 기초한 정치적 경쟁이 치열해진 상황에서 정당들의 최우선적 목표는 선거경쟁에서의 승리였다. 1990년 2월 집권세력이 주도한 3당 합당(민정당, 통일민주당, 신민주공화당)은 이른바 '보수대연합'(민자당)을 성사시켰다. 이는 '보수주의적 권위주의' 엘리트 집단과 '보수주의적 자유주의' 엘리트 집단 간의 연합으로, 정치사회에 대한 보수 세력의 장악력을 일시에 제고시켰다. 이에 따라 정치사회의 개혁성향은 현저히 퇴조하였고, 이를 계기로 노태우 정부는 지금까지의 수세적 태도에서 벗어나 노동운동에 강력히 대처하기 시작하였다.

정부의 노동통제의 최우선 타깃은 급진적 노동운동이었다.[6] 급진적이고 투쟁지향의 노조활동은 어김없이 억압의 대상이 되었으며, 이를 위해 이데올로기적, 제도적, 물리적 수단들이 두루 동원되었다. 정부의 이념적 공세는 단순히 노동운동이 경제성장을 저해한다는 반(反)노동적 공세를 넘어, 급진적 노동운동의 분출을 국가 전복적 행위로 보는 반공·반북주의에 기초한 헤게모니적 공세로 이어졌다. 즉 반공·반북주의의 동원과 확산을 통해 급진적 통일운동에 대한 일반시민들

---

5 1990년 1월 19일 국민경제제도연구원이 조사·발표한 '경제현황과 노사관계에 대한 여론조사'에 의하면, "노사문제가 심각한 상태라고 보느냐"는 질문에 '심각하다'는 의견이 86.7%, '별로 심각하지 않다'는 응답이 11.7%, 그리고 '전혀 심각하지 않다'는 의견이 0.8%인 것으로 나타났다(서울신문 1990/01/20, 7). 또한 동아일보 창간 70주년을 맞이하여 동아일보 여론조사부가 조사·발표한 여론조사 결과에 의하면, "안정과 개혁 중 어느 것을 택일하고 싶은가"라는 질문에 72.7%가 "개혁이 다소 늦더라도 우리나라는 안정을 유지하는 쪽이 좋다"는 태도를 보였고, 반면 27.3%가 "다소 불안하더라도 개혁을 빨리 하는 것이 좋다"는 태도를 보였다(동아일보 1990/04/01, 8).

6 1990년 2월 26일, 노동부는 '전국 시·도보건사회국장회의'를 개최하고, 전노협에 가입한 노조를 탈퇴시키도록 적극 유도할 것과 "모든 행정력을 동원, 전노협 등 급진노동운동세력을 와해"시킬 것을 지시했다(경향신문 1990/02/27, 14).

의 두려움을 불러일으키고, 이를 전투적 양상으로 진행되고 있던 당시 노동운동과 결부시킴으로써 노동자들의 항의와 파업에 대한 일반시민들의 혐오감을 부채질하였다(최장집 1996, 235).

이와 더불어, 다양한 제도적 수단과 물리력이 동원되었다. 1990년 1월 20일, 노동부는 '노사관계 준법질서 확립을 위한 판단기준'이라는 노동운동 통제지침을 확정하고, 조합원 가족 등 외부인이 가담하는 쟁의, 정치적 요구를 내건 파업, 타 사업장 지원을 위한 동조 및 연대파업, 인사경영권을 침해하는 쟁의, '무노동·무임금' 원칙에 반하여 파업기간 중 임금지급을 요구하는 쟁의 등을 불법으로 규정·처벌할 것임을 발표하였다(한국일보 1990/01/20, 6). 그리고 그 후속 조처로, 경찰은 '노사분규에 대한 경찰투입 기준'이라는 지침을 발표하였다. 이 지침의 핵심 내용은 모든 경찰서에 노사대책반을 편성·가동하여 경찰력을 신속하게 쟁의현장에 출동시키고, 현행범인 경우 현장에서 즉시 검거·연행하고, 비현행범의 경우라도 임의동행 형식으로 연행한다는 것이었다(한겨레 1990/02/03, 11).

이렇듯 각종 법규 및 행정지침을 통한 물리적 탄압은 주로 노조간부들에 대한 구속·수배·연행 등으로 이어졌다.[7] 구체적으로, 노동운동으로 구속된 노동자의 규모는 1988년에 79명, 1989년에는 605명, 1990년에는 486명, 그리고 1991년에 494명으로 집계되었다. 구속된 노동자의 수를 노동쟁의 발생건수와 비교하면, 1988년과 1989년에는 노동쟁의 1건당 각각 0.85명과 0.37건이었으나, 1990년에는 1.51명 그리고 1991년에는 2.11명으로 크게 늘어났다. 노동쟁의 1건당 해고된 노동자수도 1988년의 0.13명에서 1989년에 0.69명, 1990년에 2.81명, 그리고 1991년에 3.13명으로 급속히 증가하였다(이강로 1999, 140).

7 노태우 정부 출범 이후부터 1991년 3월까지 3년여 동안 구속노동자가 발생한 노조는 335개였으며, 이 가운데 60%에 해당하는 202개 노조에서 위원장이 구속된 것으로 나타났다(한겨레 1991/04/21, 1).

2. 국가-자본 연합의 강화

노동운동에 대한 노태우 정부의 강경노선으로의 선회는 그간 잠시 느슨해졌던 국가와 자본 간의 연합전선을 빠르게 강화시켰다. 국가-자본 연합은 대체로 국가가 선도하고 자본이 호응하는 형태로 진행되었는데, 이들의 공세는 대체로 두 가지 형태로 나타났다.

첫째, 노동쟁의로 피해를 입은 기업들에 대한 정책적 지원과, 이를 매개로 한 노동자들에 대한 임금규제였다. 이를 위해, 정부가 제안한 것은 모기업 또는 관련기업의 노사분규로 피해를 입은 기업들에 대해 소득세·법인세·부가세 등 각종 세금의 납부기한 연장, 이미 고지되거나 체납된 세액에 대한 징수유예, 세무조사 보류 등의 세제지원과 긴급운영자금의 지원이었다(서울신문 1990/01/20, 5; 동아일보 1990/02/10, 7). 그리고 이러한 정책적·재정적 지원을 매개로, 정부는 한 자릿수 이내의 실질임금 인상방침을 고수하면서, 이를 지키지 않는 기업에 대해서는 긴급금융지원 및 법인세 납부유예 등의 혜택을 받지 못하도록 하였다(동아일보 1991/02/11, 7). 이러한 정부의 방침에 호응하여, 전경련·경총·대한상의·무역협회·중소기협중앙회 등 자본가 단체들은 기업들에게 한 자릿수 실질임금 인상률의 준수를 독려하고 나섰으며(한겨레 1991/06/04, 2), 이는 급기야 1991년 6월 자본가 단체들의 '임금연봉제' 도입 주장으로(경향신문 1991/06/26, 1), 그리고 1991년 7월 국가와 자본의 '총액임금제'(총액기준 임금관리제도) 도입 주장으로 발전하였다(동아일보 1991/07/25, 3).

둘째, 노동법의 개정 시도였다. 노동법 개정에 대한 본격적인 논의는 1991년 9월 30일 노동부가 노동관계법 개정안을 국회에 제출하기로 방침을 정하면서 시작되었다. 노동부가 발표한 개정안은 임금통제 및 노사교섭의 비효율성의 제거를 통한 임금안정 및 생산성 향상을 꾀하는 방향으로 설계되었다(〈표 12〉 참조). 이는 1988년 하반기에 진행되었던 노동법 개정과 매우 대비되는 것이었다. 즉 1988년 7월부터 1989년 3월까지 진행되었던 노동법 개정 작업이 노사관계개혁을 초점으로 야당에 의해 주도되었다면, 1991년의 노동법 개정 작업은 노동시장 유연화를

표 12 1991년 9월 30일, 노동부 발표 노동관계법 개정안의 주요 내용

법조문	기존 노동법	제출 개정안
근로기준법 40조	–	총액임금제 법적 근거 마련
근로기준법 42조5항	–	격주휴무제 법적 근거 마련
근로기준법 46조	유해위험작업 연장근로의 50% 가산금 지급	유해위험작업 연장근로의 가산금 지급 폐지
근로기준법 49조	–	시간제 근로의 법적 기준 마련
노동조합법 3조4항	해고의 효력을 다투고 있는 자의 근로자 지위 인정	삭제
노동조합법 12조	노조의 정치활동 금지	삭제
노동조합법 33조1항	노동조합 대표자의 단체협약 체결에 관한 교섭권 부여	교섭권을 체결권으로 인정
노동조합법 35조	임금협약기간 1년, 기타 협약의 경우 2년 상한 규정	단체협약 및 임금협약 유효 기간의 상한을 3년으로 변경
노동쟁의조정법 12조3항	쟁의행위 장소를 사업장 내로 국한	삭제

출처: 세계일보(1991/10/01, 17)에서 재구성.

초점으로 정부와 자본에 의해 주도되었다.

당시 법 개정의 필요성에 대해 노동부의 배경 설명은 다음과 같았다. 첫째, "노조의 정치활동 금지조항의 철폐"는 국회의원선거법 및 정치자금에 관한 법률 등 각종 선거관계법에서 규제하고 있기 때문에 구태여 노동관계법에 이를 규정해 놓을 필요가 없다. 둘째, "총액임금제"는 노사교섭과정의 비효율적 요소(예: 새로운 명목의 수당 신설)를 줄이고 임금관리를 합리화함으로써 노사관계의 안정을 꾀하고 물가불안 및 국제경쟁력의 약화 등 국민경제적 불안 요인을 타개하기 위한 법적 뒷받침이 필요하다.[8] 셋째, 토요일 격주휴무제, 시간제 근로, 유해위험작업장 연

8 총액임금이란 노동자가 받는 근로소득 총액에서 초과근로수당 및 성과 배분적 변동상여금, 현

장근로의 가산금 폐지는 기업주의 경영의욕을 제고시키고 산업경쟁력을 강화시키기 위해 법 개정 및 신설이 불가피하다(국민일보 91/09/30, 15). 넷째, "임금협약 1년, 단체협약 2년인 노사협약 유효기간의 3년 연장"은 잦은 단체교섭으로 인한 노사분규의 발생을 시정하기 위해, "노조대표의 교섭체결권 인정"은 이미 노사대표간에 합의된 사항을 노조총회 및 대의원회에서 번복하는 폐해를 제거하기 위해, "해고효력을 다투는 자의 근로자지위 불인정"은 근로자 신분 및 조합원 자격 여부를 둘러싼 논쟁의 소지를 제거하기 위해, "사업장 밖 쟁의행위 금지조항의 철폐"는 쟁의행위 장소를 사업장 내로 국한시킴으로써 오히려 생산시설의 점거 및 농성을 조장하는 결과를 낳고 있는 점을 시정하기 위해 취해진 조치라는 것이었다(세계일보 1991/10/01, 17).

이러한 정부의 노동법 개정 발표는 자본가 단체들과의 사전 교감 끝에 이루어진 것이었다. 예컨대, 토요일 격주휴무제의 경우, 1991년 6월 5일 개최된 간담회에서 자본 대표가 근로시간연장을 위한 토요일 격주휴무제 도입의 필요성을 제안하고,[9] 상공부장관이 "관련법규의 개정을 노동부와 협의해 추진"하겠다는 입장을 표명한 바 있었다(한겨레 1991/06/06, 4). 이에 따라, 경단협은 6월 11일 정책회의를 열고 토요일 격주휴무제에 대한 정부의 제도적 방안 마련을 공식적으로 요청하였다(한국일보 1991/06/12, 7). 또한 시간제 근로의 경우, 1991년 8월 6일 무역협회가 제조업체의 인력난 완화를 명분으로 파트타임 고용을 허용하는 법적 장치의 마련을, 동년 9월 27일 경총이 국제경쟁력 강화를 명분으로 시간제 근로채용을 용이하게 하는 노동법 개정을 정부에 건의한 바 있었다(국민일보 1991/09/28, 7).

물급여, 기타 사전에 확정되지 않은 금품을 제외한 근로소득을 의미하는 것으로, 총액임금제란 노동자가 연간 지급받은 기본금, 통상적 수당, 정기적 상여금, 연월차 수당 등을 모두 합쳐 12개월로 나눈 액수(총액임금)를 기준으로 단체협상 때 인상률을 결정하는 임금관리방식이다.

9 당시 근로기준법은 주당 근로시간을 44시간으로 규정하고 있었기 때문에, 토요일에 8시간을 근무할 경우 나머지 4시간에 대해서는 시간외 근무수당(통상임금의 1.5배)을 지불하도록 되어 있었다. 따라서 토요일 격주휴무제가 실시될 경우 기업은 노동자에게 4시간에 해당하는 임금을 초과근로수당이 아닌 통상적 근로수당으로 지급하게 된다.

그리고 총액임금제의 경우, 1991년 6월 25일 경단협이 '연봉제' 추진 입장을 표명한 직후, 7월 20일 노동부장관은 총액임금제의 도입을 검토할 것임을 발표하였다(세계일보 1991/07/23, 7). 이에 7월 23일 자본가 단체들은 "총액임금제는 앞으로 본격적인 연봉제로 가기 위한 중간단계"라고 밝히면서, 정부의 총액임금제 도입 방침을 적극적으로 지지한다는 입장을 밝혔다(최영기 외 2000, 138).

3. 노동의 저항

1990년에 들어서면서 '산업평화와 임금안정'의 기치 아래 가시화되기 시작한 국가-자본 연합의 총공세에 대해 조직노동의 반응은 크게 두 가지였다. 전노협을 비롯한 민주노조진영은 전투적 노선으로 임하였고, 한국노총은 대화와 타협을 강조하였다. 이는 '실리적 조합주의'를 고수하는 한국노총과 '정치적 조합주의'를 표방하는 전노협 간의 운동노선의 차이에서 기인하기도 하지만, 정부의 노동탄압이 주로 전노협을 포함한 민주노동진영에 집중되었기 때문이었다.

우선, 집권세력의 노동운동에 대한 공세가 전노협 행사의 원천봉쇄, 전노협 지도부에 대한 대대적인 구속과 수배, 전노협과 연계된 노동단체들에 대한 엄벌, 그리고 전노협 소속 노조들에 대한 탈퇴 압력 등으로 구체화되자, 민주노조진영은 전노협 사수를 위한 지역적·전국적 연대투쟁을 전개하는 한편, '민자당 해체'와 '노태우 정권 퇴진'을 내걸고 민중운동진영과 연대투쟁을 강화하였다.

민주노조진영의 투쟁은 1990년 4월 25일 현대중공업의 파업을 계기로 본격화되었다. 구체적으로, 전노협은 1990년 4월 29일 오전 서울대에서 비상중앙위원회를 열어 현대중공업에 투입된 경찰병력의 즉각 철수, 단병호 위원장 등 구속 노동자의 석방, 내무·상공·노동부 장관의 퇴진을 요구하면서, 5월 1일 메이데이를 기해 전국 14개 지역 550여 개 단위노조들이 참여하는 총파업을 결행할 예정임을 발표하였다. 같은 날, 서노협은 서울 영등포산업선교회 사무실에서 40개 노조 대표가 참석한 가운데 대책위원회를 개최하고 5월 2일까지 단위사업장별 결의대회를 거쳐 3일부터 파업에 들어가기로 했으며, 30일 오전 인노협을 비롯한 12개 지역노조협의회도 단위사업장별로 조합원총회를 열고 메이데이를 기해 전면파업에 돌입키로 결의했다. 이와 더불어, 학생 단체인 전대협도 4월 30일 동국대에서 3백여 명이 '메이데이 동맹휴업 결의대회'를 개최하고 5월 1일부터 4일까지 전국 지역별로 대규모 노학연대 가두시위를 벌이기로 결정하였다(국민일보 1990/04/30, 19). 이에 따라, 5월 1일에 59개 노조와 12만 명이, 5월 3일에 104개 노조와 10만여 명이, 5월 4일에 149개 노조와 12만 명이 총파업에 참여하였으며(민주노총 1996, 160-165), 전대협은 5월 1일부터 4일까지 지역별로 대규모 노학연대 가두시위를 벌였다.

민주노동진영의 대항은 일련의 대규모 항의파업에 그치지 않았다. 그간 국가의 방해로 전노협에 참여하지 못한 비제조업부문 민주노조들은 1990년 5월 30일 '전국업종노동조합회의'(업종회의)를 결성하였고, 그간 침묵을 지키던 16개 대기업 노조들 역시 1990년 12월 6일 '연대를 위한 대기업 노동조합협의회'(연대회의)를 구성하여[10] 전노협과 함께 '노동운동탄압 저지투쟁'에 합세하였다(이원보 2005, 343-344).

이에 비해, 한국노총의 대응은 상대적으로 온건하였다. 한국노총은 산업발전과 경제사회의 민주화를 위한 민간 상설협의체의 설치를 제의하였는데, 이는 1989년 정부의 '국민임금조정위원회' 및 '노사안정위원회'의 설치 제안에 대한 한국노총의 비판적 대응이었다. 즉 한국노총은 정부의 제안이 '사회적 합의'를 가장한 노동통제를 위한 노림수에 불과한 것으로 판단하고, 대신 노동·자본·학계 인사로 구성된 민간협의체의 설치를 제안하였다. 그 결과, 1990년 4월 10일 한국노총 및 경총 대표 각각 10명과 양측이 공동 추천한 학계·언론계 인사 10명의 공익대표 등 총 30명으로 구성된 '국민경제사회협의회'(경사협)가 출범하였다. 이날

10 당시 '연대회의'에 참여한 대기업 노조들은 포항제철, 대우조선, 대우자동차, 아세아자동차, 금호타이어, 현대중공업, 현대정공(울산), 현대정공(창원), (주)통일, 한진중공업, 태평양화학, 풍산금속, 기아기공, 대우정밀, 현대중전기, 서울지하철공사 등이었다(한국일보 1990/12/10, 15).

창립회의는 경사협의 설립목적을 노동자의 지위향상과 산업발전을 통한 균형 있는 국민경제를 달성하는 것으로 설정하였으며, 이를 위해 노동복지, 산업평화, 물가 및 생활 안정 등에 관한 사항을 협의를 통해 노사가 자체 해결하거나 정부에 건의키로 했다(서울신문 1990/04/11, 7).

한국노총은 경사협을 활성화시킴으로써 정부의 간섭을 최대한 배제시키고 노사의 자율성을 제고하고자 하였다. 즉 한국노총은 노동자의 지위향상과 산업평화의 정착을 위해 대항적이고 전투적인 노선보다 노사협력노선을 강조하였는데, 이러한 운동노선은 1991년 3월 22일 경사협이 채택한 '산업사회의 성숙을 위한 노사공동 선언문'에 그대로 반영되었다. 경사협 선언문의 핵심은 민주화 이후 노사분규의 격화로 인해 국민경제에 막대한 피해가 초래됐던 점을 노사 대표가 깊이 인식하고 경제회생과 사회발전을 위해 노사 양측이 협력하자는 내용이었다.[11]

다른 한편, 국가-자본 연합의 임금통제와 노동시장 유연화를 위한 노동법개정 시도에 맞서, 한국노총과 전노협은 한 목소리로 격렬하게 저항하였다. 1991년 9월 25일, 한국노총은 노동부의 개정안이 노동자들의 요구는 전혀 도외시한 채 자본가들의 요구만 일방적으로 수용한 것에 불과하다는 입장을 표명하면서, 노동부가 주도한 법 개정 방침에 대한 반대 의견을 집권당(민자당)에 전달하였다. 그로부터 5일 후인 9월 30일, 한국노총 지도부는 재차 법 개정 철회를 요구하며 무기한 철야농성에 돌입하였으며(국민일보 1991/09/30, 15), 이러한 한국노총의 반대 입장은 세 차례의 산별연맹 대표자회의(10월 2일, 7일, 23일)를 통해 거듭 표명되었

11 1991년 3월 22일, 경사협의 '산업사회의 성숙을 위한 노사공동 선언문'에 담긴 5개항의 합의문은 다음과 같다: ① 민주적 노사관계의 확립을 위한 공동노력에 최우선을 두고, 노사는 대화와 교섭을 통하여 모든 문제를 자율적으로 해결해 나간다; ② 기업과 노조의 사회적 책임을 자각하여 사용자는 기업경영의 건전화를, 근로자는 노조의 건전화를 위해 배가의 노력을 기울인다; ③ 상호신뢰의 바탕 위에서 함께 사는 사회를 만들어 나가기 위하여 사용자는 성과의 공정분배와 근로자 복지를 실현하며 근로자는 분배원천의 증대에 노력한다; ④ 산업발전을 위한 생산성 및 품질향상의 중요성을 인식하여 사용자는 기술혁신과 설비투자에 역점을 두며 근로자는 근로의욕을 함양하고 책임감 있는 근로자상을 확립한다; ⑤ 우리는 정부에 대하여 물가와 주거안정, 투기근절 및 일관성 있는 경제운용을 요구함과 아울러 사회경제의 건실화를 위한 제반제도의 민주적 개혁을 촉구한다(경향신문 1991/03/22, 7).

다. 그럼에도 불구하고, 10월 29일 노동부가 노동법 개정 강행 의사를 천명하자(동아일보 1991/10/30, 2), 한국노총은 '산별연맹 대표자 및 지역본부의장 연석회의'를 열고, 노동부장관 퇴진 및 노동법개정의 철회를 요구하며 이러한 요구를 받아들이지 않을 경우 향후 각종 선거에서 집권당에 대한 반대운동을 추진할 것이라는 '특별결의문'을 채택하였다. 또한 이날 연석회의는 전국 15개 시도지역 본부 및 지역지부 노조간부 3천여 명을 동원하여 11월 6일 각 지역의 노동부 지방청과 민자당 지구당을 일제히 방문해 노동법 개악 논의 중단 및 정부안 철회를 요구할 것을 산하조직에 시달하였고, 11월 11일에는 한국노총 산하 노조 7,600여 개 단위노조가 출퇴근 및 점심시간을 이용해 동시다발적으로 노동법 개정에 항의하는 대규모 집회의 개최를 결의하였다(한겨레 1991/11/02, 14).

전노협을 비롯한 민주노조진영도 '노동법개악 저지투쟁'에 나섰다. 이들은 노동부의 노동법 개정안이 국제노동기구(ILO)의 핵심조약들이 담고 있는 노동기본권 보장을 정면으로 부인한 것이며, 이번 '노동법개악 저지투쟁'을 계기로 1988년 이후 소강상태에 빠진 노동악법 철폐투쟁을 전면적으로 펼쳐나가기로 결의했다(동아일보 1991/10/01. 23). 이를 위해, 10월 9일 전노협·업종회의(전국업종노동조합회의)·노운협(전국노동운동단체협의회)·전국노동운동연합 등 4개 민주노조운동단체는 'ILO 기본조약 비준 및 노동법 개정을 위한 전국노동자 공동대책위원회'(ILO 공대위)를 결성하고, 결성선언문을 통해 한국의 유엔 가입으로 조만간 ILO 가입이 확실한 상황에서 "정부·여당이 국제적 노동기준에 따른 현행 노동관계법의 정비는커녕, 독소조항을 그대로 유지한 채 사용자편에서 노동법을 개악하려한 데 대해 심각한 우려를" 표명하였다. 그리고 정부·여당에 대해 "단순한 개악기도의 철회에서 나아가 국제적인 환경변화에 맞는 국내 노동법개정 요구를 적극 수용할 것"을 촉구하고(한겨레 1991/10/10, 14), 이러한 요구가 받아들여지지 않을 경우 ILO에 제소할 것이며, 대규모 항의집회의 개최를 통해 지속적으로 '노동법개악 저지투쟁'을 전개해 갈 것임을 밝혔다(동아일보 1991/10/11, 3).

이렇듯 노동의 강력한 반발이 잇따르자, 11월 8일 노동부장관은 노동법 개정계획의 전면 철회를 발표하였다(세계일보 1991/11/09, 22). 의욕적으로 추진되던 노동부의 노동법개정이 좌절된 이유는 노동의 격렬한 저항에 기인한 것이기도 했지만, 정치일정과 관련된 전략적 요인 역시 중요하게 작용하였다. 즉 다음해 실시될 총선(1992년 3월)과 대선(1992년 12월)이라는 선거일정에 따른 집권당의 반대입장과 권력재편과정에서 보다 유리한 고지를 선점하려는 보수정치세력들의 전략적 계산 때문이었다.

4. 갈등적 다원주의의 결과

1989년 후반기 이후 국가의 개입은 다시 강화되는 양상을 보였고, 이는 자연스럽게 국가－자본 동맹을 부활시켰다. 국가와 자본의 연합공세는 사업장 수준의 노동쟁의를 크게 감소시켰으나, 결코 조직노동의 저항을 완벽하게 제압할 수는 없었다. 그 결과는 지루한 계급갈등의 연속이었고, '갈등적 다원주의'의 지속이었다.

우선 국가와 자본의 노동억압은 일정부분 노동운동의 양상을 변화시켰다. 가시적인 변화는 1990년부터 노동쟁의 건수가 크게 줄어들었고, 불법적 형태의 노동쟁의가 점차 감소하는 추세를 보였으며, '무노동·무임금'의 원칙을 적용하는 사업장이 크게 늘어났다. 구체적으로, 1989년까지 네 자릿수를 기록하던 노동쟁의 건수가 1990년에는 322건, 1991년에는 234건, 그리고 1992년에는 235건 등 세 자릿수로 크게 감소하였다. 그리고 불법적인 형태가 대다수였던 노사분규(1988년에 79.6%가, 1989년에 68.5%가 불법)는 점차 합법적인 형태(1990년에 56.8%가, 1991년에 39.7%가, 그리고 1992년에 35.7%가 불법)로 변화하였다. 더불어 국가와 자본은 강력한 이데올로기적 통제를 통해 '무노동·무임금'의 원칙을 정착시켜 나갔다. 구체적으로, 1988년의 경우 '무노동·무임금' 적용사업장의 비율은 18.6%에 불과하였으나, 1989년에는 34.2%, 1990년에는 83.9%, 1991년에는 87.0%, 그리고 1992년에는 93.2%로 증가하였다(〈표 13〉 참조).[12]

12 1992년 3월, 대법원은 "쟁의행위기간 중에는 근로 대가적 임금은 지급하지 않아도 되나, 파

표 13 노태우 정권의 노동관련 지표

			1988년	1989년	1990년	1991년	1992년
노동조합	노조수		6,164	7,883	7,698	7,656	7,527
	조합원		1,707,456	1,932,415	1,886,884	1,803,408	1,734,598
	노조 조직률	a	22.0	23.7	21.7	19.8	18.5
		b	17.8	18.7	17.4	16.0	15.1
노동쟁의	건수		1,873	1,616	322	234	235
	불법		79.6%	68.5%	56.8%	39.7%	35.7%
	참가인원		293,455	409,134	133,916	175,089	104,489
	손실일수		5,400,837	6,351,433	4,487,151	3,257,621	1,520,364
	파업규모		562.0	611.4	409.8	279.6	128.3
임금	무노동·무임금		18.6%	34.2%	83.9%	87.0%	93.2%
	임금인상률		15.5%	21.1%	18.8%	17.5%	15.2%

주: 조직률(a)=조합원수÷비농가상시고×100; 조직률(b)=조합원수÷총피용자×10; 파업규모=노동쟁의로 인한 손실일수÷임금노동자(천 명).

출처: 무노동·무임금 적용 사업장 및 노동쟁의의 적법 유무에 대한 통계수치는 한국노동연구원. 1992. 『분기별 노동동향분석』 5권 4호, 46과 53; 임금인상률에 대한 통계수치는 한국노동연구원. 1993. 『분기별 노동동향분석』 6권 4호, 56; 그리고 나머지 통계수치는 한국노동연구원. 1997. 『KLI 노동통계』, 198.

그러나 이러한 변화는 노동의 자발적 동의의 결과였다기보다는 국가와 자본의 억압적 공세에서 비롯된 것이었다. 때문에, 국가와 자본이 기대하는 임금안정 및 노동시장의 유연화는 결코 성취될 수 없었다. 우선 국가와 자본이 요구했던 '한 자릿수 임금인상' 정책은 노동의 완강한 저항으로 실패하였다. 노사 간 명목임금 타결률은 1988년에 15.5%, 1989년에 21.1%, 1990년에 18.8%, 1991년에 17.5%, 그리고 1992년에 15.2%를 기록하였다. 뿐만 아니라, 국가와 자본의 노동시장 유연화를 위한 노동법개정 시도 역시 조직노동의 저항으로 인해 무산되고 말았다. 또한 파업규모는 1989년의 611.4에서 1990년의 409.8, 1991년의 279.6, 그리고 1992년의 128.3으로 꾸준히 줄어들었으나, 국가와 자본은 여전히 세 자릿

업기간 중이라도 식비, 교통비, 가족수당 등 '생활보장적 임금'은 무노동·무임금 원칙이 적용되지 않는다"고 판결하였다.

수를 맴도는 높은 수준의 파업규모를 감수해야 했다(〈표 13〉 참조).

Ⅳ. 요약 및 결론

민주화 전환을 계기로 한국의 노동정치는 '국가권위주의'에서 '갈등적 다원주의'로 빠르게 전환되었다. 전자가 국가와 자본의 노동억압에 대해 조직노동이 순응하는 노동질서였다면, 후자는 국가와 자본의 노동억압에 대항하여 노동이 강력한 전투성을 발휘한 노동질서였다. 이러한 노동정치의 변화는 기본적으로 비일상적 상황이 촉발하고, 정권의 체제적 성격에 의해 영향 받는 사회연합구도의 변화에서 비롯되었다.

1987년 민주화개방은 대규모의 전투적 노동운동을 야기하였고, 이에 따라 노태우 정부의 노동통제전략은 급히 수정되었다. 대규모의 격렬한 노동투쟁에 직면하여, 노태우 정부는 '노사자율주의'를 내세우며 노사분규에 대한 국가의 직접적 개입을 자제하는 전략으로 선회하였다. 그것은 한편으로 노동과 자본 사이의 중립적 조정자로서의 국가 이미지를 구축하여 노동투쟁으로 인해 발생할 수 있는 정권적 차원의 정치적 부담을 덜어내고, 다른 한편으로 노동운동을 집권세력이 원하는 일정한 테두리 내에 가두어 두려는 시도였다.

이러한 노태우 정부의 노동통제전략의 변경은 기본적으로 민주화로 인한 정치지형 및 사회연합구도의 변화에 기인하였다. 시민사회의 정치적 공간이 확장되고 정치사회의 규칙과 세력판도가 변화됨에 따라, 사회연합구도에서 차지하는 노동의 위상이 급속히 높아졌던 것이다. 이에 따라 국가의 노동통제전략은 유화적인 방향으로 수정될 수밖에 없었다.

그러나 노태우 정부의 개입자제전략은 오래가지 않았다. 1989년 후반에 접어들면서 국가는 다시 공세적인 노동통제전략으로 회귀하였다. 경제호황 국면이 사라지면서, 전투적 노동운동에 대한 도시중산층의 우호적 관심 및 동조는 무관심 및 우려로 변화하기 시작했다. 사회연합구도의 변화는 즉각적인 국가의 반격을 낳았다. 노태우 정부는 '억압적 배제'와 '헤게모니적 고립' 전략을 활용하여 전투적 노동운동의 정치적 배제와 사회적 고립을 시도하였다. 그러나 노동의 조직역량이 상대적으로 증대된 상태에서 노동은 쉽게 제압되지 않았다. 사회적 협의기제가 부재한 상황에서, 국가-자본 연합과 노동 간의 충돌은 불가피하였다.

국가-자본 연합의 억압적 공세는 노동운동을 어느 정도 위축시켰으나, 국가와 자본이 기대하는 임금안정 및 노동시장의 유연화는 결코 성취될 수 없었다. 그 결과는 지루한 계급갈등의 연속, 즉 '갈등적 다원주의'의 지속이었다.

제10장

갈등적 다원주의와 노사관계개혁의 실패

Ⅰ. 노동의 분할통제와 민주노총

1993년 2월 출범한 김영삼 정부의 노동정책은 한때 개혁적인 것으로 인식되었다. 김영삼 정부는 권위주의적 노동배제의 기제를 완화하고 노사자율을 권장하는 한편, '사회적 대화'를 통한 임금협상을 시도하였다. 그러나 그것은 한 순간의 에피소드에 불과하였고, 시간이 지나면서 국가의 노동전략은 노동운동을 분할하여 통제(divide and rule)하는 노동통제로 귀결되었다.

1. 신노동정책의 좌절

1993년 2월 25일, 김영삼 대통령은 취임사에서 강력한 개혁정치를 표방하였다. 그는 "보다 자유롭고 성숙한 민주사회," "정의가 강물처럼 흐르는 사회," "더불어 풍요롭게 사는 공동체," "인간의 품위가 존중되는 나라"인 '신한국 건설'을 위한 사회개혁을 약속하였다. 특히 "많이 가진 사람은 더 많이 양보"하고 "힘 있는 사람은 더 큰 것을 양보"해야 한다는 대통령의 연설은 노동자들의 관심과 기대를 모으기에 충분하였다. 이에 따라 노동부장관은 '자율'과 '책임'이 함께하는 산업사회의 구현을 위해 과거 권위주의적이고 가부장적 노사관계를 청산하고, 공정한 중재자로서의 역할 수행을 통해 노동과 자본으로부터 신뢰를 확보해 갈 것임을 공표하였다(세계일보 1993/04/13, 3).

노동부의 '신노동정책'은 개혁 지향적인 것으로, 그 내용은 ① 노사관계 쟁점 이슈들과 ② 중앙수준의 임금합의 문제에 집중되었다. 전자와 관련하여, 노동부는 '해직노동자의 복직 추진,' '무노동·부분임금의 도입,' '노조의 인사권·경영권 참여요구의 정당성 인정,' '복수노조 허용' 등 일련의 개혁정책을 연달아 발표하였다(노중기 1997, 123; 이병희 1993; 정태환 2006, 454). 그리고 후자와 관련하여, 정부는 노사자율에 기초한 임금합의를 강력히 지원할 것임을 발표하였다. 그 결과, 1993년 4월 1일 한국사회 최초의 노·사 간 임금합의인 '노총·경총 임금합의'(4.7%~8.9%의 임금인상률)가 전격적으로 이루어졌다.[1] 이러한 일련의 조치들은 과거 노태우 정부의 노동정책에 비하면 매우 전향적인 것이었지만, 노동부의 노사관계 쟁점 이슈들에 대한 개혁지침은 이내 자본가 단체와 경제부처들의 반대에 부딪쳤고, 정부의 후원으로 진행된 중앙수준의 임금합의는 노동의 반발에 직면하였다.

먼저, 노사관계 쟁점 이슈들에 대한 노동부의 개혁방침은 자본가 단체들의 거센 저항과 정부 내 경제부처들의 반발을 불러왔다. 자본은 "해고노동자 복직여부 결정은 사업주의 고유 권한"임을 내세웠으며(한겨레 1993/04/28, 14), '무노동·부분임금'[2]과 '노조의 인사·경영권 참여'는 새로운 노사갈등을 촉발하는 조치임을 경고하면서 노동부장관에게 노사안정을 뒤흔드는 노동정책의 급격한 변화를 삼갈 것을 촉구하였다(국민일보 1993/05/25, 7). 이러한 자본의 반발은 그간 침묵하던 경제부처들의 반대로 이어졌다. 특히 경제기획원과 상공자원부는 최근 노동정책의 변화가 심각한 노사갈등을 유발할 수 있음을 지적하면서 노동부의 정책들을 공개

1 당시 한국노총이 경총의 자율적인 임금협상 제의를 받아들인 배경에는, 노사자율교섭이 그간 한국노총이 일관되게 주장해온 것이기도 하였지만, 중앙 수준의 임금협상에 적극적으로 참여함으로써 전노협 출범 이후 상대적으로 약화된 노동운동 내 한국노총의 주도권을 회복 혹은 유지하고자 하는 의도가 자리하고 있었다(김준 2008, 89).

2 대법원은 1992년 3월, 노동자는 파업기간 중이라도 식비, 교통비, 가족수당 등 '생활보장적 임금'은 무노동·무임금 원칙이 적용되지 않는다고 결정하였다. 이에 이인제 노동부장관은 대법원의 판례에 의거하여 '무노동·부분임금'을 주장하였던 것이다.

적으로 비판하였다(한겨레 1993/06/02, 7). 자본과 경제부처의 강력한 반대로 인해 노동부의 개혁정책은 더 이상 진전되지 못하고 중단되어야 했다. '무노동·부분임금' 방침은 5월 27일 당정협의에서 민자당의 반대로 사실상 유보되었으며(경향신문 1993/05/29, 2), 복수노조허용 방침 역시 6월 10일 민자당 사회개혁특위에서 전면 백지화되었다(경향신문 1993/06/11, 2).

노동부의 개혁정책이 좌절되자, 노동자들의 기대는 실망으로 변해갔다. 특히 해고노동자들의 좌절감은 매우 컸다. 복직이 자본의 비협조로 지지부진하자, 4월 7일 현대자동차 및 대우자동차 해고노동자들이, 그리고 4월 8일 전해투(전국 구속·수배·해고노동자 원상회복 투쟁위원회)가 해고자 전원복직을 요구하며 무기한 단식농성에 돌입하였다. 그리고 전해투의 항의에 동조하여 4월 10일 민주진영의 재야인사들이 공동대책위원회를 구성하여 정부에 항의하였다(한겨레, 1993/04/11, 15).

다른 한편, 정부의 강력한 지원하에 진행되고 성립된 '노총·경총 임금합의'는 노동운동 내부의 반대와 갈등을 유발하였다. 민주노조진영과 한국노총 소속 일부 노조들은 '임금합의'를 노·사 간의 자율적 합의를 가장한 '밀실야합'에 불과한 것으로 비판하였다. 이러한 노동 내부의 반발은 대체로 두 가지 이유에 기인하였다. 첫째, '노총·경총 임금합의'는 노태우 정부 후반기에 강력히 추진되었던 한자릿수 임금정책과 총액임금제의 연장선상에 있는 임금통제정책의 일환이라는 점이다.[3] 실제로 한국노총과 경총 간 합의된 임금인상률은 조합원들이 기대하는 임금인상 수준에 미치지 못하는 훨씬 낮은 것이었다.[4] 이에 따라 한국노총 소속의

3 노태우 정부는 '1992년 임금정책의 기본방향에 대한 지침'을 통해 경기침체와 국가경쟁력 약화의 주요 원인이 임금상승에 있다고 진단하고, 임금억제 및 노동통제의 일환으로 총액임금제를 도입·실시하려 하였다. 당시 국가는 총액임금제 대상 업체에게 5% 이내에서 임금인상을 억제할 것을 제시하였으며, 이를 위반할 경우 세제 및 금융의 제재를 가하겠다고 위협하였다. 그러나 이러한 임금규제는 기업별 규모 및 노동시장의 부문별 특성을 고려하지 않은 것으로, 노동자의 반발과 기업의 소극적인 태도로 제대로 실현되지 못하였다(유범상 2000, 79). 이에 국가는 1993년 1월 9일 노사가 자율적으로 임금을 결정한다는 방침을 세웠으며, 이에 따라 1월 12일 경제 5단체장들은 한국노총에게 임금조정 기존원칙에 대한 중앙차원의 자율적인 임금협상을 제의하였다.

4 당시 한국노총의 20개 산별노조 가운데 섬유, 금속, 화학노조 등은 산하 단위노조에 13% 이

일부 산별노조(화학, 섬유, 금융 등)들은 독자적인 임금인상 지침을 만들어 산하 단위노조들에 시달하였으며, '노총·경총 임금합의'에 불만을 품고 있던 산하의 단위노조들 역시 산별노조의 독자적인 임금인상 지침에 적극적으로 동조하고 나섰다(최영기 외 2001, 410). 둘째, '노총·경총 임금합의'는 민주노조진영이 배제된 임금합의였다. 즉 한국노총이 모든 조직노동자들을 대표하는 노조가 아니라는 점이다. 이러한 이유로 '임금합의'가 발표되자, 전노협, 업종회의, 그리고 대기업노조 등 민주노조진영은 이를 "한국노총 지도부와 경총이 벌인 밀실 막후흥정"을 통한 반쪽짜리 임금합의라고 비난하였다(한겨레 1993/04/03, 14). 이들은 산하의 단위노조들을 동원하여 '노총·경총 임금합의'에 대한 반대서명운동과 규탄집회를 전개하였다. 뿐만 아니라, 현대그룹노동조합총연맹(현총련)은 소속 울산지역 10개 계열사 노조들과 함께 '노총·경총 임금합의'(4.7%~8.9%)보다 훨씬 높은 15.2%의 임금인상 요구안을 확정지었으며, 대우그룹 산하의 대공장 노조들도 20~30%에 달하는 임금인상 요구안을 제출하여 노총·경총 임금합의를 완전히 무시하였다(최영기 외 2001, 411).

2. 억압적 노동전략으로 회귀

김영삼 정부의 노동전략이 자본 편향적인 것임을 공식적으로 확인시켜준 것은 1993년 7월 2일에 발표된 김영삼 대통령의 '신경제 5개년계획 특별담화'였다. 이 담화문에서 대통령은 '신경제'의 기본방향이 한국경제의 성장잠재력의 극대화와 국제경쟁력의 강화에 있으며, 이에 따라 '신노동정책'은 국가경쟁력 제고의 일환으로 노사관계의 거래비용을 줄이는 데 그 목적이 있음을 명백히 하였다(세계일보 1993/07/03, 3).

상의 임금인상 요구율을 제시하고 있었다(한겨레 1993/04/02, 1).

> 신경제 5개년 계획은 우리 경제의 선진국 진입을 목표로 하고 있습니다. 새로운 문명권의 중심에서 경제대국으로 당당하게 자리 잡은 신한국을 지향하고 있습니다. … 근로자와 경영자는 같은 배를 탄 공동운명체입니다. 지금 이 순간에도 우리 사회에는 갖가지 배타적 집단이기주의가 분출되고 있습니다. 폭력으로 집단이기주의를 관철하려 하거나 국민에게 고통을 주는 집단행동은 결코 용납하지 않을 것입니다. 우리 경제가 처한 여건은 대단히 어렵습니다. 세계는 지금 치열한 '경제전쟁'을 치르고 있습니다. … 국제화 시대의 선두주자가 될 수 있도록 경쟁력을 키워야 합니다.

특별담화 발표 직후 재벌 총수들과의 면담에서 김영삼 대통령은 "앞으로 정부의 노동정책에 절대 혼선이 없을 것"이며 "국가경제를 망치고 국민이익에 배치되는 노사분규가 계속될 때 중대 결심을 할 수밖에 없다"고 언명함으로써(서울신문 1993/07/03, 9), 노동정책의 목적이 경제회복에 있음을 분명히 하였다.[5] 그리고 이날 대검찰청을 비롯한 공안기관들은 제3자 개입금지조항을 근거로 당시 노동현안으로 등장한 '현대사태'[6]와 관련한 일체의 불법행위에 대해 강경하게 대처할 것임을 천명하였다.

노동운동에 대한 정부의 강경노선으로의 입장 선회는 김영삼 정부가 지닌 정권적 차원의 특성과 사회적 지지기반과 밀접한 관련을 지니고 있었다. 첫째, 김영삼 정부의 태생적 한계이다. 집권과정에서 1990년 3당 합당이 중요한 기반이 되었던 까닭에, 김영삼 정부의 출범은 여당과 야당 간의 정권교체가 아니라 집권당 내부의 권력이동의 성격이 강하였다. 따라서 정부·여당 내에는 개혁을 주장하

5 대통령 퇴임 이후 작성한 김영삼의 회고록에서도, 그는 '노사분규'를 '신경제 5개년계획'의 집행을 어렵게 하는 '경제적 복병'으로 꼽았다(김영삼 2001, 144).

6 '현대사태'는 1993년 6월 5일부터 8월 19일까지 76일간 진행된 울산지역 현대계열사들의 노사분규 사건이다. 이는 울산 현대정공 노조위원장의 임금협상 직권조인(6월 4일), 이에 반발한 노조원들의 임금협약 효력정지가처분 신청 제출, 그리고 이를 둘러싼 노조와 경영진 간의 대립으로 촉발되었다. 사건이 격화됨에 따라, 이는 울산지역 현대계열 9개사 노조들의 공동임금투쟁으로 번져갔다.

는 자유주의 엘리트 집단과 현상유지를 원하는 상당수의 보수그룹이 포진하고 있었다. 그 결과 집권엘리트 집단은 한쪽이 개혁 지향적 방향으로 움직이면 다른 한쪽은 수구적 방향으로 움직이는 "분열증적" 내부 역학 구도를 지니고 있었다(최장집 1996, 251). 더구나 최종 의사결정자인 대통령은 뚜렷한 개혁철학을 갖지 못하고 임기응변에 의존하는 경향이 강하여(김영명 2006, 332), 지배엘리트 내부의 분열증적 역학은 더욱 쉽게 촉발될 수 있는 상태였다. 노동부장관의 초기 개혁정책들이 정부 내의 경제부처들과 집권정당 내의 보수 세력의 저항에 직면한 것도 이러한 정권적 차원의 내부적 한계 때문이었다.

둘째, 김영삼 정부의 사회적 지지기반에서 발현되는 한계점이다. 1992년 대선에서 보여주었듯이, 김영삼 대통령의 지지기반은 관료·언론·재벌 집단을 중심으로 하는 보수 세력과 비호남지역의 교육받은 도시중산층이었다. 이들 승자연합은 호남배제, 냉전반공주의, 경제성장, 그리고 반군부독재·민주화를 추구하는 집단이었다. 따라서 이들은 탈군부·권위주의와 자유민주주의적 개혁은 지지하나, 남북문제에 대한 급진적 좌경주의 및 노동개혁과 같은 실질적 민주주의에 기초한 사회개혁에는 지극히 부정적이거나 저항적이었다(최장집 1996, 245-251).

정권의 '분열증적' 성격과 보수 지향의 지지기반은 김영삼 정부로 하여금 경제민주화 및 공정배분보다는 경제성장과 안정이라는 보수주의적 이념과 가치에 충실하도록 지속적으로 촉구하고 있었다. 비록 김영삼 대통령 자신은 취임 직후 강력한 개혁정치를 내걸었지만, 그것은 짧은 기간에 국한된 것이었다. 집권한 지 불과 몇 개월이 지나지 않아 김영삼 정부는 경제회생을 최우선 정책과제로 채택하였고, 이에 따라 자본에 대한 규제 완화와 노동에 대한 통제 강화가 강조되기 시작하였다. 하지만 '문민정부'를 표방한 김영삼 정부가 노동통제를 위해 일방적으로 물리적 억압에만 의존한다는 것은 태생적으로 곤란한 일이었다. 이러한 정권적 차원의 제약은 김영삼 정부로 하여금 '고통분담' 및 '노사협조주의'라는 헤게모니적 통제에 바탕한 노동의 선택적 배제와 포섭이라는 노조분할 통제전략을 채택하도록 부추겼다.

우선 노동배제의 주요 대상은 민주노조진영이었다. "노사분규가 경제를 살리는데 가장 큰 장애"라는 취지의 대통령의 특별담화가 발표(1993년 7월 2일)된 직후, 검찰은 그간 폐기하겠다고 공언했던 '제3자 개입금지' 조항을 다시 부활·적용하여 당시 문제가 되고 있던 울산 현대계열사의 노사분규에 개입 혐의가 있는 노조간부들에 대한 전면 수사에 돌입하였다(경향신문 1993/07/03, 23). 그 첫 번째 대상으로 7월 2일 단병호 전노협 위원장에 대한 사전영장이 발부되어 전국에 수배령이 내려졌고, 7월 5일에 전노협과 현총련(현대그룹노동조합총연맹) 간부 5명에 대해서도 추가로 수배령을 내렸다. 그리고 7월 20일 노사분규 중인 울산 현대자동차에 대해 긴급조정권이 발동되었으며, 7월 21일에는 전면파업 중인 현대정공 창원공장에 공권력이 투입되었다(전노협 1997b, 147-148).

이와 대조적으로, 정부는 한국노총을 협상의 파트너로 대우하였다. 1993년 12월 15일, 김영삼 대통령은 국민경제사회협의회(경사협)[7] 위원들을 초청하여 1994년도 한국노총과 경총 간의 임금협상을 빠른 시일 내에 마무리할 수 있도록 준비해 줄 것을 요청하였다(서울신문 1993/12/16, 1). 이에, 1994년 3월 정부 관계자가 참여한 가운데 12차례에 걸친 정책 및 제도개선 실무회의가 진행되었으며, 이 과정에서 한국노총과 경총은 각각 6.6%~10.8%의 임금인상과 3.2%~ 6.1%의 임금인상을 제시하였다. 한국노총과 경총 간의 이견은 총 9차례에 걸친 교섭을 통해 마침내 3월 30일 5.0%~8.7%의 합의안이 타결되었다(최영기 외 1999, 62-67).[8]

7 국민경제사회협의회는 한국노총의 제의로 1990년 4월 10일 발족된 일종의 노사 대표간의 대화기구이다. 그 기본 목적은 고용 및 인력개발, 분배개선 및 노동복지 향상, 사회보장 등에 관한 사항을 협의해 그 결과를 정부에 건의해 정책에 반영시키고자 하는 것으로, 한국노총과 경영자총협회 등 노사 대표와 학자·언론인 등의 공익대표로 구성되었다.

8 1994년 3월 30일 한국노총과 경총이 발표한 '사회적 합의서'는 다음과 같은 내용을 담고 있다. 첫째, 임금인상률은 5.0%~8.7%에 합의한다. 둘째, 정책 및 제도개선과 관련하여 정부에게 다음 사항들을 함께 건의한다: 노조활동으로 구속된 자들에 대한 특별조치 강구; 사용자의 부당노동행위 근절 및 노동관계법의 엄정한 집행; 1995년 7월부터 실시될 고용보험제도의 적용대상 사업장을 30인 이상으로 하며, 1998년 이내에 적용대상 사업장을 10인 이상으로 확대; 근로자 주택 10만호 공급, 주택금융의 확충, 입주업종의 확대 등 주거안정의 실현; 사내

이러한 정부의 한국노총에 대한 태도는 민주노조진영에 대한 억압적 배제와는 확연한 차이를 보였다. 즉 김영삼 정부는 '사회적 합의방식'과 '제3자 개입금지'를 선택적으로 적용하였는데, 한편으로 '사회적 합의방식'을 이용하여 한국노총을 제도권 내로 포섭하고, 다른 한편으로 '제3자 개입금지' 조항을 활용하여 민주노조진영을 정치적으로 배제하였다. 이 같은 정부의 정책은 '노조 분할'을 통해 노동운동의 분열과 약화를 꾀하는 노동통제전략의 일환이었다.

3. 민주노총의 건설

국가의 노조분할을 통한 노동통제전략은 단기적으로 성공을 거둔 듯하였으나, 이내 새로운 갈등국면을 불러왔다. 먼저 1993년과 1994년의 노총·경총 임금합의는 노동운동에 있어 한국노총의 권위와 영향력의 약화를 초래하였다. 애초 한국노총은 사회적 임금합의에 적극적으로 참여함으로써, 전노협을 비롯한 민주노조진영의 도전으로부터 노동운동의 주도권을 확고히 하고자 하였다. 그러나 기대와는 반대로, 노총·경총 임금합의는 일부 단위노조들의 한국노총 탈퇴를 촉발하였다. 이는 합의된 임금인상률이 노동자들의 요구와 달리 매우 낮은 수준이었고, 임금교섭 현장에서 경영자들이 노총·경총 임금합의안을 근거로 적극 활용함으로써 단위노조들의 임금 협상력을 현저히 떨어트리는 결과를 가져왔기 때문이었다.

뿐만 아니라, 국가의 노조분할 통제전략은 민주노조진영의 조직화를 촉발하는 배경이 되었다. 전노협을 비롯한 민주노조진영은, 노총·경총 임금합의가 대표

근로복지기금, 중소기업 근로자 복지진흥기금, 공공보육시설 등에 대한 출연 및 투자의 증대; 노사협의제도 보완을 통한 근로자 경영참가의 활성화; 형평과세의 실현 등 모두 13개 사항. 셋째, 사용자는 부당노동행위를 하지 않고 노사협력을 위해 솔선수범하고, 기술개발투자, 고용확대, 복지기금 출연을 확대하며, 고용불안 해소를 위한 교육훈련 및 직업능력개발을 위한 투자를 확대하고, 집단해고시 노조와 성실하게 협의하며, 하청단가의 현실화 및 하청기업 근로자의 직업훈련을 확대한다. 그리고 노동자는 생산성 향상을 위해 노력하며, 합리적 노사관행을 정착시키기 위해 노력하고, 법 절차를 성실히 준수하며, 노조의 자주성, 민주성, 합리성을 제고하여 사회개혁에 앞장선다(유범상 2000, 87).

성을 결여된 한국노총에 의해 단위노조들의 동의 없이 일방적으로 진행되었다는 점과 정부와 자본의 임금억제 수단에 불과하다는 점을 들어, 임금합의의 정당성을 정면으로 부정하였다(김준 2008, 97-98). 이에 따라 민주노조진영에는 임금합의에 참여한 한국노총 지도부에 대한 비판적 분위기가 팽배하였으며, 이에 대한 나름의 조직적 대응이 필요하다는 인식이 광범하게 형성되었다(전노협 1997c, 18).

이러한 인식의 확산과 심화는 민주노조진영의 결집을 촉발하였다. 1993년 3월, '전국노동자대회 조직위원회'[9]는 민주노조진영의 효과적인 연대활동을 목표로 'ILO 공대위'를 발전적으로 해체하고, 1993년 6월 1일 새로운 연대체인 '전국노동조합대표자회의'(전노대)를 결성하였다.[10] 전노대의 주요 구성원은 1987년 노동자 대투쟁 이후 민주노동운동의 전개과정에서 현저한 활동을 벌여왔던 ① 중소 제조업 생산직 중심의 전노협, ② 사무직과 전문직 노동자 중심의 업종회의, 그리고 ③ 대규모 사업장 중심의 대기업 연대회의 등이었다.

전노대는, 국가와 자본에 대한 공동연대투쟁의 일환으로, 국가의 후원 하에 진행되고 있던 '노총·경총 임금합의'에 대항하여 '임금합의 분쇄투쟁'과 '한국노총 탈퇴투쟁'을 지속적으로 전개해 나갔다. 이러한 전노대의 투쟁운동에 호응하여 총 1,156개 노동조합이 '임금합의 반대 서명운동'에 참여하였고, 총 37개 노조가 한

9 1992년 10월, 'ILO 공대위'는 민주노조진영의 연대의 폭을 넓히고 결집력을 높이기 위해 '노동자대회 조직위원회'를 구성하였다. 1993년 2월과 3월, 전노협, 업종회의, 현총련, 대우그룹노조 등 대표자들이 참여한 '노동자대회 조직위원회' 수련회를 통해 노동운동의 당면과제들을 공동으로 수행할 추진체를 구성하는 것에 합의하였다(전국민주노동조합총연맹 1996, 2-3).

10 출범 당시, 전노대가 밝힌 사업방향은 ① 임금인상을 비롯한 노동자들의 생존권 및 기본권 확보를 위한 업종별 통일투쟁 및 지역적·전국적 공동투쟁, ② 자본과 정권의 이념공세, 노동탄압, 그리고 각종 노동통제정책에 대한 정치적·정책적 공동대응, ③ 대중적인 공동사업의 축적과 광범한 노동조합의 참여를 확대하기 위한 사업을 전개함으로써 민주노조 총단결의 지평을 확대하고 민주노조진영의 조직적 단결 강화, ④ 노동자들의 당면 과제에 대한 공동대응뿐만 아니라, 사회, 정치, 경제민주화를 위한 국민적 요구와 관심사에도 민주노조진영이 적극적으로 참여함으로써 노동조합의 사회적 역할 및 민주노조진영의 정치적 지위 강화, ⑤ ILO 제소, 국제적인 선전홍보활동 등 민주노조운동의 발전을 위한 구체적 대응을 강화하고 ICFTU를 중심으로 한 국제적 연대활동 강화 등이다(전국민주노동조합총연맹 1996, 3-4).

그림 4 민주노총의 조직화 과정

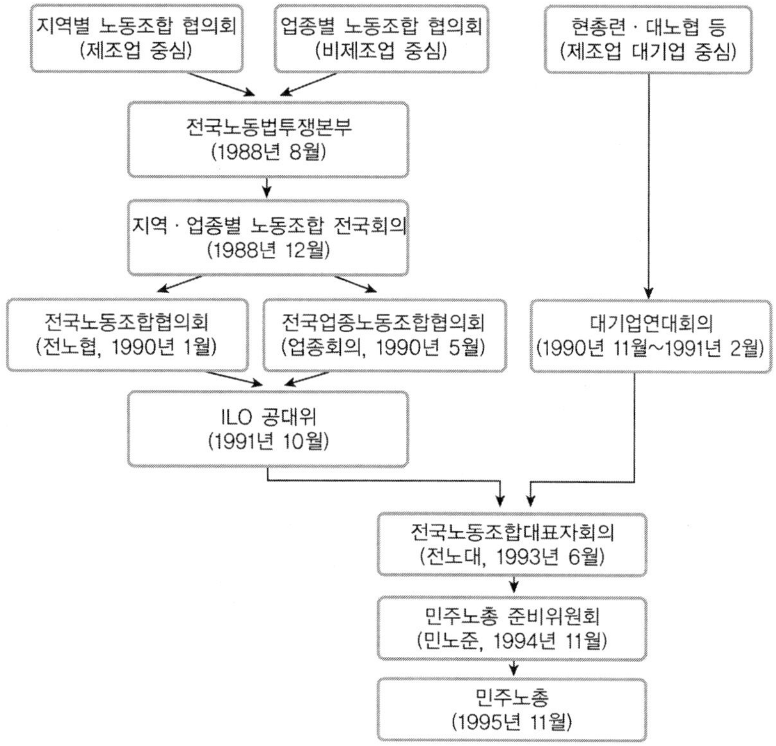

출처: 장홍근. 1999. "한국 노동체제의 전환과정에 관한 연구, 1987~1997," 160.

국노총을 탈퇴하였으며, 총 153곳의 사업장에서 한국노총 맹비 납입을 거부하였다(전노협 1997c, 117과 133). 이와 더불어, 전노대는 경쟁력강화라는 국가와 자본의 이데올로기 공세에 맞서 대중집회 및 정책세미나 개최를 통해 노사관계개혁 및 경제민주화의 정당성을 적극적으로 확산시켜 나갔다(민주노총 1995, 17).

전노대의 연대활동으로 노동운동 내부의 세력판도는 점차 민주노동진영에 유리한 방향으로 변화하기 시작하였다. 이에 따라 민주노조진영 내에 독자적인 전국적 노동조직이 필요하다는 인식이 확산되기 시작하였고, 1994년 여름에 개최된 단위노조 대표자 수련대회를 계기로 마침내 민주노총 건설에 대한 본격적인 논의가 개시되었다. 1994년 9월 전노대 대표자회의에서 기존 전노대 운영위원회를 확대·개편한 '민주노총건설 추진위원회'가 결성되었고, 이후 네 차례의 추진위원회 회의 끝에 1994년 11월 전국노동자대회에서 '민주노총 준비위원회'(민노준)가 발족되어 민주노총 건설을 위한 조직사업이 본격적으로 전개되기 시작하였다 (민주노총 1995, 35-37).

하지만 민주노총의 건설과정이 순탄한 것은 아니었다. 우선, 민노준은 내부적으로 민주노총의 노선 및 원칙, 조직체계, 건설 시기와 일정 등을 둘러싼 치열한 내부 논쟁과 갈등을 겪어야 했다(민주노총 1995, 209-220). 이는 주로 민주노조 진영 내부의 노선 대립 및 상황 인식의 차이에서 비롯된 것이었다. 또한 민노준은 국가와 자본의 억압과 방해를 견뎌내야 했다. 국가 공안기관들은 민노준 간부들을 수배·구속하였고, 노동부는 민주노총의 조직대상이 한국노총과 중복되며 현총련 및 지노협 등의 임의단체들이 소속되어 있다는 이유로 민주노총을 법적 지위가 결여된 불법단체로 규정하였다(최영기 외 2001, 431). 자본의 반대 역시 만만치 않았다. 자본가 단체들은 민노준을 급진과격세력으로 규정하고, 제3자 개입금지 조항 등 법조항을 동원하여 민노준의 활동을 고소·고발 및 손해배상청구로 대항할 것이며, 법외단체에 대한 노조전임자 파견을 허용하지 않을 것임을 공표하였다(최영기 외 2001, 431).

국가와 자본의 방해에도 불구하고, 마침내 1995년 11월 11일 민주노총이 출범하였다. 이날 창립대회에서 창립선언문, 강령, 그리고 기본과제 및 규약이 채택되었고, 권영길이 민주노총 위원장으로 선출되었다. 민주노총의 창립선언문은, 1990년 채택된 전노협의 창립선언문과 비교할 때, 약간의 변화가 있었다. 가장 중요한 차이는 전노협의 창립선언문이 "노동자의 처지를 근본적으로 변화시킬 수 있는 경제사회구조의 개혁과 조국의 민주화, 자주화, 평화통일"을 운동의 목표로 표방했다면(전노협 1997a, 752), 민주노총은 "노동자의 정치, 경제, 사회적 지위를 향상하고 전체 국민의 삶의 질을 개선하며 인간의 존엄성과 평등을 보장하는 통일조국, 민주사회 건설"을 운동의 목표로 삼았다는 점이다(민주노총 1996, 1). 즉 전노협이 비타협적 전투적 노선을 강조하는 '사회변혁노선'을 추구했다면, 민주노총은 약간의 타협적 지향이 가미된 '참여와 투쟁'을 통한 '사회개혁노선'을 채택하고 있었다(김준 2008, 107; 최영기 외 2001, 439).

이러한 미묘한 노선 변화는 1993년 전노대의 출범을 전후로 이미 등장한 것으로, 다음 몇 가지 상황적 요인에 기인하였다. 먼저, 노동운동을 둘러싼 외부환경의 변화이다. 세계화로 인한 경제환경의 변화, 1989년과 1990년의 사회주의의 몰락, 그리고 1987년 정치민주화 이후 다양한 시민운동집단들의 등장은 종래의 전투적이고 사회변혁적인 투쟁방식의 정당성 및 유효성을 부식시키고 있었다. 더욱 중요한 점은 1991~92년에 민주노조진영 내부에서 제기된 이른바 '노동운동 위기론'이었다. 그것은 기존 전투적 노동운동 노선이 노동운동의 역량을 훼손시키고 노동운동을 사회적으로 고립시키는 결과를 초래했다는 것이다. 이에 대해 애초 현장 노조간부들의 반응은 부정적이었으나, 시간이 지나면서 '노동운동 위기론'은 점차 공감을 얻기 시작하였다(최영기 외 2001, 366-368). 그 결과, 전투적 대중동원 투쟁노선의 전략적 위상은 점차 약화되었고, 대신 전투적 노선에 타협 지향적 요소가 가미된 사회개혁노선이 힘을 얻게 되었다(임영일 1998, 316-319). 이같은 노선 변화는 민주노총의 실제 활동에도 반영되었는데, 삶의 질의 향상을 위한 사회개혁투쟁의 강조, 총선 및 지방선거의 참여를 통한 노동자의 정치세력화, 재야 민중운동단체만이 아니라 시민단체와의 연대, 한국노총과의 협력과 공존의 모색 등으로 나타났다(최영기 외 2001, 439-441).

II. 국가 주도 노사관계개혁의 실패

1996년 4월 26일, 김영삼 대통령은 세계화 시대에 부합하는 일류국가로 발돋움하기 위해 노사관계개혁의 시급성을 강조하면서 이른바 '신노사관계' 구상을 발표하였다.[11] 그리고 5월 9일 노사관계개혁을 위한 대통령 직속 민간자문기관으로 '노사관계개혁위원회'(노개위)를 출범시켰다. 노개위는 민주노총을 포함한 노동대표, 자본대표, 공익대표, 학계대표로 구성되었고, 이들은 사회적 합의방식에 기초하여 신노사관계의 구축을 위한 노동법개정안 마련에 착수하였다. 노개위는 1996년 11월 7일 노동관계법 개정요강이 확정될 때까지 지속되었다. 그러나 수차례의 공청회와 토론회, 14차례의 전체회의와 수많은 분과회의에도 불구하고, 노개위는 노동과 자본을 만족시키는 타협안을 도출하는 데 실패하였다.

1. 노사관계개혁의 추진 배경

정부의 사회적 합의방식에 기초한 노사관계개혁의 추진은 변화된 노동운동 지형과 국제기구들의 강력한 압력 때문이었다. 즉 민주노총의 등장으로 인한 노사갈등의 격화 및 지속적인 사회적 비용의 발생이 예상되고 있었으며, 한국의 노동 상황을 둘러싸고 점증하고 있는 국제기구의 정치적 압력을 완화시킬 필요가 있었다. 전자가 기존 노사관계제도의 정당성과 유효성을 빠른 속도로 부식시켜 개혁을 둘러싼 국내적 압력을 높이는 요인이 되었다면, 후자는 정부로 하여금 개혁의 즉각적 실행을 촉발하는 요인으로 작용하였다.

민주화 이후, 노동은 비민주적 혹은 억압적 노사관계제도에 대한 과감한 개혁을 끊임없이 요구하여 왔다. 특히 복수노조 금지, 제3자 개입금지, 노조의 정치활동 금지, 공무원과 교원의 단결금지, 쟁의행위에 대한 제약 등과 같은 집단적 노사관계의 민주화를 가로막는 법조항들이 노동의 제도개선 투쟁의 주요 표적이 되어왔다. 이에 대해, 국가와 자본은 타협을 통한 제도개선보다는 선택적 억압과 회유, 그리고 담론적 통제를 이용하여 노동의 요구와 도전을 묵살하고 고립시키

11 이날 발표에서 대통령은 한국의 노사관계가 지향해야 할 5대 원칙으로 공공선 극대화, 참여와 협력, 노사 자율과 책임, 교육 중시와 인간 존중, 그리고 제도와 의식의 세계화를 제시하였다.

는 전략을 구사하여 왔다. 그러나 민주노총의 등장은 노동운동 내부뿐만 아니라, 국가와 노동 간의 권력관계에도 변화를 가져왔다. 즉 민주노총이 국가의 정책 입안과 집행을 방해할 정도의 '최소한의 권력'을 가진 주체로 성장함에 따라,[12] 국가는 민주노총의 영향력을 무조건 무시할 수만은 없게 되었다(유범상 2003, 131). 더구나 1993년과 1994년 두 차례의 임금합의 참여로 조직의 위기를 경험한 한국노총은 더 이상의 임금합의를 거부하고 있었다. 이는 국가의 노조분할을 통한 노동운동의 통제가 더 이상 유효하지 않음을 뜻하였다.

다른 한편, 점증하는 경제적 세계화의 압력은 한국경제의 세계경제에 대한 '관계적 민감성'(relational sensitivity)과 '체계적 취약성'(systemic vulnerability)을 현저하게 증가시키고 있었다(문정인 1995, 334-335). 특히 1994년 4월 모로코의 말라케시에서 열린 통상장관회의에서 우루과이 라운드(Uruguay Round)의 타결, 그리고 1995년 1월 우루과이 라운드에 기초한 WTO(세계무역기구)의 출범은 국가 간 무역장벽의 소멸과 자유무역에 기초한 새로운 세계무역질서의 등장을 의미하는 것이었다. 즉 WTO체제의 출범은 국경을 초월한 자본·생산·기술·노동의 유동성을 제도적으로 뒷받침하는 것으로, 궁극적으로 국제경쟁력 강화를 위한 노동시장의 유연화를 요구하고 있었다. 이에 자본은 경제환경의 변화에 유연하게 대응하기 위해서 변형근로제 및 파견근로제와 같은 법제도적 장치의 마련과 더불어, 노동시장의 경직성을 강요하는 근로기준법 및 고용관련제도의 개정을 강력히 원하고 있었다.

문제는 과거와 달리 국가가 강압적이고 권위주의적 방식으로 노동을 완벽하게 제압할 수 있는 상황이 아니며, 노동과 자본이 노사관계개혁에 대해 상반된 입장을 취하고 있다는 점이었다. 그러는 동안 국가의 지속적인 노동통제는 적지 않은 사회적 비용을 감수해야 했다. 비록 국가의 노동통제로 노동쟁의의 빈도와 파

12 민주노총은 1995년 11월 출범 당시 총 861개의 노조와 418,154명의 조합원을 포괄하고 있었으나, 1년 후인 1996년 11월 산하 노조 수는 929개, 조합원 수는 496,908명으로 증가하였다(민주노총 1996, 39).

업규모는 감소되는 추세에 있었지만, 노사분규로 인한 생산차질액과 수출차질액은 좀처럼 줄지 않고 있었다. 구체적으로, 노동쟁의 빈도는 1992년 235건에서 1993년 144건, 1994년 121건, 1995년 88건으로 줄어들었고, 이에 따라 파업규모 역시 1992년 128.3에서 1993년 109.5, 1994년 118.9, 1995년 30.5로 감소되었다. 이에 비해, 생산차질액과 수출차질액은 1992년에 각각 1조 9천억원과 2억 6천만 달러이던 것이 1993년에는 2조 9백억원과 5억 6천만 달러, 1994년에는 1조 5천억원과 5억 5천만 달러, 그리고 1995년에는 1조 8백억원과 2억 달러를 기록하여 국가와 자본에 상당한 부담으로 작용하고 있었다(〈표 14〉 참조).

표 14 노사분규와 경제손실

	노동쟁의	파업규모	생산차질액 (억원)	수출차질액 (백만 달러)
1992년	235	128.3	19,586	260
1993년	144	109.5	20,872	564
1994년	121	118.9	15,026	550
1995년	88	30.5	10,757	200
1996년	85	67.7	17,983	386

주: 파업규모(strike volume)=노동쟁의로 인한 손실일수÷임금노동자(천 명).
출처: 한국노동연구원. 1997. 『KLI 노동통계』.

이러한 상황에서, 김영삼 정부의 노사관계개혁을 촉발시킨 것은 국제적 압력이었다. 1991년 UN과 ILO 가입, 그리고 1996년 OECD 가입은 한국이 국제적 영향력으로부터 자유로울 수 없는 구조를 형성시켰다. 특히 1995~96년 김영삼 대통령의 의욕적인 OECD 가입 추진은 노사관계개혁을 촉발시키는 직접적인 계기가 되었다. 한국 정부가 OECD 사무총장에게 공식적으로 회원 가입 의사를 밝힌 것은 1995년 3월이었으며, 그에 따라 1995년 11월부터 1996년 7월까지 한국의 OECD 가입에 대한 심사가 진행되었다.[13]

13 OECD 가입의 기본 요건은 "다원적 민주주의 국가로서 개방된 시장경제체제를 보유하고 인

OECD 이사회의 심의과정에서 문제가 된 것은 한국의 노동 상황이었다. 원래 노동문제는 심사대상이 아니었으나, 심사과정에서 일부 유럽 국가들과 미국, 그리고 OECD 노동조합자문위원회(TUAC, Trade Union Advisory Committee)가 한국의 노동문제를 제기하였다. 즉 TUAC는 한국이 1991년 ILO에 가입하였지만 ILO의 핵심협약인 '결사의 자유와 단체교섭 관련 협약'(제97호와 98호)을 여전히 비준하지 않고 있음을 지적하면서,[14] 한국 정부가 OECD에 가입하기 위해서 한국의 노동법을 국제기준에 맞춰 재편할 것을 요구하였다. 노동관계법 개선에 대한 압박이 심해지자, 한국대표단은 1996년 4월 16일 개최된 'OECD 가입을 위한 한국노동정책 검토회의'에서 기조연설을 통해 한국의 노사관계를 국제기준에 부합토록 개정할 것임을 약속하였고, 이를 위해 조만간 대통령 직속의 위원회를 설치할 예정임을 밝혔다. 이에 OECD는 산하의 '고용·노동·사회위원회'(ELSA)가 한국의 약속 이행 상황을 모니터링하여 이사회에 보고하는 것을 조건으로 10월 11일 한국의 OECD 가입을 최종 승인하였다(장신철 2008, 1-31).

2. 노사관계개혁 합의안 도출의 실패

노·사·공익의 사회적 합의방식을 토대로 노사관계개혁을 추진하겠다는 대통령의 '신노사관계' 구상에 대한 국민여론은 대체로 긍정적이었다. 우선 1996년 5월 18일 실시된 여론조사에 의하면, 노사관계가 개혁되어야 한다는 의견이 90.5%로 압도적 다수를 차지하였다. 또한 노사관계개혁의 시기에 대해, 72.3%가 '시급하다'고 응답하여 '아직 이르다'는 의견 26.8%에 비해 월등히 많았다(한겨레

권을 존중하는 국가"이다. 이를 위해 가입대상국은 법제도적으로 그리고 정책적으로 OECD가 제시하는 규정에 부합하는지 여부에 대한 심사를 받게 된다.

14 당시 OECD의 노동법 관련 개선 요구사항은 다음 9개 사항이었다: ① 복수노조의 허용, ② 노조 전임자 임금지급 문제의 노사 자율 결정, ③ 교원의 단결권 보장, ④ 공무원의 단결권 보장, ⑤ 필수공익사업 축소 및 직권중재 폐지, ⑥ 민주노총의 합법화, ⑦ 해고자 및 실업자의 노조가입 허용, ⑧ 제3자 개입금지의 폐지, ⑨ 구속 근로자 문제 및 형법상 업무방해죄 적용의 개선.

1996/05/23, 22).

노사관계개혁을 둘러싼 자본과 노동의 반응도 대체로 긍정적이었다. 그러나 구체적인 이슈들에 대해 상당한 입장차가 존재하였다. 1996년 4월 24일, 경총·중소기업협의회·전경련 등을 비롯한 자본가 단체들은 대통령의 '신노사관계' 구상을 환영한다는 성명서를 발표하였다. 그러나 '신노사관계' 구상이 마치 복수노조의 허용 및 제3자 개입금지 규정의 철폐와 같은 일부 노동관계법 조항의 개정만을 위한 것이 아님을 강조함으로써, 자본은 노동시장의 경직성을 완화하고 유연성을 제고시키는 제도적 개편이 필요함을 숨기지 않았다(한국일보 1996/04/25, 2).

반면, 한국노총은 '신노사관계 구상에 대한 우리의 입장'이라는 성명서를 통해, 노개위가 "지나치게 기업의 요구나 국가경쟁력에 집착한 나머지 … 기존의 근로조건을 저하시키는 변형근로제, 정리해고제, 파트타임제의 도입과 할증임금 삭감, 노조전임자 축소 등과 같은 개악을 시도한다면 엄청난 저항에 부딪치게 될 것"임을 경고하고 나섰다(한국노총 1996, 190). 민주노총의 경우, '신노사관계' 구상이 노동시장 유연성을 제고하려는 의도를 가진 것으로 경계하면서도, 자신이 노개위의 일원으로 초청받은 것을 두고 정부가 민주노총을 실질적인 대화의 상대로 인정하는 긍정적 신호로 파악하였다. 이에 따라, 민주노총은 '참여와 투쟁'의 기조 하에 노개위 참여를 통해 자신의 존재를 정치적으로 인정받고, 노동법개정을 통해 민주노총의 합법화를 쟁취한다는 전략을 채택하였다(한국일보 1996/05/01, 38).

1996년 5월 9일, 대통령 직속 민간자문기관으로 노개위가 구성되었다. 노개위는 민주노총을 포함한 노동대표 5명(한국노총 3명, 민주노총 2명), 자본대표 5명, 공익대표 10명, 학계대표 10명 등 총 30명으로 구성되었다. 초기 노개위의 활동은 비교적 순조롭게 진행되었다. 7월 9일, 노개위는 이해당사자의 행동지침이 될 '노사관계 제도개혁의 부문별 추진방향'에 대한 합의를 도출하였다. 합의문에 의하면, 조직노동은 국민의 지지를 받는 '책임 있는 노동운동'을 지향하며, 자본은 노동자의 만족과 참여를 중시하는 '인본주의 경영'을 실천하고, 국가는 신노사관계 정착을 지원하는 '선진형 노동행정' 서비스를 제공한다는 것이었다(노사관계개혁위원회 1996). 또한 7월 11일 노개위는 향후 노동관계법 개정의 준거가 될 '노동관계법 제도개선의 7대 기본방향'[15]을 위원 전원합의로 통과시켰다. 그 핵심은 국제적 관행 및 기준을 존중하여 노사관계제도를 재정비하며, 법제도의 개선은 노사합의를 통해 추진한다는 내용이었다(노사관계개혁위원회 1996).

하지만 노동관계법 개정을 위한 구체적 논의가 본격적으로 전개되자, 노개위의 논의 과정은 노동과 자본의 대립으로 긴장감이 높아지기 시작하였다. 한국노총과 민주노총은 노동시장 유연화와 국제경쟁력 강화를 위한 자본의 입법 움직임을 견제하는 한편, 노동기본권 신장과 노동자의 삶의 질 향상을 위한 법제도적 장치의 마련에 전력하였다. 구체적으로, '노동조합법' 및 '노동쟁의 조정법'과 관련하여, 양 노총은 복수노조 허용, 노조의 정치활동금지 및 제3자 개입금지 조항의 철폐, 대체근로의 전면 금지, 신규하도급의 금지, 무노동·무임금 및 노조전임자 임금의 노사자율 해결, 공무원과 교원의 단결권 허용을 주장하였다. 또한 노동은 '근로기준법'과 관련하여, 노조와의 합의를 전제로 하는 정리해고제 도입, 파견근로의 반대, 법정근로시간의 단축을 조건으로 하는 변형근로제 도입, 퇴직금의 중간정산제 반대 등의 입장을 취하였다(최영기 외 2000, 276).

자본의 주장은 노동과 정반대였다. '근로기준법'의 경우, 자본은 정리해고 요건의 완화, 파견근로제의 대폭 완화, 법정근로시간 단축 없는 월단위 변형근로제의 도입, 퇴직금 중간정산제의 도입, 월차휴가의 폐지 등을 요구하였다. 또한 자본은 '노동조합법'과 '노동쟁의 조정법'에 있어서도 복수노조의 도입을 반대하였으며, 쟁의기간 중 대체근로의 허용, 노조전임자 임금지급 금지, 무노동·무임금의 명문화를 주장하였다(최영기 외 2000, 277).

---

15 '노동관계법 제도개선의 7대 기본방향'의 내용은 다음과 같다: ① 노사협력관계를 증진시키고 이해대립관계를 합리적으로 조정한다; ② 노사대등과 자치를 존중한다; ③ 근로자의 삶의 질을 향상시키기 위한 제도적 기틀을 마련하고 산업구조 변화에 따른 노동시장의 활력을 제고한다; ④ 경제의 국제경쟁력 제고 및 부문간 균형발전을 위하여 다양성을 중시한다; ⑤ 기준 개념의 명료화와 절차적 기준을 정비한다; ⑥ 국제적인 기준과 관행을 존중한다; ⑦ 노사합의를 통한 법제도 개선을 추진하되 국민의 이익과 합치되는 방향으로 추진한다(노사관계개혁위원회 1996).

노동과 자본 간의 팽팽한 대립으로 합의안 도출이 불가능해지자, 노개위는 11월 7일 공익대표들이 마련한 이른바 '수정 공익안'을 노동관계법 개정요강으로 확정하고 미합의 사항은 제목만 정부에 보고하기로 합의하였다. 이날 확정된 '수정 공익안'은 147개 조항 가운데 '합의 107개 조항' 그리고 '미합의 40개 조항'의 상태로 11월 12일 정부에 제출되었다.[16] 그러나 노동과 자본의 이해가 걸린 대부분의 핵심 쟁점들에 대해 합의점을 찾지 못하였고, 이로써 사회적 합의의 실험은 사실상 실패로 마감되었다.

Ⅲ. 노동법 개정을 둘러싼 힘겨루기

정부와 집권당의 일방적인 노동개정법 처리는 노동자 총파업이라는 대규모의 저항을 불러왔다. 노동자 총파업은 1996년 12월 16일부터 1997년 2월 28일까지 격렬하게 전개되었다. 갈등의 전선은 노동시장 유연화를 촉구하는 '신자유주의 연합'과, 노동시장 유연화 및 노동법의 변칙적 처리에 반대하는 '반신자유주의 연합' 간의 대립으로 구체화되었다.

16 노개위가 정부에 제출한 '수정 공익안'의 주요 내용은 다음과 같다: ① 복수노조 금지는 전면 허용하되, 경과 규정을 주어 일정기간 동안 상급단체만 허용; ② 노조전임자 임금은 노조의 재정자립원칙을 선언적으로 명문화하고, 복수노조의 전면 허용 시의 전임자 급여 문제는 2차 개혁 과제로 넘김; ③ 제3자 개입금지 조항은 삭제하되 단체교섭 등의 지원규정을 신설하여 노사가 지원받을 수 있는 자를 명시하고, 그 이외의 자가 고의로 교섭방해, 쟁의조정, 선동을 할 수 없도록 수정; ④ 교원단결권에 대해 명칭은 교원단체로 하고 특별법으로 규정; ⑤ 해고근로자의 조합원 자격은 2차 개혁 과제로 넘김; ⑥ 파업기간 중 임금지급 관련 쟁의행위 금지 규정을 신설; ⑦ 변형근로제는 격주 단위 주 48시간제를 취업규칙으로 도입; ⑧ 파견근로제는 2차 개혁 과제로 넘김; ⑨ 정리해고제는 긴박한 경영상의 이유가 있을 때만 가능(최영기 외 2000, 289-291).

1. 집권세력의 일방적 노동법 개정

노개위가 최종적 타협안 도출에 실패하자, 노동법 개정의 임무는 정부와 여당으로 돌아갔다. 1996년 11월 13일, 정부는 14개 관련부처 장관들로 구성된 '노사관계개혁추진위원회'(노개추)를 출범시켰다. 그리고 노개추는 노개위가 작성한 노동법 개정요강을 바탕으로 구체적인 노동법 개정안 마련에 착수하였다.

일차적으로 정부의 노동법 개정 초안은 노동부가 마련하였다. 그리고 12월 3일, 노동부의 초안을 토대로 노개추는 수차례의 관계부처 협의와 당정협의를 거쳐 개정안을 확정하였다. 그리고 확정된 개정안은 12월 9일 차관회의, 12월 10일 국무회의를 거쳐, 12월 11일 국회에 제출되었다. 노개추의 협의과정은 노개위의 안을 존중하면서 개정안을 작성하자는 노동부의 입장보다는, 경쟁력 강화와 경제 살리기 차원의 법 개정을 주장하는 경제부처들의 목소리가 크게 반영되었다(장홍근 1999, 205). 그 결과, 정부의 개정안은 확연히 자본 편향적인 것이었다.

정부안은 그간 쟁점이 되어왔던 이른바 '3금' 조항(제3자 개입금지, 복수노조 금지, 노조의 정치활동 금지)을 삭제하였지만, 복수노조 문제는 상급단체의 경우 2000년부터 그리고 기업단위노조의 경우 2002년부터 허용한다는 유예조항을 두었다. 이와 더불어, 이른바 '3제' 사안(파견근로제·변형근로제·정리해고제) 가운데 파견근로제를 제외한 정리해고제와 변형근로제를 도입하였다. 또한 노조전임자 임금지급 금지를 부당노동행위로 규정하여 2002년부터 시행토록 하였다. 그리고 교원의 노동권과 관련하여, 단결권만을 허용하고 단체교섭권은 제한적으로 인정하며 단체행동권은 부정하였다(장홍근 1999, 205-208; 최영기 외 2001, 492-494).

정부의 노동법 개정안이 발표되자, 노·사·정 간의 대립과 긴장은 고조되었다. 조직노동은 개정안에 반발하며 철회를 요구하였다. 12월 4일, 민주노총은 총파업을 예고하였고, 산하 노조들은 일제히 쟁의행위 찬반투표에 돌입하였다. 12월 5일, 한국노총 역시 시한부 파업을 예고하고 산하 노조들에게 파업 찬반투표 실시를 시달하였다(한겨레 1996/12/05, 1). 이에 맞서, 12월 5일, 전경련·경총·대한상공회의소·무역협회·중소기업중앙회 등 자본가 단체들은 긴급회장단회의를 열고, 노동의 총파업 움직임에 대해 공동 대응할 것임을 밝혔다(한겨레 1996/12/06, 8). 그리고 다음날, 경총은 30대그룹 인사노무담당 임원회의에서 파업대응지침으로 파업참여자의 징계, 대체인력의 투입, 직장폐쇄, 파업노조의 형사고발 등을 확정하고, 이러한 내용을 담은 책자를 전국 4천여 작업장에 배포하였다(한겨레 1996/12/07, 9). 또한 정부 역시 노동의 파업 예고에 대해 강경한 태도를 보였다. 정부는 적법한 절차를 밟지 않은 노동자들의 단체행동은 실정법 위반행위로 처벌할 것임을 공표하였다(한겨레 1996/12/05, 1). 그리고 12월 8일, 정부는 신한국당과 고위당정회의를 열고 노동법 개정안을 정기국회에서 처리하기로 의견을 모았다.

국가·노동·자본 간의 대립을 둘러싼 사회여론은 냉정하였다. 12월 7일 실시된 여론조사에 의하면, 정부개정안이 '자본의 의견을 주로 반영했다'는 응답이 78.1%였으며, '정부개정안은 철회 혹은 수정되어야 한다'는 의견이 76.6%로 압도적으로 많았다. 그러나 정부개정안에 대한 노동의 총파업 대응에 대해서는 72.9%가 반대하였다. 또한 노동의 총파업을 불법행위로 간주해 법적으로 대응하겠다는 정부의 방침에 대해서도 66.1%가 반대 입장을 취하였다(한겨레 1996/12/11, 3).

이러한 대립 국면에서, 국민회의와 자민련 등 야당은 철저한 법안심의가 필요하다는 이유로 정부개정안의 연내처리 불가 입장을 취하였다. 결국 야당의 반대로 국회 환경노동위원회에서 노동법 개정안 처리가 무산된 채, 12월 18일 정기국회가 폐회되었다. 그러나 집권당인 신한국당은 12월 23일 임시국회를 개최하였고, 국회의장은 12월 24일 자정까지 노동법 개정안이 처리되지 않을 경우 의장 직권으로 본회의에 법안을 상정할 것임을 밝혔다. 그리고 야당의 반대를 피해 신한국당은 12월 26일 새벽 단독으로 국회 본회의를 개최하고 노동관계법과 안기부법을 포함한 10여 개의 법안들을 변칙적으로 통과시켰다.

2. 노동자 총파업

노동법 개정안의 변칙처리를 둘러싼 자본과 노동의 반응은 상이했다. 개정노동법에 대해 자본가 단체들은 환영성명서를 발표하였고(국민일보, 1996/12/26), 노동은 총파업으로 대응하였다. 민주노총은 12월 26일 무기한 총파업을 선언하고, 기아·쌍용·아세아 등 자동차연맹 산하노조와 현대그룹노동조합총연맹(현총련) 소속 노조 등을 중심으로 하는 100여 개 노조의 15만여 명의 조합원들이 일제히 파업에 돌입하였다(한겨레 1996/12/27, 1). 12월 27일, 한국노총 역시 총파업을 결의하고, 27일부터 오후 1시를 기해 화학노련·금속노련·연합노련 산하의 노조들을 포함한 전국 486개 사업장에서 16만여 명이 전면파업에 들어갔다(한국노총 1996, 303). 그리고 파업은 시간이 지날수록 더 많은 사업장으로 확산되었다.

저항은 노동자들에 국한되지 않았다. 수많은 국내외 시민·사회단체들이 항의운동에 가담하기 시작하였다. 재야·시민단체 지도자들은 긴급시국간담회를 열고 '노동법·안기부법 개악 철회와 민주기본권 수호를 위한 범국민대책위'를 구성하였고, 개신교 인사들은 '비상시국대책위원회'를 발족시켰으며, 불교단체 대표자들은 '반민주 악법 저지를 위한 불교비상시국회의'를 결성하여 개정노동법의 철회를 촉구하였다. 또한 천주교정의구현사제단·경실련·민교협·민변·참여연대 등을 포함한 다수의 사회단체들이 항의성명을 잇따라 발표하고 노동법 개악을 규탄하는 대중집회를 개최하였다(한겨레 1996/12/31, 27). 뿐만 아니라, OECD의 노동조합자문위원회(TUAC)와 국제자유노련(ICFTU)은 12월 27일과 28일 각각 한국 정부와 여당의 노동법 파행처리를 비판하는 성명서를 발표하고, 지난 1996년 4월 16일 한국 정부가 OECD에 약속한 ILO의 규범인 '결사의 자유'를 철저히 준수할 것을 촉구하였다(Kim 1999, 1154).

이로써 갈등전선은 노동시장 유연화를 촉구하는 정부·여당·자본으로 구성된 '신자유주의 연합'과 노동시장 유연화 및 노동법의 변칙적 처리에 항의하는 노동자와 시민단체가 연대한 '반(反)신자유주의 연합' 간의 대립으로 구체화되었다.

그러나 연이은 노동자들의 파업과 국내외 비정부기구들의 성명서 발표 및 규탄집회에도 불구하고, 정부의 입장은 여전히 강경하였다. 1997년 1월 7일, 김영삼 대통령은 연두기자회견을 통해 노동법의 재개정 의사가 없음을 분명히 하였다. 1월 8일, 내부·법무·노동 3부 장관들은 합동담화문을 통해 총파업은 불법이며, 단호한 법집행이 불가피함을 밝혔다. 1월 9일, 대검찰청 공안부는 파업지도부 20명에 대해 사전구속영장을 청구하고 다음날부터 영장집행에 들어갔다.

정부의 강경한 태도에 대해 민주노총과 한국노총은 연대파업으로 대응하였다. 1997년 1월 8일, 민주노총은 1월 14일까지 대통령의 결단이 없을 경우 1월 15일 공공부문까지 포함한 전면 총파업에 돌입할 것임을 예고하였다. 1월 9일, 한국노총 역시 1월 14일을 기해 강도 높은 총파업을 전개할 예정임을 발표하였다. 그리고 1월 14일, 민주노총과 한국노총 위원장들은 공동기자회견을 갖고, 변칙적으로 통과된 노동법의 무효화 및 재개정이 이루어질 때까지 총파업 투쟁을 계속할 것임을 공표하였다(한국노총 1997, 335).

노동을 포함한 '반신자유주의 연합'의 저항은 1월 14일~15일에 절정을 이루었다. 연대파업 첫 날인 14일에 1,860개 노조와 63만여 명의 노동자가 파업에 참여하였고, 둘째 날인 15일에는 1,900개 노조와 73만여 명의 노동자가 파업에 참여하였다(민주노총 1977, 186-187; 한국노총 1997, 235). 뿐만 아니라, 전국에서 개최된 노동자들의 항의집회에는 국내 비정부기구는 물론이고 수많은 시민들이 동참하였다. 그리고 전국 각지에서 항의집회는 가두시위로 발전하는 양상을 보였다.

총파업이 전국으로 확산되고 국민적 저항이 심화되자, 그간 강경한 입장을 고수했던 정부가 타협적 태도를 취하기 시작했다. 1월 17일과 18일, 김영삼 대통령은 종교지도자들을 연달아 청와대로 초청하여 해결 방안을 모색하였고, 21일 대통령은 신한국당, 국민회의, 자민련 대표들과 사태의 해결책을 논의하였다. 이 자리에서 대통령과 정당 대표들은 변칙 처리된 개정노동법에 대해 '국회의 재논의'를 결정하였고, 사전영장이 발부된 노조지도부에 대한 영장집행을 유예하기로 하였다. 그리고 정부는 개정노동법의 입법예고를 보류하였다. 이에 따라, 노동자

표 15 노동법개정의 주요 내용

법조항	구노동법	변칙처리 개정노동법 (1996년 12월 26일)	총파업 후 개정노동법 (1997년 3월 10일)
복수노조금지	금지	상급단체 2000년부터, 단위노조 2002년부터 허용	상급단체 즉시 적용
제3자 개입금지	금지	삭제	좌동
노조의 정치활동금지	금지	삭제	좌동
노조전임자 급여	규정은 없으나 관행에 의해 지급	임금지급 금지, 2002년부터 적용	좌동
정리해고	규정 없음	긴박한 경영상의 필요시 허용	2년 유예
변형근로제	규정 없음	허용	좌동
쟁의기간 중 대체근로	금지	고용주의 임금지급 의무 없음	좌동

출처: Yong Cheol Kim. 1998. "Industrial Reform and Labor Backlash in South Korea: Genesis, Escalation, and Termination of the 1997 General Strike." *Asian Survey* 38:12, 1157.

총파업은 정치권이 주도하는 여야협상으로 국면 전환이 이루어지기 시작했다.

여야협상 국면에서도 노동의 공세는 계속되었다. 민주노총은 1월 22일부터 매주 수요일에 이른바 '수요파업'을 통해 정치권을 압박하였고, 한국노총은 각종 집회를 통해 노동법 재개정의 필요성을 선전·홍보하였다. 2월 17일 마침내 여야는 변칙 처리된 개정노동법의 재개정을 논의하기로 합의하였고, 3월 10일 국회는 여야가 합의한 새로운 노동법을 통과시켰다.

여야 합의로 재개정된 노동법은 변칙 처리된 노동법을 약간 수정한 수준이었다. 구체적으로, 정리해고제는 그 시행 시기를 2년간(1999년 3월 21일까지) 유예시켰고, 복수노조는 상급단체의 경우 즉시 허용하는 대신 기업단위노조는 5년 동안 유예하는 것으로, 교사와 공무원의 단결권은 유보하기로, 그리고 노조전임자 임금지급 금지는 5년간 유예하기로 하였다(Kim 1999, 1157). 이렇듯 재개정된 노동법은 1996년 12월 변칙 처리된 노동법의 독소조항들을 일부 완화시켰지만, 기본적으로 애초 변칙 처리된 노동법의 테두리를 크게 벗어나지 않은 것이었다. 이는 조직노동이 정당들의 협상과 절충 과정에 개입하거나 영향력을 발휘할 효과적인 정치적 수단을 보유하지 못한 결과였다.

그렇다고 총파업으로 인해 노동이 성취한 성과가 전혀 없었던 것은 아니다. 가장 큰 성과는 노동자 스스로의 힘을 확인함으로써, 그간 위축된 노동운동에 대한 자신감을 회복하는 계기가 되었다. 즉 총파업투쟁 과정에서 한국노총과 민주노총은 역사상 처음으로 연대투쟁이라는 경험을 축적하게 되었고, 조합원의 정치의식을 강화하고 노동자의 정치세력화의 필요성을 확인하는 계기가 되었다. 특히 민주노총은 상급단체의 복수노조 즉시 허용이라는 성과를 얻어냄으로써 국가와 자본으로부터 자신의 합법적 지위를 인정받게 되었다.

Ⅳ. 외환위기와 국가의 딜레마

1997년 11월 이른바 'IMF 경제위기'는 노동문제를 둘러싼 사회연합정치를 다시 촉발·활성화시켰다. 노동시장 유연화를 지지하는 '반신자유주의 연합'과 이에 반대하는 '신자유주의 연합' 간의 대립이 재연되었다. 그러나 김영삼 정부의 위기관리 능력은 이미 고갈된 상태였다.

1. 경제위기와 노·자 대립

경제위기의 징후는 이미 1997년 초부터 나타나기 시작했다. 1월 한보철강의 부도에 이어, 3월에 삼미그룹이, 4월에 진로그룹이, 5월에 한신공영이, 그리고 7월에는 기아그룹이 도산하였다. 대기업들의 연이은 도산은 금융시장의 부실로 이어졌다. 1997년 9월 말, 원리금 회수의 어려움으로 25개 일반은행과 6개 특수은행에 무려 28조 2,346억원의 무수익 여신이 발생하였다. 부실여신으로 경영위기에 직면한 것은 은행만이 아니었다. 단기로 조달한 외화를 위험도가 높은 동남아 국가들에게 투자한 종합금융사들은 7월과 8월 각각 태국과 인도네시아에서 금융위기가 발생하면서 부실기관으로 전락하였다. 그 사이 쌍방울그룹을 포함한 국내 기업들의 도산이 계속해서 발생하였다. 10월 23일 홍콩 증권시장의 주가 폭락은 한국경제를 더욱 어렵게 했다. 외국 금융기관과 투자가들은 본격적으로 국내의 투자자금을 회수하기 시작하였다. 이에 따라 원화 환율이 급등하고 주식시장의 주가가 급락하였으며, 국제 신용평가기관들은 한국경제의 신용등급을 일제히 낮추기 시작했다. 신용등급의 하락으로 국내 은행들의 해외 차입이 불가능해짐에 따라, 외환시장은 극심한 달러 부족 현상에 시달리기 시작했다. 환율방어를 위해 정부는 11월 한 달 동안 무려 150억 달러를 투여하였지만, 환율의 폭등과 외환의 고갈을 제어하기에는 역부족이었다(김용철 1999, 514-515).

외환위기는 국민경제의 위기로 이어졌다. 국내 기업들의 생산 활동은 급속히 위축되었다. 기업들의 재정적 어려움을 나타내는 어음부도율은 1996년 0.17%에서 1997년 4월에는 0.32%로, 9월에는 0.40%로, 그리고 11월에는 0.48%로 급증하였다. 이와 더불어, 설비투자 증가율은 1996년 4/4분기에 14.3%에서 1997년 1/4분기에 4.2%, 2/4분기에 1.3%, 3/4분기에 －12.6%, 그리고 4/4분기에 －25.9%로 급락하였다(김용철 1999, 515).

경제위기가 심화되자 정부는 1997년 11월 21일 IMF에 긴급구제금융을 요청하였다. 그리고 다음 날, 김영삼 대통령은 '경제난국 극복을 위한 특별담화문'을 통해 IMF에 자금지원을 요청하였음을 밝히면서 "기업가들은 차입경영보다 기업 구조조정에, 근로자들은 임금투쟁보다 생산성 향상에" 노력하여 경제위기를 극복하자고 호소하였다(서울신문 1997/11/23, 1). 외환위기를 공식적으로 인정하는 대통령의 담화문 발표가 있자, 1997년 3월 노동법 재개정 이후 잠잠하던 노·자의 대립이 재연되기 시작하였다.

자본가 단체들은 경제위기의 중요 원인으로 노동시장의 경직성을 지목하였다. 전경련은 '정리해고제의 유예'가 기업구조조정의 걸림돌이 되어왔음을 지적하면서 '정리해고제의 전면 실시'를 주장하고 나섰다. 경총은 노동자의 감원을 어렵게 하는 기존 근로기준법을 폐지하고 노동자의 감원을 좀 더 쉽게 할 수 있는 근로계약법을 새로 제정할 것을 요구하였다(동아일보 1997/11/24, 8). 또한 대기업들은 임금의 삭감 및 동결의 필요성을 강조하면서, 경쟁적으로 조직 및 인원 감축 계획을 발표하였다. 이와는 달리, 조직노동은 대기업의 지배구조 및 정경유착 등과 같은 구조적 요인을 경제위기의 근본 요인으로 규정하고, 경제위기를 극복하기 위해서는 '재벌개혁'과 '경제민주화'가 시급함을 주장하였다. 그리고 노동자들에게 경제위기의 책임과 고통을 전가하는 상황이 지속될 경우 총파업으로 강력히 대항할 것임을 선언하였다(한겨레 1997/11/28, 31).

노동과 자본의 대립은 1997년 12월 5일 IMF 협약 체결로 더욱 심화되어 갔다. 협약의 체결로 한국은 총 210억 달러의 구제금융을 지원받게 되었으나, IMF의 금융지원은 한국경제의 대대적인 구조개혁을 전제 조건으로 하고 있었다. 즉 IMF로부터 구제금융을 제공받는 대신, 한국 정부는 긴축적 통화정책과 재정정책, 금융부문의 구조조정, 무역자유화와 자본자유화, 기업지배구조 및 기업구조의 개혁, 그리고 노동시장의 유연화를 실행하기로 IMF에 약속하였다.[17]

IMF 협약에 대한 자본의 입장은 내면적으로 부정과 긍정이 교차하는 상태였으나, 외면적으로 대체로 긍정적이거나 최소한 부정적인 태도는 아니었다. 자본은 한편으로 IMF의 이행조건인 기업회계의 투명성 제고, 경영자의 책임성 강화, 상호지급보증의 금지 등으로 인해 그간 국내시장에서 대기업들이 누려왔던 특혜의 상실을 심히 우려하고 있었으나, 다른 한편으로 IMF가 요구한 노동시장 유연화가 그간 자신들이 원했던 '노동시장의 시장화'를 달성할 수 있는 절호의 기회로 판단하였다. 이에 비해, IMF 협약에 대한 노동의 반응은 매우 부정적이었다. 민주노총

17 IMF. 1997. "Republic of Korea: IMF Stand-By Arrangement: Summery of the Economic Program, December 5, 1997," http://www.imf.org/exteranl/np/oth/korea.htm (검색일: 2001년 1월 2일).

은 협약체결을 IMF에 의한 "경제신탁통치"의 수용이며, 경제위기의 책임자인 국가와 재벌이 위기상황을 틈타 노동자와 국민을 희생시키고 자신들의 이익을 보존하려는 전략적 행위로 인식하였다. 또한 한국노총은 노동시장 유연화를 요구하는 협약내용에 대해 고용불안정을 심화시키는 조항이라고 반발하였다. 나아가, 양 노총은 정부가 정리해고제를 일방적으로 법제화할 경우 총파업도 불사할 것임을 강조하였다(한겨레 1997/12/06, 31).

IMF 협약내용을 둘러싼 사회세력 간의 공방은 자본과 노동에만 국한되지 않았다. 12월 6일, 참여연대·민변·경실련 등 18개 시민·사회단체들은 '경제실정규탄·고용안정촉구 국민대행진'을 열고, 외환위기는 재벌의 방만 경영과 재경원의 무능력에서 비롯된 것임을 지적하면서 재벌과 경제부처의 대개혁을 촉구하였다. 나아가, 이들은 정부에게 IMF와의 재협상을, 그리고 대기업에게 감원정책의 철회를 요구하였다(박양균 1998, 80-81).

이에 따라 외환위기와 IMF 협약을 둘러싼 '신자유주의 연합'과 '반신자유주의 연합' 간의 극한 대립이 재연되고 있었다. 그러나 국민들의 관심은 IMF와의 재협상보다는 외환위기의 극복에 쏠려 있었다. 특히 1997년 12월 대선과정에서 IMF와의 재협상을 주장한 김대중 후보가 대선경쟁에서 잠시 곤경에 처했을 정도로 일반 국민들은 IMF의 긴급구제금융이 무사히 지원되기를 원하고 있었다. 그럼에도 불구하고, 국가-자본 대 노동-시민단체 간의 긴장과 대립은, 1997년 초 노동자 총파업에서 보여주었듯이, 언제든지 정치적 불안정으로 전환될 수 있는 폭발력을 지니고 있었다.

2. 국가 중재능력의 고갈

노동시장의 유연화를 둘러싼 사회연합 간의 첨예한 갈등에 직면하여, 김영삼 정부의 선택지는 크게 두 가지였다. 그 하나는 강제를 통한 '권위주의적' 노동시장 유연화이며, 다른 하나는 타협을 통한 '합의주의적' 노동시장 유연화였다. 전자는 '문민정부'라는 정권적 차원의 성격과 정면으로 배치된다는 점에서 제도적 제약점을 지니고 있었으며, 노동자들의 격렬한 저항이 예상된다는 점에서 정치경제적 위험성을 안고 있었다. 그리고 후자는 한국사회에 합의주의적 문화 및 전통 그리고 제도적 기반이 전무하다는 점에서 정책적 불확실성을 지니고 있었다.

김영삼 정권의 선택은 합의주의적 방식이었다. 1997년 12월 12일, 노동부는 임금과 고용안정에 관한 노·사·정·시민단체 간의 '사회적 합의'를 경제위기 극복을 위한 대안으로 제시하였다. 즉 자본은 고용유지와 경영혁신을, 노동은 임금동결과 생산성 향상을, 그리고 국가는 물가인상 억제를 약속함으로써 3자가 함께 경제난국을 타개해 나가자는 구상이었다. 이에 따라, 정부는 국무총리와 대한상의 회장을 위원장으로 하고 정부의 관련부처, 노동(한국노총과 민주노총), 자본(전경련, 무역협회, 경총, 중기협), 시민단체, 연구기관 등의 대표 28명이 참여하는 '비상경제대책위원회'를 구성하여 '사회적 합의'를 위한 추진 작업에 착수하였다(한겨레 1997/12/13, 30).

그러나 김영삼 정권의 문제해결능력은 이미 고갈되어 있었다. 김영삼 정권은 경제위기로 인해 국민적 신뢰를 상실한 상태였으며, 시기적으로 겨우 2개월의 임기만을 남긴 '퇴진하는' 정권이었다. 때문에, 김영삼 정권이 첨예하게 대립하고 있는 노동과 자본을 대화의 장으로 끌어들여 중재와 협상을 통해 실질적인 사회적 합의를 이끌어 낸다는 것은 거의 불가능에 가까웠다. 따라서 사회적 합의를 위한 본격적인 논의와 협의 그리고 중재와 협상은 1997년 12월 18일 예정된 제15대 대통령선거를 통해 새로운 정권담당자가 등장할 때까지 기다려야 했다.

V. 요약 및 결론

1993년 2월 출범한 김영삼 정부의 노동정책은 한때 개혁적인 것으로 인식되었다. 노동부가 발표한 이른바 '신노동정책'은 권위주의적 노동배제의 기제를 완화하고 노사자율을 권장하는 한편, '사회적 대화'를 통한 임금협상을 시도하였다. 그러나 그것은 한때의 에피소드에 불과하였다. 시간이 지나면서 김영삼 정부의 노동전략은 헤게모니적 배제전략의 강화와 더불어 노동운동 집단들에 대한 선택적 포섭(한국노총)과 배제(민주노조진영)를 활용하는 노동통제로 귀결되었다. 이러한 노동전략의 선회에는 김영삼 정부의 "분열증적" 내부 역학 구도, 보수적 사회세력을 지지기반으로 하는 정권의 성격, 그리고 대통령의 임기응변적 스타일이 크게 작용하였다.

그러나 노조 분할을 통한 노동통제전략은 김영삼 정부의 기대와 전혀 다른 결과를 가져왔다. 정부의 적극적인 후원 하에 진행되었던 1993년과 1994년의 한국노총과 경총 간의 임금합의는 노동운동에서 차지하는 한국노총의 위상을 위축시킨 반면, 정부의 민주노조들에 대한 억압과 배제는 민주노조들의 결집을 촉진시켜 '사회개혁'을 위해 '참여와 투쟁'을 강조하는 민주노총을 탄생시켰다.

1996년 5월, 김영삼 대통령의 사회적 합의방식에 기초한 노사관계개혁의 추진은 민주노총의 출범으로 인한 국가와 노동 간의 권력지형의 변화, 그리고 대통령의 의욕적인 OECD 가입 추진으로 인해 가중된 국제적 압력을 배경으로 하고 있었다. 그러나 민주노총을 포함한 노·사·공익의 대표들로 구성된 '노사관계개혁위원회'(노개위)는 노동시장 유연화 등의 핵심 쟁점을 둘러싼 노동과 자본의 극심한 대립으로 합의안의 도출에 실패하였다.

노개위가 최종 타협안 도출에 실패하자, 보수적 사회세력에 둘러싸인 정부와 집권당은 자본 편향적 노동법 개정안을 1996년 12월 임시국회에서 일방적으로 통과시켰다. 변칙적인 노동법 개정안 처리는 사회연합정치를 급속히 활성화시켰다. 국가와 자본의 '신자유주의 연합'에 대항하여 노동을 비롯한 국내외의 시민단체들 사이에는 '반신자유주의 연합'이 형성되었고, 두 사회연합 간의 적나라한 힘의 대결이 전개되었다. 그 결과, 비록 노동은 정리해고제의 2년 유예라는 국가의 양보를 얻어냈지만, 국가와 자본의 노동 억압 및 배제는 여전히 계속되었다.

노동과 자본 간의 첨예한 대립을 또 다시 촉발시킨 것은 1997년 11월의 '외환위기'였다. 노동시장의 유연화를 필수요건으로 제시한 'IMF 관리체제'의 등장은 '신자유주의 연합'과 '반신자유주의 연합' 간의 대립을 재연시켰다. 노동시장 유연화를 둘러싸고 자본은 즉각적인 도입을, 노동은 도입 불가의 입장을 취하였다. 이에 대해, IMF에 노동시장 유연화를 약속한 국가의 선택은 '사회적 합의'를 통한 노동시장 유연화였다. 그러나 이미 국민적 신뢰를 잃은 데다, 시기적으로 임기 말인 김영삼 정권이 사회적 합의를 이끌어 내기엔 역부족이었다. 사회적 합의를 위한 국가의 본격적인 협상과 중재는 1997년 12월 18일 대통령선거를 통해 차기 정권의 담당자가 확정될 때까지 미루어져야 했다.

제6부

세계화의 압력과 사회적 합의주의의 실험

외환위기와 뒤이은 'IMF 관리체제'의 시작을 계기로, 우리 사회는 세계화의 압력에 전면적으로 노출되었다. 노동시장의 유연화는 결코 거스를 수 없는 시대적 명제가 되고 있었다. 노동의 저항이 예견되는 상황에서, 김대중 정부는 노사정위원회로 상징되는 사회적 합의주의의 실험을 시도하였다. 그러나 노사정위원회는 신자유주의적 경제정책으로 인한 대량감원과 빈곤층의 양산으로 이어지는 흐름을 뒤바꾸지 못했다. 조직노동의 반발은 거셌고, 노사정위원회는 중단과 작동을 반복하면서 점차 교착상태에 빠져들었다. 노무현 정부는 노동과 자본 간의 힘의 불균형을 시정하여 '진정한' 사회적 파트너십을 구축하고자 했다. 그러나 자본과 보수세력의 반발 그리고 조직노동의 분열로 결국 실패하고 말았다. 이로써 노사정위원회는 요식적 장치로 남게 되었고, 사회적 합의주의의 실험은 실패로 귀착되고 있었다.

제11장
외환위기와 사회적 합의주의의 출현

Ⅰ. 사회협약의 성립과 그 배경

1998년 2월, 그간 불가능해 보이던 '노사정 대타협'이 성립되었다. 그 요체는 과거 대립적이고 갈등적인 노사관계를 탈피하여 대화와 협의를 통해 협력적인 노사관계를 형성해 간다는 것이었다. 이는 그간의 '노동배제의 정치'가 '노동포섭의 정치'로 전환됨을 의미하였고, 정책결정과정에서 조직노동이 정당한 정책파트너로 격상됨을 뜻하였다.

1. 노사정 대타협의 성립

사회적 합의를 위한 본격적인 협의와 중재가 시작된 것은 1997년 12월 18일 대통령선거 직후였다(김용철 1999, 520-521). 외환위기로 이미 정책적 신뢰를 상실한 김영삼 정부는 사회적 합의를 위한 모든 작업을 차기 정권담당자인 김대중 대통령 당선자에게 의존할 수밖에 없었다. 12월 26일과 27일, 김 당선자는 노사정 협의체의 구성을 설득하기 위해 한국노총과 민주노총의 지도부를 만났다. 양 노총 지도부와의 간담회를 통해 김 당선자는 경제회생을 위해 노동시장의 유연화가 절대적으로 필요하며, 이와 관련된 사항들을 사회적 합의를 통해 해결하자며 '노사정 협의체'의 구성을 제안하였다. 양 노총의 반응은 기본적으로 노사정 협의기구의 구성에는 공감하나, 정부와 재벌의 개혁이 선행되고 고용안정이 전제될 때 비로소 사회적 합의가 가능하다는 입장이었다.

노사정협의회 구성 작업은 김 당선자의 실무추진팀이 1998년 1월 6일 가동됨으로써 본격화되었다. 김 당선자는 한편으로 실무추진팀을 통해 노조지도부와 협상을 진행시키고, 다른 한편으로 자본에게 고강도의 재벌구조조정을 요구하는 등 중립적 위기관리자로서의 강한 의지를 표명하였다. 먼저, 1998년 1월 13일 김 당선자는 삼성·현대·LG·SK 등 대기업 총수들과의 회동을 통해 경제회생을 위한 자본의 고통분담을 요구하였다. 김 당선자는 자본의 최대 관심사인 정리해고제의 조기 도입을 노·사·정 3자 간의 협의를 통해 결정하기로 제안하면서, 대기업 총수들로부터 기업개혁(기업경영의 투명성 제고, 그룹내 상호지급보증의 해소, 재무구조의 개혁, 핵심전략부문의 설정, 중소기업과의 협력관계 강화, 지배주주 및 경영진의 책임강화 등)에 대한 약속을 받아냈다(동아일보 1998/01/14, 1).

자본의 기업개혁 약속을 받아낸 직후, 김 당선자는 양 노총에게 노사정 협의체를 구성하여 부실금융기관 정리해고 법제화를 노·사·정 간의 논의를 거쳐 결정할 것을 제안하였다(한겨레 1998/01/15, 3). 노동의 입장에서 볼 때, 김 당선자의 제안은 결코 무시하지 못할 압박이었다. 이미 국회가 1998년 1월 15일 '부실금융기관 정리해고관련 특별법' 제정을 예고한 상태에서, 김 당선자의 제안을 받지 않을 경우 노동의 입장이 전혀 반영되지 않은 채 일방적으로 정리해고제가 입법화될 가능성이 있기 때문이었다. 뿐만 아니라, 국민여론 역시 양 노총의 사회적 합의에의 참여를 압박하고 있었다. 1997년 12월 30일에 실시된 여론조사에 의하면, 핵심 쟁점인 정리해고제의 조기도입에 대해 공감을 표하는 응답이 57.2%로, 공감하지 않는다는 응답 38.2%보다 많았다(문화일보 1998/01/01, 1). 즉 실업대란의 공포에도 불구하고, 경제위기를 극복하기 위해 정리해고제의 도입이 불가피하다는 여론이 우세한 것으로 나타났다. 나아가 1998년 1월 초부터 전국적으로 전개된 국민들의 '외채상환 금모으기 운동'은 노동의 저항을 더욱 어렵게 만들고 있었다.

1998년 1월 14일 새벽, 마침내 양 노총은 노사정 협의체에 참여하기로 결정하였고, 1월 15일 이른바 제1기 노사정위원회(노사정위, 1월 15일~2월 9일)가 대통령 자문기구의 형태로 발족되었다.[1] 그리고 1월 20일 "경제위기 극복을 위해 불가피하게 요구되는 고통을 공정하게 분담"한다는 이른바 '제1차 노사정 공동선언문'이 발표되었다.[2] 노사정위는 이후 몇 차례의 난항을 거친 후, 2월 6일 '제2차 공동선언문'으로 알려진 '경제위기 극복과 재도약을 위한 노사정 공동선언문'을 발표하였다.[3] 그리고 이를 바탕으로 2월 9일 노·사·정 대표들은 '경제위기 극복을 위한 사회협약'을 체결하였다. 이른바 '2·9 사회협약'의 내용은 ① 노동은 정리해고제의 조기 실시와 파견근로제의 도입을 허용하고, ② 국가는 노조의 정치활동을 보장하고, 공무원 및 교원의 단결권을 허용하며, 실업자들의 초기업 단위 노조 가입자격을 인정하고, 고용안정 및 실업대책 그리고 사회보장제도를 확충하며, ③ 자본은 기업재무구조를 개선하고 기업의 경영투명성을 확보하며, 구조조정의 실행을 통해 기업의 경쟁력을 강화한다는 것이었다.

요컨대, '2·9 사회협약'은 국가가 제의하고 노동과 자본이 호응한 일종의 '국가 주도적' 사회협약이었다. 또한 그것은 내용적으로 국가는 조직노동을 정당한 정책파트너로 인정하는 가운데, 노동이 요구하는 고용안정 및 사회복지가 자본이 원하는 노동시장 유연화와 정치적으로 맞교환된 것이었다. 국가의 입장에서 볼 때, '2·9 사회협약'은 ① 노동의 장기적 이익실현을 가능하도록 노조의 정치참여

1 제1기 노사정위원회의 참여주체는 노·사·정과 정당이었다. 정당(국민회의·자민련·한나라당)이 참여하게 된 배경은 정권인수과정에서 노사정위가 결성됨에 따라 새로운 집권당(국민회의)의 정치력이 필요한 상황이었고, 노사정위의 합의사항들에 대한 입법과정에 있어서 정당들의 협조가 긴요했기 때문이다(노사정위원회 2003, 13).

2 제1차 공동선언문의 핵심 내용은 "국가는 종합적인 실업대책 수립과 부당노동행위 근절에 노력하고, 자본은 과감한 구조조정과 경영투명성 제고에 노력하며, 노동은 임금과 근로시간 조정에 적극 노력한다"는 것이다(한국경제 1998/01/21, 1).

3 2월 6일 발표된 제2차 공동선언문의 주요 합의내용은 다음과 같다: ① 실업대책 재원 5조원 마련, ② 공무원직장협의회는 1999년 1월부터 그리고 교원노조는 1999년 7월부터 허용, ③ 실업자의 초기업노조 가입자격 인정, ④ 1998년 상반기 중 노조의 정치활동 보장, ⑤ 정리해고 즉각 시행, ⑥ 근로자파견제 도입, ⑦ 의료보험 일원화 및 확대 추진, ⑧ 노조전임자 임금지급 금지규정 수정문제, 기업의 경영투명성 관련 일부사항, 종합고용안정 관련 일부사항, 민주적 노사관계 확립관련 일부사항 등은 2차 과제로 넘겨 계속 논의(한겨레 1998/02/07, 1).

와 정책참여기제를 약속해 주고, 그 대가로 노동시장 유연화에 대한 조직노동의 양보를 얻어내고, ② 이를 바탕으로 자본에게 기업의 구조조정과 경영합리화를 요구하며, ③ 국가 자신은 고용안정과 실업대책, 철저한 재벌개혁, 불법·부당한 노동행위 근절을 위한 공정한 감시자의 역할을 수행한다는 전략이었다. 이렇게 볼 때, 김대중 당선자의 노동통제전략은 유럽의 사민주의사회에서 관찰되는 '사회적 합의주의'와 유사한 것이었다.

2. 사회협약 성립의 배경

왜 김대중 당선자는 '노동배제'를 통한 노동시장 유연화 대신에 '노동포섭'을 통한 노동시장 유연화를 채택하였던가? 첫째, 김대중 정권의 성격이다. 정권의 핵심적 가치의 진원지이자 형성지가 최고지도자임을 고려할 때, 김대중 개인의 신념 및 가치관은 중요한 의미를 지닌다. 김대중은 역대 어느 지도자보다 민주주의에 대한 신념과 시장경제에 대한 이해가 높은 정치인이었다. 대통령에 당선되기 훨씬 이전에 작성된 김대중의 저서 『대중경제론』에 의하면, 그는 한국사회의 소득불평등 현상을 "노동자, 농민, 기업가, 소비자들을 포함한 모든 집단"에게 재화와 용역의 생산과 분배에 참여할 기회를 균등하게 부여하지 않았기 때문에 나타난 현상으로 진단하였고(김대중 1986, 114), 그 근본적 개선책은 "민주적인 정치과정의 제도화"에 달려 있다고 주장하였다(김대중 1986, 118). 이러한 김대중의 생각은 민주화 이후 그의 '친(親)민중적' 정치행보로 이어졌다. 1987년 대선에서 김대중은 노동자·농민·도시빈민 등을 대표하는 '서민의 대통령'을 자처하였고, 1992년 대선에서는 노동을 포함한 민중부문을 대변하는 재야조직인 전민련과의 정책연합을 형성하였으며, 1997년 대선에서는 한국노총의 공개적 지지를 받기도 하였다.[4] 이러한 친민중적 가치관과 행보는 김 당선자에게 과거 정권담당자들이 보유

4 그렇다고 정치인 김대중이 노동 편향적 가치관을 지닌 인물은 아닌 것으로 보인다. 그는 '대중경제론'에서, "노동자나 기업가 모두 자신의 이익을 보장하기 위해 단체 활동을 자유롭게

하지 못했던 '노동자 우호적' 정치인이라는 대중적 이미지를 부여하였으며, 더불어 이는 그에게 노사정 협의체의 구성 및 추진에 대한 강력한 의지와 자신감을 갖게 하였다.

둘째, 사회연합정치의 관점에서 노동포섭의 정치적 필요성이다. 민주화 이후 노동의 권력자원은 빠른 속도로 향상되어 왔다. 특히 1997년 초에 발생한 '노동자 총파업'은 국가의 일방적 노동정책에 따른 정치적 비용이 만만치 않음을 보여준 사건이었다. 뿐만 아니라, 당시 김대중 정권의 권력기반은 '여소야대'의 정치구도로 취약한 상태였으며, 집권과정에서 이른바 'DJP 연합'이라는 보수 세력(김종필의 자민련)과의 정치적 연대로 내부적 갈등의 잠재적 불안 요소를 지니고 있었다. 이러한 정치적 상황에서, 노동배제를 통한 노동시장 유연화는 국가와 노동의 전면적 대결을 촉발시켜 이제 막 출범하는 정권담당자에게 치명적인 정치적 손상을 입힐 가능성이 높았다. 따라서 김대중 정권은 조직노동을 배제하기보다는 정책적 파트너로 포섭함으로써 노동시장 유연화에 따른 조직노동의 저항을 최소화해야 할 입장에 있었다.

셋째, '외환위기'라는 비일상적 상황에서 비롯되는 국가의 불안감이다. 비록 국가가 노동을 힘으로 제압할 수 있다 하더라도, 만만치 않은 노동의 저항은 한국경제에 대한 국제신인도를 더욱 악화시켜, 최종적으로 외국 금융기관 및 투자가들의 원리금 상환요구를 초래함으로써 또다시 '제2의 외환위기'로 이어질 수 있다는 우려가 그것이다. 이러한 불안감은 보수 세력에 포위된 국가권력의 대내적 자율성을 획기적으로 높여 주었고, 이는 김대중 당선자가 노동개혁을 추진할 수 있는 정치적 정당성을 제공해 주었다(이병천 2013, 153-154).

할 수 있는 자유경제체제"의 작동이 중요하며, "노동자의 필요사항을 근시안적으로 무시하는 경영자"나 "노동자의 사용자에 대한 근시안적인 적대감정" 모두 지양되어야 하며, "노동자나 사용자는 모두 같은 배를 타고" 있기에 "화목하고 협조적인 노사관계"가 필요하다고 강조한다. 따라서 "분열적이고 이기적일 가능성이 있는 노동조합의 지나친 세력"은 방지할 필요가 있다고 밝히고 있다(김대중 1986, 132-133). 즉 그는 기본적으로 시장경제의 옹호자인 것으로 보인다.

이러한 요인들은 김대중 당선자로 하여금 '노동포섭'을 통한 노동시장 유연화를 채택하도록 유인하고 제약하였다. 김대중은 1998년 2월 25일 대통령 취임사에서 '노사정 대타협'의 배경과 성격을 다음과 같이 표현하였다(대통령비서실 1999, 60-62).

> 우리에게는 6·25 이후 최대의 국난이라고 할 수 있는 외환위기가 닥쳐왔습니다. 잘못하다가는 나라가 파산할지도 모를 위기에 우리는 당면해 있습니다. … 올 한 해 동안 물가는 오르고, 실업은 늘어날 것입니다. 소득은 떨어지고, 기업의 도산은 속출할 것입니다. 우리 모두는 지금 땀과 눈물을 요구받고 있습니다. … 노동자와 사용자 그리고 정부는 대화를 통한 대타협으로 국난극복의 주춧돌을 놓았습니다. … '국민의 정부'가 당면한 최대의 과제는 우리의 경제적 국난을 극복하고 우리 경제를 재도약시키는 일입니다. '국민의 정부'는 민주주의와 경제발전을 병행시키겠습니다. 민주주의와 시장경제는 동전의 양면이고 수레의 양바퀴와 같습니다. 결코 분리해서는 성공할 수 없습니다.

그러면, 왜 노동과 자본은 국가의 제의를 수용하였는가? 그것은 무엇보다도 경제위기가 사회연합정치의 지형을 크게 활성화시켰기 때문이다. 경제위기는 국민적 위기감을 증폭시켰으며, 이는 다시 '변화와 개혁'에 대한 국민여론을 생성시켜 노동과 자본의 전략적 행동반경을 크게 좁혀 놓았다. 특히 자본의 경우, 사회협약을 거부할 어떤 명분도 찾을 수 없었다. 대기업들의 방만한 차입경영과 도덕적 해이가 경제위기를 초래했다는 국민적 비판 때문에 자본의 사회적 영향력은 급격히 축소되고 있었다(김용철 2006, 86). 더구나, 자본은 세계시장의 경쟁심화에 대응하기 위해 노동시장의 유연화가 절실한 입장이었다. 즉 국가가 제의한 사회협약에 대한 자본의 비협조는 거센 국민적 비판을 불러일으켜 자본의 정치적 고립을 초래할 가능성이 높았으며, 노동의 협조 없이는 노동시장의 유연화도 성취하기 어려운 상황이었다. 이에 따라, 자본은 국가의 사회협약 제의에 호응할 수밖에 없었다.

이에 비해, 노동의 선택은 쉽지 않았다. 국가가 제안한 사회협약은 노동시장의 유연화를 요구하고 있었기 때문에, 노동자가 감수해야 할 경제적 고통은 필연적이었다. 더구나 사회복지망이 취약한 상태에서 노동시장의 유연화는 노동자들에게 치명적인 결과를 가져올 가능성이 높았다. 하지만 국가의 사회협약 제의를 거부할 경우, 노동이 지불해야 할 비용은 더욱 클 것으로 판단되었다. 조직노동이 가장 두려워했던 것은 노동시장 유연화를 위한 국가의 독자적인 입법 가능성이었다. 이 경우, 정리해고에 대한 보상으로 국가가 제시한 재벌개혁, 교원노조의 허용, 대량실업에 대비한 고용안정기금의 확충, 노조의 정치활동 확대, 노조전임자 임금지급 등과 관련한 쟁점들에 대한 노동의 영향력 상실을 우려하지 않을 수 없었다.

이와 더불어, 한국노총과 민주노총의 지도부들은 양 노총의 경쟁적 관계를 고려하지 않을 수 없었다. 한국노총의 경우, 1997년 대선과정에서 국민회의와의 정책연합을 통해 김대중 후보를 지지하였던 관계로, 향후 김대중 정권과의 긴밀한 협력관계를 지속시킴으로써 민주노총과의 경쟁에서 우위를 점하고자 하였다. 이에 비해, 민주노총 지도부는 국민적 여론에 부응하고, 한국노총과의 경쟁에 대처하며, 특히 노동시장의 유연화로부터 노동자들을 보호하기 위해 노사정위에의 참여가 불가피한 것으로 인식하였다(김용철 2006, 86).

요약하면, '노사정 대타협'은 국가가 제의하고 노동과 자본이 호응한 국가 주도적 사회협약정치의 형태를 띠고 있었다. 경제위기에 직면하여, 국가는 노동과 자본에게 사회적 합의기구인 노사정위의 설치를 통해 자신의 정책적 권한과 권위를 공유할 것을 제의하였고, 노동과 자본은 사회연합정치의 역학에 의해 국가의 제의에 호응할 수밖에 없었다. 이런 의미에서 한국의 사회협약은 경제위기와 IMF 관리체제라는 비일상적 상황에 의해 촉발된 사회연합정치의 산물이었다.

Ⅱ. 구조조정과 노동의 반발

정리해고제와 파견근로제가 법제화되자, 국가는 본격적인 구조조정에 착수하였다. 구조조정은 노동자들에게 엄청난 고통을 안겨주었다. 극심한 경기침체로 기업들이 도산하고 공장가동률이 현저하게 떨어지면서, 실업률은 1997년 12월의 3.1%에서 1998년 2월에는 5.9%로, 4월에는 6.6%로, 7월에는 7.6%로, 12월에는 7.9%로, 그리고 1999년 2월에는 8.6%로 증가하였다(김성중·성제환 2005, 471). 게다가 경제위기의 여파로 부동산 가격마저 폭락하여 중산층 이하 계층은 임금소득과 자산이 동시에 줄어드는 이중적 디플레이션을 경험하고 있었다. 대량실업과 실질소득의 감소는 중산층의 위축과 노숙자의 증가로 이어졌다. 그 결과, 비교적 잘 작동되었던 초기 사회협약정치는 이내 노동의 반발에 직면하였다.

1. 구조조정의 충격

'2·9 사회협약'의 후속조치의 일환으로, 국회는 1998년 2월 14일 노동관계법을 제·개정하였다. 우선 근로기준법을 개정하여, 긴박한 경영상의 이유 및 경영악화 방지를 위한 사업의 양도·인수·합병의 경우 사업주가 근로자를 해고할 수 있는 이른바 '정리해고제'의 즉각적인 시행을 가능하게 하였다.[5] 또한 '파견근로자 보호 등에 관한 법률'을 제정하여, 대통령령이 규정하는 업무를 대상으로 출산·질병·부상 등으로 결원이 생긴 경우나 일시적·간헐적으로 인력을 확보해야 할 필요가 있는 경우 노동자의 파견근로를 가능하게 하였다. 이러한 노동관계법의 제·개정은 원활한 기업구조조정을 뒷받침하며, 노동시장의 유연성을 제고하기

5 또한 사업주는 해고일 60일 전까지 근로자 대표에게 해고를 피하기 위한 방법 및 해고의 기준 등을 통보해야 하며, 일정규모 이상의 해고의 경우에는 노동부장관에게 신고하도록 하였다. 그리고 사업주가 경영상의 이유로 해고한 후 2년 이내에 근로자를 채용하고자 할 때, 해고된 근로자가 원하는 경우 그 근로자를 고용하도록 노력한다는 리콜(recall)제를 도입하였다.

위한 제도적 조처였다. 이와 더불어, '고용보험법' 및 '고용정책기본법'의 개정을 통해 실업자에 대한 지원강화 및 실업대책사업을 확대하였으며, '임금채권보장법'을 제정하여 기업파산으로 인한 퇴직근로자의 최종 3개월분 및 최종 3년간의 임금 및 퇴직금 지급을 보장하는 장치를 마련하였다(한국노동연구원 1998 1/4, 38).

정리해고제와 파견근로제의 법제화 이후, 김대중 정부는 본격적인 구조조정 작업에 착수하였다. 구조조정의 기본 틀은 IMF가 제시한 신자유주의적 처방에 기초한 것이었다. 우선 공공부문의 구조개혁은 정부조직개편을 비롯하여 정부출연기관 및 출자기관의 구조조정으로 이어졌다. 1998년 2월 정부조직개편을 단행하여 기존의 2원 14부 5처 14청의 정부조직은 17부 2처 16청으로 조정되었다. 또한 지방정부기관에 대해 1999년부터 2000년까지 유사 중복기구 및 동사무소의 통폐합, 지방사업소 폐지 등을 추진하고, 2000년까지 공무원 17,600명을 감축한다는 인력조정계획을 수립·착수하였다. 그리고 1998년 7월과 8월, 정부는 두 차례의 공기업 민영화계획을 확정·발표하여, 5개 공기업(포항종합제철, 한국중공업, 한국종합화학, 한국종합기술금융, 국정교과서)과 33개의 출자회사를 즉각 민영화하기로 하였으며, 조기 민영화가 곤란하다고 판단된 6개의 공기업들과 33개의 출자회사는 강도 높은 구조조정을 통해 2002년까지 민영화하기로 하였다(재정경제부·한국개발원 1998, 123-124).

더불어, 1998년 4월 금융감독위원회는 BIS기준 자기자본 비율이 8%에 미달하는 12개 은행에 대해 구조조정에 착수하였다. 그 결과, 경영정상화가 곤란하다고 판단된 동화·동남·대동·경기·충청 등 5개 은행을 퇴출시켰으며, 경영정상화가 가능하다고 판단되는 7개 은행(조흥·상업·한일·외환·평화·충북·강원)에 대해서는 증자나 합병, 감자, 점포·조직·인력의 감축 등을 통한 경영정상화를 촉구하였다(금융감독원 2004, 245). 이와 더불어, 비은행 금융기관의 구조조정이 병행되었다. 먼저 외환위기의 중요 요인으로 지목되었던 종합금융회사가 정리되었다. 보험사의 경우, 1998년 6월 22개 보험사가 제출한 경영정상화 계획의 평가와 자산실사를 통해 1998년 경영정상화가 불가능한 4개 생명보험사를 퇴출시켰으며, 16개의 생명보험사에 대해서는 경영개선명령이 내려졌고, 2개의 보증보험사에 대해 합병명령이 취해졌다. 그리고 총 25개의 리스사에 대해서는 모(母)은행 주도하에 구조조정을 추진토록 하였으며, 이 과정에서 회생 불가능한 10개의 리스사가 정리되었다(윤제철 2007, 185-224).

대기업의 경우, 1998년 1월 13일 당시 김대중 대통령 당선자와 대기업 총수들과의 회동을 통해 합의한 '기업구조개혁 5대원칙'에 기초하여 구조조정이 추진되었다. 구체적으로, ① 30대 재벌을 대상으로 1999년부터 모든 계열회사를 연결하는 결합재무재표의 작성과 감사 제도를 강화토록 했고, ② 계열사 간의 채무보증 관행을 폐지토록 하였으며, ③ 1997년 현재 약 400%에 달하는 기업의 평균부채를 200% 이내로 개선토록 하였고, ④ 소액 주주의 권한 행사 요건을 완화하여 기업의 최고경영진에 대한 감시를 강화하도록 하였으며, ⑤ 기업 간의 업종교환과 외국인의 인수·합병을 전면 허용함으로써 기업경영의 효율성과 경쟁력을 향상시키도록 하였다. 이 과정에서 1998년 6월 5대그룹 20개 계열사가 퇴출기업으로 판정되었고, 6대 그룹 이하 33개의 기업이 부실기업으로 판정되어 퇴출되었다(금융감독원 2004, 260). 이러한 분위기 속에서, 개별 기업들은 기업구조조정을 명분으로 상대적으로 손쉬운 인원감축 조치를 경쟁적으로 추진하였다.

산업 전반에 걸친 구조조정의 결과, 1998년 10월 말 기준으로 분야별 인력감축률은 5대 재벌에서 1997년 말 대비 10.2%, 금융부문에서 25.4%, 공기업에서 6.5%, 정부출연기관에서 9%, 정부기관에서 1.4%를 기록하였다(김용철 1999, 528). 구조조정과 더불어, IMF 협약이 제시한 긴축정책과 고금리정책의 시행은 일반 노동자들에게 엄청난 고통을 가져다주었다.

먼저 노동자들은, 극심한 경기침체로 기업의 도산과 더불어 공장가동률이 현저하게 떨어지는 가운데, 대기업을 비롯한 공공부문과 금융부문의 구조조정으로 '실업대란'을 경험해야 했다. 정부 통계에 의하면, 1997년 4/4분기에 2.8%였던 비농가 실업률이 1998년 1/4분기에는 6.1%로, 2/4분기에는 7.7%로, 3/4분기에는 8.3%로, 4/4분기에는 8.1%로, 그리고 1999년 1/4분기에는 9.1%로 급상승하였다

표 16 분기별 공장평균 가동률, 실업률, 그리고 실질임금 증가율

분기		공장 평균가동률	실업률(비농가)	실질임금증가율(전 산업)
1997년	2/4분기	80.1%	2.8%	0.8%
	3/4분기	80.1%	2.4%	2.7%
	4/4분기	77.4%	2.8%	−4.0%
1998년	1/4분기	68.8%	6.1%	−8.2%
	2/4분기	67.0%	7.7%	−8.5%
	3/4분기	66.7%	8.3%	−14.2%
	4/4분기	69.9%	8.1%	−6.0%
1999년	1/4분기	71.3%	9.1%	2.6%

출처: 김용철. 1999. "한국의 경제위기와 국가-노동관계." 529.

(〈표 16〉 참조). 정부 통계의 수치가 일주일에 1시간도 취업하지 못한 완전실업자만을 대상으로 집계한 것이라는 점을 감안하면, 일용직 및 휴직자 등의 불완전 및 잠재 실업자들을 포함한 실업률은 공식 통계수치보다 훨씬 높은 것으로 추산되었다.

표 17 도시근로자 월 가구소득 변화 (단위: 원)

분위	I(상위 20%)	II(21~40%)	III(41~60%)	IV(61~80%)	V(81~100%)
1997년 상반기	4,224,900	2,612,100	1,992,100	1,520,200	921,800
1998년 상반기	4,320,600	2,469,100	1,853,800	1,386,700	784,700
소득 증가율	+2.3%	−5.5%	−6.9%	−8.8%	−14.9%

출처: 통계청. 1998. 『1998년 2/4분기 및 상반기 도시근로자가구의 가계지수동향』.

또한 계층 간 소득격차의 심화 현상이 등장하였다. 외환위기 이후 저소득층과 중산층을 형성하고 있던 노동자들의 임금이 줄어들고 직장에서 해고되면서 이들의 실질소득은 크게 감소하였다(〈표 17〉 참조). 설상가상으로 부동산 가격마저 폭락하여 중산층 이하 계층은 임금소득과 자산이 동시에 줄어드는 이중적 디플레이션을 경험해야 했다. 반면 고소득층은 정부의 고금리정책으로 외환위기 이전보다 훨씬 많은 금융소득을 올렸으며, 이는 그들의 자산 디플레이션으로 인한 소득 감소를 상쇄하고도 남는 것이었다. 즉 〈표 17〉에서 보는 바처럼, 1998년 상반기에 하위 80%에 해당하는 그룹의 월 소득은 1997년 상반기에 비해 −5.5%~ −14.9% 감소하였으나, 상위 20%에 해당하는 그룹은 월 소득이 2.3% 증가하였다.

대량실업과 소득불평등의 심화는 중산층의 하류층으로의 전락과 노숙자의 증가로 이어졌다. 실직자들은 미래에 대한 희망과 삶의 의미를 잃고 가정의 해체를 경험해야 했다. 동시에 사회적으로 자살 및 범죄 등 도덕과 규범이 와해되는 현상이 눈에 띄게 증가하였다(성경륭 1998, 247−275). 또한 작업현장에 남아 있는 노동자들 역시 해고의 불안감에 시달려야 했다. 그 결과 노동자들의 국가와 자본에 대한 불만은 시간이 갈수록 증가하였다(Kim and Moon 2000, 66−70).

2. 제2기 노사정위의 공전

구조개혁의 충격이 가시화되는 가운데, 정부는 제2기 노사정위원회(1998년 6월 3일~8월 31일)의 출범을 통해 노사관계의 안정을 꾀하려 하였다. 그러나 정부의 거듭된 참여 요청에도 불구하고, 양 노총은 제1기 노사정위의 합의사항이 준수되지 않고 있음을 지적하면서 제2기 노사정위 참여를 거부하였다. 조직노동은 급증하는 실업자와 기업의 부당노동행위, 그리고 이에 대한 정부의 소극적인 태도에 대해 분노하였다. 그 결과 약 3개월여 동안 제2기 노사정위는 구성조차 되지 못하였다.

'2·9 사회협약'의 승인을 둘러싸고 심각한 내부갈등을 겪은 민주노총6은

6 '2·9 사회협약' 직후, 민주노총 지도부는 심각한 내부적 갈등에 직면하였다. 민주노총 대의원들은 1998년 2월 9일 민주노총 임시대의원대회를 개최하고, 노사정 대타협이 재벌개혁 및 고용안정을 토대로 하는 "공정한 고통분담"이 아니라 대량실업 및 노조의 무력화를 획책하고 동시에 노동자들에게 "일방적으로 고통을 전담"시키려는 전략이라고 규정하고 지도부의 합의

1998년 3월 31일 이갑용 위원장을 중심으로 하는 새로운 지도부를 출범시켰다. 새 지도부는 그동안 민주노총이 산업현장의 목소리를 무시한 채 "투쟁을 담보하지 않는 협상위주"의 노선에 의존함으로써 "노동자들의 일방적 희생만을 강요하는 상황"을 초래했으며(한겨레 1998/04/04, 21), 이러한 상황이 지속되는 한 제2기 노사정위 불참은 물론 총파업 투쟁도 불사할 것임을 경고하였다(한겨레 1998/04/23, 1). 한편 한국노총도 제1기 노사정위 참여가 오직 노동자의 희생만을 가져왔다며, 불법·부당한 노동행위의 근절, 노동자의 고용안정, 실업대책의 마련 없이는 노사정위에 결코 참여할 의사가 없음을 밝혔다(한겨레 1998/05/02, 3).

평행선을 달리던 노·정 간의 갈등이 반전되는 계기는 6월 6일로 예정된 대통령의 미국 방문이었다. 대통령의 성공적 경제외교를 위해 국내에서 조직노동의 정치적 지원이 절대적으로 필요하다는 것이 정부의 입장이었다. 정부와 비공개협상이 지속되는 가운데, 한국노총은 6월 1일 산별대표자회의와 긴급중앙위원회를 개최하여 최종적으로 제2기 노사정위에 참여하기로 결정하였다.[7] 반면, 민주노총은 6월 2일 산별대표자회의를 개최하여 노사정위 참여 문제를 논의하였으나, 불참을 주장하는 강경론의 우세로 정부의 요청을 거부하고 이미 예고했던 6월 10일의 총파업을 감행키로 결정하였다. 이로써 제2기 노사정위는 민주노총이 불참한 가운데 6월 3일 출범하게 되었다.

민주노총의 제2기 노사정위 불참 및 총파업을 통한 강경투쟁 노선은 민주노총에 대한 비판적 여론을 형성시켰다. "누구를 위한 투쟁이냐"는 여론이 사회 일각에서 제기되는 가운데, 천주교·개신교·불교·원불교·천도교·유교 등을 포괄하는 '한국종교인 평화회의'는 기자회견을 통해 민주노총의 참여를 호소하였다(동아일보 1998/06/04, 6). 이에 대해 민주노총 지도부 내에서도 총파업을 감행할 경우

결과를 부결시켰다. 이에 민주노총 지도부는 총사퇴하였고, 비상대책위원회가 구성되었다.

7 이때 한국노총은 ① 제1기 노사정위 합의사항의 즉각 이행, ② 재벌 및 정치권의 강도 높은 개혁추진, ③ 불법·부당해고의 엄단 및 악덕기업주의 구속 수사, ④ 노동계 파업에 대한 사법처리 방침의 철회 등을 정부에 요구하고, 제2기 노사정위에의 참여를 통해 이러한 요구사항을 관철키로 결정하였다.

사회여론으로부터 고립되어 조직이 와해될 수 있다는 우려가 제기되었다(한겨레 1998/06/06, 2). 결국 6월 5일 정부와의 협상[8]에서 민주노총은 그간 일관되게 주장해온 정리해고제와 파견근로제의 '철폐'를 '재논의'로 수정하고 10일로 예정된 총파업을 철회하였다. 그리고 제2기 노사정위에 참여하기로 결정하였다.

그러나 어렵게 출범한 제2기 노사정위는 합의와 조정의 장(場)으로 활용되기보다는 줄곧 갈등과 대립의 장으로 작동하였다. 노동과 자본의 탈퇴와 복귀가 거듭되면서, 노사정위는 빈번히 교착상태에 빠졌다. 제2기 노사정위가 첫 번째 활동중단의 위기에 직면한 것은 1998년 7월 10일이었다. 금융감독위원회가 55개의 퇴출기업 명단(6월 18일), 5개의 퇴출은행 명단(6월 29일), 그리고 11개 공기업에 대한 민영화계획(7월 3일) 등을 연이어 발표하자, 민주노총과 한국노총의 반발은 더욱 거세졌다. 양 노총의 불만은 대체로 두 가지로 집약되었는데, 그 하나는 정부가 약속했던 일방적 정리해고를 비롯한 임금삭감 및 동결, 단체협약의 일방해지, 노조활동의 방해 등 기업들의 부당노동행위들에 대한 엄단이 이루어지지 않고 있다는 것이었고, 다른 하나는 금융·공공부문 구조조정이 노동과의 사전협의 없이 일방적으로 진행되고 있다는 것이었다. 7월 10일, 양 노총은 노사정위가 국가와 자본 주도의 구조조정을 정당화하는 '들러리 기구'에 불과하다고 비판하면서, 노사정위 불참을 선언하였다. 그리고 정부에 대한 강력한 항의의 표시로 7월 12일 양 노총은 함께 '생존권사수 전국노동자 총력투쟁대회'를 개최하였고, 7월 15~16일 민주노총 산하의 한국통신노조, 금융노조, 공익노련, 공공연맹 등이 시한부 파업을 감행하였다(한겨레 1998/07/16, 1).

하지만 노·정의 대립에 대해 사회여론은 매우 냉정했다. 당시 노사정위원회를 인지하고 있는 전국 20세 이상 남녀 700명을 대상으로 행한 여론조사 결과에

---

8 이른바 '6·5 노정합의'로 알려진 민주노총과 정부 간의 합의내용은 다음과 같다. 민주노총의 노사정위 참여에 대한 반대급부로 정부는 ① 부당노동행위 근절을 위해 노사정위에 '부당노동행위특별대책위'의 설치, ② 현행 주당 44시간인 법정근로시간을 2000년부터 업종별·규모별로 40시간으로 단축하는 방안의 논의, ③ 공공부문 구조조정의 문제점을 논의하기 위한 '공공부문 특별분과위' 설치 등을 약속하였다(한국일보 1998/06/06, 1).

의하면, 노사정위가 구조조정의 '들러리'라는 조직노동의 주장에 69%가 동감한다고 대답하였으나 54%의 응답자가 양 노총의 노사정위 불참 선언은 잘못된 것이라는 입장을 보였다(한겨레 1998/07/16, 2). 노·정은 대립을 지양하고 대화로 해결해야 한다는 시민단체의 요구가 높아감에 따라, 노동과 정부는 교섭에 나섰다. 그 결과, 1998년 7월 23일, 노·정은 경제청문회 개최, 부당노동행위 근절, 퇴출 노동자의 생계 및 고용 대책, 노사정위원회의 위상 강화, 삼미특수강 노동자들의 재고용, 파업관련자의 사법처리 최소화 등에 합의하는 이른바 '7·23 노정합의'를 발표하였다(한겨레 1998/07/24, 1). 그러나 노동이 노사정위에 복귀하자, 이번에는 노사정위의 자본가 단체의 대표인 전경련과 경총이 7월 24일 노사정위 탈퇴를 선언하였다. 자본의 탈퇴 선언은 노사정위가 노·정 위주로 진행되는 데 대한 불만이었다. 즉 전경련과 경총은 ① 노·사·정 3자합의에 의해 노사정위가 운영되어야 하며, ② 불법파업은 교섭대상이 될 수 없으며, ③ 개별기업 노사문제는 개별 노사 당사자에게 맡겨야 한다고 정부에 경고하였고, 이후 7월 29일 노사정위에 복귀하였다(한겨레 1998/07/30, 8).

이 같은 노사정위의 혼란스런 모습은 기업들의 고용조정이 심화되면서 빈번하게 재연되었다. 울산 현대자동차의 대규모 정리해고를 둘러싸고 노·사의 대결이 첨예화되자, 1998년 8월 17일 현대자동차 노조가 소속된 민주노총이 노사정위에서 탈퇴할 의사를 밝혔다(한겨레 1998/08/20, 3).[9] 또한 9월에 들어, 금융기관

9 현대자동차는 대기업 가운데 정리해고를 통한 구조조정을 시도하는 첫 번째 사업장인 까닭에 노동과 자본 양측의 지대한 관심 대상이었으며, 시간이 흐를수록 현대자동차 사태는 자본과 노동의 대리전 양상을 띠었다. 노조는 회사쪽의 정리해고 방침이 법에 규정된 해고회피노력 조항을 제대로 준수하지 않은 일방적인 것이라고 반발하였고, 반면 경영진은 노조의 파업은 법절차를 어긴 불법적 행위라고 주장하였다. 또한 전경련, 경총, 한국무역협회, 대한상공회의소, 중소기업협동조합중앙회 등 자본가 단체들은 노조의 "폭력행위"에 대한 정부의 엄정한 법집행을 요구하였고, 민주노총은 정부가 공권력 투입을 통해 사태를 진압할 경우 노사정위 탈퇴는 물론 전면적인 반정부투쟁에 나설 것이라고 경고하였다. 이러한 대립 속에서 결국 집권당인 국민회의 중재단(단장 노무현 의원)이 울산 현지를 방문하여 노·사 협상을 중재할 수밖에 없었다. 이에 따라, 8월 24일 현대자동차 노사가 고용조정에 최종 합의함으로써 노사분규가 타결되는 성과를 거두었다.

에 대한 고용조정 작업이 본격화되면서 이번에는 한국노총이 노사정위 탈퇴의사를 밝혔다(한겨레 1998/09/23, 27).[10] 이러한 현상은 마침내 구조조정의 충격이 최고조에 달하면서 노사정위의 활동 중단으로 이어졌다. 1998년 말 구조조정의 심화에 따른 임금삭감과 정리해고가 속출하고, 그동안 노사정위가 합의하고 정부가 거듭 약속한 '교원노조의 설립,' '실직자 초기업단위노조 가입 허용,' '노조전임자 임금지급 처벌조항의 삭제' 등의 법제화 작업이 국회(1998년 12월)에서 무산되고,[11] 정부투자기관·은행·기업들이 노조의 교섭력을 크게 약화시킬 수 있는 연봉제 도입을 본격화함에 따라 노동자와 노조의 불만은 증폭되었다. 결국 민주노총은 1998년 12월 말부터, 한국노총은 1999년 1월 중순부터 각종 노사정회의에 불참하기 시작하였다.

이후 1999년 2월 24일 민주노총이 노사정위 탈퇴를 공식 선언하고, 구조조정과 정리해고 중단, 노동시간 단축, 사회안전망 구축, 산업별 교섭 보장 등을 실현하기 위한 총력투쟁을 결의하였다(한겨레 1999/02/25, 1). 그리고 한국노총은 전국대의원대회의 결의를 통해 2월 26일부터 당분간 노사정위에 참석하지 않기로 결의하고, ① 일방적 구조조정 중단 및 실질적 사전 협의 보장, ② 고용안정 및

---

10 9월 15일, 금융감독위원회가 주도하는 9개 은행(조흥·상업·한일·외환·평화·강원·충북·제일·서울)에 대한 인원 감축을 둘러싸고 은행 경영진과 노조대표 간의 협상이 결렬된 직후, 한국노총 소속의 전국금융노련은 다음날 명동성당에서 집회를 갖고 인력 감축선의 하향조정과 퇴직위로금의 상향조정을 요구하였다. 그리고 이러한 요구가 수용되지 않을 경우 9월 29일 총파업에 돌입할 것임을 예고하였다. 이에 대해 정부는 구조조정을 반대하는 파업에 대해 엄단할 것임을 발표하였다. 이때 대부분의 은행노조를 회원으로 두고 있는 한국노총이 개입하였다. 한국노총은 9월 22일 "정부가 9월 29일까지 일방적인 은행원 감축 지침을 철회하지 않으면 즉각 노사정위를 탈퇴"할 것임을 경고하였다(한겨레 1998/09/23, 27). 노조의 파업 예고와 정부의 경찰투입 방침이 발표되는 가운데, 파업 하루 전날 은행 경영진과 노조대표 사이에 마지막 협상이 성사됨으로써, 노사정위 중단사태와 노·정의 대결은 가까스로 피할 수 있었다.

11 노조전임자 임금지급에 대한 처벌조항은 1997년 3월 개정노동법의 신설조항으로 "2000년 1월부터 노조전임자에게 임금지급을 금지하며 이를 어기는 사용자는 처벌한다"는 내용이다. 그리고 교원노조관련 법안은 1998년 정기국회에서 한나라당과 자민련 일부 의원들의 반대로 무산되었으나, 1999년 1월 6일 재차 상정되어 교원의 단결권과 단체교섭권을 허용하는 '교원노조설립 및 운영에 관한 법'이 제정되었다.

실업대책 수립과 중앙고용안정협약 체결 및 주 40시간 노동제 실시, ③ 노조전임자 임금지급 금지 및 처벌조항 삭제, ④ 산업현장의 불법행위 근절 및 단체협약 불이행 처벌의 법제화, ⑤ 노조의 경영참가 법제화, ⑥ 노사정위 합의사항 이행과 위상 강화 등 '6대 정책요구사항'을 제시하고, 이에 대한 노·정 협상을 요구하였다(한국노총 2000, 303). 그러나 3월 5일 개시된 한국노총과 정부 간의 노·정 협상이 결렬되자, 한국노총은 4월 9일 노사정위의 '조건부' 탈퇴를 선언하였다.[12]

요약하면, 노동의 잇따른 불참 혹은 탈퇴 선언으로 제2기 노사정위는 공전을 면치 못했다. 그 근본적 원인은 국가와 자본에 의한 일방적인 구조조정과 노사정위 합의사항의 불이행, 그리고 그에 따른 노동자들의 고통과 불만의 증폭이었다. 노동자들의 불만은 노조지도부에게 집중되었다. 즉 노동자들 사이에서 "그간 노조지도부가 고용안정을 해치는 정리해고와 파견근로제를 합법화한 것 외에 현장 노동자를 위해 행한 사업이 무엇이냐"는 불만이 터져 나왔다. 노조지도부는 국가와 자본의 일방적인 구조조정과 약속 불이행에 대해 노사정위 불참 혹은 탈퇴 위협으로 맞섰다. 그 결과, 어렵게 출범한 노사정위는 사회적 합의기구로서의 기능을 제대로 발휘하지 못한 채 매우 불안정한 모습을 반복적으로 보일 수밖에 없었다.

Ⅲ. 불안정한 사회협약정치

김대중 정부는 노사정위의 붕괴를 방치하지 않았다. 사회적 합의주의 체제를 지속시키려는 김대중 정부의 노력은 적극적이었다. 왜냐하면, 노사정위의 존속은 경제개혁의 차원 및 정권적 차원에서 노동의 저항을 최소화하는 거의 유일한 민주적 장치이기 때문이었다. 하지만 기업들의 일방적인 고용조정은 노동의 불만을

12 한국노총은 4월 9일 노사정위 탈퇴를 선언하면서, 6개 요구사항의 이행을 지켜본 뒤에 노사정위 참여 여부를 결정할 것임을 발표하였다(동아일보 1999/04/10, 27).

증폭시켰고, 제3기 노사정위는 중단과 작동을 반복하였다.

1. 노사정위 위상 제고와 사회안전망의 구축

노사정위의 표류가 장기화되자, 김대중 정부는 양 노총이 그간 제기하였던 주장들을 중심으로 노사정위의 정상화를 위한 다양한 조치를 취하기 시작하였다. 당시 정부가 취한 조치들 가운데, 노사정위의 법적 지위의 강화 및 사회안전망의 구축은 노동의 의견을 반영한 것이었으며, 신노사문화운동은 협력적 노사관계의 당위성을 고취시키는 이데올로기적 노동통제의 일환으로 전개되었다.

첫째, 민주노총과 한국노총이 끊임없이 제기했던 '노사정위의 실효성'에 대한 논란을 불식시키기 위해 정부는 노사정위의 법적 지위를 강화하여 삼자협의기구의 활성화를 꾀하고자 하였다. 그 일환으로 1999년 4월 4일 정부와 여당은 '노사정위원회 설치 및 운영에 관한 법안'(노사정위원회법)을 의원입법 형태로 국회에 제출하였다. 그리고 이 법안은 5월 3일 국회를 통과하였고, 5월 24일 공포되었다.

노사정위원회법의 제정으로, 이제까지 대통령 자문기관의 형태로 존재해 왔던 노사정위는 법적 협의기구로 그 위상이 격상되어 상설화된 정책협의기구로 탈

표 18 노사정위원회 1·2·3기별 위상

	1기 노사정위	2기 노사정위	3기 노사정위
법적 지위	정치적 합의기구, 비상설	대통령 자문기구, 상설 사회적 협의기구 (대통령령에 근거)	대통령 자문기구, 상설 사회적 협의기구 (법률에 근거)
참여자	노·사·정 및 정당	노·사·정·공익 및 정당	노·사·정·공익 (민주노총 불참)
활동기간	1개월 (1998. 1. 15.~2. 9.)	1년 3개월 (1998. 6. 3.~1999. 8. 31.)	7년 8개월 (1999. 9. 1.~2007. 4. 26.)

출처: 경제사회발전노사정위원회. 2003.『경제사회발전 노사정위원회 10년사』, 42.

바꿈하게 되었다(〈표 18〉 참조). 구체적으로, 노사정위는 위원장과 상임위원을 포함해 노동·자본·정부·공익을 대표하는 20명 안팎의 위원으로 구성하며, 필요할 경우 대통령은 기획예산위원장과 금융감독위원장을 특별위원으로 위촉할 수 있도록 했다. 그리고 노사정위의 실효성을 높이는 차원에서 ① 노·사·정 3자가 합의한 사안에 대해 재적위원 과반수 출석과 출석위원 2/3 찬성으로 의결할 수 있도록 하였으며, ② 관계기관 및 공무원, 전문가의 출석 및 의견진술 요구권과 ③ 관계당사자 및 관계기관에 대한 자료제출 및 설명 요구권을 부여했다(한겨레 1999/05/04, 5).

둘째, 자유주의적 노동통제의 강화가 시도되었다. 노·사 간 협력적 파트너십을 고취시키기 위해 1999년 8월 19일 정부는 '신노사문화 정착운동'의 방향을 발표하고, 8월 24일 '대립과 갈등'에서 '참여와 협력'의 노사관계로의 전환을 위한 범국민적 캠페인을 지휘할 '노사문화추진본부'를 발족하였다. 이는 중앙정부는 물론이고 지방정부와 개별기업 차원에서도 추진되었다. 지방정부 차원에서는 '신문화 지역추진협의회'를 통해, 그리고 개별기업 차원에서는 노사협의회를 통해 신노사문화에 대한 국민적 공감대 형성을 위한 캠페인이 기획·실행되었다. 이는 일종의 이데올로기적 노동통제 방식으로, 그 내용은 대체로 ① 국민토론회, 노사화합행사, 21세기 노동헌장 및 노·사·정 행동강령의 제정·공포를 통한 노사공동체 형성운동과 ② 생산계획과 실적, 인력계획, 재정상황 등 기업경영정보의 공개를 통한 투명경영 실천운동으로 집약되었다(이원보 1999, 12). 이는 과거 반공주의에 기초한 이념적 통제방식과 대조되는 것으로, 정부에 비협조적인 노동자들에게 '불순분자'라는 용공(容共)의 낙인을 찍는 방식이 아니라, 경제개혁의 성공적 완수를 위해 노동자들에게 협조를 호소하고 설득하는 방식이었다. 특히 노사공동체 형성운동의 경우, 대통령이 직접 나서서 수차례의 '국민과의 대화,' 각종 선언과 발표, 노동문제 관계자들과의 면담 등의 방식을 통해 협력적 노사관계의 중요성과 당위성을 적극 설파하는 형태로 전개되었다.

셋째, '생산적 복지'의 기치하에 사회복지제도의 확충을 꾀함으로써 경제위기와 구조조정으로 인한 노동자들의 고통완화를 시도하였다. 1999년 6월 대통령의 현충일 기념사에서 '생산적 복지'를 '민주주의와 시장경제의 병행'에 이어 김대중 정부의 국정운영 철학으로 공식적으로 채택하였다. 이를 계기로 동년 7월 대통령 복지노동수석비서관을 단장으로 하는 '삶의 질 향상 기획단'이 구성되었고, 이를 통해 중산층과 서민을 위한 종합적인 복지대책이 수립되었다(한겨레 1999/ 06/28, 3). 그리고 '생산적 복지'의 방향은 1999년 8·15 경축사에서 대통령에 의해 다음과 같이 표방되었다(대통령비서실 2000, 411).

> 중산층 육성과 서민생활 향상을 목표로, 인간개발 중심의 생산적 복지정책을 적극 펴나가겠습니다. … 근로능력과 의욕이 있는 모든 국민에게는 직업훈련과 평생 교육의 기회를 제공하고, 그에 맞는 일자리를 찾을 수 있도록 돕겠습니다. 노인, 병약자, 소년·소녀 가장 등에 대한 관심과 지원을 큰 폭으로 늘리고, 장애인의 고용과 재활을 추진하기 위한 법과 제도를 정비하겠습니다. 의료보험, 고용보험, 국민연금, 산재보험 등 4대 보험제도를 내실화하여 국민들이 평생 동안 안심하고 생활해 나갈 수 있도록 하는 사회보장제도를 확립하겠습니다.

실제로, 김대중 정부하에서 사회복지망의 확충은 빠른 속도로 진행되었다. 정부예산 대비 복지예산의 비율은 김영삼 정부 시기인 1997년에 1.5%였던 것이 김대중 정부에 들어 1998년에 2.2%, 1999년에 2.3%. 2000년에 2.9%, 2001년에 3.8%, 2002년에 3.5%로 크게 높아졌다(손호철 2007, 145). 가장 두드러진 변화는 4대 보험제도의 확충이었다. 구체적으로, 국민연금은 1999년 3월 도시지역 자영업자 900만 명에게 확대·적용되었고, 고용보험은 1998년 10월부터 1인 이상 전 사업장으로 확대되었다. 그리고 산재보험은 2000년 7월부터 1인 이상 사업장으로 확대되었고, 국민연금의 적용범위는 전 국민으로 확대되었다(양재진 2001, 221). 그 결과, 국내총생산 대비 사회복지지출의 비율은 김영삼 정부 시기 연평균 5.2%였던 것이 김대중 정부에 들어 1998년 10.9%, 1999년 9.8%, 그리고 2000년

9.1%로 크게 높아졌다(손호철 2007, 145).[13]

이 같은 김대중 정부의 노력은 다음과 같은 정권적 차원의 고려 때문이었다. 첫째, 기본적으로 김대중 정부의 지지기반과 정치적 연대의 대상은 자본과 기득권층을 중심으로 하는 보수 세력이 아니라, 노동과 중산층을 비롯한 진보적 시민사회 부문이었다. 비록 경제개혁이 정책의 혜택과 비용의 비대칭성 및 시기적 불일치성으로 인해[14] 노동과 진보적 사회집단들의 불만을 낳고 있었으나, 사회협약정치의 폐기가 새로운 사회적 지지기반의 창출로 이어질 가능성은 거의 없었다. 오히려 사회적 합의주의의 포기는 김대중 정부의 잠재적 지지기반인 노동과 진보적 사회단체들의 명시적인 지지 이탈로 이어질 가능성이 높았다(임경훈 2000; 양재진 2001, 225).

둘째, '노사정위원회'의 존재 자체가 김대중 정부의 국정 철학인 '민주주의와 시장경제의 병행'에 기반을 둔 정치적 산물일 뿐만 아니라, 사회적 합의라는 형식을 빌려 경제개혁에 대한 노동의 정책적 저항을 완화시키고 사회적 공감대를 형성·유지하는 거의 유일한 제도적 장치였다. 따라서 노사정위원회의 폐기 혹은 사회적 합의주의의 포기는 정권 정체성의 혼란과 개혁세력의 약화를 초래할 수 있는 정치적 위험성이 높은 전략이었다. 나아가 안정적 경제회생을 위해 향후 더욱 강도 높은 신자유주의적 구조개혁이 예견되는 상황에서 사회적 합의주의의 상징인 노사정위원회의 유지와 적절한 활용은 정권의 이익에 전적으로 부합하는 선택

13 그러나 이 같은 사회복지지출의 증가가 한국이 복지국가의 대열에 진입했다는 의미는 결코 아니다. 그간 우리사회가 사실상 '복지국가'의 부재 속에 있었다는 점을 고려할 때, 그리고 대표적인 복지국가인 스웨덴(1998년 31.5%)과 덴마크(1998년 30.1%)에 비해 상대적으로 복지수준이 떨어지는 미국(1998년 15%)과 일본(1998년 15.1%)의 사회복지지출의 수준에도 미치지 못한 점을 감안할 때, 한국의 복지수준은 국제적으로 여전히 열악한 것이었다(손호철 2005, 219).

14 경제개혁의 정치적 딜레마는 정책적 혜택(benefits)과 비용(costs)의 비대칭성 및 시기적 불일치성에 있다. 즉 개혁의 혜택은 사회 전반에 걸쳐 분산되나 개혁의 비용은 특정 계층(집단)에 집중되며, 개혁의 비용은 정책 피해자에게 즉각적으로 영향을 미치나 정책 수혜자에게는 시간적으로 서서히 실현된다. 따라서 개혁정책의 희생자는 정책당국에 반발 혹은 저항하는 정치적 행동을 취하는 경향이 강하나, 개혁정책의 수혜자는 개혁당국을 정치적으로 적극 지지하는 정치적 행동에 나서지 않는 경향을 보인다(문정인·김용철 2000, 255).

지였다.

2. 제3기 노사정위: 중단과 작동의 반복

1999년 9월 1일 제3기 노사정위가 출범하였다. 민주노총은 노사정위 참여를 거부하고 대중투쟁의 동원 및 위협을 통해 정부와 직접 교섭하는 전략을 고수하였다. 이에 비해, 한국노총은 기본적으로 노사정위에 참여하여 노동자들의 이해관계를 관철한다는 입장이었다. 자본의 경우, 정부의 권유와 사회여론을 의식하여 그리고 노·정 간의 일방적 협의가능성을 견제하기 위해 마지못해 노사정위에 참여하는 소극적 태도를 보였다. 그 결과, 제3기 노사정위는 중단과 작동을 반복하면서 합의주의적 노동정치는 점차 교착상태에 빠져들어 갔다. 그 대표적인 사례가 노조전임자 임금지급 문제를 둘러싼 노·사의 대립, 금융부문 구조조정을 둘러싼 노·정의 갈등, 노동시간 단축문제를 둘러싼 노·사의 이견으로 인한 노사정위의 중단 및 공전이다.

(1) 노조전임자 임금지급 문제

1999년 11월 15일, 한국노총은 노사정위의 무기한 참여 중지를 선언하였다. 이로써 제3기 노사정위는 출범한지 채 3개월이 되지 않은 시점에서 또다시 기능정지 상태에 빠져들었다. 한국노총의 노사정위 참여 중지는 한국노총의 노사정위 참여 조건으로 정부가 약속했던 노조전임자 임금지급 금지조항에 대한 법 개정이 이행되지 않고 있는 데에 대한 불만 때문이었다.

노조전임자 임금지급 금지규정이 신설된 것은 1996년 12월 노동관계법의 재개정 때였다. 당시 자본은 노조전임자에 대한 임금지급은 세계적으로 거의 찾아볼 수 없는 제도이며 무노동·무임금의 원칙에 벗어난다는 점을 들어, 노조전임자에게 임금을 지급하는 잘못된 관행을 바로 잡기 위해 입법조치가 필요하다고 주장하였다. 특히 법 개정을 위한 노사관계개혁위원회(노개위)의 논의과정에서 복수노조 금지조항을 폐지해야 한다는 노동계의 주장이 힘을 얻자, 자본은 노조전임자에 대한 비용부담의 증가를 이유로 노조전임자 임금지급 금지를 강력히 요구하였다. 이러한 자본의 요구는 1997년 3월 노동관계법 개정 시에도 수용되어 기업이 노조전임자에게 임금을 지급하는 것을 부당노동행위로 규정하고 금지하였다. 다만 현실 여건을 감안하여 2001년까지 금지조항의 적용을 유예하도록 하였다.

그러나 이 문제는 1998년 2월 노사정 대타협 시에 노동의 요구로 제2기 노사정위의 최우선 과제로 재논의하기로 합의되었고, 1999년 6월에 이루어진 이른바 '6·25 노·정합의'를 통해 한국노총이 제3기 노사정위에 참여하는 조건으로 정부가 관련법을 개선하기로 합의하였다.[15] 하지만 이 문제가 노사정위에서 논의될 기미가 보이지 않자, 한국노총은 1999년 11월 15일 노사정위 활동 중단을 선언하였다. 나아가 노조전임자에 대한 임금지급을 금지한 현행 노동조합법이 개정되지 않을 경우 한국노총은 노사정위를 탈퇴할 것이며, 12월 17일 시한부파업을 거쳐 12월 23일 총파업에 돌입할 것임을 예고하였다(한겨레 1999/12/13, 14).

이처럼, 한국노총이 노조전임자 임금지급 금지에 대한 법 개정을 강력하게 요구하는 이유는 이 문제가 한국노총의 조직역량과 직결된 사안이기 때문이었다. 즉 한국노총 소속 노조들은 대부분 영세사업장 노조인 까닭에 단위노조들의 재정적 기반은 매우 취약한 상태였다.[16] 따라서 노조전임자 임금지급 문제가 해결되지 않을 경우 많은 단위노조들이 와해될 위험에 처해 있었으며, 그 결과 한국노총의 조직역량이 크게 훼손될 가능성이 높았다.

이에 비해, 민주노총의 핵심적 관심 사항은 노동시간 단축 문제였다. 민주노총은 '주 40시간 노동제'의 쟁취를 무엇보다도 선결되어야 할 사항으로 인식하고

15 1999년 6월 25일 한국노총과 정부 간에 이른바 '6·25 노정합의'가 발표되었는데, 그 핵심 내용은 노조전임자 임금지급 금지조항과 법정근로시간 단축문제는 노사정위의 "노사관계제도 개선위원회에서 그 개선 방안을 논의하고, 그 결과를 토대로 1999년 말까지 관련 법률의 개정을 추진"하며, "향후 금융·공공부문 등의 구조조정 추진시 노사정위원회에서 그 원칙과 방향에 대해 충분하고 성실하게 사전협의"한다는 것이었다(한국노총 2000, 86).

16 당시 한국노총 소속 단위노조들의 약 80%가 300명 이하의 소규모 사업장 노조로 구성되어 있었다(동아일보 1999/12/06, 5).

있었다. 즉 민주노총은 ① 노동자들은 여전히 장시간 노동에 시달리고 있으며, ② 특히 경제위기 이후 노동자들이 실업과 불안정 고용으로 고통 받고 있다는 점을 고려할 때, 노동시간 단축은 '일자리 나누기'를 통한 고용창출 및 노동자의 삶의 질 향상과 직결된 사안이라고 판단하고 있었다. 이에 민주노총은 12월 10일 서울역 광장에서 시민·사회단체들과 함께 '노동시간단축, 개혁입법쟁취 결의대회'를 갖고, 이후 총파업에 돌입할 것임을 선언하였다(한겨레 1999/12/07, 15).

한국노총과 민주노총의 연대파업이 모색되는 가운데, 일부 의원들이 노조전임자 임금지급 처벌 규정을 삭제하는 내용의 노동조합법 개정안을 국회에 제출하려는 움직임을 보이자, 자본이 강력하게 반발하고 나섰다. 자본가 단체들은 무노동·무임금의 원칙에 따라 노조전임자에게 임금을 지급할 수 없다는 입장을 고수하면서, 노동법 개정을 지지하는 의원들에 대해 2000년 총선에서 낙선운동으로 대응할 것이라고 위협하였다(한겨레 1999/12/07, 4). 노동과 자본의 이해관계가 충돌하는 가운데, 12월 28일 정부는 노사정위의 공익위원들이 제시한 중재안을 반영한 노동관계법 개정안을 국회에 제출하는 방법을 택하였다.[17] 하지만 정부개정안은 곧바로 노동과 자본의 반대에 부딪혔다. 노동은 노조전임자 상한선 철회를 요구하였고, 자본은 노조전임자 임금지급 반대를 고수하였다. 이에 국민회의와 자민련은 정부개정안에 대한 국회처리를 노·사 간 합의가 이뤄질 때까지 유보하기로 결정할 수밖에 없었다(한국일보 1999/12/30, 2).

2001년 초, 시행을 1년 앞둔 '노조전임자 임금지급 금지'를 더 이상 미룰 수 없는 상황에 이르자, 한국노총은 노조전임자 임금지급 문제를 노·사 자율교섭에 맡길 것을 강력히 요구하였다. 이에 따라 노사정위가 이 문제를 다시 논의하였지

17 당시 공익위원 중재안의 주요 내용은 세 가지로 요약된다. 첫째, "노조전임자에게 임금을 지급할 경우 부당노동행위로 간주해 사용자를 처벌한다"는 규정은 삭제하되, "노조전임자는 전임기간동안 사용자로부터 급여를 지급받아서는 안된다"는 노조전임자 임금지급 금지조항은 존속시키면서 "노사가 합의할 경우엔 지급할 수 있다"는 단서조항을 추가한다. 둘째, 노사자율로 전임자의 임금을 줄 수 있도록 하는 대신 "노조전임자의 임금 지급을 목적으로 한 쟁의행위를 금지"한다. 셋째, "기업별로 전임자의 수를 제한"하며 그 구체적인 방법은 대통령령으로 정한다(한국경제 1999/12/09, 1).

만, 노동과 자본 간의 첨예한 이해대립으로 또다시 합의안을 도출할 수 없었다. 이에 노사정위는 공익위원의 안을 정부에 제출하기로 결정하였다. 당시 공익위원 안의 골자는 ① 원칙적으로 사용자는 노조전임자에 대한 임금지급의무가 없음을 명시하나, ② 법령이 정하는 범위 내에서 노사합의에 의한 노조전임자의 급여를 인정하며, ③ 노조전임자의 급여지급 확보를 위한 노조의 쟁의행위를 불허하고, ④ 사용자의 급여지급을 부당노동행위로 간주하는 기존 노동법규정을 삭제한다는 것이었다(노사정위원회 2003, 230). 그러나 이 또한 노동과 자본의 반발로 2001년 2월 9일 노사정위는 노조전임자 임금문제를 2006년 말까지 5년간 유예하는 방향으로 결론을 낼 수밖에 없었다.

(2) 금융부문 구조조정

외환위기와 뒤이은 경제구조조정으로 수많은 실직자와 비정규직이 속출하고 있었다. 1997년 10월부터 2000년 9월까지 모든 부문에서 정규직 인력이 급격히 감소하는 현상을 보였는데, 이 기간에 30대 대기업부문에서 17만 1천여 명이, 금융업부문에서 5만여 명이, 그리고 공기업부문에서 3만여 명이 감소하였다(김태기·전병유 2003, 92-93). 비록 국민경제가 외환위기 직후의 극심한 침체에서 벗어나 실업률이 1998년 7.0%에서 1999년에 6.3% 그리고 2000년 4.1%로 점차 줄어들었지만, 외환위기 이전인 1997년의 실업률 2.6%에 비해 여전히 높은 수준이었다. 뿐만 아니라, 전체 취업자 가운데 임시직 및 일용직 노동자의 비중이 1998년에 28.9% 그리고 1999년에 32.2%로 높아져, 노동자들의 고용구조는 갈수록 취약해지고 있었다(윤제철 2007, 425). 따라서 노동자들의 고통과 불만은 어느 때보다 높았다.

이러한 상황에서, 2000년 6월 7일 '금융지주회사법'의 도입을 핵심으로 하는 정부의 제2차 금융구조조정 방안이 발표되었다. 이는 금융산업의 대대적인 재편을 예고하는 것으로, 대폭적인 조직개편과 인력감축이 예상되는 조치였다. 이에 금융노조는 6월 8일 노사정위의 '금융구조조정특위'에서 탈퇴하고, 다음 날 회원조합 대표자회의를 열고 일방적 구조조정 저지를 위해 7월 중에 전면파업에 나서기로 결정하였다. 그리고 6월 28일 금융노조는 정부의 금융기관 합병방침이 철회되지 않을 경우, 산하 22개 노조와 6만 5천여 명의 조합원이 7월 11일 일제히 총파업에 돌입할 예정임을 경고하였다(한겨레 2000/06/29, 17). 금융노조의 총파업 예고는 노사정위를 통한 정부와의 협상이 더 이상 의미가 없다는 판단 때문이었다.

'7·11 총파업'을 위한 금융노조의 준비는 비교적 순조롭게 진행되었다. 금융노조는 조합원의 적극적 참여와 연대를 이끌어 내기 위해, 7월 1일 서울, 부산, 광주, 대구, 전주, 제주 등에서 '금융노조 총파업 진군대회'를 개최하였다. 그리고 7월 3일에는 쟁의행위 찬반투표를 실시하여 85% 이상의 조합의 찬성을 이끌어냈다. 7일과 9일 두 차례에 걸친 노·정 협상이 결렬되고 11일 오전 5시에 3차 협상마저 결렬되자, 금융노조는 예정대로 파업에 돌입하였다. 이날 연세대에서 금융노조 조합원 2만여 명이 참여한 항의농성이 진행되는 가운데, 4차 노·정 협상이 11일 오후 극적으로 타결되었다(류기락 2001). 이른바 '7·11 노·정합의'의 핵심 내용은 "금융지주회사법은 일정대로 추진하되 지주회사를 은행 간 강제합병의 수단으로 삼지 않으며, 노사 간 자율적 협의를 존중한다"는 것이었다(한국경제 2000/07/12, 1).

이른바 '금융대타협'으로 불리는 노·정 간의 합의내용은 7월 12일 '금융산업발전과 금융개혁 추진방향 합의문'이라는 제목으로 노사정위 본회의에서 만장일치로 채택되었다. 합의문의 주요 내용은 다음과 같다: ① 은행의 경영자율성을 최대한 보장한다; ② 금융개혁은 시장원칙에 따라 추진한다; ③ 금융개혁은 정부주도의 강제적 합병 없이 추진하며, 정부는 금융기관의 조직 및 인원감축 등에 대해 노사 간 단체협약을 존중한다(노사정위원회 2003, 334).

그러나 '금융대타협'이 도출되고 불과 5개월이 지난 시점에서 금융노조가 다시 총파업에 돌입하는 사건이 발생하였다. 그 계기가 된 것은 10월 4일 정부의 '4대부문 12대핵심개혁과제 추진계획'의 발표였다. 그 주요 내용은 '선택과 집중'의 원칙 아래, 금융부문에서 '은행의 2단계 구조조정 완결,' 기업부문에서 '잠재적 부실기업 정리,' 공공부문에서 '1단계 공기업 민영화계획 완료 및 경영혁신' 그리고 노동부문에서 '생산적 노사협력관계 구축' 등이었다(매일경제 2000/10/05, 1). 그리고 정부는 금융·기업 개혁은 연내에, 공공·노동 개혁은 내년 2월까지 완결할 것임을 강조하였다.

정부의 첫 번째 구조조정 대상은 금융부문과 기업부문이었다. 11월 3일 정부는 채권은행협의회를 개최하고, 29개 기업은 청산 및 법정관리를 통해, 20개 기업은 매각처분을 통해, 3개 기업은 합병을 통해 총 52개의 부실기업을 정리·퇴출하기로 결정하였다(한겨레 2000/11/04, 1). 퇴출기업이 결정되자, 정부는 금융부문 구조조정을 위한 작업에 착수하였다. 11월 8일 정부는 독자생존이 가능하다고 판단되는 조흥은행과 외환은행에 대해 조건부로 경영개선계획을 승인하였고, 독자생존이 불가능하다고 판단된 한빛·평화·광주·제주은행에 대해서는 금융지주회사 편입을 통한 구조조정을 결정하였다(금융감독원 2004, 245-246).

구조조정의 대상인 기업과 은행들이 확정되자, 노동은 강력히 반발하고 나섰다. 한국노총은 "일방적인 기준으로 노동자의 생존권을 송두리째 앗아가는" 구조조정에 반대한다는 성명서를 발표한 후(동아일보 2000/11/06, 31), 구조조정과 관련하여 노사정위의 역할 부재를 지적하면서 11월 11일 노사정위 참여 중단을 선언하였다. 민주노총 역시 "정부가 산업 및 금융정책 실패 책임을 노동자에게 전가"하고 있다고 반발하면서, 한국노총과의 공동투쟁을 모색하였다(경향신문 2000/11/14, 18). 그리고 11월 24일 양 노총은 연대투쟁에 합의하고, 12월 4일 '공동투쟁위원회'를 구성하고, 12월 5일 구조조정 저지를 위한 공동집회를 개최하였다(한국노총 2001, 80-81; 민주노총 2000, 105-106). 하지만 양 노총의 연대투쟁은 오래가지 못했다. 한국노총이 12월 8일 노사정위의 공공부문구조조정특위에 참여하고, 12월 14일 노사정위 본회의에 복귀함으로써 양 노총의 연대투쟁은 사실상 마감되었다.[18]

---

18 12월 7일, 한국노총은 총파업투쟁을 연맹 차원에서 산별노조 차원으로 진행하기로 결정함으로써 실리 위주의 투쟁으로 전환하였다. 이러한 한국노총의 결정은 경제침체 상황과 과격한

그러나 구조조정에 반대하는 금융부문 노동자들의 항의운동은 계속되었다. 12월 11일, 정부가 우량은행(국민은행과 주택은행) 간 합병을 전격적으로 발표하자, 한국노총 산하의 금융노조는 강제합병의 철회 및 금융지주회사에 편입되는 은행(경남·광주·제주·평화은행)들의 정상화 기회보장을 요구하며 '금융총파업'을 예고하였다. 이 같은 금융노조의 반발은 기본적으로 구조조정에 따른 고용안정성 약화에 대한 우려에 기인하지만, 정부의 금융개혁이 2000년 7월의 '7·11 노정합의'와 노사정위의 '금융대타협'을 정면으로 위반한 데에 대한 노동자들의 분노도 강하게 작용하였다.

항의투쟁은 12월 17일 '금융노동자 총진군대회'를 시작으로 12월 22일 국민은행과 주택은행 지부들이 전면파업에 들어갔고, 같은 날 경남·광주·제주·평화은행 노조원들도 합병철회를 요구하는 집회를 개최하였다(한겨레 2000/12/22. 1). 국민은행과 주택은행 노조의 파업이 계속되는 가운데, 12월 25일 금융노조 산하 22개 금융기관 노조위원장들은 대표자회의를 열고 12월 28일부터 총파업에 돌입하기로 결정하였다. 이에 한국노총이 금융노조의 총파업을 지지하고 나섰고, 민주노총도 "국민·주택은행 농성장에 경찰병력을 투입해 무력으로 진압할 경우 김대중 정권 퇴진운동도 불사할 것"임을 밝혔다(경향신문 2000/12/27, 19).

양 노총의 '묵시적' 형태의 연대투쟁이 되살아나자, 정부는 총파업에 공권력을 투입하여 강경하게 대처하기로 결정하는 한편, 국민·주택은행 노조원들의 업무복귀가 정상적으로 이루어질 경우 감원은 하지 않을 것이라고 회유하였다. 12월 27일 정부는 농성장인 경기도 일산연수원에 경찰력을 투입하여 파업 중인 8천여 명의 노조원을 강제 해산시켰으며, 다음날 28일에는 파업을 주도한 노조간부 10여 명에게 체포영장을 발부하고 검거에 나섰다. 결국 정부의 강경한 진압과 회유로 금융노동자의 총파업은 무산되고 말았다.

노동운동에 대한 비판적 여론, 그리고 민영화와 인력 감축에 직면한 철도노조의 중재 요청(한국노총의 노사정위 참여를 통한 중재)에 기인한 것이었다. 이에 대해, 민주노총은 한국노총이 연대투쟁을 지렛대 삼아 대정부 협상을 시도할 것이라는 애초의 우려가 현실화되었다고 비난하였다(민주노총 2000, 202).

(3) 노동시간 단축문제

노동시간 단축문제는 1998년 2월 노사정 대타협의 합의사항들 가운데 하나였다. 이후 노동은 '일자리 나누기'를 통한 고용창출 및 노동자의 삶의 질 향상이라는 차원에서 노동시간 단축을 꾸준히 요구하여 왔으나, 이 이슈가 노사정위의 중요 의제로 채택된 것은 제3기 노사정위 시기였다. 2000년 5월 17일 노사정위는 노·사·정 대표 각 3인과 공익위원 6인으로 구성된 '근로시간단축특별위원회'(근로시간단축특위)를 발족시키고, 의제의 범위를 "근로시간, 임금, 휴일 및 휴가"로 결정하였다. 그리고 5월 26일 노동부장관은 "노사정위 근로시간단축특위의 합의를 거쳐 올해 안에 개정법안을 마련해 국회에 제출"하겠다고 밝혔다(한겨레 2000/05/27, 21).

노사정위와 노동부의 발표에 대해, 한국노총과 민주노총 그리고 자본의 반응은 각각 상이하였다. 한국노총은 노동시간 단축문제가 노사정위의 중요 의제로 채택되었다는 점에 호의적인 반응을 보였으나, 민주노총은 노사정위보다는 노·정 간의 직접대화를 통해 이 문제를 해결해야 한다는 입장이었다. 이에 비해, 자본가 단체들은 노사정위에서의 논의는 환영하나, 정부가 그 논의의 시한 및 법 개정 시기를 미리 정한 것은 곤란하다는 입장이었다(한겨레 2000/05/27, 21).

노동시간의 단축 문제를 둘러싼 힘겨루기는 민주노총의 총파업 예고로 시작되었다. 5월 29일 민주노총은 주5일 근무제의 도입, 일방적 구조조정의 중단, 비정규직의 정규직화 등 노동현안들이 "대통령 면담을 통해 일괄 해결되지 않으면 총파업"에 돌입하겠다고 예고하였다(한겨레 2000/05/30, 17). 민주노총의 파업투쟁은 5월 31일부터 6월 2일까지 3일간 지속되었으며, 이는 6월 3일의 '전국비정규직 노동자대회,' 6월 4일의 '주5일 근무쟁취 전국노동자대회,' 그리고 6월 10일의 시민·사회단체들이 참여하는 민중대회로 이어졌다(민주노총 2000, 184).

민주노총과 달리, 한국노총은 노사정위 근로시간단축특위에서 노동시간 단축 문제를 놓고 자본대표들과 협상을 진행하였다. 자본과의 협상은 난항을 거듭한 끝에, 10월 23일 노·사·정은 근로기준법의 조속한 개정을 통해 법정근로시간을 주당 40시간으로 단축하여 주5일 근무제를 정착시킨다는 내용의 '근로시간단축 관련 기본합의문'을 채택하였다. 하지만 법정근로시간을 주40시간으로 한다는 것을 제외하면, 모든 세부 쟁점에서 노동과 자본은 첨예하게 대립하여,[19] 노동시간 단축협상은 더 이상 진전이 이루어질 기미를 보이지 않았다. 그 결과, 노동과 자본 간의 불신과 대립만 더욱 증폭되는 양상을 보이고 있었다.

그러자 2001년 8월, 노동부는 노·사·정이 합의에 이르지 못할 경우, 공익위원안을 바탕으로 정부 단독으로 입법을 추진할 것임을 공표하였다(문화일보 2001/08/ 28, 30). 이러한 노동부의 합의 촉구에도 불구하고, 9월 5일 개최된 노사정위 본회의에서 공익위원안을 둘러싼 노·자 간 이견은 쉽게 좁혀지지 않았다.[20] 가장 문제가 된 핵심 쟁점은 '휴가일수 조정에 따른 장기근속자 임금보전'이었다. 노동은 주5일 근무제의 도입으로 노동시간이 줄어들더라도 종전의 임금수준을 유지할 것을 요구하였고, 자본은 '노동시간 단축에 따른 임금보전 불가'라는 강경한 입장을 고수하였다. 이후 노·사·정의 대표, 상임위원, 특위위원장을 포함한 5인 협상팀이 구성되어 의견조정을 시도하였으나, 노·자 간의 팽팽한 입장차를 좁히지 못하였다.

이에 한국노총은 11월 13일 노사정위 협상의 전면 중단을 선언하고, '임금조건의 저하 없는 주5일 근무제 쟁취'를 위해 민주노총과 연대해 전면적 투쟁을 전

19 노동은 아무런 전제 조건 없이 주 44시간에서 40시간으로 근로시간을 줄이자는 입장인 데 비해, 자본은 시간외 근로수당 할증률을 현행 50%에서 25%로 인하, 탄력적 근로시간제의 1년 단위로 확대, 단축된 시간만큼의 임금삭감, 유급 주휴제의 무급화, 월차유급휴가제도 폐지 및 연차유급제도 전면 조정 등을 전제로 요구하였다. 또 시행시기에 대해서도 노동은 2001년부터 전면시행을, 자본은 상당한 유예기간을 두고 규모별·업종별로 단계적 시행을 주장하였다(노사정위원회 2003, 530－531).

20 공익위원 의견의 주요 내용은 ① 2002년 7월부터 2007년까지 단계적 실시, ② 월차 휴가 일수는 연차에 통합하여 1년에 18일~22일, ③ 생리휴가는 무급화, ④ 탄력적 노동시간 단위(현행 2주)는 1년으로 확대, ⑤ 초과노동 상한선(현행 주12시간)과 초과수당 할증률(현행 50%)의 유지, ⑥ 선택적 보상휴가제 도입 규정 마련, ⑦ 주휴일 무급화에 따른 임금보전을 법의 부칙에 명시 등이었다(노사정위원회 2003, 541－543).

개할 것임을 표명하였다(한겨레 2001/11/14, 2). 이로써 노동시간 단축을 위한 협상은 교착상태에 빠졌다. 이후에도 몇 차례의 협상이 시도되었지만, 노동과 자본 간의 입장차는 여전히 좁혀지지 않았다. 2002년 7월 22일, 노사정위 위원장은 논의의 종결을 선언하고 그간 논의되었던 노사정위의 최종 결과를 정부에 이송하였다(경향신문 2002/07/23, 1). 그리고 정부는 이를 토대로 근로기준법 개정안을 마련하여 10월 17일 국회에 제출하였으나, 대통령선거 국면이 다가옴에 따라 정부안 심의는 계류되었다. 그리고 2003년 2월 개최된 임시국회에서 정부의 근로기준법 개정안은 노동과 자본의 강력한 반대로 무산되고 말았다(매일경제 2003/02/19, 1).

Ⅳ. 사회협약정치의 정치경제적 결과

1998년 2월의 '노사정 대타협'은 경제회생을 위한 구조개혁의 실행과 이에 따르는 공정한 고통분담을 통해 경제위기를 극복하자는 노·사·정 삼자 간의 사회협약이었다. 즉 노동은 노동시장 유연화를 허용하고, 자본은 구조조정을 통해 경영투명성과 경쟁력을 확보하고, 국가는 사회안전망을 확충함으로써 노·사·정 모두가 상생하는 길을 찾아가자는 것이었다. 그러나 김대중 정권 5년의 사회협약정치는 두 가지의 상반된 결과를 가져왔다. 그것은 경제위기의 조기 극복과 가중된 노동자들의 고통이었다.

먼저, '노사정위'로 상징되는 사회적 합의주의의 성립은 국민경제의 회복에 크게 기여하였다. 노사정위의 구축을 통해 노동총파업과 같은 대규모의 잠재적 사회갈등을 회피할 수 있게 되었고, 노사정위의 합의를 통해 정리해고제와 파견근로제가 도입되어 노동시장 유연화가 가능해짐으로써 국가의 구조개혁과 자본의 고용조정을 위한 초석을 마련할 수 있었다. 그 결과는 빠른 경제회복과 'IMF 관리체제'의 조기 마감이었다.

표 19 경제회복지표: 경제성장률, 무역수지, 실업률, 외채규모, 국가신용등급

연도	경제 성장률	무역수지 (억 달러)	실업률	가용외환보유액 (억 달러)	외채규모(억 달러)		가용외환보유액 대비 단기채무(%)	국가신용등급 (Fitch 발표일)
					총외채	단기외채		
1996	7.6	−206.2	2.0	294	1,448	703	238.9	AA (06/27)
1997	5.9	−84.5	2.6	89	1,616	584	657.9	A^{+} (11/18)
1998	−5.5	390.3	7.0	485	1,516	360	74.2	BB^{+} (02/02)
1999	11.3	239.3	6.3	741	1,398	385	52.0	BBB (06/24)
2000	8.9	117.9	4.1	962	1,352	438	45.5	BBB^{+} (03/30)
2001	4.5	93.4	4.0	1,028	1,160	353	34.3	−
2002	7.4	103.4	3.3	1,214	1,287	445	36.6	A (06/27)

출처: http://www.index.go.kr/potal/main/EachDtlPageDetail.do?idx_cd=1069(검색일: 2015년 3월 5일).

〈표 19〉는 김대중 정부 5년 동안 경제성장률, 무역수지, 실업률, 외채규모 등 대부분의 경제지표들이 크게 호전되었음을 보여준다. 구체적으로, 1998년에 −5.5%를 기록하였던 경제성장률은 빠르게 회복되어, 1999년에 11.3%, 2000년에 8.9%, 2001년에 4.5%, 2002년에 7.4%를 기록하였고, 국제무역수지는 1997년의 −84.5억 달러 적자에서 1998년에 390억 달러, 1999년에 239억 달러, 2000년에 118억 달러, 2001년에 93억 달러, 그리고 2002년에 103억 달러의 흑자로 전환되었다. 이와 더불어, 1998년에 7.0%까지 치솟았던 실업률은 1999년에 6.3%, 2000년에 4.1%, 2001년에 4.0%, 그리고 2002년에 3.3%로 감소되었다. 뿐만 아니라, 외환위기 촉발의 직접적인 원인이 되었던 단기외채의 규모가 빠르게 감소되었다. 즉 1997년 말에 89억 달러에 불과하던 가용외환 보유액이 2002년 말에 1,214억 달러로 크게 증가하였다. 또한 1996년 말에 703억 달러에 달하던 단기외채는 2002년 말에 445억 달러로 무려 40% 가까이 감소됨에 따라, 가용외환 보유액 대비 단기채무의 규모는 1997년 말의 657.9%에서 1998년 말에 74.2%, 1999년 말에 52.0%, 2000년 말에 45.5%, 2001년 말에 34.3%, 그리고 2002년 말에 36.6%로 크게 호전되었다. 이에 따라 2001년 8월 23일, 1997년 말

외환위기 당시 IMF에서 빌린 195억 달러를 당초 계획보다 3년을 앞당겨 완전 상환함으로써 'IMF 관리체제'에서 조기 졸업하였으며(경향신문 2001/08/23, 12), 이에 따라 한국의 국가신용등급은 거의 외환위기 이전의 수준으로 회복되었다.

표 20 지위별 임금노동자의 분포 추이, 1996~2002년

연도	전체 임금노동자(천 명)	상용직(%)	임시직(%)	일용직(%)
1996	13,200	7,499(56.8%)	3,907(29.6%)	1,794(13.6%)
1997	13,404	7,282(54.3%)	4,236(31.6%)	1,886(14.1%)
1998	12,296	6,534(53.1%)	4,042(32.9%)	1,720(14.0%)
1999	12,663	6,135(48.4%)	4,255(33.6%)	2,274(18.0%)
2000	13,360	6,395(47.9%)	4,608(34.5%)	2,357(17.6%)
2001	13,659	6,714(49.2%)	4,726(34.6%)	2,218(16.2%)
2002	14,181	6,862(48.4%)	4,886(34.5%)	2,433(17.2%)

출처: 한국노동연구원. 2004. 『2004 KLI 노동통계』, 25.

그러나 경제회복에도 불구하고, 노동자의 경제적 위상은 크게 훼손되었고 조직노동의 대표성은 약화되는 모습을 보였다. 첫째, 경제위기 이후 노동시장의 유연화 조치로 인해 임시직·일용직이 증가함에 따라 고용시장에서 노동자들의 사회경제적 지위는 크게 약화되었다. 즉 경제가 회복됨에 따라 실업률은 점차 감소하였으나, 새로 창출된 일자리는 상용직보다는 주로 비정규직(임시직 혹은 일용직)에 의해 채워졌다.[21] 구체적으로, 1997년 이후 상용직 노동자의 규모가 급감하는 추세를 보였는데, 1996년의 750만 명에서 1998년에 653만 명, 2000년에 640만 명, 그리고 2002년에 686만 명으로 감소하였으며, 그 비율도 1996년에 56.8%에서 2002년 48.4%로 하락하였다. 대신 임시직 및 일용직 노동자의 수가 급증하여,

21 비정규직에 대한 정부의 공식적인 집계는 2003년도부터 발표되기 시작하였다. 따라서 2003년 이전의 비정규직 노동자 규모에 대한 추정은 정부가 집계한 취업노동자의 종사상 지위에 대한 통계에 근거하였다.

1996년에 570만 명에 이었던 비정규직 임금노동자는 1998년에 576만 명으로, 2000년에 697만 명으로, 그리고 2002년에 732만 명으로 늘어났다. 그리고 전체 임금노동자에서 차지하는 비정규직의 비율도 1996년에 43.2%에서 2002년에 이르러 51.6%로 증가하였다(〈표 20〉 참조).

표 21 빈곤율 및 소득분배의 추이, 1996~2002년

연도	빈곤율		소득분배	
	절대빈곤율	상대빈곤율	5분위배율	GINI
1996	4.59	9.40	4.01	0.266
1997	4.05	8.67	3.97	0.264
1998	7.79	10.84	4.78	0.293
1999	8.55	10.78	4.93	0.298
2000	6.90	10.19	4.40	0.279
2001	5.82	10.32	4.66	0.290
2002	4.70	10.06	4.77	0.293

주: 빈곤율과 소득배분은 2인 이상 도시가구를 대상으로 시장소득을 기준으로 집계한 것임; 절대빈곤율은 최저생계비 이하 기구의 비율을 의미하며, 상대빈곤율은 중위소득의 50% 미만에 해당하는 비율을 뜻함.
출처: 빈곤율 데이터는 한국노동연구원. 2010. 『2010 KLI 노동통계』, 121; 소득분배 데이터는 한국노동연구원. 2016. 『2016 KLI 노동통계』, 124.

둘째, 빈곤층이 증가하고, 소득분배가 악화되었다. 〈표 21〉에 의하면, 소득이 최저생계비 이하인 절대빈곤 가구의 비율이 1997년의 4.05%에서 외환위기 직후인 1998년에 7.79% 그리고 1999년에 8.55%로 급증하였으나, 이후 2000년(6.9%)을 지나면서 2001년에는 5.82% 그리고 2002년에는 4.7%로 감소됨으로써 절대빈곤율은 외환위기 이전인 1997년 수준으로 회복되는 양상을 보였다. 그러나 중위소득의 50% 미만에 해당하는 상대빈곤율은 1997년의 8.67%에서 1998년에 10.84%로 증가한 후, 더 이상 감소하지 않은 채 10%대에 머무는 양상을 보였다.

한편 소득불평등의 수준을 나타내는 5분위배율과 지니계수 역시 외환위기

이후 악화된 것으로 나타났다. 5분위배율은 가구소득 최상위 20%의 평균소득을 최하위 20%의 평균소득으로 나눈 값을 의미한다. 〈표 21〉에 의하면, 5분위배율은 1997년의 3.97에서 1998년의 4.78 그리고 1999년의 4.93으로 절정에 이르렀고, 이후 2000년(4.40)부터는 약간 호전되는 양상을 보였다. 그러나 2002년의 5분위배율(4.77)은 1997년에 비해 여전히 높아, 외환위기를 경험하면서 소득분배가 악화되었음을 보여준다. 또한 지니계수 역시 비슷한 양상을 보이는데, 1997년의 0.264에서 1998년에 0.293 그리고 1999년에 0.298로 절정에 이르렀고, 이후 2000년에 0.279, 2001년에 0.290, 그리고 2002년에 0.293을 기록하였다. 결국 지니계수의 추이를 볼 때, 소득배분상태는 김대중 정부 5년 동안 상대적으로 악화되었다.

셋째, 노동조합의 대표성이 점차적으로 약화되는 양상을 보였다. 〈표 22〉에 의하면, 노동조합 조직률은 1997년 11.1%에서 외환위기 직후인 1998년과 1999년에 각각 11.4%와 11.7%로 약간 증가하였으나, 2000년에 11.4%, 2001년에

표 22 노사관계 주요 지표, 1996~2002년

연도	임금노동자 (천 명)	노동조합		노사 분규			
		조합원 (천 명)	조직률 (%)	발생건수	참가자수 (천 명)	손실일수 (천 일)	파업 규모
1996	13,200	1,599	12.1	85	79	893	67.7
1997	13,404	1,484	11.1	78	44	445	33.2
1998	12,296	1,402	11.4	129	146	1,452	118.1
1999	12,663	1,481	11.7	198	92	1,366	107.9
2000	13,360	1,527	11.4	250	178	1,894	141.8
2001	13,659	1,569	11.5	235	89	1,083	79.3
2002	14,181	1,538	10.8	322	94	1,580	111.4

주: 조직률=조합원수÷총피용자×100; 파업규모(strike volume)=노동쟁의로 인한 손실일수÷임금노동자(천 명).
출처: 한국노동연구원. 2005. 『2005 KLI 노동통계』.

11.5%, 그리고 2002년에 10.8%로 다시 하락하였다. 전체적으로 외환위기 직전인 1996년과 1997년의 평균조직률이 11.6%임을 감안하면, 김대중 정부 5년 동안의 평균조직률은 11.4%로 1996~97년의 평균조직률에 비해 0.2%p가량 감소되었다. 이는 외환위기 이후 5년을 경과하면서 노조의 대표성은 상대적으로 취약해졌음을 뜻하며, 또한 그만큼 전국수준에서 조직노동의 조직 역량이 약화되었음을 의미한다.

넷째, '삼자합의주의체제'의 성립에도 불구하고, 노동쟁의 발생건수는 외환위기 이전인 1996년(85건)과 1997년(78건)에 비해 훨씬 증가하였고 시간이 갈수록 늘어나는 양상을 보였다. 이는 전국수준의 사회적 합의주의체제가 제대로 작동하지 않았음을 방증하는 또 다른 지표이다. 이에 따라, 임금노동자 1,000명당 노동쟁의로 인한 손실일수를 뜻하는 평균 파업규모는 외환위기 직전인 1996년(67.7)과 1997년(33.2)의 두 자릿수에서 외환위기 직후(1998~2002년)에는 세 자릿수로 급증하였다.

요약하면, 사회협약정치는 비교적 짧은 시일 내에 경제를 회복시키는 데 기여하였으나, 고용시장에서 노동자의 위상 및 조직노동의 교섭력은 지속적으로 약화되는 현상을 초래하였다. 이는 민주노총의 노사정위 탈퇴를 가져온 근본적 요인이 되었고, 노·사·정 간의 끊임없는 긴장과 갈등을 생성시켜 결국 노사정위의 잦은 교착을 낳는 원인이 되었다.

V. 요약 및 결론

1998년 2월의 '노사정 대타협'은 국가가 제의하고 노동과 자본이 순응한 국가 주도의 사회협약정치였다. 외환위기와 그에 따른 'IMF 관리체제'에 직면하여, 국가는 노동과 자본에게 사회적 합의기구인 노사정위원회의 설치를 통해 자신의 정책적 권한과 권위를 공유할 것을 제의하였고, 노동과 자본은 사회여론과 각각의 정치적 이해관계로 인해 국가의 제의에 호응할 수밖에 없었다. 이런 의미에서 한국의 사회협약은 경제위기와 IMF 관리체제라는 비일상적 상황에 의해 촉발된 사회연합정치의 결과물이었다.

'2·9 사회협약'에 기초하여 노동시장 유연화를 위한 정리해고제와 파견근로제가 입법화되고, 이에 근거하여 국가와 자본은 본격적인 구조조정에 착수하였다. 구조조정은 공기업의 민영화, 부실금융기관의 퇴출, 합병 혹은 해외매각, 부실기업들의 퇴출과 기업개선작업(workout), 그리고 대기업들의 사업교환(big deal) 등으로 구체화되었다. 하지만 구조조정의 실행은 노동의 불만을 빠르게 증폭시켰다. 구조조정은 고용시장을 악화시켜, 그렇지 않아도 경기침체로 대량실업을 경험하고 있는 노동자들의 고통을 더욱 가중시켰다. 중산층의 하류층으로의 전락, 노숙자의 급증, 가정의 해체 등으로 노동자들의 삶의 질은 급속히 낮아졌다.

구조조정의 충격은 노사정위에 대한 조직노동의 기대를 일시에 무너트렸고, 이는 사회협약질서의 불안정을 촉발하였다. 특히 민주노총의 인식과 태도는 급변하였다. 민주노총은 노사정위를 국가와 자본의 구조조정을 정당화하고 노동자들에게 일방적 고통을 강요하는 제도적 장치에 불과한 것으로 판단하고 노사정위의 불참을 선언하였다. 한국노총 역시 노사정위에의 참여가 노동자들의 일방적 희생이라는 결과를 초래했다는 점에서 민주노총과 인식을 같이하였다. 양 노총의 노사정위 불참 그리고 이에 따른 잦은 노·정 타협에 자본 역시 노사정위 불참 선언으로 대응하였다. 그 결과, 제2기 노사정위는 '협의와 조정'의 장보다는 '갈등과 대립'의 장으로 빠르게 변화해 갔다.

김대중 정부는 노사정위의 붕괴를 방치하지 않았다. 사회적 합의주의 질서를 지속시키려는 정부의 노력은 적극적이었다. 왜냐하면, 노사정위는 경제개혁의 차원 및 정권적 차원에서 노동의 저항을 최소화하는 거의 유일한 민주적 장치이기 때문이었다. 정부는 노사정위의 실효성 문제를 불식시키기 위해 노사정위의 법적 지위를 강화하였고, 노동자들의 고통을 완화시키기 위해 사회안전망의 확충을 꾀하였으며, 협력적 노사관계를 고취시키기 위해 '신노사문화운동'을 전개하였다.

그러나 민주노총은 노·사·정 간의 협의보다는 노·정 간의 직접교섭전략을 고수하면서 노사정위 복귀를 거부하였다. 반면, 한국노총은 기본적으로 노사정위 참여를 통해 노동의 이해관계를 관철한다는 전략을 취하였다. 그리고 자본은 노·정 간의 일방적 협의가능성을 견제하기 위해 노사정위에 참여하는 소극적 태도를 보였다. 그 결과, 제3기 노사정위는 민주노총이 불참한 불구상태에서 출범할 수밖에 없었다. 이에 따라 노사관계제도 및 구조조정의 문제를 둘러싸고 노·정 및 노·사 간의 긴장이 발생할 때마다 노사정위는 중단과 공전을 반복하는 불안정을 끊임없이 노정하였다.

전체적으로, 김대중 정부 5년의 사회협약정치는 대체로 국가와 자본에게는 긍정적 결과를, 노동에게는 부정적 결과를 가져왔다. 우선 노사정위가 구축됨으로써 대규모의 잠재적 사회갈등의 회피가 가능하였고, 정리해고제와 파견근로제가 비교적 순조롭게 도입됨으로써 노동시장 유연화 및 구조조정을 위한 초석을 마련할 수 있었다. 그 결과는 빠른 경제회복과 'IMF 관리체제'의 조기 마감이었고, 노동시장 유연화가 장착된 신자유주의적 경제 질서의 확보였다. 이에 비해, 경제회복에도 불구하고 노동자들이 직면한 현실은 경제위기 이전에 비해 나아진 것이 거의 없었다. 오히려 빈곤층은 더욱 증가하였고, 계층 간 소득분배는 악화되었으며, 노동의 조직적 역량은 더욱 위축되었다. 이 같은 상반된 결과는 사회협약질서에 대한 노동자들의 의구심과 불신을 촉발시키기에 충분한 것이었다.

제12장
노동개혁의 실패와 사회협약정치의 실종

Ⅰ. '사회통합적' 노동개혁

노무현 정부가 제시한 노동정책은 '사회통합적' 노동개혁이었다. 그것은 노동과 자본 간의 힘의 불균형을 시정하여 '진정한' 사회적 파트너십을 구축하는 것이었다. 노동개혁을 위한 국가의 다양한 개혁 방안들이 발표되는 동안, 조직노동은 '최대이익 확보전략'으로 임하였다. 노동현장의 격렬한 파업에 대해 국가는 대화와 타협 그리고 인내와 양보로 대응하였다.

1. 노무현 정부의 선택

2003년 2월 출범한 노무현 정부에게도 노동문제는 결코 간과할 수 없는 중요한 국정 현안이었다. 비록 김대중 정부를 거치면서 한국경제가 비교적 짧은 시일 내에 경제위기에서 벗어났지만, 세계화의 구조적 압력은 여전히 국제경쟁력 강화를 위한 노사관계의 안정화와 노동시장의 유연화를 요구하고 있었다. 그러나 사회적 교섭은 형식화되어 이미 교착상태에 접어들고 있었고, 노동시장이 빠르게 양극화되면서 노사관계의 불안요소는 증가하고 있었다. 이러한 상황에서 노무현 정부가 취할 수 있는 선택지는 많지 않았다. 그 하나는 사회협약질서를 폐기하고 영미형의 신자유주의적 유연화 모델을 채택하는 것이었으며, 다른 하나는 김대중 정부가 시도했던 사회적 교섭의 틀을 교정하고 보완하는 것이었다.

노무현 정부의 선택은 후자였다. 그것은 '사회통합적 노사관계 구축'으로 표현되었다. 이는 사회적 파트너십의 정상화를 통해 사회적 교섭을 내실화하여 안정적 노사관계를 이루어 궁극적으로 국민통합을 성취해 나간다는 것이었다. 이러한 선택의 이면에는 그간의 사회협약질서의 교착이 기본적으로 노동과 자본 간의 '힘의 불균형'에서 비롯되었다는 인식이 짙게 깔려 있었다. 1997년 외환위기를 계기로 사회협약질서의 외형적 골격이 갖추어졌지만, 그것은 노동과 자본 간 '힘의 불균형' 상태에서 이루어진 까닭에 사회적 교섭은 형식화될 수밖에 없었고, 그 결과 노사정위는 정상적으로 작동되지 못했다는 것이다. 즉 사회협약질서의 정상화는 노동과 자본 간 '힘의 균형'이 이루어졌을 때 비로소 가능하다는 것이 노무현의 판단이었다. 이에 따라, 노무현 당선자는 2003년 2월 13일 민주노총과 한국노총을 방문한 자리에서 노조를 개별 정책 차원에서 지원하기보다는 사회적 역학관계에서 균형이 잡힐 수 있도록 노동을 배려하겠다는 정책의지를 숨기지 않았다. 그는 노사자치주의의 확립을 위해 현재 자본에게 쏠려 있는 노·자 간의 '힘의 불균형'을 자신의 임기 내에 시정할 것임을 공표하였다. 대신 "여우(참여정부)가 죽으면 사자나 늑대"가 등장할 수 있음을 지적하면서, 노조지도부에게 투쟁일변도의 노동운동에서 벗어나 전략적 사고에 입각한 노동운동을 당부하였다(동아일보 2003/02/14, 4).

2003년 2월 21일, 노무현 당선자는 12대 국정과제를 확정하였다. 그 가운데 노동정책과 직접적으로 관련된 국정과제는 '사회통합적 노사관계 구축'과 이를 위한 6개의 세부과제였다: ① 노동과 자본이 승복할 수 있는 '국제기준에 부합하는 노사관계제도 개선'(공무원의 노동기본권 보장 추진 및 필수공익사업장의 직권중재제도의 개선 등); ② '대화와 타협' 그리고 '법과 원칙'에 기초한 '중층적 구조의 사회적 파트너십 형성'(노사정위 운영의 내실화, 지역·업종·사업별 노사정협의회 활성화 등); ③ '자율과 책임의 노사자치주의 확립'(노사분규에 대한 공권력 개입의 최소화, 노동사건에 대한 손해배상·가압류 청구의 남용 방지 등); ④ '근로생활의 질 향상'(사회안전망의 확충, 주5일 근무제의 조기 도입 등); ⑤ '노동행정서비스의 역량 확충'(노동정책 및 행정에 민간참여, 노동위원회의 공적 조정기능 강화 등); ⑥ '일자리 창출과 고용안정'(대통령직인수위원회 2003, 56-59).

'사회통합적' 노동개혁은 노무현 당선자의 선거공약인 "따뜻한 대한민국, 중산층과 서민이 살기 좋은 대한민국"의 반영물로(국정홍보처 2008, 28), 다분히 노동자 친화적인 것이었다. 그것은 김대중 정부가 만들어 놓은 사회적 교섭의 틀을 존속시키면서 다양한 제도적 조치를 통해 노·자 간의 힘의 불균형을 시정하고 민주노총을 조속히 노사정위에 복귀시켜 사회협약질서를 정상화시키겠다는 정치적 의지의 표명이었다. 자본에 치우친 사회적 불균형을 개선해 가겠다는 대통령의 정책의지는 신임 노동부장관(권기홍)의 취임사에서도 강력하게 표현되었다: "노동부 직원들은 경제부처 직원이 아닙니다. 노동부는 근로자 편에 서서 정책을 펼쳐야 합니다"(한국경제 2003/02/28, 3).

사회협약질서의 지속과 강화는 노무현 대통령 자신의 신념과 정권의 성격에 비춰볼 때 매우 자연스런 정치적 선택이었다. 우선, 대통령 노무현은 평소 '사회적 약자에 대한 배려'를 몸소 실천해온 정치인이었다. 그는 1981년 이래 민주화운동 및 노동운동 관련 인권변호사로 활동하면서 한때 노동운동에 개입하여 구속된 경험이 있으며,[1] 1988년 제13대 국회의원에 당선된 초선의원 시절 국회 노동위 소속으로 전국의 노사분규 현장을 다니며 노동자들의 대변자로 활동하였다. 이러한 활동은 이후에도 계속 이어졌는데, 국민회의 부총재 시절이었던 1998년 7월 그는 현대자동차의 노사분규를 해결하기 위해 중재협상자로 참여하기도 하였다(서울신문 1998/08/01, 19). 이러한 경험들을 통해 정치인 노무현은 노동자 친화

1 노무현은 1981년 이른바 '부림 사건'의 변론 참여를 계기로 재야운동에 뛰어들었고, 1985년 '부산민주시민협의회'의 상임위원으로 활동하면서 울산, 마산, 거제, 구미공단 등지의 노동사건의 변론을 지원하였으며, 1986년부터는 민주화운동에 전념해 1987년 민주헌법쟁취국민운동 부산본부 상임집행위원장으로 활동하였다. 그리고 그해 9월 대우조선 노동자 이석규가 파업시위 중 경찰의 최루탄을 맞고 사망하자 진상규명 및 유족들의 보상 문제를 도왔고, 이 때문에 노무현은 '제3자 개입금지' 위반으로 부산구치소에 23일간 구속되었다.

적 가치관을 스스로 내면화한 인물이었다. 이는 그가 대통령이 된 이후 '국민과 함께하는 민주주의'와 '더불어 사는 균형발전사회'를 자신의 국정좌표로 채택하는 배경이 되었다.2

다른 한편, 노무현 정권은 과거 역대 정권들에 비해 보수적 사회집단으로부터 가장 자유로운 정치세력이었다. 즉 노무현 정권은 자본과의 교류가 상대적으로 적었던 정치세력으로, 노동 친화적 사회개혁을 별다른 주저 없이 실천할 수 있는 위치에 있었다. 그러나 노무현 정권의 사회적 지지기반은 매우 취약하였다. 특히 집권당(민주당)은 정파적 내부 갈등('친노·비노·반노')으로 정치적으로 분열된 상태였다. 이에 따라 노무현 정권은 자신의 잠재적 지지 세력인 노동자, 서민계층, 시민사회의 개혁세력 등을 포괄하는 공고한 개혁연합의 구축이 절실한 상황이었다.

노무현 대통령의 개인적 신념과 정권의 성격을 고려할 때, 참여정부가 사회협약질서를 폐기하는 것은 정치적으로 매우 곤란한 일이었다. 오히려 개인적 가치관과 정권의 성격에서 발현되는 진보적 성향은 사회협약질서의 실질화 및 정상화를 위해 더욱 적극적인 정책적 조처를 요구하고 있었다. 그 결과는 노동과 자본간 힘의 균형을 통한 '사회적 파트너십의 형성' 그리고 대화와 타협을 통한 '자율과 책임의 노사자치주의 확립'을 지향하는 노동 친화적인 사회적 합의주의 전략의 채택이었다.

2. 사회통합적 노동개혁

노무현 대통령의 개혁의지는 참여정부의 노동정책에 그대로 투영되었다. '법과 원칙'에 기초한 '공권력의 개입'보다는 '노사자치주의'에 기초한 '대화와 타협'

2 노무현 대통령은 그의 취임사에서 "새 정부는 개혁과 통합을 바탕으로 국민과 함께하는 민주주의, 더불어 사는 균형발전사회, 평화와 번영의 동북아시대를 열어갈 것"이며, 이를 위해 "원칙과 신뢰, 공정과 투명, 대화와 타협, 분권과 자율을 새 정부 국정운영의 좌표로" 삼을 것임을 분명히 하였다(대통령비서실 2004, 29).

이 강조되었고, 자본의 양보를 설득하고 노동의 목소리에 귀를 기울였다. 그 첫 번째 사례가 두산중공업 노사분규였다. 노사분규는 2003년 1월 9일 경남 창원의 두산중공업 공장에서 경영진의 손해배상소송(손배)과 가압류에 항의하여 자살한 노동자 배달호의 분신 사건에 의해 촉발되었다.[3] 두산중공업 분규는 곧바로 노동과 자본의 대리전 양상으로 변화하였다. 그동안 기업들의 손배·가압류가 노동기본권을 짓밟는 '신종 노조탄압'이라며 줄기차게 문제를 제기해온 민주노총은 시민·사회단체와 연대해 '노동열사 고(故)배달호 동지 분신사망 대책위원회'를 구성하고 항의 집회와 파업을 전개하기 시작하였다(한겨레 2003/01/13, 15). 이에 대해 경총과 대한상의는 "기업들의 법에 따른 대응조치가 신종 노동탄압"으로 호도되고 있다고 주장하면서 민주노총에게 노동자들에 대한 선동행위를 즉각 중단할 것을 촉구하고 나섰다(서울경제 2002/01/15, 1).

두산중공업 노사분규가 노동과 자본 간의 대리전 양상을 띠며 장기화될 조짐을 보이자, 3월 10일 노동부장관이 중재에 나섰다. 결국 회사 측이 해고자 5명 복직, 손해배상소송 취하, 노조원 개인 재산에 대한 가압류 해제 등 노조의 요구를 수용함으로써 사태는 해결되었다(경향신문 2003/03/13, 17). 노동부장관의 적극적인 중재로 두산중공업 사태가 63일 만에 극적으로 타결되자, 민주노총과 한국노총은 이를 정부가 노동자의 편에 서겠다는 적극적인 의지의 표현으로 해석하였다. 특히 민주노총은 3월 20일로 예정된 연대총파업을 취소하면서, 이례적으로 정부에 대해 우호적으로 평가하는 성명("손배·가압류 문제의 선례를 남겼고, 부당노동행위 재발 방지 약속과 해고노동자 우선 복직 등으로 노사관계를 정상화할 발판을 마련했다")을 발표하였다(한겨레 2003/03/31. 18).

3 2003년 1월 9일, 경남 창원의 두산중공업 공장에서 50대 노동자가 분신자살하였다. 숨진 노동자 배달호는 2002년 5~7월의 47일 간 파업을 벌이다 구속되었고, 이후 집행유예로 풀려나 정직 3개월의 징계를 받은 뒤 복귀한 노조원이었다. 그가 남긴 유서에서 "이틀 후면 급여 받는 날이다. 약 6개월 이상 급여를 받은 적이 없지만 이틀 후 역시 나에게 들어오는 돈은 없을 것이다"라고 개탄했다. 월급을 못 받는 이유는 두산중공업 경영진이 '파업 손실'을 명분으로 노조원들의 월급과 개인 재산에 대해 총 65억원의 가압류 신청을 해 놓았기 때문이었다(한겨레 2003/01/27, 9).

이에 화답이나 하듯이, 노동부장관은 정당한 쟁의행위의 범위 확대, 비폭력 불법파업의 노동자 구속 자제, 개별 노동자를 대상으로 하는 손배·가압류를 제한하는 입법의 추진, 퇴직연금제의 전 사업장에로 확대 등의 노동 친화적 정책안들을 잇달아 발표하였다(한겨레 2003/03/25, 17). 이러한 노·정 간의 우호적인 분위기는 노동현안을 둘러싼 노동부와 민주노총 간의 정례적인 대화창구의 구축 합의로 이어졌다. 3월 30일, 노동부장관과 차관이 민주노총을 방문한 자리에서 양쪽은 노동문제의 해결을 위한 분기별 간담회와 월례 노동정책협의회를 열기로 의견을 모았다. 구체적으로, 분기별 정례간담회에는 노동부장관, 민주노총위원장과 임원, 연맹위원장 등이 참여하며, 월례 노동정책협의회에는 노동부차관과 민주노총 사무총장이 참여하여 노동 현안들을 논의하기로 약속하였다(한겨레 2003/03/31, 15).

정부의 노동 친화적 태도는 4월과 5월에 각각 발생한 철도노조 파업과 화물연대 파업에서도 재연되었다. 전국철도노동조합(철도노조)은 4월 13일 "정부의 일방적인 철도 구조조정"의 철회를 주장하며, 철도 민영화정책의 폐기, 지난 2002년 2월 파업으로 발생한 노조에 대한 손배·가압류의 취소, 해고자의 복직, 외주용역화의 철회 등의 요구가 받아들여지지 않는다면 4월 20일 총파업에 돌입할 것임을 예고하였다. 하지만 정부가 철도노조의 파업을 불법으로 규정하고 강력 대응하기로 하자, 민주노총은 4월 15일 "정부가 강경 대응할 경우 민주노총은 미련없이 새 정부 노동정책의 파탄을 선언할 것"이라고 경고하였다(동아일보 2003/04/16. 29). 이에 따라 파업이 현실화될 경우 철도운행 중단은 물론 참여정부의 노동정책인 '사회통합적 노사관계 구축'도 흔들릴 가능성이 높아지고 있었다.

평행선을 달리던 철도노조와 철도청 간의 협상이 극적으로 타결된 것은 4월 20일 오전이었다. 양측은 해고자들을 신규특채 형태로 복직시키고, 기관사 1인 승무제는 시행하지 않으며, 지난해 파업으로 인한 시설피해 및 영업 손실액 80억원에 대한 가압류와 손해배상을 취하하고, 철도의 공공성을 감안해 기존 민영화 방침을 철회하되 향후 철도개혁은 사회적 합의를 거쳐 추진키로 합의하였다(서울

경제 2003/04/20, 1).

5월에 발생한 화물연대 파업에서도 정부의 태도는 철도노조 파업의 그것과 유사한 양상을 보였다. 전국운송하역노동조합 화물운송특수고용노동자연대(화물연대)[4]의 포항지부와 경남지부가 운임인상, 지입제 철폐,[5] 경유가 인하, 노동 3권 보장 등을 요구하며 전면파업에 돌입한 것은 5월 2일이었다. 이는 4월 28일 화물연대 포항지부 조합원 박상준이 "늘어나는 빚을 더 이상 감당하기 힘들다"는 내용의 유서를 남기고 스스로 목숨을 끊은 사건에 의해 촉발되었다(경향신문 2003/04/30, 17). 4월 30일, 2만여 명의 조합원이 상경해 과천의 정부청사 앞에서 항의집회를 가진 데 이어 포항지부와 경남지부가 5월 2일부터 파업을 전개하면서 포항제철 입구를 통제하고 통행차량 출입을 막는 등 실력행사에 들어갔다. 이에 호응하여, 5월 6일 광주·전남지부, 경남지부, 부산지부 양산지회, 충청지부, 그리고 경인지부가 노조탄압 중단과 운임인상을 요구하며 동조파업에 돌입하였다(동아일보 2003/05/07, 3).

화물연대의 파업에 대해, 5월 7일 정부는 화물연대의 도로점거 등 불법행위를 엄중 처벌하기로 하는 한편, 실무대책추진단을 구성하여 화물연대의 요구를 검토하여 합리적인 것은 최대한 수용하기로 방침을 정하였다(한국경제 2003/05/08, 2). 다른 한편, '물류대란'에 직면한 화주업체와 운송업체를 상대로, 화물연대는 협상을 거듭한 끝에 5월 9일까지 화물운송료 인상, 노조활동 탄압중단, 다단계 알선 근절 등 상당부분을 관철시켰다(한겨레 2003/05/10, 14). 그러나 화물연대가 정부에 요구한 지입제 철폐, 경유가 특별소비세 인하, 도로비 인하 및 요금체계 개

4 화물연대는 2002년 10월 27일 조직되었는데, 이는 '지입제'라는 전근대적인 운송체계에 따른 화물차주들의 경영수지 악화를 배경으로 하고 있었다(권재철 2011, 73).

5 지입제란 차량의 실질적 소유자인 화물트럭 운전자들이 화물운송업체 명의로 자신의 차량을 등록하고 운송업체로부터 일감을 받아 영업을 하는 방식이다. 이는 5톤 이상 사업용 화물차를 최소 5대 이상 보유해야만 화물운송업 등록을 할 수 있도록 한 화물자동차 운수사업법 규정에 따른 것이다. 이에 따라 화물트럭 운전자(지입차주)들은 연료비와 고속도로 통행료, 보험료 등 차량 유지비용을 부담하면서, '번호판 값' 명목으로 월 15만~30만원의 지입료를 운송업체에 지불해야 한다.

선 등 여러 쟁점들이 남아 있는 상태였다. 5월 11일, 화물연대는 정부와의 협상에서 성과가 없을 경우 이미 협상이 타결된 곳까지 포함하여 화물연대 전국 10개 지부 모두 5월 13일부터 '2차 총파업'에 돌입할 것이라고 압박하였다(한겨레 2003/05/12, 1).

이에 정부는 5월 12일 저녁 국무총리 주재로 12개 관계부처 장관들이 참석한 가운데 긴급대책회의를 열어 공권력 투입방침을 결정하였다. 이 소식을 접한 민주노총이 정부가 파업노동자들을 강제 진압할 경우 대정부투쟁으로 맞대응할 것임을 경고하고 나섰다(한겨레 2003/05/14, 3). 노·정 간의 팽팽한 줄다리기가 계속되는 가운데, 5월 15일 새벽 화물연대와 정부 간의 협상이 극적으로 타결되었다. 과천 정부청사 건설교통부 회의실에서 진행된 화물연대와의 밤샘 마라톤협상 끝에, 정부는 ① 경유세 인상분의 전액 보존, ② 화물운송 노동자에 대한 근로소득세제의 개선 및 산재보험의 추진, ③ 지입제 철폐법안의 조속한 제정, ④ 고속도로 통행료의 야간 할인시간대 2시간 연장, ⑤ 다단계 알선에 대한 단속 및 처벌 강화 등 화물연대의 요구사항을 대부분 수용하였다(세계일보 2003/05/16, 1).

요컨대, 초기 참여정부의 노동정책은 다분히 노동 친화적인 것이었다. 자본에 쏠려있는 힘의 불균형을 교정하겠다는 강한 정책의지는 '사회적 약자에 대한 배려,' ' 대화와 타협을 통한 문제 해결,' 그리고 '사회적 파트너십의 구축'으로 표현되었고, 그것은 노동현장의 격렬한 파업에 대한 국가의 인내와 양보로 나타나고 있었다.

Ⅱ. 노동정책의 선회: 노사관계 선진화방안

노무현 정부의 노동개혁 의지는 얼마 지나지 않아 흔들리기 시작하였다. 개혁연합의 분열과 반(反)개혁세력의 저항으로 '힘의 균형'에 기초한 '대화와 타협'의 질서를 만들기 위한 개혁의지는 쇠퇴하기 시작하였고, 대신 '법과 원칙' 그리고 '경제적 효율성'이 강조되기 시작하였다.

1. 자본의 반발과 개혁의지의 쇠퇴

노동 친화적 국면은 오래가지 못했다. 노무현 정부의 노동 친화적 정책태도를 이용하여 조직노동들은 주요 분쟁사안에 대해 '최대이익 확보전략'으로 임하였다. 즉 화물연대의 파업이 잦아들자, 이번에는 공공부문의 노조들이 잇달아 파업을 예고하였다. 5월 21일, 전국공무원노조(전공노)가 단체행동권을 포함한 노동 3권의 완전보장을 요구하면서 파업을 예고하였고, 조흥은행노조는 정부의 일괄 매각 추진에 반대하여 시한부 파업을 결의하였다. 뿐만 아니라, 전국교직원노동조합(전교조)은 교육행정정보시스템(NEIS)에 반발하여 5월 28일부터 조합원 연가투쟁을 벌이기로 했으며, 서울시내 버스노조는 서울시의 시내버스 운영체계 개편방안에 반대하여 6월 중 파업에 돌입하기로 결정하였고, 한국노총과 민주노총 소속 1,800여 개 노조가 참여한 제조부문노조 공동투쟁본부는 주5일 근무제의 재협상을 위해 6월 중 총파업을 준비하고 있었다(한국일보 2003/05/22, 1).

조직노동들의 최대이익 확보전략은 대통령에게 자신의 노동개혁정책을 되돌아보게 하는 계기가 되었다. 그 첫 번째 신호는 5월 21일의 발언이었다. 노무현 대통령은 잇따른 파업예고와 관련하여, "전부 힘으로 (해결)하려드니 대통령이 다 양보할 수도 없고, 대통령직을 못해 먹겠다는 위기감이 든다"고 토로하였다(경향신문 2003/05/22, 4). 이어 5월 23일, 대통령은 노동의 연이은 집단행동 예고에 대해 "남을 위해 열심히 도와줬는데 보람을 느끼지 못할 경우, 또 그 사람이 고마움 대신 또 다른 트집을 잡으면서 배신할 때 그것을 어떻게 이겨내야 할지 모르겠다"며 노동에 대한 서운한 심경을 표명하였다(세계일보 2003/05/24, 24). 그리고 5월 28일 대통령은 노사협력 유공자들을 청와대에 초청한 자리에서 조직노동의 최대이익 확보전략에 대해 다음과 같이 자제를 촉구하였다(동아일보 2003/05/29, 5).

> 지금 가장 강력히 정부를 비판하는 노동운동의 지도자들은 옛날에 제가 변호사 할 때 열심히 변호하고 면회 다니고 했던 분들이다. … 내가 대통령이 돼서 생각이 바뀌었다고 할지 모르지만, 세상이 많이 달라졌다. 1980년대에는 돌멩이와 화염병을 들고 (권위주의 정부와 투쟁)했는데, (지금은) 누구와 싸워야 하느냐. 노조도 이제 생각이 바뀌어야 한다.

이 같은 대통령의 태도 변화는 단순히 자신의 잠재적 지지 세력인 노동자들의 집단행동에 대한 서운함에서 비롯된 것만은 아니었다. 보다 중요한 것은 자본의 반발과 보수 세력의 공세였다. 경총을 비롯한 자본가 단체들은 노무현 정부의 "노동 편향적" 정책이 화물연대 파업과 같은 노동자들의 과격한 행동을 부추겼으며, 그로 인해 5월 2~14일 동안 1억 2천만 달러의 수출 차질이 발생하였다고 비판하였다(한겨레 2003/05/24, 18). 대기업 총수들의 불만은 훨씬 더 노골적인 것으로, 이들은 6월 1일 대통령과의 오찬자리에서 "노사관계가 투자에 걸림돌이 되니 불법에는 필벌로 대응한다는 원칙을 보여 달라"고 요구하였다(한겨레 2003/06/03, 11).

참여정부의 노동정책에 대한 비판적 태도는 자본가 집단에만 국한된 것은 아니었다. 출범 100일을 맞이하는 참여정부의 국정운영을 평가하기 위해 사회각계의 전문가 324명을 대상으로 실시한 설문조사에 의하면, 참여정부의 정책들 가운데 가장 시급한 개선이 필요한 분야로 노동정책이 첫 번째로 꼽혔다. 뿐만 아니라, 응답자의 85.9%가 참여정부의 노동정책이 "친노동적" 성향이 강하다고 답하였으며, 응답자의 78.1%가 파업에 대한 정부의 대처능력에 문제가 있음을 지적했다(한국경제 2003/06/02, 2). 나아가 국내의 외국기업인들도 "집단이기주의가 팽배한 사회에 투자할 기업은 없다"며, 참여정부의 노동정책에 강한 불만을 드러냈다(서울경제 2003/05/30. 1).

이러한 상황에서 정부의 구조조정(일괄매각)에 반대하는 조흥은행노조의 파업(6월 25~28일)과 철도산업 공사화 철회를 요구하는 철도노조의 파업(6월 28일~7월

1일)은 참여정부를 정치적으로 더욱 곤란한 상황으로 몰아갔다. 두 노조의 파업이 예고되자, 자본가 단체들은 6월 23일 기자회견을 통해 정부가 파업에 대해 수수방관할 경우 "기업은 고용과 투자를 줄이고 공장을 해외로 이전할 수밖에 없다"고 경고하였다(한국일보 2003/06/24, 6). 또한 국내 일본기업인 단체인 '서울재팬클럽'도 "한국의 노사정책이 지나치게 노조 편향적"이며 이를 개선하지 않는 한 "한국정부의 외자유치 노력은 헛된 일이 될 것"이라며 우려를 표명했다(문화일보 2003/06/27, 10).

특히 참여정부의 노동정책에 대한 국민들의 태도는 매우 비판적인 것으로 나타났다. 6월 25일 실시된 '노조파업 관련 긴급 여론조사'에 의하면, 정부의 노사문제 대응태도에 대해 국민의 75.8%가 '불만족스럽다'로 '만족스럽다'는 의견 19.7%에 비해 압도적으로 많았다. 또한 참여정부 출범 이후 노사관계가 '나빠졌다'는 응답이 44.7%로 '나아졌다'는 응답의 12.7%보다 많았으며, 노사분규가 경제성장과 경기회복을 가로막는 주범이라는 자본의 주장에 대해 75.3%가 '동의'하는 것으로 나타났다(한국일보 2003/06/27, 5).

대통령의 노동 친화적 정책 태도를 이용한 조직노동들의 잦은 집단행동, 정부가 노동자의 집단행동을 부추기고 있다는 자본의 반발과 보수언론들의 비난, 그리고 이에 따른 비우호적인 사회여론의 증가는 노동정책에 대한 노무현 대통령의 개혁의지를 위축·변화시키는 중요한 배경이 되었다. 사실 노무현 정부의 주요 지지기반은 호남지역의 유권자, 수도권의 개혁세력, 그리고 노동자 집단 등으로 원천적으로 취약한 상태였다. 이런 상황에서, 대통령의 '사회통합적' 노동개혁이 정부에 대한 조직노동의 정책적 협조와 정치적 지지를 유지·강화시키기는커녕 오히려 조직노동의 비협조와 반발을 조성해 내고 있으며, 나아가 자본과 보수언론의 반발과 공세, 심지어 비판적 국민여론마저 초래해 정부에 정치적 부담만을 안겨주는 결과를 낳고 있었던 것이다.

6월 27일, 노대통령은 미국 포브스(*Forbes*)지와의 인터뷰에서 과거 권위주의 체제하에서 국가가 "노동자의 자율권을 인정하지 않는 대신에 노동조합 전임자에 대한 급여지급, 파업기간 중 임금지급 등의 반대급부”가 주어졌지만, “이제는 노동자들도 자율권을 갖고 활동할 자유가 주어진 만큼 (노동자들의) 특혜도 해소되어야 한다”고 주장하였다(동아일보 2003/06/28, 3). 나아가, 8월 25일 대통령은 기자회견에서 그간의 개혁시도가 실패했음을 자인하면서 앞으로 “대화와 타협을 거부하는 집단에 대해서 단호하게 법과 원칙으로 대응”할 것임을 강조함으로써 “법과 원칙의 테두리 안에서의 대화와 타협”이라는 대원칙을 제시하였다(한겨레 2003/08/26, 1). 이는 대통령이 노사관계 개혁을 가치 지향적 차원보다는 정권적 차원의 정치적 부담을 완화할 수 있는 수단적 차원에서 판단하기 시작했음을 의미하는 것이었다.

2. 선진화방안과 노동의 반발

참여정부의 노동정책은 빠르게 선회하였다. 2003년 9월 4일, 노동부는 이른바 ‘노사관계 로드맵’으로 알려진 ‘노사관계법·제도 선진화방안’(선진화방안)을 발표하였다.[6] 선진화방안에는 그간 논란의 대상이었던 실업자의 초기업단위 노조가입 허용, 필수공익사업장의 폐지, 노조원에 대한 손배·가압류의 제한 등과 같은 노동권을 강화하는 방안과 더불어, 정리해고와 직장폐쇄 요건의 완화, 노조전임자 임금지급 금지, 파견근로 업종의 확대 등과 같은 ‘사용자 대항권’을 강화하는 내용이 함께 담겨있었다(세계일보 2003/09/05, 3). 대통령은 선진화방안을 노사정위에 넘겨 논의하도록 요청하면서, 노·사·정 간의 합의가 이루어지지 않을 경우 “내

6 참여정부 초기, 노사관계법제도의 정비는 노동개혁의 ‘3주체’로 알려진 청와대 TF팀, 노사정위원회, 노동부에 의해 주도되었다. 그러나 ‘노사관계법·제도 선진화방안’은 노동부가 주도하여 작성한 것으로 알려져 있다. 원래 노동부는 노사관계법제도 개선을 위해 2003년 3월 노동부 노사정책국을 중심으로 ‘노사관계선진화 기획단’을 구성하였으나, 정부차원이 아닌 공익차원의 제도개선안을 마련한다는 취지로 학자들을 중심으로 2003년 5월 10일 ‘노사관계제도선진화연구위원회’(선진화연구위원회)를 구성하였다. 그러나 선진화연구위원회의 논의과정은 종종 노동부 행정관료들의 개입이 있었으며, 그 내용 역시 시간적 제약으로 ‘미흡’한 상태였다. 그럼에도 불구하고, 노동부의 재촉과 요구로 9월 4일 ‘노사관계법·제도 선진화방안’이 선진화연구위원회의 ‘중간보고서’ 형태로 발표되었다(매일노동뉴스 2005/09/21).

년 이후에 이번 발표안을 근간으로 (정부입법을) 추진해” 갈 예정임을 공표하였다 (경향신문 2003/09/05, 3).

선진화방안의 내용은 참여정부 출범 직전 대통령직인수위원회가 발표한 ‘사회통합적’ 노동개혁안과 크게 대비되는 것이었다. 선진화방안은 ① 노사갈등으로 인한 사회적 비용을 최소화하고, ② 유연하고 안정된 노동시장을 구현하며, ③ 근로계층 간 격차를 완화시킨다는 세 가지 목표를 제시하였고, 이를 위해 30여 개에 달하는 법제도적 개선방안을 발표하였다(세계일보 03/09/05, 3). 요컨대, 불과 6개월 만에 노동정책의 중심축이 ‘자율적 노사관계 확립을 통한 사회적 대화의 정착’에서 ‘노사관계 법질서 확립을 통한 노사갈등의 최소화’로 이동한 것이다.

선진화방안이 발표되자, 조직노동은 즉각 반발하였다. 노동은 선진화방안이 “해고는 쉽게, 파업은 어렵게”하는 내용을 담고 있으며, 심지어 ‘사용자 대항권’을 강화하는 내용을 포함시켜 “재계엔 보약이며 노동계에는 독약이 될 경악을 금치 못할 방안”이라고 강력히 항의하였다. 이와 달리, 전경련과 대한상의 등 자본가 단체들은 선진화방안을 “새로운 노사관계 정립을 위한 모델”로서 산업평화의 정착 및 “기업경쟁력의 디딤돌”을 마련할 수 있는 기획안이라며 적극적으로 환영하였다(경향신문 2003/09/05, 3).

이러한 정책기조의 변화는 기본적으로 개혁연합의 분열과 반개혁연합의 공세에 기인하였다. 그간 두산중공업, 철도, 화물, 전교조 등의 집단행동에도 불구하고 어렵게 대화와 타협의 기조가 유지되었지만, 자본가 단체와 보수언론을 포함한 반개혁세력의 거센 공세에 사회여론의 악화까지 겹치면서 참여정부는 ‘대화와 타협’보다는 ‘법과 원칙’을 강조하기 시작하였다. 이러한 상황적 국면에 대해 대통령은 9월 4일 노사정위 회의에서 다음과 같이 압축적으로 표현하였다: “따뜻한 대통령으로 기억되고 싶고, 명분만 있으면 노동자를 도와주고 싶다. 그러나 유감스럽게도 지금의 노동운동은 논쟁과 갈등 과정에서 국민적 명분을 확보하지 못했다”(한겨레 2003/09/05, 2). 그리고 2003년 10월 13일 대통령은 국회 시정연설에서 다음과 같이 언급하였다(대통령비서실 2004, 438).

세계시장에서 경쟁력을 높이기 위해서는 노사관계가 달라져야 합니다. … 일부 대기업 노조의 투쟁방법은 바뀌어야 합니다. 타협을 배제하고 파업부터 해서는 국민의 지지를 얻기 힘듭니다. 강력한 노동조합으로 사회변혁을 추구하는 시대도 지났습니다. 기업도 투명한 경영으로 신뢰를 얻어야 합니다. 공권력 이전에 대화와 타협을 통해서 노조를 설득하는 노력이 선행되어야 합니다.

정부의 노동정책 선회는 전국수준의 노·정관계는 물론이고, 개별사업장의 노사관계 역시 긴장 상태로 몰아갔다. 조직노동은 선진화방안의 입법화 시도를 당장 중단하라고 요구하였고, 노동현장에서는 손배·가압류 제도의 폐지와 비정규직에 대한 차별을 없애달라는 목소리가 빗발쳤다. 그 계기가 되었던 것은 노동자들의 항의 자살이었다. 당시 불법파업에 대한 기업들의 노조와 조합원에 대한 손배·가압류의 남용은 심각한 상태에 이르고 있었다. 구체적으로, 2003년 10월 20일 당시 46개 업체가 노조원을 상대로 560억원의 손해배상을 청구한 상태였고(한겨레 2003/10/27, 15), 그 규모도 1인당 적게는 수천만원에서 많게는 수십억원에 달해 월급생활자인 노동자들로서는 도저히 감당할 수 없는 수준이었다(경향신문 2003/11/01, 6). 노동자들의 심적·경제적 고통이 가중되고 있는 상황에서, 정부가 약속한 손배·가압류에 대한 제도 개선이 불확실해지자 희망을 상실한 노동자들의 항의 자살과 분신 사태가 잇달아 발생하였다. 10월 17일 한진중공업 노조위원장 김주익이 크레인에 목을 매 자살하였고, 10원 23일 세원테크 노조위원장 이해남이 분신하였으며, 10월 30일 한진중공업의 노조원 곽재규가 크레인에서 투신자살하였다. 이는 기업들의 손배·가압류 남용이 빚어낸 참극이었다. 당시 분신으로 스스로 목숨을 끊은 세원테크 노조위원장 이해남은 대통령에게 다음과 같은 내용의 유서를 남겼다(매일노동뉴스 2003/10/24).

정말로 이 나라는 노동자들과 힘없는 사람들이 살아가기에는 너무나 버거운 게 현실인 것 같습니다. … 저희들이 2년 전에 노동조합을 만든 이후 간부들 전체가 집행유예, 구속, 수배, 손배, 가압류를 당하지 않은 간부가 없습니다. … 노무현 대통령님! 얼마나 많은 노동자들이 죽어야 이 나라의 노동정책이 바뀔 수 있겠습니까?

노동자의 항의 자살과 분신이 잇따르는 가운데, 조직노동이 대정부 투쟁을 선언하고 나섰다. 한국노총은 10월 26일 성명서를 통해 "노동자들의 잇단 자살과 분신 사태는 현 정부의 노동정책 후퇴에서 비롯됐다"며, 손배·가압류 철폐 및 비정규직 차별해소 등을 요구하는 항의투쟁에 나설 것임을 예고하였다(한겨레 2003/10/27, 15). 민주노총도 10월 27일 기자회견을 열고 "자살로 항거하는 노동자들의 죽음의 행렬"은 노무현 정부가 약속한 손배·가압류 남용방지제도의 마련, 비폭력 불법파업의 불구속 수사, 비정규직 남용방지와 차별철폐, 대화와 타협으로 파업의 해결 등 어느 것도 지켜지지 않았기 때문이라고 비판하면서, "다음달 9일 전국노동자대회까지 정부가 특단의 대책을 내놓지 않으면 모든 조직력을 동원한 강력한 총파업 투쟁을 벌일 것"이라고 경고하였다(한겨레 2003/10/28, 1).

정부는 손배·가압류 및 비정규직에 대한 개선 약속을 제시하였으나,[7] 노동자들의 분노는 하늘을 찌르고 있었다. 11월 9일 민주노총은 예정대로 서울시청 앞 광장에서 노조원 5만여 명이 참가한 가운데 전국노동자대회를 열고, '무분별한 손배·가압류의 중단'과 '비정규직 차별 철폐'를 촉구했다. 이날 집회는 화염병과 쇠파이프가 난무하는 격렬한 거리시위로 번졌다(경향신문 2003/11/11, 17). 정부의 강경대응에도 불구하고 시위는 계속되었다. 민주노총의 주도하에 11월 12일 서울을 비롯한 전국 18개 도시에서 노조원 15만 명이 참여한 가운데 항의집회가 개최되었고(경향신문 2003/11/13, 19), 11월 23일 한국노총의 조합원 2만 5천여 명은 전국노동자대회를 마친 후, 비정규직 차별 철폐, 손배·가압류 제도 폐지, 선진화

7 10월 29일, 강금실 법무부장관, 허성관 행자부장관, 권기홍 노동부장관은 합동담화문을 통해 노동쟁의와 관련해 사용자가 손배·가압류 제도를 남용하지 않도록 관련 법률 개정을 추진할 것이며, 비정규직 보호법안을 올해 안으로 국회에 제출하겠다고 발표했다(한겨레 2003/10/30, 1).

방안의 입법화 중단 등을 외치며 가두행진을 벌였다(한국일보 2003/11/24, 8). 이후 12월 2일까지 크고 작은 항의활동이 계속되었다(민주노총 2003, 1-2).

요약하면, 출범 1년이 채 지나지 않은 시점에서 노무현 정부는 '노동개혁에 대한 자본의 반발→노동정책의 선회→노동자들의 항의'로 이어지는 정치적 악순환에 직면하였다. 이는 노·정 및 노·자 간의 첨예한 대립으로 이어졌다. 게다가 개혁지지 세력으로 간주되던 노동자들이 노무현 정부로부터 등을 돌리기 시작하였고, 자본을 비롯한 개혁반대 세력의 공세는 갈수록 심화되었다. 결국 사회연합 역학구도의 변화는 노무현 정부의 노동개혁에 대한 정책의지를 현저하게 위축시켰다.

Ⅲ. 노사정 대표자회의의 공전

노무현 정부는 선진화방안 논의를 위한 사회적 대화체제의 복원을 시도하였다. 이를 위해, 대통령은 노사정 대표자회의의 구성을 제안하였다. 그러나 노사정 대표자회의는 공전을 거듭하였고 결국 사회적 교섭은 파행으로 귀착되었다.

1. 노사정 대표자회의의 구성

참여정부가 민주노총을 포함하는 사회적 대화체제의 복원에 강한 의지를 보이기 시작한 것은 2004년 5월 중순경이었다. 2004년 5월 15일, 탄핵정국에서 벗어나 2개월여 만에 직무에 복귀한 노무현 대통령은 대국민 성명서("업무 복귀에 즈음하여 국민에게 드리는 말씀")를 통해 '대화와 타협' 그리고 '상생과 화합'을 재차 강조하였다(대통령비서실 2005, 140). 5월 31일, 대통령은 양 노총 위원장 등 노·사·정 관계자들이 참석한 '대화와 상생의 협력적 노사관계 구축방안 토론회'에서 "현재 노사정위는 노동계의 온전한 참여가 이뤄지지 않고 있기에 그 기능과 역할에 있어 보완"이 필요하다고 언급하였다. 그리고 이 자리에서 노·사·정 대표들로 구성된 일종의 과도적 대화체제를 구성하자고 제안하였다. 이에 따라, 토론회에 참석한 노·사·정 관계자들은 노사정위와는 별개의 한시적인 대화기구로 노·사·정 대표 6인(민주노총과 한국노총 위원장, 경총 및 대한상의 회장, 노동부장관, 노사정위 위원장)이 참여하는 '노사정 지도자회의'를 운영하기로 결정하였다(한국일보 2004/06/01, 3).

노무현 대통령은 '노사정 지도자회의'의 필요성을 상황적 변화에서 찾았다. 그에 의하면, 현재의 노사정위는 1997년 외환위기라는 특수 상황을 배경으로 만들어진 것이기 때문에, 외환위기로부터 7년이 지난 현재의 상황을 제대로 반영하지 못하고 있다는 것이다. 즉 김대중 정부를 경과하면서 비정규직이 급속히 증가하고 중소기업과 대기업 간의 간극이 더욱 벌어진 상황에서, 비정규직 노동자와 중소기업을 대표할 수 있는 행위자들이 사회적 대화체제에 포함되어야 한다는 것이었다.[8]

그러나 보다 실질적인 이유는 선진화방안의 성공적 추진 및 사회적 정당성의 확보에 있었다. 선진화방안은 1998년 이래 두 번이나 유예되었던 기업수준 복수노조 허용 및 노조전임자 임금지급 금지 등을 포함하여 노동조합 및 노동관계조정법, 근로기준법, 노동위원회법, 근로자참여 및 협력증진법 등 4개의 법안과 34개 과제로 구성된 방대한 내용을 담고 있었다. 때문에 어느 때보다 선진화방안의 사회적 정당성과 정책적 실효성의 확보가 절실하였고, 이를 위해 민주노총의 협조가 필요한 상황이었다. 이러한 정부의 인식은 2003년 말과 2004년 초에 작성된 두 개의 노사정위 합의문에 대한 사회적 의구심을 배경으로 하고 있었다. 2003년 12월 17일, 노사정위는 권고문 형태의 '손해배상·가압류 관련 노사정 합의문'을 이끌어 냈지만[9] 당시 기업들로부터 손배·가압류가 청구된 노동조합들 대

8 이와 관련하여, 대통령은 "기업 쪽에서도 중소기업이 어렵고 노동계 쪽에서도 중소기업 비정규직이 어려워, 옛날엔 노사정 3자대화면 족했는데 지금은 노사정 5자대화로 가는 게 현실이 아닌가 생각하고 그렇게 틀을 맞추려 한다"고 언급하였다(머니투데이 2004/05/31, 4).

9 '손해배상·가압류 관련 노사정 합의문'에 의하면, 손배·가압류 문제를 해결하기 위해 노동은

부분이 소속된 민주노총이 정작 합의당사자에 포함되어 있지 않아 그 정책적 실효성에 심각한 의문이 제기되었고, 이는 합의문 자체에 대한 사회적 불신으로 이어졌다. 또한 2004년 2월 10일 노사정위는 '일자리 만들기 사회협약'을 체결하였지만,[10] 이 사회협약 역시 대기업노조의 절대다수를 거느리고 있는 민주노총이 배제된 상태에서 작성되었던 까닭에 합의문의 정당성 및 실효성에 대한 의문이 강하게 제기되었다. 이에 따라 노사정위의 합의문이 '형식적'인 것에 불과하다는 여론이 지배적이었다.

그렇다면, 왜 민주노총은 대통령의 '노사정 대표자회의' 제안을 수용했는가? 민주노총의 긍정적 반응은 민주노총 지도부의 교체와 민주노동당의 국회 진출이라는 새로운 정치적 국면의 등장과 관련이 있었다. 2004년 1월 16일, 민주노총은 정기 대의원대회에서 새 지도부를 탄생시켰다. 새로 선출된 이수호 위원장은 전임자들에 비해 상대적으로 사회적 대화체제의 복원에 대해 유연한 입장을 보이고 있었다. 그는 민주노총 내에서 이른바 '국민파'에 속한 인물로,[11] 노동의 의회주의적 정치세력화를 표방하면서 사회적 교섭에 대해 호의적인 태도를 취하고 있었

쟁의행위 등 노조활동이 법령에 합당하도록 최선의 노력을 기울이며, 자본은 노조의 적법한 활동을 존중하고 위법 쟁의행위에 대해 민사책임을 묻는 경우에도 합리적인 범위 내에서 이뤄지도록 노력하고, 정부는 노조와 사용자의 위법행위를 방지하고 손배·가압류의 남용방지 및 제도보완에 최대한 노력한다는 것이다(국민일보 2003/12/18, 8).

10 협약안에 의하면, 일자리 창출을 위해 노동은 임금수준이 높은 대기업에 대해 2년간 임금안정을 이루는 데 협력하고, 자본은 인위적인 고용조정을 최대한 자제하며, 정부는 기업 활동 규제를 완화하고 조세·금융 지원을 확대한다는 것이다(경제사회발전노사정위원회 2008, 471–477).

11 당시 민주노총 내부는 운동노선에 따라 국민파, 현장파, 중앙파 등 세 정파가 경쟁하고 있었다. 국민파는 사회개혁적 노동조합주의 및 의회주의적 정치세력화를 표방하는 세력으로, 가능하다면 전술적인 측면에서 사회적 교섭기구를 적극적으로 활용해야 한다는 입장을 취하였다. 이에 비해, 현장파는 계급적 연대를 통한 사회변혁을 추구하는 전투적 노동조합주의 및 계급정치를 추구하였다. 따라서 이들은 사회적 교섭노선에 대해 대단히 비판적인 입장을 취하며, 노사정위의 참여는 노동이 신자유주의에 포섭되는 것으로 보았다. 그리고 중앙파는 국민파와 현장파 사이의 중도적 입장을 취하는 세력으로 교섭과 투쟁을 병행하는 운동노선을 추구하였다. 이들은 사회적 교섭에 대해 비판적인 입장을 갖는다는 점에서 현장파와 유사하나, 민주노동당을 통한 정치세력화를 추구한다는 점에서 국민파와 유사하다(손호철 2006, 24–25).

다. 실제로 그는 위원장 당선소감에서 "그동안 민주노총의 사업방식은 저지와 투쟁으로 일관돼 사회의 변화에 걸맞은 운동을 전개하지 못했다"고 비판하면서, "노사정위원회가 개편된다면 참여를 고려할 것"이라는 입장을 분명하게 밝혔다(경향신문 2004/01/17, 6).

이와 더불어, 2004년 4월에 치러진 17대 총선에서 민주노동당의 국회 진출(지역구 2석, 비례대표 8석)은 민주노총 지도부에게 새로운 운동노선을 요구하고 있었다. 즉 민주노총을 대변하는 민주노동당이 제도정치권 진입에 성공함에 따라, 민주노총과 민주노동당 간의 전략적 역할분담이 심각하게 고려되었다. 그 결과, 효과적인 노동운동을 위해 민주노동당이 국회에서 친노동자 정책을 정치적으로 의제화하고 공론화하면, 민주노총은 국회 밖에서 민주노동당의 정치활동에 호응하는 "전략적 방식으로 노동운동"을 전개할 필요성이 제기되고 있었다(한겨레 2004/04/17, 12). 이에 따라, 민주노총의 새 집행부는 '대중투쟁노선'에서 '정책투쟁노선'으로 운동노선 축의 전환을 꾀하였고, 이 과정에서 사회적 교섭의 전술적 가치가 새롭게 재조명되고 있었다.

요약하면, 노사정 대표자회의의 구성은 정부의 전략적 필요에 의해 제안된 것이었으며, '대화와 투쟁'의 병행전략을 추구하는 민주노총의 새 지도부가 이에 긍정적으로 반응함으로써 성사되었다. 첫 번째 노사정 대표자회의가 개최된 것은 2004년 6월 4일이었다. 이 회의에서 ① '노사정 지도자회의'를 '노사정 대표자회의'(대표자회의)로 그 명칭을 변경하였고, ② 회의 의제로 노사정위의 개편방안을 최우선적으로 논의하고, 선진화방안은 노사정위 개편방안이 마무리된 이후 노·사·정의 합의를 통해 처리하기로 결정하였으며, ③ 대표자회의는 기본적으로 8월 말까지 운영하나 필요한 경우 시한을 연장하기로 하였고, ④ 다음 대표자회의는 순번제에 기초하여 7월과 8월 각각 자본(경총)과 노동(민주노총)이 주체가 되어 개최하기로 하였다(한국일보 2004/06/05, 10). 이에 따라, 2004년 7월 5일 개최된 제2차 대표자회의는 노사정위의 개편과 관련한 의제(명칭, 성격, 참여 주체, 의제, 업종별 협의회 설치 여부 등)를 결정하고 쟁점사항에 대해 7~8월 경에 실무진의 논의를 통해 결론을 내리기로 합의하였다(한겨레 2004/07/06, 2).

2. 노사정 대표자회의의 공전

그러나 대표자회의는 이내 공전하기 시작하였다. 2004년 7월 18일과 20일, LG정유와 서울지하철 노조의 쟁의에 대해 정부가 직권중재를 결정하자, 민주노총은 이에 반발하여 8월 6일로 예정된 제3차 대표자회의의 참여를 거부하였다(한국일보 2004/07/30, 5). 그리고 2004년 9월 9일에 발표된 비정규직 보호를 위한 정부입법안('파견근로자보호 등에 관한 개정 법률안'과 '기간제 및 단기간 근로자보호 등에 관한 법률안')은 노·사·정의 갈등을 더욱 심화시켜 대표자회의는 물론이고 노사정위마저 표류시켰다. 양 노총은 정부입법안이 2003년 5월 노사정위에서 마련했던 '공익안'보다 더욱 후퇴한 '개악안'이라고 비판하면서,[12] 한국노총은 노사정위의 비정규직대책특별위원회에 당분간 불참할 것임을 발표하였고, 민주노총은 평화인권연대를 비롯한 103개 진보시민단체들과 연대하여 비정규직 관련 입법 저지를 위한 공동투쟁을 전개하였다. 결국 노동의 강력한 반발에 부딪쳐 2004년 11월 29일 국회의 비정규직 입법처리는 유보되었지만, 이로 인해 대표자회의 및 노사정위의 사회적 교섭활동은 계속 교착될 수밖에 없었다.

이에 따라, 대표자회의의 재개를 위한 정부와 여당(열린우리당)의 조직노동(특히 민주노총)에 대한 압박은 더욱 거세졌다. 노동부는 민주노총이 대표자회의에 복귀하지 않으면 비정규직 관련 법안들을 2005년 2월 임시국회에서 처리할 것이며, 선진화방안도 민주노총을 배제한 채 노사정위의 논의를 통해 연내에 입법화할 것이라고 압박하였다. 노동부의 압박은 유효했다. 노동계의 최대 현안인 비정규직 이슈가 핵심 쟁점으로 부상하고 있는 상황에서, 민주노총의 지도부는 사회적 교섭을 외면한 채 장외투쟁만을 고수할 수 없는 입장이었다. 특히 이수호 위원장을 비롯한 민주노총 집행부는 노사정위 복귀를 공약으로 선출된 지도부였다. 이들은

12 이에 대한 상세한 내용은 '노사정위원회의 개편과 민주노총'에서 후술됨.

장외투쟁노선이 민주노총에 대한 비판적인 국민여론을 불러와 사회적 고립을 자초할 수 있고, 주요 노동이슈를 둘러싼 정책결정과정에 참여하지 못함으로써 정부의 노동정책에 전혀 영향력을 행사하지 못하는 결과를 초래할 수 있으며, 더불어 한국노총과의 경쟁에서 민주노총이 주도권을 상실하는 결과를 가져올 수 있음을 우려하였다.

민주노총 지도부는 2005년 1월 20일 개최된 정기 대의원대회에서 노사정위 복귀 문제를 의제로 상정하였다. 민주노총 집행부는 "민주노총의 교섭전략은 중층적이고 총체적인 교섭구조가 되어야 하며, 대중투쟁과 긴밀히 결합된 사회적 교섭을 산별 교섭, 대정부 교섭과 함께 민주노총의 사회적 요구를 관철하기 위한 다양한 중층적 교섭의 하나로서 활용해야 한다"며 노사정위 복귀를 주장했다. 반면, 노사정위 복귀에 반대하는 대의원들은 "2월 임시국회에서 비정규직 확대 법안을 저지하기 위한 총파업 투쟁을 준비하고 있는 시점에서 노사정 합의체제 복귀를 결정하는 것은 조합원들의 투쟁의지를 완전히 꺾어버리는 결과를 초래"할 뿐만 아니라, 노사정위는 신자유주의를 실현하기 위한 도구이기 때문에 노사정위에 참여하는 것은 노동이 자본에 포섭되는 것이라며 맞섰다(한겨레 2005/01/21, 2). 13시간 동안 격론이 오갔으나, 사회적 교섭안에 대해 반대하는 대의원들이 회의장을 이탈함으로써 회의는 유회되고 말았다. 이후 민주노총 지도부는 '노사정위 참여'를 둘러싸고 두 차례(2월 1일과 3월 15일)에 걸쳐 임시 대의원대회를 개최하였으나, 이마저도 내부의 노선 갈등으로 결론을 내지 못하고 유회되고 말았다.[13]

심각한 내부 갈등으로 노사정위 복귀가 좌절되자, 2005년 3월 17일 민주노총 지도부는 대표자회의의 참여를 결정하였다. 이러한 결정에는 두 가지의 전략적 고려가 내재되어 있었다. 그 하나는 민주노총이 대표자회의에 참여하여 적절한 시기에 노사정위 복귀문제를 대의원대회에서 다시 논의하겠다는 의도였으며, 다른 하나는 국회 처리를 앞둔 비정규직 법안에 대해 민주노총의 입장을 최대한

13 민주노총의 노사정위 복귀를 둘러싼 대의원대회의 파행은 국민파(이수호 집행부)와 범좌파(현장파와 중앙파) 간의 노선 갈등에서 비롯되었다.

반영시키겠다는 의도였다.

2005년 4월 5일, 제3차 대표자회의가 재개되었다. 이 회의에서 노·사·정 대표자들이 주체가 되어 비정규직 법안을 국회에서 조율키로 결정했으며, 정례 모임을 통해 노사정위 개편과 선진화방안을 우선적으로 다루기로 합의했다(경향신문 2005/05/06, 11). 이에 따라, 비정규직법안의 실무협상이 4월 임시국회에서 환경노동위원회와 노·사·정 실무대표자들이 참여한 가운데 11차례에 걸쳐 진행되었다. 그러나 최대 쟁점인 '기간제 및 파견근로자의 근로기간'과 '근로계약 종료시 고용보장' 문제를 놓고 이견을 좁히지 못하고 합의도출에 실패하였다(한겨레 05/05/04, 8). 비정규직 문제를 둘러싼 노·정 갈등은, 한국노총 김태환 충주지부장 사망 등 일련의 사건을 거치면서, 양 노총의 노동부장관(김대환) 퇴진투쟁으로 번져갔다. 그리고 첨예화된 노·정 갈등은 한국노총의 노사정위 탈퇴선언(2005년 7월 7일)으로 이어졌다. 이에 따라 2005년 7월 이후 노사정위는 완전히 교착되는 상황을 맞이하였다. 즉 비정규직 문제가 대표자회의 참여자들 사이에 첨예한 논쟁점으로 등장함으로써 대표자회의는 공전을 거듭하였고, 이는 다시 노사정위의 중단으로 이어지고 있었다.

노사정 대화가 전면 중단된 상황에서, 2005년 9월 5일 선진화방안의 논의 시한인 2년이 만료됨에 따라 노사정위의 안(案)이 정부로 이송되었다. 노사정위의 안은 총 34개항으로, 여기에는 교섭창구 단일화를 전제한 복수노조의 허용, 노조 전임자 임금지급 금지, 필수공익사업장의 대체근로 허용, 파업시 직장폐쇄의 전면 허용, 직권중재 폐지와 공익사업 범위의 확대, 긴급조정시 쟁의행위 금지기간 등 오랜 쟁점들을 포함하고 있었다. 그러나 그 내용은 2003년 9월 4일 노동부가 발표한 '노사관계법·제도 선진화방안'의 내용에서 크게 벗어나지 않는 것이었다. 그럼에도 불구하고, 노동부는 이에 관련된 개정안들에 대해 2005년 정기국회에서 입법을 서두를 것이라고 발표하였다(경향신문 2005/09/06, 10). 이에 따라, 노동부장관의 대표자회의 재개 요청(9월 7일)은 양 노총에 의해 단호히 거부되었다. 결국 노·정 갈등으로 선진화방안에 대한 국회의 심의는 더 이상 진행되지 못하였다.

2006년 2월 2일, 새 노동부장관(이상수)의 취임을 계기로 한국노총은 노사정위의 복귀를 선언하였다. 부분적으로 노·정 간의 대화가 복구되자, 2월 7일 국회 환경노동위원회는 비정규직법안에 대한 심의를 재개하고, 2월 27일 열린우리당과 한나라당은 환경노동위에서 비정규직법안을 전격적으로 통과시켰다. 그러나 이에 대한 노동과 자본의 반응은 모두 부정적이었다. 한국노총은 비정규직 법안이 자신이 제시한 수정안에서 크게 후퇴한 것임을 비판하면서 법안의 철회를 요구하였고,[14] 민주노총은 즉각 긴급투쟁본부회의를 열어 항의파업을 결의하였다. 자본가 단체들 역시 자신들의 주장이 충분히 반영되지 못한 법안이라며 반발하였다(중앙일보 2006/02/28, 1). 노동과 자본이 반발하는 가운데, 비정규직 법안의 심의는 민주노동당의 국회 법사위 점거농성으로 무산되었다.

2006년 3월 15일과 4월 27일 각각 제4차와 제5차 대표자회의가 개최되었으나, 민주노총은 비정규직 법안의 재논의를 요구하며 불참하였다. 민주노총이 불참한 대표자회의에서 노사정위 및 노동위원회 개편방안이 전격적으로 합의되었다(매일노동뉴스 2006/04/28). 이러한 상황 전개는 역설적으로 민주노총의 복귀를 촉발시켰다. 그것은 선진화방안이 민주노총의 의견이 반영되지 않은 채 일방적으로 추진되는 것을 막아야 한다는 문제의식 때문이었다. 7월 6일, 민주노총은 제6차 대표자회의에 복귀하였다. 제6차 대표자회의는 선진화방안 그리고 노동과 자본이 추가적 논의를 요구한 6개 사항을 함께 논의하기로 결정했는데, 추가된 의제들 가운데 3개(산별단체교섭 촉진을 위한 제도정비, 특수형태 근로종사자 보호방안, 공무원·교수·교사의 노동기본권 보장)는 민주노총이 요구한 것이었다. 그리고 이 회의에서 노·사·정 대표들은 선진화방안의 논의 시한을 8월 10일로 연기하였다.

14 한국노총은 2006년 2월 27일 '비정규직 개악 특별결의문'을 발표하면서, 비정규직 법안이 합법파견 기간 2년 뒤 '고용의제'(노동자와 경영주가 직접 고용계약을 체결하지 않더라도 일정기간이 초과하면 그 순간부터 법률적 힘에 의해 직접고용된 것으로 간주)에서 '고용의무'(일정기간 만료 후, 고용주는 파견근로자를 고용해야 하는 의무를 지니나, 고용주가 의무를 이행하지 않을 경우 과태료를 납부하면 기간제로 고용할 수 있음)로 변질되고, 불법파견 판정 뒤 즉시 고용의무를 적용하지 않고 고용기간 2년이 지난 뒤에 적용하도록 한 것은 애초 한국노총의 수정안과 다른 것이라고 주장하였다(한겨레 2006/03/01, 3).

논의 시한이 얼마 남지 않은 상황에서 2006년 7월 26일 제7차 대표자회의가 개최되었다. 이날 대표자회의는 논의의 효율성을 위해 세부의제들을 "의견접근과제, 8월초 결론도출과제, 계속 검토과제"로 분류하고, 합의가 가능한 과제부터 집중적으로 논의하기로 결정하였다. 이때부터 논의는 운영위원회의와 실무회의를 통해 빠르게 진행되기 시작하였다. 논의 시한 마지막 날인 8월 10일 제8차 대표자회의가 개최되었고, 이 회의에서 40개 과제 중 그때까지 합의하지 못한 17개 쟁점 과제들에 대한 대타협이 시도되었다. 정부는 대타협 여부와 관계없이 다가오는 9월 정기국회에서 선진화방안을 입법예고할 것이라고 압박하였고, 한국노총과 민주노총은 정부가 선진화방안을 일방적으로 추진할 경우 강경투쟁에 나설 것이라고 맞대응하였다. 결국 논의 시한은 9월 4일로 재차 연장되었다(경향신문 2006/08/11, 6). 이에 따라, 8월 26일 제9차 대표자회의가 개최되어 미합의 쟁점 17개 과제에 대해 집중적으로 논의하였다. 그러나 대표자들 간의 입장차가 워낙 커, 2개 과제(유니온 숍 제도와 근로기준법의 '근로자 선출방식')를 제외하고 나머지 15개 과제들은 여전히 합의에 이르지 못하였다(한국일보 2006/08/28, 10).

논의 시한이 임박하면서, 노·정 간의 줄다리기 싸움은 장외로 번져갔다. 8월 30일, 노동부장관은 선진화방안에 대해 "노·사·정 합의가 이뤄지지 않더라도 9월 7일 입법예고를 강행"할 것임을 밝혔다. 양 노총은 강력하게 반발하였다. 민주노총은 "정부가 입법예고를 강행한다면 전면투쟁에 나설 것"임을 경고하였다. 이에 비해, 한국노총의 반응은 더욱 강경하고 즉각적인 것이었다. 한국노총은 당시 부산에서 4일 일정(8월 29일~9월 1일)으로 개최된 제14차 국제노동기구(ILO) 아시아·태평양지역 총회의 대표단 철수와 대표자회의 불참을 선언하였다(경향신문 2006/08/31, 2). 한국노총의 강경한 반응은 자신의 내부적 조직이익을 보존하기 위한 전략적 행동이었다. 중소기업 노조들을 주요 구성원으로 거느리고 있는 한국노총에게 미합의 쟁점인 '노조전임자 임금지급 금지'와 '복수노조 교섭창구 단일화' 문제는 조직의 이해관계가 달린 매우 민감한 사안이었다. 따라서 한국노총의 선제적 공세는 협상파국의 위기감을 한층 높임으로써 정부의 양보를 얻어내려는 일종의 압박카드였다.

9월 2일, 제10차 대표자회의에서 노·사·정 대표들은 미합의 과제들에 대해 협상을 재개하였다. 이 회의에서 한국노총과 자본(경총, 대한상의) 대표는, '기업단위 복수노조 허용'과 '노조전임자 임금의 노사자율 결정'을 고수하는 민주노총을 배제한 채, '기업단위 복수노조 허용' 및 '노조전임자 임금지급 금지'를 5년 더 유예하는 것에 합의하였다. 이러한 결정은 한국노총과 자본 간의 이해의 맞교환이었다. 대기업 노조를 중심으로 구성된 민주노총과 달리, 중소기업 노조가 대부분인 한국노총은 노조전임자의 임금지급이 금지되면 조직 자체에 중대한 위협을 받는 상황에 처할 수 있기 때문이었다. 또한 자본도 복수노조 허용으로 인한 생산현장의 혼란을 우려하고 있었다(김용철 2010, 60). 한국노총과 자본의 '5년 유예안'에 대해 정부와 민주노총은 내부 검토를 거쳐 입장을 밝히기로 하고, 추후 운영위원회를 통해 추가 합의사항이 있을 경우 다시 대표자회의를 개최하기로 하였다. 이후 노동부는 '조건부 3년 유예안'(3년 유예 후 복수노조 교섭창구 단일화와 노조전임자 임금의 규모별 단계적 감축)이라는 중재안을 내놓았으나, 민주노총이 반대 입장을 취함에 따라 9월 4~5일 개최된 운영위원회의에서 노·사·정 대표들은 추가 합의에 이르지 못하였다. 9월 9일, 노동부는 제11차 대표자회의를 개최하고 마지막 타협을 시도하였으나, 민주노총은 대표자회의 불참과 협상결렬을 선언하였고, 한국노총은 '조건 없는 3년 유예'를 고수하여 이후 대표자회의는 더 이상 개최되지 못하였다(한겨레 2006/09/09, 2).

요약하면, 애초 2004년 8월 말까지 한시적으로 운영하기로 했던 대표자회의는 그 운영 시한을 거듭 연기하면서 선진화방안을 논의하였지만, 반복적인 갈등과 대립으로 순조롭게 진행되지 못하였다. 특히 노사정위 참여를 둘러싼 민주노총의 내부 갈등, 민주노총과 한국노총 간 위상 경쟁, 그리고 비정규직 문제를 비롯한 선진화방안의 방향과 내용에 대한 노·사·정 간의 끊임없는 의견 대립은 대표자회의 및 노사정위의 정상적인 작동을 어렵게 하였다.

Ⅳ. '9·11 합의'와 민주노총

선진화방안을 둘러싼 대표자회의의 논의는 파행으로 마감되었다. 민주노총이 배제된 이른바 '9·11 합의'는 신자유주의적 산업질서의 제도적 정착을 의미했다. 이는 민주노총의 반발을 불러왔고, 민주노총은 제4기 노사정위에 참여해 달라는 정부의 요청을 거절하였다. 이는 그간 참여정부가 표방했던 '노사정위의 정상화'가 실패했음을 뜻하였다.

1. 파행적 '9·11 합의'와 민주노총의 반발

2006년 9월 11일, 민주노총을 배제한 채 노동부장관, 한국노총위원장, 경총회장, 대한상공회의소 회장, 노사정위원장은 '노사정 대표자회의'라는 이름을 빌어 '노사관계 선진화를 위한 노사정 대타협' 선언문을 전격적으로 발표했다. 이들은 선언문을 통해 "이번 합의는 노사 간 대화와 타협을 통한 자율적 합의정신을 존중하고 보편적 국제노동기준과 우리 노사관계 현실을 고려해 마련된 것"이며, "법 시행에 따른 심각한 사회적 혼란을 막고 어려운 경제적 여건 속에서 노사관계의 안정을 도모해야 한다는 고심 끝에 내린 결단"이라고 자평했다(노사정위원회 2007, 76).

이에 대해 민주노총은 9·11 합의가 노사관계 선진화방안을 절차적 정당성이 결여된 '밀실 야합'이라는 정치적 흥정거리로 전락시켰다며, "신의 없는 정부와는 더 이상 대화하지 않겠다"고 선언하였다(경향신문 2006/09/19, 10). 민주노총의 반발은 단순히 절차적 문제에만 기인한 것은 아니었다. 보다 중요한 것은 9·11 합의안의 내용이었다. 민주노총은 9·11 합의안이 노동자의 결사의 자유를 제한하고 노조의 파업권을 무력화시킴으로써 노동시장 유연화의 강화를 꾀하는 것으로, 결국 사회적 교섭의 외형을 가장하여 신자유주의적 산업질서의 제도적 완

표 23 노사관계 선진화방안의 핵심 쟁점

쟁점	현행 규정	9·11 합의안	민주노총의 입장
기업단위 복수노조	2006년부터 복수노조 허용	조건 없는 3년 유예	유예 반대
노조전임자 급여	노조전임자 급여지원 금지; 위반시 부당노동행위로 사용자 처벌	조건 없는 3년 유예	노사자율; 전임자 급여지급 관련 부당노동행위 규정 삭제
대체근로	파업시 사내 인력을 통한 대체근로 가능; 신규채용·하도급·파견 금지	필수공익사업장에 대해 대체근로 전면 허용	대체근로 전면 금지
필수공익사업 및 직권중재	필수공익사업에 직권중재	직권중재 폐지; 필수업무유지 의무부과; 필수공익사업의 범위 확대	직권중재 폐지; 필수업무유지 의무부과 반대; 필수공익사업 범위축소(철도와 석유)
긴급조정제도	노동부장관이 중앙노동위원회의 의견을 들어 결정; 30일간 쟁의행위 중지; 조정 실패시 강제중재	긴급조정제도의 현행유지	일방중재제도의 폐지
손배·가압류	노동조합 또는 조합원의 손해배상 제한 규정 없음; 신원보증인도 연대책임; 급여채권의 1/2압류 금지	경총의 주장에 따라 논의에서 제외시킴	폭력·파괴를 수반하지 않는 쟁의행위에 대한 손배 금지; 근로자 개인에 대한 배상청구 금지; 손배에서 영업손실 및 제3자 채무불이행 제외; 신원보증인 배상면책; 가압류 금지
부당해고	부당해고시 원직복직과 임금지급; 부당해고 제한규정 위반시 5년 이하의 징역 혹은 3천만원 이하의 벌금	금전보상제(부당해고시 근로자가 원직복직을 원치 않을 때 인정); 부당해고 벌칙조항 삭제	금전보상관련 근로자의 동의권 추가 인정; 부당해고의 벌칙조항 유지
경영상 해고	정리해고시 근로자 대표에게 60일전 통보; 재고용노력 의무	사전통보기간을 30~60일로 차등; 근로자가 희망하는 경우 3년 이내 동일업무에 국한하여 정리 해고된 자에 대한 재고용 의무 명문화	사전통보기간 단축 반대; 조건 없는 재고용 의무화

성을 시도한 '반노동적 테러'라고 반발하였다.

〈표 23〉은 주요 쟁점을 중심으로 9·11 합의안과 민주노총의 입장을 비교·정리한 것이다. 먼저, 9·11 합의안은 기업단위 복수노조 허용과 노조전임자 급여지원 금지 규정의 시행을 3년간(2009년 12월 31일까지) 유예하였다. 그러나 민주노총의 입장은 복수노조의 즉시 허용과 노조전임자 급여지원 금지 규정의 철폐였다. 민주노총은 이에 대한 근거로, '복수노조 금지' 조항은 국제노동기구(ILO)가 그간 무려 13차례에 걸쳐 한국정부에 전면 허용을 권고할 정도로 노동자의 자주적 단결권을 침해하는 규정이라는 점을 들었다. 뿐만 아니라, 이 조항은 그간 삼성의 무노조정책과 포스코의 유령노조정책을 가능하게 하였고, 비정규직 및 중소영세사업장 노동자들의 노조결성을 어렵게 해왔다는 것이다(민주노총 2006a, 2). 또한 민주노총은 '노조전임자 임금지급 금지' 조항 역시 그간 국제노동기구가 현행 노조법상의 관련규정(노조법 제24조 2항과 제81조 4호)을 폐지하라고 한국정부에 수차례 권고했던 조항으로, 이는 노사가 자율적으로 결정할 사안이지 법으로 강제할 사안이 아니라고 주장했다(민주노총 2006a, 4). 요컨대, 복수노조 허용 및 노조전임자 임금지급 금지를 유예시킨 합의안은 기본적으로 노동자의 단결권을 제약하는 안에 불과하다는 것이 민주노총의 입장이었다.

둘째, 9·11 합의안은 필수공익사업장에 대한 직권중재제도를 폐지하되, 대신 필수공익사업장의 범위를 확대·조정하고,[15] 필수업무유지 의무를 도입하며 대체근로를 허용한다는 것이다. 이에 비해, 민주노총은 필수공익사업장에 대한 직권중재제도의 폐지에는 찬성하나 필수공익사업장 범위의 확대, 대체근로의 허용, 필수업무유지제의 도입에 반대하였으며 긴급조정요건의 완화를 요구하였다. 이 같은 민주노총의 주장은 다음과 같은 근거에 기반하였다: ① 파업기간 중 신규채용·하도급·파견을 포함한 대체근로가 전면 허용되고 최소업무유지 의무가 부과

15 기존 필수공익사업장으로 분류된 도시철도를 포함한 철도, 수도, 전기, 가스, 석유정제·공급사업, 통신사업, 병원사업에 항공운수사업, 증기 및 온수공급사업, 혈액공급사업, 페·하수처리사업을 추가하기로 합의하였다.

될 경우 파업이 무력화될 것이며, 파업의 무력화는 노조의 교섭력과 조직력의 약화로 이어진다; ② 국제노동기구는 파업참가 조합원의 원직복귀를 보장하도록 하고 있는데, 이번 합의안은 신규채용에 의한 대체근로를 허용하고 있어서 국제노동기준에도 어긋난다; ③ 합의안은 직권중재제도를 폐지한다고 했지만, 필수공익사업장의 범위를 확대하고 강제중재제도를 포함하고 있는 '긴급조정제도'(노조법 제76~80조)를 존치시킴으로써 여전히 파업권을 제약하는 결과를 초래한다(민주노총b 2006/09/18).

셋째, 손배·가압류를 논의에서 제외시킨 것과 관련하여, 민주노총은 그간 정부가 "파업으로 인해 발생한 피해에 대해 기업들이 일반적인 영업 손실을 추정해 손해배상을 청구하는 것은 문제"가 있으며 "사용자에 의한 손배·가압류의 남용을 막을 수 있는 방안을 마련하겠다"는 약속과 정면으로 배치됨을 지적하였다. 뿐만 아니라, 9·11 합의안은 정부가 경총의 주장을 일방적으로 수용함으로써, 민주노총의 타협안("폭력 및 파괴행위를 수반하는 행위에 한해서만 손해배상청구를 허용하고 가압류는 금지해야 한다")을 철저히 배제시킨 것에 불과하다는 입장이었다(박성인 2006).

넷째, 부당해고와 관련하여 9·11 합의안은 "근로자의 부당해고시 근로자가 원직복귀를 원치 않을 경우 금전보상을 허용"하고, "부당해고에 대해 사업주에게 부과했던 벌칙 규정을 삭제"하기로 하였다.[16] 또한 경영상의 해고와 관련하여, "현행 60일인 사전통보기간을 기업규모에 따라 30~60일까지 차등 설정"하였다(민주노총 2006b).[17] 그러나 이러한 합의안에 대해, 민주노총은 기업의 해고 권한을 대폭 강화시키는 '친사용자적' 안이며 노동자의 생존권을 위협하는 '반노동자적' 안에 불과하다고 주장했다: ① 부당해고에 대한 처벌조항을 없애고 금전보상을 허용하는 안은 "사용자가 해고의 고통을 겪는 노동자를 언제든 돈으로 회유"

16 기존 근로기준법 제110조(벌칙)는 제30조(해고 등의 제한)를 위반한 자는 "5년 이하의 징역 또는 3,000만원 이하의 벌금에 처한다"고 규정하고 있다.

17 기존 근로기준법 제31조(경영상 이유에 의한 해고의 제한) 3항은 "해고를 하고자 하는 날의 60일 전까지 통보하고 성실하게 협의하여야 한다"고 규정하고 있다.

할 수 있는 길을 열어주어 사용자들의 부당해고를 조장하는 결과를 초래한다; ② 경영상 이유로 인한 노동자 해고시 사전 협의기간의 단축은 노조가 대응할 수 있는 시간적 여유를 그만큼 축소시켜 결과적으로 노조의 대항권을 약화시키는 결과를 초래한다(박성인 2006).

요컨대 민주노총에 의하면, '9·11 합의안'은 절차적으로 문제가 있는 '밀실담합'에 불과하며, 내용적으로 노동의 연대와 교섭력을 제한하고 자본의 대항권을 강화시켜 신자유주의적 노사관계의 토대를 마련하기 위한 것이며, 나아가 국제노동기준에도 어긋난다는 것이다. 이러한 이유로 민주노총은 '9·11 합의안'이 발표된 다음날 기자회견문을 발표하고, 노무현 정부에 대한 강경투쟁을 선언하였다. 다음은 민주노총의 기자회견문 내용이다(민주노총 2006c).

> 정부는 어제 노사정대표자회의에서 주요 당사자인 민주노총 몰래 한국노총과 사용자단체만 불러서 노동기본권을 유린하는 야합만행을 저질렀다. … 우리 사회의 민주주의를 난폭하게 파괴하고 노동자의 생존권을 벼랑 끝으로 몰고 가는 신자유주의 노동배제정책을 실현하기 위해 수단과 방법을 가리지 않는 노무현 정부의 반노동 본질이 만천하에 드러나고 있다. 우리는 노무현 정부가 자본의 탐욕을 만족시키는 신자유주의 민중수탈 노동수탈구조를 완성시키기 위해 비정규 개악안으로 노동시장을 유연화하고, 노사관계법·제도 개악으로 사용자의 노동지배를 강화하면서 미국 독점자본이 노리는 한국 민중의 착취구조를 완성시키기 위한 한미 FTA협상을 진행하고 있는 본질을 잘 알고 있다. … 우리는 오늘부터 노동기본권 야합을 규탄하는 연맹별 기자회견을 개최하고 오는 9월 17일에는 전국노동자대회를 열어 강력한 규탄대회를 진행할 것이다. 19일에는 대의원대회를 개최하여 강력한 총력투쟁과 파업을 결의할 것이며, 80만 조합원의 결의를 모아 10월에는 총파업을 전개할 것이다.

민주노총의 강경투쟁 선언은 그간 참여정부가 공언해 왔던 실질적인 '사회적 파트너십 형성'이 실패로 귀결되고 있음을 뜻하였다. 참여정부의 애초 전략은 '노사정 대표자회의'라는 임시적 기구를 만들어 민주노총을 사회적 교섭에 끌어들이고, 이를 통해 최종적으로 민주노총을 노사정위에 참여시킨다는 것이었다. 그러나 시간이 지남에 따라 '사회적 교섭의 내실화'는 상실되고 대신 '신자유주의적 노사관계의 확립'이 그 자리를 차지하였다. 즉 노동의 교섭력 강화를 위한 산별교섭의 제도화 및 손배·가압류의 제한 방안은 아예 외면되었고, 반면 자본의 대항권을 강화하는 방안이 채택되었다.

2. 노사정위의 개편과 민주노총

2007년 4월 27일, 제4기 노사정위가 '경제사회발전노사정위원회'라는 새로운 이름으로 출범하였다(〈표 24 참조〉). 애초 노사정위 개편논의가 언급된 것은 2004년 5월 31일 대통령 주재로 열린 '대화와 상생의 협력적 노사관계 구축방안 토론회'였다. 이 토론회에서 양 노총 위원장, 경총·대한상의 회장, 노동부장관, 노사정위 위원장 등은 사회적 대화체제의 복원을 위해 노·사·정 대표 6인으로 구성된 대표자회의를 출범시켜 노사정위 개편방안을 논의하기로 결정한 바 있었다. 그러나 여러 사정으로 논의가 연기되다가, 노사정위 개편이 본격적으로 논의되기 시작한 것은 제4차 대표자회의(2006년 3월 15일)였다. 이 회의에서 노사정위 개편방안을 2006년 4월까지 마무리하기로 결정하였고, 이후 5차례의 운영위원회와 4차례의 실무회의를 통해 깊은 논의가 진행되었다. 그리고 제5차 대표자회의(2006년 4월 27일)에서 노사정위 개편방안에 대한 최종합의가 이루어졌다. 그 합의내용은 ① 명칭을 '경제사회발전노사정위원회'로 변경하고, ② 본위원회 및 공익위원회의 공익위원 수를 축소(본위원회는 9인에서 2인으로, 상무위원회는 9인에서 4인으로)하며, ③ 상설회의체를 폐지하는 대신 시의성 있는 의제별로 회의체를 설치·운영하고, ④ 중층적 대화체계의 구축을 위해 업종별협의체 및 지역노사정협의회의 지원 근거를 마련하며, ⑤ 논의 시한을 1년으로 한정하고 참여주체가 일방적으로 불참할 경우 별도의 논의 종결방식(과반수출석·과반수의결)을 채택하는 것을 주요 골자로

하고 있었다. 이에 따라, 노사정위원법 개정안('경제사회발전노사정위원회법')이 2006년 12월 22일 국회의결을 거쳐, 2007년 1월 26일 공포되었다(노사정위원회 2007, 7-8).

표 24 노사정위원회의 변천 과정

	1기 노사정위	2기 노사정위	3기 노사정위	4기 노사정위
명칭	노사정위원회	노사정위원회	노사정위원회	경제사회발전 노사정위원회
법적 근거	노사정위원회 내부규정 (1998. 1. 15.)	노사정위원회규정 대통령령 (1998. 3 .28.)	노사정위원회 설치 및 운영 등에 관한 법률(1999. 5. 24.)	경제사회발전 노사정위원회법 (2007. 4. 27.)
성격	비상설적 국가적 위기대응 합의기구	대통령자문기구, 상설 사회적 협의기구	대통령자문기구, 상설 사회적 협의기구	대통령자문기구, 상설 사회적 협의기구
참여자	노·사·정·정당	노·사·정·정당·공익	노·사·정·공익 (민주노총 불참)	노·사·정·공익 (민주노총 불참)
조직 체계	본위원회 기초위원회 전문위원회	본위원회 상무위원회 특별위원회 소위원회	본위원회 상무위원회 특별위원회 소위원회	본위원회 상무위원회 의제별위원회 업종별위원회
기간	1998. 1. 15.~ 1998. 2. 9.	1998. 6. 3.~ 1999. 8. 31.	1999. 9. 1.~ 2007. 4. 26.	2007. 4. 27.~

출처: 경제사회발전노사정위원회. 2013. 『경제사회발전노사정위원회 발자취』, 3.

노사정위 개편의 애초 목적 가운데 하나가 민주노총을 사회적 교섭의 틀 내로 끌어들여 노사정위를 정상화하는 것이었다. 그러나 민주노총은 새로 출범한 제4기 노사정위에 참여하지 않았다. 이는 정부가 자초한 사회적 교섭에 대한 민주노총의 불신 때문이었다. 참여정부는 줄곧 사회적 파트너십 형성을 위해 노사정위의 역할과 기능을 강화하겠다고 공언해왔으나, 현실은 그렇지 못했다. 노사정위의 협의내용은 자주 무시되거나 변질되었다. 그 대표적인 사례가 '노사관계 선진화방안'과 이른바 '비정규노동자 보호법'의 제·개정이었다.

비정규직 노동자에 대한 대책이 노사정위에서 논의되기 시작한 것은 김대중 정부 시기인 2001년 7월이었다. 노사정위는 '비정규근로자 특별위원회'를 구성하고 당시 문제가 되고 있었던 모든 형태의 비정규고용(기간제 노동, 파견 노동, 단시간 노동, 특수형태고용 노동) 노동자에 대한 대책 마련에 착수하여 2003년 상반기까지 협의를 계속하였다. 그러나 노·사 간의 의견 차이가 현저하였다. 기간제 노동에 대해, 조직노동은 합리적 사유가 있는 경우를 제외하고 원칙적으로 금지해야 한다는 입장이었고, 자본가 단체들은 자유롭게 사용할 수 있어야 한다는 입장을 고수하였다. 비정규직 차별금지와 관련하여, 노동은 '동일노동·동일임금 원칙'을 법에 명시해야 한다고 주장하였으나, 자본은 이에 반대하였다. 파견근로에 대해, 노동은 이에 대한 규제를 강화하거나 최소한 현재 수준의 규제를 유지해야 한다는 입장이었으나, 자본은 파견근로업종을 확대하고 파견노동자 사용기간을 연장해야 한다고 주장하였다. 그리고 특수형태고용 근로자와 관련하여, 노동은 이들을 임금근로자로 간주하여 현재 임금근로자에게 적용되는 모든 권리를 이들에게도 보장해주어야 한다는 입장을 고수하였고, 자본은 이들은 어디까지나 자영업자이기 때문에 임금노동자로 간주할 수 없다는 입장이었다(경제사회발전노사정위원회 2008, 313-316).

비정규직 이슈를 둘러싸고 노동과 자본이 첨예하게 대립하자, 노사정위의 공익위원들은 자신들이 만든 이른바 '공익안'을 제시하였다. 공익안은 일종의 절충안으로, ① 기간제 노동과 관련하여, 사용사유에 대한 규제는 하지 않되 사용기간을 일정하게 제한하고, 그 기간 후에도 고용관계가 지속되는 경우 기간을 정하지 않은 근로계약으로 간주하며, ② 차별금지와 관련하여, '동일노동·동일임금'이라는 표현을 쓰지 않되 기간제 근로자라는 이유로 차별하지 못하게 하는 규정을 명문화하고, ③ 파견근로와 관련하여, 불법파견에 대한 규제를 강화하고 불법파견으로 고용된 노동자는 사업주가 직접 고용한 것으로 간주하며, ④ 특수형태고용 근로자는 당장 대안을 제시하기 어려운 관계로 더 연구가 필요하다는 내용이었다(경제사회발전노사정위원회 2008, 313-316).

2003년 7월, 노사정위는 공익안을 정부로 이송하였고, 정부는 자체적인 수정·보완 작업을 거쳐 2004년 9월 비정규노동자 보호법을 입법예고하였다. 문제는 정부의 입법안이 노사정위의 공익안보다 고용유연성을 더 강화한 내용으로 수정·변경되었다는 점이었다. 정부의 입법안은 기간제 근로자를 자유롭게 사용할 수 있는 기간을 3년으로 연장하고, 파견노동의 허용업종을 기존 일부 금지업종을 제외한 전체 업종으로 확대하는 내용이었다(한겨레 2004/09/11, 2). 정부의 입법안은 즉시 노동과 시민사회의 강한 반발에 직면하였다. 게다가 2005년 4월 정부안에 대해 국가인권위원회가 "노동인권의 보호와 비정규직에 대한 차별을 실질적으로 해소하기에 충분치 못하다"며, 기간제 고용의 사용사유 규제가 필요하다는 의견을 내놓았다(민중의 소리, 2005/04/14).

비정규직 입법이 계속 유보되는 가운데, 민주노총은 2005년 3월 노사정 대표자회의에 복귀하여 비정규직 문제를 노·사·정 대표가 주체가 되어 국회에서 조율한다는 중재안을 이끌어 냈다. 그러나 노·사·정 간의 논의가 노사관계 선진화방안의 논의와 맞물려 계속 연기되자, 정부와 여당(열린우리당)은 2006년 11월 30일 비정규직 법안들을 국회의장의 직권상정을 통해 국회 본회의에서 전격적으로 의결하였다. 가결된 법안들의 주요 내용은 ① 파견근로자의 경우 2년을 초과해서 사용할 때는 사업주에게 고용의무를 적용하고 불법파견 시에도 사업주에게 고용의무를 부과하며, ② 기간제 근로자의 경우 2년 동안은 제약 없이 사용할 수 있도록 하되 사용기간이 총 2년을 초과하면 무기근로계약으로 간주한다는 것이었다(세계일보 2006/12/01, 4).

비록 국회를 통과한 '비정규노동자 보호법'은 애초의 정부 원안에서 약간 물러선 것이었으나, 다음 두 가지 점에서 여전히 친자본적인 것이었다. 우선 비정규노동자 보호법은 그간 자본이 요구해온 '동일노동·동일임금' 원칙의 불허 입장이 반영된 것이었다. 나아가, 노동이 요구하던 기간제 노동에 대한 사용사유 규제를 반영하지 않았다. 이는 기간제 노동이 한국의 대표적 비정규노동자 유형이라는 점을 고려할 때, 정부가 '비정규직의 정규직화'를 거부했음을 뜻하였다(정이환

2011, 291). 이에 민주노총은 제·개정된 비정규직 관련법이 비정규직 보호를 명분으로 비정규직 고용을 양산시키는 '비정규노동자 확산법'이라고 평가하였다(한겨레 2006/12/01, 3). 즉 '노사관계 선진화방안' 사례가 그랬던 것처럼, 민주노총에게 '비정규노동자 보호법 제·개정' 사례는 노사정위가 사회적 교섭의 장이기보다는 교섭의 교착상태를 핑계로 정부 주도의 정책결정이 불가피했음을 정당화하는 정치적 도구에 불과한 것으로 인식되었던 것이다.

2007년 3월 2일, 민주노총 위원장(이석행)은 노동부장관의 노사정위 참여요청을 단호히 거부하였다(한겨레 2007/03/03. 6). 2007년 1월 26일 민주노총 정기대의원대회에서 새로 선출된 이석행 위원장은 이른바 '국민파'로 지난 3년 동안 민주노총의 노사정위 참여에 호의적 태도를 가지고 있었던 제5대 이수호 집행부 및 제6대 조준호 집행부와 운동노선이 같았다. 그럼에도 불구하고, 정부의 노사정위 참여 요청을 거부한 것은 지난 '비정규노동자 관련법 제·개정'과 '9·11 합의' 과정에서 보여준 신뢰할 수 없는 정부의 정책과 행태 때문이었다. 이러한 경험은 정부에 대한 불신을 증폭시켜, 민주노총으로 하여금 그간 자신의 노사정위 불참 선택이 옳았다는 생각을 더욱 강화시키는 방향으로 작용하였다.

Ⅴ. 요약 및 결론

참여정부는 노동과 자본 간의 힘의 불균형을 시정하여 '진정한' 사회적 파트너십을 구축하고자 하였다. 그것은 '사회통합적' 노동개혁으로 표현되었는데, 이는 그간의 사회적 교섭이 정상적으로 작동하지 못했던 근본적 이유가 노·자 간의 힘의 불균형 때문이었다는 대통령의 진단에 기초한 것이었다. 이는 대통령의 진보적 신념과 정권적 차원의 이해관계의 산물이었다. 대통령 노무현은 평소 '사회적 약자에 대한 배려'와 '사람 사는 세상'을 강조해온 정치인이었고, 노동자를 포함한 서민계층과 시민사회의 개혁세력은 참여정부의 사회적 지지기반이었다. 때문에,

노무현 대통령에게 노동개혁을 통한 사회적 교섭의 정상화는 매우 자연스러운 선택이었다.

출범 직후 참여정부가 표방한 '사회통합적' 노동정책에 대해, 한국노총은 물론이고 그간 사회적 교섭에 회의적인 태도로 일관해왔던 민주노총도 크게 환영하였다. 반면, 자본가 단체들은 내심 불만스러웠지만 대체로 침묵하는 모습을 보였다. 그러나 참여정부의 노동 친화적 정책노선은 오래 지속되지 못했다. 정부의 개혁적 노동정책은 노동자들의 기대수준을 상승시켰고, 이에 따라 조직노동은 최대이익 확보전략으로 임했다. 잦은 노동파업은 한편으로 집권세력과 조직노동 간의 균열을 낳았고, 다른 한편으로 자본가 단체와 보수 집단들의 반발을 초래했다. 즉 개혁연합은 분열되고, 광범위한 반개혁연합이 형성되었다. 이때부터 대통령의 노동 친화적인 '사회통합적' 노동개혁 의지는 현저히 약화되기 시작하였다. 이후 참여정부는 노동권의 강화 방안(실업자의 초기업단위 노조가입 허용, 필수공익사업장의 폐지, 노조원에 대한 손배·가압류의 제한 등)과 '사용자 대항권'의 강화 방안(정리해고와 직장폐쇄 요건의 완화, 노조전임자 임금지급 금지, 파견근로 업종의 확대 등)을 결합시킨 노사관계 선진화방안을 들고 나왔다. 이에 자본은 환영하는 분위기였으나, 노동은 즉시 반발했다.

정부가 재차 사회적 교섭의 정상화를 들고 나온 것은 2004년 5월이었다. 대통령은 민주노총을 포함한 노동 대표, 자본 대표, 그리고 정부와 노사정위 대표가 참여하는 '노사정 대표자회의'를 제안하였다. 대통령의 제안에 대해 민주노총은 긍정적이었다. 이는 기존의 '대중투쟁노선'에서 벗어나 '정책투쟁노선'을 추구하는 새로운 노조지도부의 등장과 17대 총선에서 민주노동당의 국회 진출 성공이 사회적 교섭에 대한 민주노총의 시각에 일정한 변화를 가져왔기 때문이었다. 그 결과 대표자회의는 쉽게 출범되었지만, 대표자회의에서의 노·사·정 대화는 공전을 거듭하였다. 대표자회의의 공전은 사회적 교섭을 둘러싼 민주노총의 내부 갈등, 민주노총과 한국노총 간 위상 경쟁, 그리고 비정규직 문제를 비롯한 선진화방안의 방향과 내용에 대한 노·사·정 간의 빈번한 의견대립 때문이었다.

결국 선진화방안을 둘러싼 대표자회의의 논의는 파행으로 마감되었다. 참여정부의 마지막 선택은 '시장자유주의'적 노사관계의 제도적 확보였다. 2006년 9월 참여정부는 민주노총을 배제한 채, 자본대표와 한국노총과 함께 이른바 '9·11 합의'를 전격적으로 발표하였다. '9·11 합의'는 민주노총이 주장해왔던 노동권 확보를 위한 조치들(필수공익사업장 및 직권중재의 폐지, 노조원에 대한 손배·가압류의 제한, 대체근로의 금지, 복수노조의 허용 등)은 무시된 채, 한국노총의 내부적 이해(노조전임자 임금 지급 금지의 유예)와 자본가 단체들의 이해가 반영된 타협안이었다. 이는 곧바로 민주노총의 반발을 불러왔고, 민주노총은 제4기 노사정위에 참여해 달라는 정부의 요청을 가차 없이 거절했다. 이는 애초 노무현 정부가 추구하고자 했던 '참여와 협력' 그리고 '대화와 타협'을 통한 '노사정위의 정상화'가 최종적으로 실패로 마감되었음을 뜻하였다. 이와 관련하여, 노무현은 자신의 자서전에서 다음과 같이 술회하였다(노무현재단 2010, 215-216).

> 서민의 복지는 분배에 좌우된다. 시장분배의 핵심은 노사관계이다. … 외환위기가 터지고 나서 IMF의 압력을 받는 가운데 경제단체와 보수 세력이 노동시장의 유연성, 다시 말해서 정리해고제도의 도입을 요구하는 대공세를 펼쳤다. … 국민의 정부는 어쩔 수 없이 이것을 수용했다. 참여정부도 그것을 그대로 이어갔다. … 사용자 쪽에서 이 무기를 휘둘러 시장분배를 악화시켰다. 노동조합의 조직력과 교섭력은 현저하게 약해졌다. … 단기적으로 정부가 힘을 쓸 수 없었다. 세계적 조류이고 자본 측의 힘이 너무나 막강해 이것을 거부할 수도 없었다. 노사정 대화를 통해 사회적 합의를 이룸으로써 문제를 어느 정도 해결할 수 있을 것이라는 자신감 또는 희망을 가졌지만 그렇게 되지 않았다.

참여정부는 사회통합적 노동개혁을 통한 "새 시대의 첫 차"가 되길 원했다. 그러나 세계화의 구조적 압력, 개혁연합의 분열, 그리고 반개혁연합의 공세는 참여정부의 노동개혁 의지를 현저히 위축시켰고, 결국 노동개혁은 실종되고 말았다.

이로써 이해당사자들의 자율적 조율을 강조하는 '사회협약정치'는 단지 노사정위원회라는 외피만 존재하는 형식적인 장치로 퇴행되고 있었다.

제7부

시장자유주의와 노동정치의 과제

2007년과 2012년의 대선에서 연달아 집권에 성공한 보수 정치세력은 시장합리성과 경제효율성을 앞세워 자본 친화적 게임규칙과 절차의 제도화를 시도하였다. 노사관계의 주요 현안들이 '법과 원칙'의 명목하에 사법부의 판단과 행정지침으로 종결되는 현상이 심화되기 시작하였고, 사업장 수준의 개별적 교섭과 개인적 차원의 고용계약이 더욱 강화되었다. 그 결과는 '사회적 합의주의'적 노동정치의 형해화이고, '시장자유주의'적 노동정치의 구체화였다. 그러나 '시장자유주의'적 노동정치의 성과는 암울한 것이었다. 저성장이 지속되는 가운데, 다수의 노동자들이 시장의 위험에 그대로 방치되어 있으며 노동시장의 양극화는 더 이상 개선될 조짐을 보이지 않고 있다.

제13장

시장자유주의로의 진화

Ⅰ. 보수 정권의 등장과 '비즈니스 프렌들리'

2007년 12월 치러진 제17대 대통령선거에서 한나라당 이명박 후보가 승리하였다. 그것은 노무현 정부에 대해 높은 수준의 사회경제적 개혁을 기대했던 진보 및 중도적 대중의 실망과 이반의 결과이자,[1] '신자유주의적 성장주의'를 전면화한 보수 정치세력이 대중들의 기대와 지지를 이끌어낸 결과였다. 이로써 1997년과 2002년 대선에서 연달아 패배했던 보수 정치세력은 10년 만에 정권 탈환에 성공하였으며, 권력의 중심축은 진보진영에서 보수진영으로 옮겨가게 되었다.

선거과정에서 이명박 후보가 내세운 대표 공약은 이른바 '747 공약'으로 불리던 "연 7%대의 경제성장, 국민소득 4만 달러 달성, 세계 7위의 경제대국"이었다. 이는 '분배를 통한 성장' 혹은 '분배와 성장의 병행'이 아닌 '성장을 통한 분배'를 뜻하는 것이었다. 당시 이명박 후보의 지지자들은 영남지역 유권자 집단에 수도권과 강원권 유권자들이 가세한 지역연합, 50대 이상의 노·장년 세대, 그리고 저학력 집단 및 중·하위 소득계층들로 형성된 광범하고 느슨한 '친성장' 연합으로, 이들은 이명박 정부의 친기업 정책과 대규모 토목공사를 통한 7%대의 고도성

1 17대 대선에서는 한나라당 이명박 후보가 48.7%의 지지율로 26.1%를 획득한 대통합민주신당 정동영 후보를 22.5%(약 530만여 표) 차이로 압승하였다. 하지만 17대 대선은 민주화 이후 치러진 역대 대선 가운데 최저의 투표참여율(63%)을 기록하여, 선거인 전체에서 차지하는 기권자가 36.7%에 달하였다(아사바 유키 2008, 119－122).

장에 상당한 기대를 걸고 있었다(성경륭 2014, 101).

사회연합정치의 관점에서 볼 때, 이명박 정권의 등장은 1987년 이후 진행되어온 시장과 자본에 대한 '민주주의적 규제'에 대한 거부, 신자유주의적 세계화에 조응하는 '탈규제'와 '친기업적' 정책의 추구, 그리고 경제성장을 통한 분배를 강조하는 친성장 사회연합의 출현을 의미하였다(조희연 2008, 147-148). 또한 정책적 관점에서 볼 때, 이는 사회적 합의주의에 기초한 '노동개혁의 정치'와 시장효율성에 바탕한 '신자유주의적 노동정책'의 전략적 결합을 추구했던 김대중·노무현 정부의 이른바 '좌파 신자유주의'에서 탈피하여, 시장효율성과 경제성장이 일방적으로 강조되는 이른바 '우파 신자유주의'로의 전환을 예고하는 것이기도 하였다. 이러한 정책 전환은 이명박 후보가 당선 직후 가진 기자회견에서 '경제의 선진화'와 '삶의 선진화'를 위한 '신발전체제'의 구축으로 표현되고 있었다(경향신문 2007/12/20, 1).

이명박 당선자의 '신발전체제론'은 1981년 미국 레이건 대통령의 신보수주의 경제정책인 레이거노믹스(Raeganomics) 경제정책 노선과 유사한 것이었다(정영태 2008, 1-2). 즉 '신발전체제론'은 공급주의 경제학(supply-side economics)에 기초한 것으로 규제완화와 감세를 통해 기업투자를 유인하고, 이를 바탕으로 일자리 및 소득 증가를 꾀하여 내수경제를 회복시킴으로써 성장 및 투자 증가의 선순환을 달성하며, 이러한 선순환을 통해 성장의 과실이 서민과 중산층에게 자연스럽게 이어지게 한다(trickle-down)는 경제성장 전략이었다. 달리 표현하면, 이명박 당선자는 기업들의 투자가 이루어져야 일자리가 창출되고, 일자리가 창출되어야 소득향상과 내수회복이 가능하다는 정책기조를 견지하고 있었다. 이러한 정책적 입장은 노동정책이 독립적인 범주이기보다는 경제정책의 부수적인 범주에 불과함을 강하게 시사하고 있었다.

성장 중심의 경제정책기조는 당선자의 행보와 언사에 거침없이 투영되었다. 이명박 당선자는 2007년 12월 28일 전경련 회장단과의 간담회를 시작으로 2008년 1월 2일에 민·관 경제연구기관 대표 초청간담회, 1월 3일에 중소기업인 초청

간담회, 1월 9일에 전국금융인 간담회, 1월 11일에 전국상공회의소 회장단 신년 인사회, 1월 18일에 '신성장 동력 창출 전문가 간담회' 등을 연달아 개최하였다. 경제인들과의 간담회를 통해, 당선자는 지난 10년간의 정부정책이 "반시장적, 반기업적"이었음을 지적하면서, 자신은 '비즈니스 프렌들리'(business friendly)한 기업환경을 적극적으로 조성할 것임을 강조하였다. 그리고 기업인들에게 과감한 투자를 요청하였다(제17대 대통령직인수위원회 2008, 267).

친자본적 기업환경의 조성을 위한 구체적 정책안들이 체계적으로 제안된 것은 2008년 2월 5일이었다. 이날 발표된 '이명박 정부의 국정과제 보고서'는 이명박 후보가 대선기간 중 제시하였던 각종 경제 관련 공약들을 새 정부 임기 내에 실천 가능하도록 과제 내용을 조율한 일종의 실천계획서로, 그 주요 내용은 '신발전체제'의 구축을 위한 다양한 정책방안들이었다(매일경제 인수위취재팀 2008, 263-274). 첫째, 정부예산의 10% 절감을 추진하며, 예산절감으로 확보된 재원은 국가경쟁력 향상을 위한 중요 공약사업에 투여한다. 이를 위해 정부 기능 및 조직을 개편하고 공공기관의 경영혁신과 공기업의 민영화를 추진하며 회계감사를 강화한다. 둘째, 국내외 기업의 투자를 유인하기 위해 법인세율의 인하, 법인세 과표 구간의 상향조정, '최저한세율'의 인하를 추진한다. 셋째, 기업의 투자활동 및 경영을 제약하는 '독점규제 및 공정거래에 관한 법률' 상의 출자총액제한제도를 폐지하며,[2] 지주회사제도에 대한 규제를 완화한다. 넷째, 금융산업의 경쟁력을 강

2 출자총액제한제도란 대기업이 회사자금으로 다른 회사의 주식을 매입하여 보유할 수 있는 총액을 제한하는 제도로서, 정부가 출자총액을 제한하는 것은 여러 재벌그룹들이 기존 회사의 자금을 이용하여 다른 회사를 설립하여 활용하거나, 다른 회사를 인수함으로써 기업을 문어발식으로 확장하여 경제 질서를 어지럽히는 것을 방지하기 위한 제도이다. 이는 1987년 4월 1일 처음 도입되었는데, 당시 총자산 4천억원 이상 대규모 기업집단을 대상으로 하여 순자산의 40%를 상한선으로 두었다. 하지만 상한선인 40%가 너무 높아 규제의 실효성이 적다는 판단에 따라, 1995년 4월 1일 3년간의 유예기간을 두고 1998년 3월 말까지 25% 수준으로 낮추었다가 국제통화기금(IMF) 구제금융 직후인 1998년 2월 규제 자체를 철폐했다. 이 제도의 폐지 이후 대규모 기업집단 계열사에 대한 출자가 늘면서 내부 지분율이 상승하는 등의 부작용이 나타나자, 다음 해인 1999년 12월 출자총액 상한을 순자산의 25%로 규제하는 방안으로 제도를 다시 도입하면서 출자한도 초과분에 대해서는 2002년 3월 말까지 해소하도록 했다. 이후 2007년 4월 대규모 기업집단의 자산규모를 6조원에서 10조원으로 늘리고 출자한

화하기 위해 금산분리를 완화하며,[3] 산업은행을 단계적으로 민영화하고 신규로 정책금융기관을 설립한다. 요컨대, 보고서의 정책방안들은 기본적으로 친기업적이며 시장효율성 제고를 겨냥한 것들이었다.

이와 대조적으로, '이명박 정부의 국정과제 보고서'에는 노동정책의 기조 혹은 방향이 구체적으로 제시되지 않았다. 다만 당선자의 신발전체제론 및 '비즈니스 프렌들리' 정책에 비춰볼 때, 노동정책은 경제효율성 및 경제성장을 뒷받침하는 부차적인 정책범주에 불과할 것이며, 이에 따라 노·사·정 간의 '대화와 타협'에 기초한 사회적 합의주의보다는 경제적 합리주의와 효율성 제고를 위한 '법과 원칙'에 기초한 노사관계의 '법치화'가 더욱 강조될 것으로 예상되었다. 다음은 2008년 1월 1일 대통령 당선자의 신년사와 2월 25일의 대통령 취임사의 일부이다.

> 2008년을 '대한민국 선진화의 원년'으로 삼읍시다. … 대한민국 선진화의 시작을 법과 질서를 지키는 것으로 시작합시다. … '떼법'이니 '정서법'이니 하는 말도 우리 사전에서 지워버립시다. … 법과 원칙이 바로 서야 실질이 빛을 발하고 효용이 커집니다(제17대 대통령직인수위원회 2008, 314-315).
>
> 선진국에서는 노사분규가 현격하게 줄어들었습니다. "과격한 투쟁은 결국 자멸

도는 예전처럼 40%로 늘렸으나, 2009년 3월 이명박 정부는 이를 다시 폐지하였다. 당시 정부는 출자총액제한제도의 폐지 사유로 ① 기업투자의 활성화와 ② 외국인에 의한 경영권 탈취방지를 제시하였다(김진방 2014, 23-26).

3 금산분리정책은 산업자본의 금융지배를 규제하기 위한 정책으로, 이는 1981년 시중은행들이 민영화되면서 처음 채택되었다. 즉 1982년에 '은행법'을 개정하면서 제17조의 3을 신설하였고, 이 조항에 의해 사기업의 시중은행 주식 소유 한도를 8%로 제한함으로써 산업자본의 시중은행 소유를 공식적으로 금지하였다. 그리고 1986년 12월에 '공정거래법'이 개정되면서, 대기업이 취득 혹은 소유하고 있는 국내계열회사인 금융사 및 보험사의 주식에 대해 의결권을 행사할 수 없게 하였다. 금융사 및 보험사에 대한 이러한 규제는 2001년 1월 폐지에 가까운 변경이 이루어졌으나, 2004년 11월 '공정거래법'의 개정으로 단계적으로 복구되었다(김진방 2014, 31-32). 그리고 2009년 4월과 7월, 은행법 개정안과 지주회사법 개정안이 각각 국회를 통과하면서 산업자본의 은행주식 보유한도가 4%에서 10%로 확대되었다.

을 가져온다"는 인식을 노사 모두가 공유했기 때문입니다. … 불법투쟁은 지양하고 생산성을 높여야 합니다. 그래야 노사관계가 건강해집니다. 정부도 원칙과 성의를 가지고 노력하겠습니다(제17대 대통령직인수위원회 2008, 353).

이는 이명박 정부의 노동정책기조가 친기업적 사회 환경의 조성에 맞춰져 있으며, 향후 노동운동에 대해서는 엄격한 법적 잣대로 대응할 것임을 암시하는 대목이었다. 이를 반영하듯, 대통령 당선자의 노동계와의 만남은 경제인들과의 간담회가 끝난 2008년 1월 23일 처음 이루어졌다. 그것도 대선 기간(2007년 12월 10일)에 한나라당과 정책연대를 맺은 한국노총 지도부와의 면담 단 한 차례뿐으로, 이는 여러 차례에 걸친 경제인들과의 간담회와 대비되는 것이었다.[4] 한국노총 지도부와의 간담회마저도 노동 현안에 대한 의견 교환보다는 당선자의 경제성장 정책에 노동이 협조해 줄 것을 요구하는 형태로 진행되었다. 한국노총을 방문한 대통령 당선자는 "노사분규가 심한 기업체의 노동자들이 (태안반도 기름유출 사고 현장의 봉사자들처럼) 자원 봉사하는 기분으로 자세를 바꾼다면 그 기업이 10% 성장하는 게 어렵지 않다"고 강조하면서, '경제 살리기'에 노동이 양보해 줄 것을 당부하였다(한겨레 2008/01/15, 13).

II. 자본 편향적 노동정책

이명박 정부는 '경제 살리기'와 '일자리 만들기'를 우선적 정책목표로 내세우고 노동시장 유연성의 제고와 노사관계의 안정화를 시도하였다. 이를 위해 경제적 효율성을 강조하는 자본 편향적 시장주의 논리가 설파되었고, 법의 지배를 앞

4 1월 22일, 대통령 당선자와 민주노동 지도부와의 간담회를 1월 29일 갖기로 합의하였다. 그러나 1월 25일 갑자기 대통령직인수위가 (2007년 12월 민주노총의 시위와 관련하여) 이석행 민주노총 위원장의 경찰 출석을 간담회의 전제 조건으로 내걸면서, 간담회는 취소되고 말았다(동아일보 2008/01/29, 10).

세운 '노사관계의 사법화'가 전면화되었다. 그 결과는 노동기본권 보호기제의 약화 그리고 사회적 대화의 유명무실화였다.

1. 이명박 정부의 노동정책기조

이명박 정부의 노동정책기조가 그 구체적인 윤곽을 드러낸 것은 2008년 3월 13일에 발표된 노동부의 업무보고서 '노동분야 국정과제 실천계획'이었다. 이에 의하면, 노동정책의 기본 방향은 '경제 살리기'와 '일자리 창출'을 위한 '노사관계 경쟁력 강화'로 설정되었다. 이는 기본적으로 경제성장의 확대가 일자리 창출을 가져오며, 경제성장을 달성하려면 노사관계의 안정화가 필수적이라는 공급주의적 경제논리에 입각한 것이었다. 그리고 그 실천 전략으로 노동부가 제시한 3대 국정과제는 '노사관계 선진화,' '활력 있는 노동시장,' '따뜻한 노동행정'이었다(노동부 2008a). 더불어 3대 국정과제를 달성하기 위해, 노동부는 다양한 세부적 정책과제들을 제시하였는데, 그 요체는 노동시장 유연성 제고와 노사관계의 안정화였다.

먼저, 노동시장의 유연성을 제고하기 위한 노동부의 정책방향은 다음과 같았다. 첫째, 기업의 임금체제를 연공 중심에서 직무 및 성과 중심으로 개편한다. 둘째, 노동시간과 해고절차에 있어 노동보호 장치를 완화 혹은 제거한다. 셋째, 임금·노동시간·고용을 둘러싼 기존 노동규제의 전면적 재검토 및 노동정책과제를 발굴·추진하는 노동규제개혁 전담기구를 구성한다.

또한 노사관계 안정화를 목표로 노동부는 이른바 '노사관계 선진화' 방향을 다음과 같이 제시하였다. 첫째, 기업 수준의 노사협력 확산을 위해 '고성과 사업장'에 대한 정책적 지원을 제공한다. 즉 투명한 경영과 고용안정의 약속 및 노조의 임금인상 자제와 무파업을 담은 노사협력 선언을 하는 기업에 대해 정부가 세무조사 및 근로감독의 면제와 정책자금의 금리 우대 등의 인센티브를 제공한다는 것이었다(국민일보 2008/03/12, 8). 둘째, 지역 수준에서 노사협력 확산을 위해 '노·사·민·정 협의체'를 구성한다. 이는 지역별로 시민단체를 포함한 노사정

협의체를 만들어 '지역경제 살리기와 일자리 창출 협약'을 체결할 경우 지방교부세 및 특목고·대학 유치 등 각종 인센티브를 제공한다는 내용이었다(한겨레 2008/03/14, 12). 셋째, '노사관계의 법치화'를 구현한다. 이는 노사갈등이 기업 투자를 제약하고 국내자본의 해외진출을 가속화하며 외국인투자 유치를 저해하기 때문에, 정부는 기업의 부당노동행위 및 노조의 불법행동에 대해 단호한 법적 조치로 대응하여 노사의 합리적 교섭관행과 쟁의질서를 확립한다는 것이었다.

2008년 5월, 이명박 정부의 노동정책은 지식경제부의 '노동시장제도 선진화 방안'에 의해 보다 구체화되었다. 이는 2008년 3월 말 경총·전경련·대한상의·무역협회·중소기업중앙회 등 자본가 단체들이 정부에 제출한 건의안들을 바탕으로 작성된 것으로, 그 가운데 노동관련 정책과제들을 5월 15일 지식경제부가 노동부에 전달한 정책추진 방안들이었다(매일노동뉴스 2008/05/15). 그 주요 내용은 5가지였다. 첫째, 노사관계의 법치화를 확립하기 위해 정부부처 간 일관된 대응시스템을 마련하고, 무노동·무임금 원칙을 준수한 사업장에 정책적 지원방안을 검토한다. 둘째, '선진형 노사관계'의 기틀을 마련하기 위해 노조전임자 급여지원 금지규정을 법제화하고, 복수노조 교섭창구 단일화 방안을 조속히 마련하며, 파업시 대체근로 금지규정을 완화하고, 유니온숍 제도의 폐지 및 노조운영의 민주성·투명성 제고 방안 등을 검토한다. 셋째, 고용안정과 임금체계 간의 연계를 위한 '취업규칙 불이익변경' 법제를 개선한다. 넷째, 일자리 창출을 고려하는 비정규직 보호법제도를 개선하기 위하여 기간제 및 파견근로의 유연안정화 방안을 강구한다. 다섯째, 글로벌 노동환경을 고려하여 통상임금으로 판단되는 가족수당·급식수당·교통비 등을 최저임금 산입에 포함하고, 탄력적 근로시간제를 도입하며, 유급 주휴일제의 무급제로의 전환을 검토한다(김인재 2008, 16).

지식경제부의 '노동시장제도 선진화 방안'은 노골적으로 자본 편향적인 것으로, 그간 조직노동이 반대해 왔던 사안들이 대부분이었다. 그럼에도 불구하고, 5월 19일 노동부는 지식경제부의 '선진화 방안'에 호응하는 "노동규제개혁세부추진계획"을 발표하였다. 이날 노동부는 산하에 '노동규제개혁위원회'를 발족시켜 본격적으로 노동규제 완화에 착수할 것임을 공표하면서 자본가 단체들과 함께 한국노총과 민주노총이 '규제발굴단'에 참여해 줄 것을 요청하였다(노동부 2008b; 한겨레 2008/05/20, 13).[5] 이는 이명박 정부의 노동정책이 경제성장정책을 뒷받침하는 하위 범주로 복무할 것이며, 노동정책을 둘러싼 경제부처의 정책적 영향력이 지대할 것임을 암시하는 대목이었다.

이처럼 이명박 정부의 노동정책이 2008년 5월까지 마무리되었지만, '미국쇠고기수입반대 촛불집회'가 정치적 쟁점으로 부각되면서 그 속도를 내지 못하였다. 정부의 노동정책 추진은 촛불시위가 잦아들기 시작한 7월 중순경부터 재개되었다. 특히 2008년 9월 미국발 국제금융위기는 정부의 노동정책 실행에 추동력을 부여하는 계기가 되었다. 국제금융위기가 실물경제로 전이됨에 따라 세계경제가 빠른 속도로 위축되고 급기야 한국경제의 침체 조짐으로 이어지자, 이명박 대통령은 2009년 신년국정연설에서 '비상경제정부'의 운영을 통해 '경제 살리기'와 '일자리 만들기'에 더욱 박차를 가할 것임을 선언하였다.[6] 이에 따라, 감세와 규제개혁(출자총액제한제 폐지, 금산분리 완화, 수도권 규제완화 등)을 통한 투자유치의 중요성, 그리고 공기업 선진화와 노사협력을 통한 '일자리 창출'이 재차 강조되기 시작하였다. 2009년 3월 25일 노동부가 발표한 '2009년 노사관계 전망과 노동정책 방향'은 그간 '촛불정국'으로 인해 추진하지 못했던 노사관계 선진화정책의 본격적인 실행을 예고하는 것이었다. 그 주요 내용은 ① 노사 간 양보교섭과 고통분담을 통해 고용안정을 꾀하고, ② 기간제 고용 및 파견기간을 최장 4년 연장하여 비정규직 노동자들의 고용안정대책을 마련하며, ③ 자치단체가 중심이 된 '지역

5 노동규제개혁을 둘러싼 정부의 움직임에 대해, 노동은 노동부가 기업 편에 서려 한다고 반발하였다. 민주노총은 성명을 통해 노동부의 규제개혁 움직임을 "노동기본권 침해 및 노조활동 무력화, 비정규직 확대"를 위한 의도라고 비판하고(내일신문 2008/05/20, 17), 노동부의 '규제발굴단'에의 참여 요청을 거부하였다(매일노동뉴스 2008/05/25). 또한 한국노총은 "노동부가 사용자단체의 요구에 따라 노동규제개혁위원회"를 구성하는 것은 물론이고, "노동자 보호장치인 노동법을 '규제'로 여기는" 인식 자체가 문제라고 지적하면서, '규제발굴단'에 참여해 노동부의 노동기본권 제한 움직임을 철저히 저지할 것임을 밝혔다(한겨레 2008/05/20, 13).

6 대통령실. 2009. 『이명박 대통령 연설문집』, 698-708.

노·사·민·정' 파트너십을 통해 사업장의 노사협력을 강화한다는 것이었다(노동부 2009).

요약하면, 이명박 정부의 노동정책기조는 전임 정부와 비교할 때 연속성과 차별성을 동시에 지니고 있었다(노중기 2009; 조효래 2013). 연속성의 측면에서 볼 때, 노동시장의 유연성 제고는 김대중·노무현 정부에서 표방되고 시도되었던 것이었으며, 노사관계의 법치화는 노무현 정부가 강조했던 '법과 원칙'의 연장선상에 있었다. 하지만 전임 정부들과 달리, 이명박 정부는 자본 편향적 시장주의 논리 그리고 법치주의를 앞세운 '노사관계의 사법화'를 전면에 내세움으로써, 노동기본권 보호기제의 약화 및 사회적 대화의 유명무실화가 불가피하게 되었다.

2. 강화된 신자유주의 노동정책

이명박 정부의 '노사관계 선진화'는 노동시장 유연성 제고와 투자환경의 개선이라는 뚜렷한 정책적 목표를 가지고 진행되었다. 즉 '노사관계 선진화'는 자본 우위의 노사관계를 뒷받침하는 새로운 법제도의 정착, 그리고 자본의 권력을 위협하는 '불합리한' 노사관계 관행의 타파를 뜻하였다. 특히 미국발 국제금융위기는 정부의 신자유주의적 노동정책기조를 더욱 강화시키는 방향으로 작용하였다. 김대중 정부가 1997년 경제위기에 직면하여 사회적 대타협을 성사시켰던 것과 달리, 국제금융위기에 직면한 이명박 정부의 대응은 자본의 경영권 보장과 노동조합의 준법 관행 확립이라는 '노사관계의 법치화' 및 관료적 노동통제의 강화였다. 그 대표적 사례가 '공기업 구조개혁,' '비정규직법 개정 시도,' 그리고 '복수노조·노조전임자'와 관련한 법개정이었다.

(1) 공기업 구조개혁

이명박 정부의 '공기업 선진화정책'은 시장경제 활성화의 일환으로, 원래 '공공부문 관련 10% 세출예산 축소 및 공기업 민영화'라는 이명박 후보의 선거공약이었다. 집권 직후, 이는 "경제 활성화, 좋은 일자리 제공, 7%대 잠재성장률"을 위해 반드시 실행되어야 할 필요조건으로 더욱 강조되었다(노광표·김현준 2009, 6-7). 이에 따라, 이명박 정부는 2008년 8월 11일에서 2009년 3월 31일까지 총 6차례에 걸쳐 일련의 '공기업의 선진화 방안'을 연달아 발표하였다.[7]

사실, 공기업 구조개혁은 김대중·노무현 정부에 의해 추진된 바 있었다. 김대중 정부는 공기업의 민영화, 공기업 자회사 정리, 공기업 및 산하기관 통폐합, 과도한 복리후생제도 개선, 인력감축 등의 하드웨어(hardware)적 구조개편을 단행하였으나, 노무현 정부는 공기업의 소유구조 개편 및 인력감축보다는 고객지향적 업무프로세스의 구축, 고객서비스 이행표준의 제정 및 운영, 알리오 시스템구축, 임원인사 시스템 개편, 규제정비 및 정부의 포괄적 감독권 등 운영시스템의 혁신 및 인사개혁에 중점을 둔 소프트웨어(software)적 정책을 추진하였다. 이에 비해, 이명박 정부의 공공부문 구조개혁은 전면적인 것으로, 공기업의 민영화·통폐합·인력감축 등의 하드웨어적 측면의 개혁과 공공기관 노사관계 및 임금체계 개편 등의 소프트웨어 측면의 개혁이 복합적으로 추진되었다(노광표 2012, 247-253). 그 결과, 2012년 12월 말까지 민영화 대상 19개 기관 가운데 7개 기관이 민영화되었고, 2개 기관이 자산관리공사에 매각이 위탁되었다. 또한 정리대상인 공공기관 131개 출자회사들 가운데 85개(74개 지분매각, 8개 폐지·청산, 3개 통·폐합)가 정리되었고, 22개는 자산관리공사에 매각이 위탁되었다(박정수 2014, 296-300).

아울러 이명박 정부는 공공부문 노조들의 인사권 및 경영권 침해, 과도한 보수체계, 경직된 근로조건 규정 등 이른바 '불합리한 단체협약 체결 관행'을 해소한다는 명목으로 다양한 관료적 통제를 통한 소프트웨어적 구조개편을 추진하였다. 이 과정에서 정부는 '공공기관 경영평가제'를 도입하여 기관장들에게 공공기관의 선진화를 압박하였고, 해당 기관장들은 일방적인 단체협약 해지를 통해 성

7 1차부터 3차까지의 선진화 방안은 108개 공공기관 중 38개를 민영화하고, 38개 기관을 17개로 통합하며, 5개 기관을 폐지하고, 나머지 기관들은 기능조정·경쟁도입·효율화 등을 추진한다는 내용을 담고 있었다. 그리고 4차부터 6차까지의 선진화 방안은 공기업의 경쟁력을 높이기 위한 경영효율화가 주된 내용이었다(박경용 2011, 10-29).

과연봉제 및 대졸 초임의 삭감 등 새로운 임금체계 및 근로조건을 강요하고 노조의 무력화를 시도하였다. 실제로, 기획재정부는 2008년도 기관장 경영실적평가를 위한 지표에 노사관계 항목(선진화정책의 수용, 노사화합 또는 무분규 선언, 단체협약의 합리적 개정, 노사관계에서의 법과 원칙의 수용, 노조의 활동내용 등)을 도입하였고, 2009년에는 기관장 평가에 있어서 노사관계 항목이 차지하는 비중을 더욱 확대시켰다. 나아가 '지표 과락제'를 도입하여 노사관계 선진화 지표가 미흡할 경우, 그 기관의 전체 평가를 '미흡'으로 평가하고 해당 기관장의 해임을 권하도록 하였다(노광표 2012, 251-252). 요컨대, 노동부와 기획재정부는 경영평가를 무기로 공공기관 단체협약의 개정을 압박하였고, 각 기관들은 노조에게 단체협약 개정을 지속적으로 요구하였다. 그리고 개정요구가 수용되지 않을 경우, 기관장은 단체협약 유효기간 만료 이후 기존 단체협약에 대해 일방적인 해지통보를 하는 등의 방법으로 노조를 압박하였다(유형근 2015, 146-147).[8]

정부의 공기업 구조개혁이 본격화되자, 민주노총과 한국노총은 '공공부문 시장화 저지'와 '사회공공성 강화'를 내세우며 반대의 목소리를 키워갔다. 하지만 양 노총의 초기 대응방식은 상이했다. 민주노총의 경우, 산하의 전국공공운수노조연맹(공공운수연맹)이 중심이 되어 철저히 대정부 투쟁전략(공기업 선진화정책의 저지운동)으로 일관하였다. 2009년 3월 17일, 공공운수연맹은 '공기업선진화 조기추진 규탄 기자회견'을 열고, "공공서비스 질을 저하시키고 '양질의 일자리'인 공공기관의 인력을 선도적으로 감축"시키는 공기업 선진화정책의 중단을 요구했다.[9] 이후 공공운수연맹의 공기업 선진화정책 저지운동은 산하 노조들의 공동투쟁으로 발전해 갔다. 8월 11일 공공운수연맹 소속 3개 노조(철도노조·발전노조·공공노조 가스공사지부)가 과천 정부청사 앞에서 '공공성 강화를 위한 철도·발전·가스 공동투쟁

8 실제로 기관이 단체협약 해지를 통보한 공기업은 20여 개가 넘었고, 2012년 10월까지 18개 기관의 단체협약이 해지되었다(이수인 2013, 81).

9 전국민주노동조합총연맹·민주노총 공공운수연맹. 2009. "기자회견문: 공기업 선진화 조기 추진 중단하라." http://nodong.org/index.php?mid=statement&page=205&document_srl=101641(검색일: 2015년 11월 2일).

결의대회'를 개최하고, "선진화정책 즉각 중단, 일방적인 인력감축 및 초임삭감 분쇄, 불법적 노사관계 개입을 통한 노동조합 무력화 시도 중단"을 내용으로 하는 공동투쟁 선언문을 발표하였다(매일노동뉴스 09/08/12). 그리고 9월 3일, 공공운수연맹 소속 9개 공공부문 노조(철도노조, 발전노조, 공공연구노조, 전력기술노조, 가스공사지부, 서울대병원분회, 사회보험지부, 사회연대연금지부)가 참여하는 '공공부문 선진화 분쇄와 사회공공성 강화를 위한 공동투쟁본부'(공동투쟁본부)를 구성하였다(매일노동뉴스 09/09/04). 공동투쟁본부는 10월 10일 서울 여의도에서 소속 조합원 1만여 명이 참가한 가운데 공기업 선진화정책을 반대하는 노동자대회를 개최하였으며, 11월 6일에는 과천 정부청사 앞에서 선진화분쇄 파업출정식을 개최하였다.

한국노총은, 민주노총과 달리, '선(先)대화·후(後)투쟁' 전략으로 임했다. 즉 한국노총은 공기업 선진화정책에 반대하지만, 대화를 통해 정부의 정책 강행을 저지한다는 입장을 취하였다. 이는 2007년 12월 대통령선거 기간에 체결된 한국노총과 한나라당 간의 '정책연대'라는 특수한 관계를 반영한 것이었다. 한국노총의 대응은 산하의 공공부문 노조들과의 연대로 시작되었다. 2009년 7월 6일 한국노총 공공연맹(공공연맹) 산하의 노동조합들(전력노조, 정보통신연맹, 금융노조, 철도산업노조 등)은 '공공부문노동조합 공동투쟁본부'를 발족하였다. 이를 시작으로 공공연맹은 노동부, 지식경제부, 감사원, 청와대 등 정부부처 장관들과의 정책간담회를 통해 공기업 경영평가제도 및 임금체계 개편 등의 공기업 선진화정책에 대한 우려를 표명하고 문제점을 지적·항의하였다(박경용 2011, 47－50). 그러나 정부의 태도는 요지부동이었다. 이에 한국노총의 대응전략은 대화에서 투쟁으로 전환되었다. 10월 15일, 한국노총은 선진화정책 강행 방침을 철회하지 않을 경우 이명박 정부와의 정책연대를 파기하고 대정부 투쟁에 돌입할 것임을 경고하고 나섰다(국민일보 2009/10/16, 1).

한국노총의 대응전략이 투쟁으로 선회되자, 민주노총과 한국노총의 연대투쟁이 가시화되기 시작하였다. 2009년 10월 30일, 민주노총의 공공운수연맹과 한국노총의 공공연맹은 공기업 선진화정책에 맞서 사안별로 공동 대응하기로 합의하였다(한겨레 2009/11/01, 9). 그리고 11월 28일 두 연맹은 과천시 정부청사 앞에서 조합원 1만 2천여 명이 참석한 가운데 '기만적 선진화 분쇄를 위한 전국공공노동자 결의대회'를 개최하고, 정부의 단체협약 개악 및 노조무력화 시도, 임금체계의 개악추진, 공공성을 훼손하는 경영평가제도 등에 대해 항의하였다(한겨레 2009/11/29, 9).

양 노총의 항의집회에 대한 정부의 대응은 매우 신속하고 강경하였다. 2009년 11월 28일의 공공운수연맹과 공공연맹의 연대투쟁을 계기로, 이명박 대통령은 "공기업 노조의 파업에 적당히 타협하고 가서는 안 된다"며 관계부처에 강경한 대응을 주문하였다(경향신문 2009/11/30, 5). 정부의 일차적 공격 대상은 공공부문에서 가장 강력한 노조로 평가되는 민주노총의 공공운수연맹 소속 '전국철도노동조합'(철도노조)이었다. 당시 철도노조는 정부의 선진화정책에 항의하여, 11월 26일부터 무기한 파업에 돌입한 상태였다. 12월 1일, 기획재정부·지식경제부·노동부·국토해양부 장관은 공동담화문을 통해 철도노조 파업을 불법으로 규정하고, 부정적 사회여론의 형성을 부채질함으로써 철도노조를 압박하였다. 다음은 관계장관들의 공동담화문 내용의 일부이다(이데일리 2009/12/01, 3).

> 우리경제는 지난해 불어닥친 전대미문의 세계적 경제위기로 금융시장이 크게 흔들리고 성장이 감소하는 등 심각한 어려움을 겪었습니다. 아직도 위기는 진행 중이라고 하겠습니다. … 이러한 상황에서 한국철도공사 노조가 11월 26일부터 무기한 전면파업에 돌입하였습니다. 이에 따라 많은 국민들이 생업에 지장을 받고, 국민경제적 손실도 눈덩이처럼 불어나고 있습니다. … 이번 철도공사의 불법파업은 이와 같은 경제회복 분위기에 찬물을 끼얹고 막대한 경제적 손실을 초래하는 행위입니다. … 더구나 영업적자가 연간 약 6천억, 누적으로 2조 4천억원이 발생하고 있는 철도공사의 노조로서 경영개선을 위한 뼈를 깎는 노력을 통해서 국민경제에 기여하여야 할 공기업의 사명을 망각하고 오로지 자신들만의 이익을 관철하기 위해 명분 없는 싸움을 벌이고 있습니다.

담화문이 발표되던 날, 경찰은 철도노조의 사무실을 압수수색하고 철도노조 지도부에 대한 검거에 나섰다(경향신문 2009/12/02, 3). 그리고 보수언론들은 철도 파업에 대한 부정적 여론을 집중적으로 보도하였다. 12월 4일, 철도노조의 무기한 파업은 9일 만에 중단되고 말았다. 정부의 강경한 대응으로, 여타 공공기관 노조들은 이미 예고했던 파업을 철회할 수밖에 없었다.

정부가 공기업 노조인 철도노조를 공격의 대상으로 삼은 것은 대체로 공기업 노조들이 민간부분 노조에 비해 단체행동에서 상대적으로 취약하기 때문이었다. 법적으로 공공부문의 필수공익사업장 노조는 '필수유지업무제도'의 규정(노동조합 및 노동관계조정법 제42조의2)에 의해 단체행동권에 제약을 받기 때문에, 정부는 법령에 근거한 각종 지침을 통해 상대적으로 용이하게 철도노조의 활동을 통제할 수 있었다. 특히 공기업은 국민들을 대상으로 공공서비스를 제공하기 때문에, 공기업노조의 단체행동은 사회여론의 제약을 크게 받을 수밖에 없었다(노광표 2014, 6-7).

공기업 선진화정책 사례는 정부가 이러한 점들을 충분히 활용하고 있음을 보여준다. 정부는 다양한 행정적 수단 및 지침을 동원하여 공기업노조들을 압박하는 한편, '세계경제의 위기' 상황을 충분히 활용하여 공기업노조들의 집단행동에 대한 부정적 사회여론을 부채질하였다. 그 결과는 대화와 타협에 기초한 '사회적 합의주의'의 철저한 외면이었고, 그 대신 경제적 합리주의를 내세운 '노사관계의 법치화'의 전면화였다.

(2) 비정규직법의 개정 시도

비정규직법('기간제 및 단시간 근로자 보호 등에 관한 법률'과 '파견근로자 보호 등에 관한 법률')이 제정된 것은 2006년 11월이었다. 그 주요 내용은 기간제 근로자의 사용기간이 2년을 초과하면 기간의 정함이 없는 근로계약을 체결한 근로자(무기계약직)로 간주하며,[10] 파견근로자의 사용기간 역시 2년을 초과하면 사업주에게 고

10 무기계약직은 처우와 복지 등을 기존 비정규직(기간제) 수준으로 유지하고 정년만 보장하는

용의무를 적용한다는 것이었다. 그리고 비정규직법은 2007년 7월 1일부터 발효·시행되고 있었다.

이명박 정부가 기존 비정규직법의 개정을 추진하기 시작한 것은 2008년 10월이었다. 정부의 비정규직법 개정에 있어 외형상의 이유는 비정규직 노동자의 고용불안이었다. 기존 비정규직법에 따르면, 2007년 7월 1일 이후 고용계약을 한 뒤 2년 이상 근무한 비정규직 노동자는 무기계약직으로 전환돼야 한다. 이에, 정부는 기간제 노동자 사용제한 기간 2년이 되는 시점인 2009년 7월이면 상당수의 기업들이 무기계약직 전환 대신 고용계약을 종료할 가능성이 있으며, 그 결과 100만 명 이상의 비정규직 노동자들이 실직 상태에 처하게 될 것으로 예상하였다. 따라서 2년으로 제한하고 있는 기간제 노동자의 사용기간을 4년으로 연장하여 비정규직의 '해고 대란'을 미연에 방지하자는 것이 정부의 주장이었다(동아일보 2008/11/07, 1).

정부의 비정규직법 개정 움직임에 대해, 자본과 노동의 반응은 크게 엇갈렸다. 자본가 단체들은 '기간제 근로자의 사용기간 연장'이 반드시 필요하다는 입장이었다. 자본이 정부의 입장에 적극 동조한 사유는 ① 이미 정규직 과보호로 인해 노동시장 경직성이 심각한 상황에서 비정규직법 시행으로 조직노동이 정규직 전환만을 요구함에 따라 생산현장의 노사관계가 불안정한 모습을 보이고 있으며, ② 세계경제가 침체되고 있는 국면에서 2009년 7월 사용제한 기간이 도래하고 비정규직에 대한 차별시정제도가 전면적으로 적용됨에 따라 노동시장이 더욱 경직될 가능성이 높아지고 있다는 점이었다(이형준 2009, 106). 반면, 조직노동은 정부의 법개정 움직임에 반대한다는 입장이었다. 조직노동은 기본적으로 비정규직 사용기간의 연장이 비정규직의 양산만을 초래할 것이라고 판단하였다. 하지만 한국노총과 민주노총 간에 약간의 입장 차이가 존재하였다. 한국노총의 경우, 사용제한기간 2년은 그대로 유지하되, 기업들이 정규직 전환의 회피 수단으로 활용해 온 비정규직 업무의 도급·용역·위탁과 같은 간접고용의 문제를 제도적으로 보완

고용형태이다.

해야 한다는 입장을 취하였다. 이와 달리, 민주노총은 기존의 사용기간 2년을 1년 이내로 축소하거나 비정규직 사용사유를 제한해야 한다는 입장이었다(한겨레 2008/11/23, 12).

정부의 비정규직법 개정에 대한 일반시민들의 의견은 대체로 부정적이었다. 2008년 12월 7~9일에 수행된 여론조사에 의하면, 조사 대상자 1,000명 가운데 82.9%가 비정규직 문제를 "심각한 사회문제"로 판단하였다. 그러나 응답자의 55%가 "비정규직 고용기간을 2년에서 4년으로" 늘릴 경우 "비정규직이 더 늘어날 것"이라고 대답한 반면, 34.1%가 "비정규직으로라도 일자리를 안정시키는 효과가 있을 것"으로 응답하였다(한국노동사회연구소·한길리서치 2009, 106-107). 즉 절반 이상의 시민들이 정부의 비정규직법 개정 취지에 대해 회의적인 태도를 보이고 있었다.

노동의 반대와 부정적 사회여론에 직면하자, 노동부는 '노사정위의 논의'를 지켜보자는 입장으로 선회하였다. 하지만 2008년 12월 5일 개최된 노사정위 비정규직대책위원회 회의에서 공익위원들이 정부의 비정규직 사용기간 연장안에 대해 부정적인 입장을 표명하자(경향신문 08/12/11, 12), 정부의 비정규직법 개정전략은 노사정위의 대화와 타협을 기다리기보다는 여당인 한나라당과 협의를 거쳐 국회에서 법개정을 발의하는 방향으로 급선회하였다. 그리고 정부는 미국발 국제금융위기로 인해 한국경제의 침체가 우려되는 상황임을 강조하기 시작하였고, 더불어 이른바 '7월 100만 해고대란설'을 내세워 부정적 사회여론을 중화시키는 정치적 공세를 강화하였다. 즉 정부는 경제위기 상황이 코앞에 직면한 상황에서 노·사·정 대화를 진행할 시간적 여유가 없음을 역설하였다(한겨레 2009/01/20, 12). 이때부터 비정규직법 개정을 위한 준비 작업은 정부의 주도하에 신속하게 진행되었다.

2009년 3월 13일, 정부의 비정규직법 개정안이 입법예고 되었고, 4월 1일 국회에 개정안이 제출되었다. 그 내용은 크게 5가지로 ① 현행 2년인 기간제 및 파견 노동자의 사용기간을 4년으로 연장하며, ② 단시간 노동을 활성화하기 위해

고용기간 제한 규정을 적용받지 않는 범위를 현행 1주 15시간 미만에서 20시간 이하로 완화하고, ③ 파견허용 업무의 범위를 현행 32개 업종보다 더 늘리며, ④ 기업주로부터 부당한 차별을 받은 비정규직 노동자가 노동위원회에 차별 시정을 신청할 수 있는 기간을 현행 3개월에서 6개월로 늘리고, ⑤ 비정규직을 정규직으로 전환하는 근로자 300인 미만의 기업들에 대해 사회보험료의 50%를 2년간 지원한다는 것이었다(한겨레 09/03/12, 5). 즉 정부안의 골격은 기업들의 비정규직 사용을 더욱 쉽게 하면서, 부분적인 유인책으로 정규직 전환을 위한 인센티브와 차별시정제도의 보완을 결합시킨 것이었다.

정부의 비정규직법 개정안이 발표되자, 노동은 물론이고 시민사회의 진보세력들이 거세게 반발하고 나섰다. 우선 양 노총은 일제히 '총력투쟁'을 경고하였다. 한국노총은 야당과의 공조를 통해 개정안의 국회통과를 저지할 것이라고 압박하였고, 민주노총은 야당 및 시민·사회단체와 연대하여 대대적인 '비정규직법 저지 투쟁'에 나설 것이라고 경고하였다. 또한 참여연대를 비롯한 진보 성향의 시민단체들은 '비정규직법 개악 저지를 위한 범국민행동'을 구성하고 대국민 서명운동에 나섰다(한겨레 2009/03/13, 5). '민주주의 법학연구회' 등 진보학술단체들도 정부 개정안의 폐기를 요구하는 의견서를 노동부에 제출했다(내일신문 2009/03/23, 17). 야당들도 정부 개정안에 대한 '결사 저지'의 입장을 분명히 하였다. 5월 1일, 법 개정 반대의 목소리는 절정에 달하고 있었다. 서울 여의도에서 500여 개의 사회·시민단체들이 참여한 '세계노동절·국민촛불 정신계승·민생 살리기·민주주의 살리기·MB정권 심판 범국민대회'(범국민대회)가 개최되었다. "오늘을 시작으로 노동자·민중이 반(反)이명박 정부 투쟁의 촛불을 다시 밝히려 한다"는 결의문의 발표로 시작된 범국민대회에는 약 4만 명의 시민·노동자들이 참여하였다. 이들은 '비정규직법 개악 반대'를 비롯한 '한·미 FTA 비준 중단' 및 '경부운하 강행 반대' 등의 다양한 불만과 요구를 쏟아냈다(경향신문 2009/05/02, 10).

정부가 발의한 비정규직법 개정안에 대한 진보세력들의 반대 목소리가 조직화되는 가운데, 6월 11일 한나라당은 의원총회를 열어 기간제 노동자의 사용기간을 2년으로 정한 현행 비정규직법을 유지하되 국회 환경노동위원회에서 여야 협상을 통해 구체적인 유예기간을 정하는 타협안을 제시하였다(한겨레 2009/06/12, 10). 그리고 6월 19일, 양 노총의 위원장과 여야 국회 환경노동위원회 간사들이 참석한 '5인 연석회의'에서 6월 26일까지 비정규직법 개정 문제에 대해 의견을 조율하기로 하였다(동아일보 2009/06/20, 6). 그러나 의견 조율은 난항을 거듭했다. 한나라당은 현행 비정규직법이 7월 1일부터 시행될 경우 비정규직 노동자들의 해고가 양산될 가능성이 높기 때문에 3년간 법 시행을 유예하자는 타협안을 내놓았지만, 양 노총의 반대로 협상은 결렬되었다(한겨레 2009/06/26, 3). 이에 논의 시한을 연장하여 개최된 6월 29일의 '5인 연석회의'에서도 합의안은 도출되지 못했다. 그러자 7월 1일, 한나라당 환경노동위 간사가 상임위를 일방적으로 개회하고, 한나라당 위원들만 참석한 가운데 비정규직법 개정을 포함한 계류 법률안 147건을 일괄 상정·통과시켰다. 이는 국회의 의사규칙에 반한 것으로 명백한 무효였다. 이로써 정부와 여당의 비정규직법 개정 시도는 무산되었다.

비록 정부의 비정규직법 개정 시도는 실패로 마감되었지만, 이 사례에서 주목해야 할 대목은 정부에 의해 노사정위가 철저히 무시되었다는 점이다. 즉 2008년 12월 노사정위 비정규직대책위원회의 공익위원들이 정부의 비정규직 사용기간 연장안에 대해 부정적인 입장을 표명하자, 정부는 노사정위의 논의를 기다리지 않고 곧바로 비정규직법 개정안을 국회에 발의하였다. 이는 정부가 언제든지 노사정위 논의를 회피 혹은 무시할 수 있음을 보여주는 사례였다.

(3) 복수노조와 노조전임자 문제

기업단위 복수노조 허용과 노조전임자 임금지급 금지 문제는 조직노동의 조직력과 교섭력에 직접적으로 영향을 미치는 중요 사안이었다.[11] 이는 1997년 노동법개정 이후 13년 동안 3차례에 걸쳐 법 시행이 유예되었던 것으로, 이 쟁점이

11 복수노조 금지제도는 1961년 5·16 군사쿠데타 이후 노조의 정치활동과 쟁의를 통제하려는 목적으로 도입되었으며, 기업의 노조전임자 임금지급은 노·사 간에 오랜 관행이었다.

처음 등장한 것은 1996년 노사관계개혁위원회(노개위)의 논의과정이었다. 당시 노개위에서 복수노조금지 조항을 폐지해야 한다는 의견이 제기되자, 자본가 단체들은 노조전임자에 대한 사용자의 비용부담 증가를 이유로 복수노조 문제와 노조전임자 임금을 연계할 것을 주장하였다. 이에 따라, 1997년 3월 13일 노동조합법 개정 당시, 기업수준의 복수노조를 허용하고 노조전임자의 급여지급을 금지하되, 현실여건을 감안하여 두 조항의 적용을 2001년까지 유예하기로 하였다. 그러나 유예 마감 시한인 2001년이 다가오자, 양 노총이 이 의제들을 노사자율교섭에 맡길 것을 강력히 요구함에 따라 합의에 이르지 못하고 2006년 말까지 5년간 법 적용이 유예되었다. 이후 이 문제를 둘러싸고 2006년에 논의가 재개되었으나, 노동과 자본 간의 첨예한 이해대립으로 2009년 말까지 3년간 또다시 법 적용이 유예되었다. 따라서 법이 바뀌지 않으면 2010년 1월 1일부터 복수노조 허용 및 노조전임자 임금지급 금지가 시행될 예정이었다.

이명박 정부는 복수노조와 노조전임자 관련 법 개정에 매우 적극적이었다. 2008년 3월 13일, 노동부는 노·사·정의 논의를 거쳐 노사교섭의 비효율을 방지하는 교섭창구 단일화방안을 마련할 것이며, 2008년 9월 정기국회에서 복수노조 허용과 노조전임자 임금지급 금지를 위한 법 개정을 추진할 예정임을 공표하였다(국민일보 2008/03/14, 8). 하지만 '촛불정국'(2008년 5~6월) 및 공기업 선진화방안 등 시급한 사회적 현안이 등장하고 노사정위원회의 '의제별 회의체' 구성이 늦어지면서 정부의 법 개정 일정에 차질이 빚어지고 있었다.

복수노조 및 노조전임자 문제를 논의할 노사정위의 '노사관계선진화위원회'(선진화위)가 구성된 것은 2008년 10월 29일이었다. 선진화위는 위원장, 노동과 자본을 대표하는 위원 각각 3명, 정부위원 3명, 공익위원 6명 등 총 16명으로 꾸려졌다. 그러나 수차례의 논의에도 불구하고, 선진화위는 합의안을 도출하지 못했다. 한국노총은 노조전임자 급여 문제를 노사자율에 맡길 것과 복수노조를 허용하되 자율교섭제를 실시할 것을 주장하였고, 자본 대표는 노조전임자 임금지급 금지와 복수노조의 반대 입장을 고수하였다. 이에 따라, 2009년 7월 20일 선진화위의 논의는 노사정위의 고위급 회의체인 상무위원회로 넘겨졌고, 상무위원회는 선진화위의 공익위원안－① 복수노조의 교섭창구 단일화 방안으로 과반수교섭대표제의 실시, ② 노조전임자 임금지급 금지 조항의 보완책으로 단체교섭 활동과 노무관리 성격의 업무들에 대해 유급근로시간으로 인정해 주는 타임오프(time－off)제의 도입－을 중심으로 논의를 진행하였다.[12] 그러나 여전히 합의안이 도출되지 않자, 10월 1일 노동부장관은 '복수노조 허용'과 '노조전임자 임금지급 금지'의 입법화를 반드시 관철하여 2010년에는 반드시 이를 시행할 것이며(한겨레 2009/10/02, 6), 10월 7일 "원칙을 훼손하는 노사합의는 바람직하지 않다"는 입장을 내놓았다(한겨레 2009/10/09, 6).

이러한 대치 상황에서 2009년 10월 8일 한국노총은 노사정위 불참을 선언하고, 대신 민주노총과 한국노총, 경총과 대한상의, 노동부, 그리고 노사정위의 대표들이 참여하는 이른바 '6자 대표자회의'를 제안하고 나섰다. 그리고 10월 15일 한국노총은 총파업 및 한나라당과의 정책연대 파기를 불사하겠다며 정부와 여당을 압박하였다(경향신문 2009/10/16, 12). 이 같은 한국노총의 태도는 노사정위가 정부와 여당에 의해 무시되고 있다는 인식에서 비롯되었다(한겨레 2009/10/09, 6). 한편, 10월 15일 민주노총은 중앙집행위원회를 열고 한국노총이 제안한 '6자 대표자회의'와 관련하여 노·사·정 대화가 필요하다는 데 뜻을 모았다. 그리고 10월 21일 양 노총위원장은 회동을 갖고 연대투쟁을 벌이기로 했다(동아일보 2009/10/22, 5). 양 노총의 압박은 유효했다. 10월 26일, 노동부는 '6자 대표자회의'의 참여를 발표하였다. 그러나 이후 5차례의 대표자회의에도 불구하고, 이견을 좁히지 못하고 '6자 대표자회의'는 11월 26일 최종 결렬되었다.

노·사·정 간의 입장 변화가 발생하기 시작한 것은 11월 30일이었다. 민주노총과 공조하던 한국노총이 긴급기자회견을 통해 복수노조의 '허용'에서 '반대'

12 타임오프(근로시간면제)제도란, 단체협약으로 정하거나 사용자가 동의하는 경우, 노동조합 전임자가 근무시간 중에 임금의 손실 없이 일정 범주의 활동을 수행할 수 있도록 유급처리해 주는 제도이다.

로, 노조전임자 임금지급 금지의 '반대'에서 '유예'로 입장을 변경하였다(한겨레 2009/12/01, 12). 이 같은 한국노총의 입장 변화는 한나라당과의 의견 조율에서 비롯된 것으로 알려졌다.[13] 한국노총의 입장 변경이 발표되던 날, 한나라당도 '복수노조 3년 유예'와 '노조원 1만 명 이상 노조의 전임자 임금지급 금지' 등의 절충안을 발표하였다(서울신문 2009/12/05, 3). 한나라당의 중재안은 한국노총이 자신의 내부적인 조직이해를 보호할 수 있는 매력적인 제안이었다. 한국노총 산하 노조들의 약 80%가 중소기업 노조들인 까닭에, 노조전임자 임금지급이 금지됐을 경우 단위노조들의 활동위축 및 교섭력 약화를 초래할 가능성이 높았다. 따라서 한국노총은 노조전임자 임금지급 금지조항의 유예를 요구하는 대신에, 자본이 선호하는 복수노조 반대를 지지하고 나섰던 것이다. 달리 표현하면, 한국노총의 입장 변화는 자본의 의견을 일부 수용할 테니 자신들의 요구 또한 수용해 달라는 암묵적 메시지였다. 이러한 한국노총의 흥정은 노조전임자 임금과 복수노조 문제가 '패키지 협상'으로 되어 있었기 때문에 가능하였다. 게다가 한국노총의 제의는 복수노조 허용에 따른 대기업의 불안을 덜어줄 수 있기 때문에, 자본으로서도 환영할만한 것이었다.

한국노총의 입장 변경은 복잡한 반응을 불러왔다. 민주노총은 "공조파기"라고 비난하였고, 심지어 한국노총 소속의 일부 산별노조에서도 정부에 무릎을 꿇은 "백기투항"이라고 반발하였다(한겨레 2009/12/04, 5). 이에 비해, 자본가들의 반응은 미묘했다. 특히 삼성그룹과 현대차그룹의 반응은 엇갈렸다. 그간 '무노조 경영'을 고수해온 삼성은 노조전임자 임금지급 문제보다는 '복수노조금지'를 강력히 원했다. 반면 노조활동을 허용해 온 현대차그룹은 복수노조의 허용은 수용하나, '노조전임자 임금지급'의 관행은 금지되어야 한다는 입장을 취하였다(동아일보 2009/12/04, 6). 한국노총과 한나라당 간의 분열을 내심 기대했던 민주당은 "한나

---

13 11월 27일, 한나라당은 노동부에 '복수노조 허용' 및 '전임자 임금지급 금지' 조항을 예정대로 시행하되 종업원 300인 미만 기업에 대해서는 해당 조항을 당분간 유예하자는 절충안을 전달하였다(오마이뉴스 2009/11/30).

라당과 한국노총 간의 부적절한 주고받기"라고 부정적 입장을 보였다(동아일보 2009/12/02, 10).

하지만, 한국노총의 태도 변화에 정부와 경총이 호응하고 나섰다. 이때부터 민주노총은 협의과정에서 철저히 배제되었고, 노동부·한국노총·경총이 협상의 주체가 되었다. 12월 4일, 이들은 비공개 '3자 협상'에 나섰고, 그 결과 ① 복수노조의 실시는 2년 6개월 유예하되 교섭창구는 단일화하며, ② 노조전임자 임금지급은 2010년 7월부터 시행하되 타임오프제(근로시간면제)를 도입하기로 합의하였다(경향신문, 2009/12/05, 1). 그리고 12월 21일, 전경련을 비롯한 자본가 단체들은 한나라당과 민주당을 방문하여 한국노총·경총·노동부의 합의안대로 노동관계법을 개정해 줄 것을 압박하였다(경향신문, 2009/12/22, 6). 이에 대해, 민주당은 민주노총이 배제된 "노사정 반쪽 합의"에 불과함을 주장하면서, 국회 심의과정에서 민주노총 및 민주노동당과 공조하여 개정안을 제출할 것임을 밝혔다.

2009년 12월 22일, 국회 환경노동위원회(환노위)에서 '노동조합 및 노동관계조정법' 개정논의가 시작되었다. 환노위는 이른바 '8인 연석회의'(노동부, 한국노총, 경총, 환노위 위원장, 여야 환노위 간사, 민주노총, 대한상의)를 열어, 한나라당, 민주당, 민주노동당이 상정한 노동조합법 개정안을 논의하였다. 첫 회의에서 12월 28일까지 단일안을 마련키로 합의했으나, 두 조항의 허용시기를 비롯해 복수노조가 허용됐을 때 산별노조를 창구단일화 대상에 포함하느냐의 여부 및 노조전임자 임금지급 금지 여부를 둘러싼 팽팽한 줄다리기가 계속되었다(〈표 25〉 참조).

12월 30일, 국회 환노위에서 노동조합법 개정안 처리문제를 놓고 여야 간 몸싸움이 벌어지고, 급기야 야당의원들이 불참한 가운데 '환노위 단일안'이 가결되었다. 환노위를 통과한 법안의 내용은 당시 집권당인 한나라당 안에 가까운 것으로, ① 복수노조를 2011년 7월 1일부터 허용하되 모든 노동조합은 교섭창구를 단일화해야 하며, ② 노조전임자 임금은 타임오프제(근로시간면제제도)를 도입하여 2010년 7월 1일부터 규제한다는 것이었다. 이는 민주노총과 민주당이 주장했던 '복수노조 시행시 노사자율의 원칙에 기초한 노사교섭' 및 '노조전임자 임금지급

표 25 노동조합법 개정안 쟁점별 비교

쟁점		한국노총 · 경총 · 노동부 합의안	한나라당안	민주당안	환노위 단일안 (국회통과안)
복수 노조	교섭 단위	사업 또는 사업장	사업 또는 사업장	모든 노조에 교섭권 인정(산별노조 포함)	사업 또는 사업장 (사용자 동의시 모든 노조에 교섭권 인정)
	창구 단일화	교섭창구 단일화가 교섭의 전제	교섭창구 단일화가 교섭의 전제	노사자율	사용자 동의 없으면 창구 단일화 강제
	시행 시기	2012년 7월 1일	2012년 7월 1일	2012년 7월 1일	2011년 7월 1일 (산별노조 1년 유예)
노조 전임자 임금	임금 지급 제한	임금지급시 사용자 처벌	임금지급시 사용자 처벌; 근로시간면제 초과 임금요구 및 수령시 노조 처벌	임금지급 금지 조항 삭제; 임금지급시 사용자 처벌 조항 삭제	임금지급시 사용자 처벌; 근로시간면제 초과 임금요구는 쟁의 대상으로 불허
	타임 오프 범위	노사공동 활동, 노사 교섭·협의, 고충처리, 산업안전 등	노사공동 활동, 대통령령이 정하는 통상적 노조관리 업무	해당 없음	노사공동 활동, 노조 유지 및 관리 활동
	시행 시기	2010년 7월 1일	2010년 7월 1일	2010년 7월 1일	2010년 7월 1일

출처: 국민일보 2009/12/31, 3.

금지조항의 삭제'와는 상반된 것이었다. 결국 '환노위 단일안'은, 민주당을 포함한 야당들의 반대에도 불구하고, 2010년 1월 1일 국회의장의 직권상정을 통해 국회 본회의를 통과하였다.

이후 정부의 노동정책은 2010년 7월 시행될 근로시간면제제도와 2011년 7월 시행될 복수노조 교섭창구 단일화제도의 안착에 초점이 맞춰졌다. 먼저 개정된 노동조합법(24조의2)에 따라, 노동부는 산하에 '근로시간면제 심의위원회'(근면위)를 설치(노동대표 5명, 자본대표 5명, 정부 추천 공익위원 5명)하고 근로시간 면제 한도에 대한 심의에 들어갔다. 그러나 노·사·정 간의 합의는 도출되지 않았고, 노동 대표들의 반대에도 불구하고 4월 30일 정부 추천 공익위원의 중재안을 표결에 붙여 근로시간 면제 한도를 의결하였다.[14] 이는 노조전임자의 대폭 축소를 강제하는 것으로, 한국노총은 물론이고 민주노총도 근면위의 결정에 크게 반발하였다. 그러나 정부는 근로시간면제제도의 정착을 위해 다양한 행정적 수단을 동원하여 사업장의 반발을 무력화시켰다. 우선 기획재정부는 근로시간면제제도의 준수 여부를 공공기관장의 평가에 반영한다는 지침을 전국 284개 공공기관에 하달하였다(한국일보 2010/07/15, 10). 더불어, 노동부는 근로시간면제제도 매뉴얼을 제작하여 전국의 사업장에 배포하였고, 전국 지방노동관서에 '타임오프 한도 위반사항 점검 및 세부조치 계획 지침'을 하달하여 검찰과 함께 근로시간면제제도 위반 사업장을 가려내 처벌하는 고강도 점검을 실시하였다. 그리고 점검 결과, 기존의 유급전임자 수준을 그대로 유지하거나 타임오프 한도를 초과하여 단체협약을 체결한 사업장에 대해서 일차적으로 자율시정 권고와 노동위원회 의결을 통한 시정명령을 하였고, 그래도 시정되지 않으면 부당노동행위로 고발해 형사 처벌하는 사법조치를 취하였다(국민일보 2010/08/09, 23; 세계일보 2010/ 10/018, 9).

또한 2011년 복수노조 교섭창구 단일화제도의 시행에서도 노동부는 행정적 수단을 동원하여 노동의 반발을 무력화시켰다. 민주노총은 개정 노동조합법에 따른 복수노조의 교섭창구 단일화가 "교섭비용 최소화에 집착해 노조의 단체교섭권과 단체행동권을 지나치게 제약"함과 동시에 "산별노조를 부정"하고 있다고 강력

14 근면위의 결정 내용에 따르면 타임오프 한도는 조합원 규모별로 11개 구간으로 나눠어 전임자 1인당 연간 2000시간을 기준으로 최저 0.5명에서 최대 24명까지 부여됐다. 구체적으로, 구간별 전임자 수는 노조원수 50인 미만인 사업장에 0.5명, 50~99인 사업장에 1명, 100~199인 사업장에 1.5명, 200~299인 사업장에 2명, 300~499인 사업장에 2.5명, 500~999인 사업장에 3명, 1,000~2,999인 사업장에 5명, 3,000~4,999인 사업장에 7명, 5,000~9,999인 사업장에 11명, 10,000~14,999인 사업장에 14명 등이다. 또 15,000인 이상 사업장은 2012년 6월까지 전임자 14명에 노조원 3,000명당 1명씩 전임자를 추가해 최대 24명까지 허용하되, 같은 해 7월부터는 최대 18명까지만 둘 수 있도록 했다. 타임오프 한도를 활용할 수 있는 인원도 제한해 300인 미만 사업장은 풀타임(연간 2,000시간)을 기준으로 3배수를 초과할 수 없도록 했으며, 300인 이상 사업장은 2배수를 넘을 수 없도록 했다.

히 반발하였다(한겨레 2011/04/26, 5). 한국노총의 입장도 마찬가지였다. 한국노총은 한나라당과의 정책연대 파기와 노동조합법 전면 재개정을 주장하며 대정부 투쟁을 선언하였다(한국일보 2011/03/11, 10).[15] 그러나 노동부는 복수노조 및 교섭창구 단일화제도 시행과 관련하여 업무담당자들의 효과적인 업무집행을 위한 '복수노조 업무 매뉴얼'을 제작하여 전국의 지방노동관서에 배포하였다. 나아가, 정부가 2010년 10월 발의한 '노동위원회법' 개정안(복수노조의 교섭창구 단일화 관련 분쟁을 해결하는 절차규정의 신설)이 야당의 반대로 통과가 늦어지자, 정부는 노동위원회법의 개정 대신 '노동위원회 규칙'을 개정하여 노동위원회의 심판위원회가 교섭창구 단일화 업무를 맡도록 하였다(세계일보 2011/06/07, 10). 그리고 정부는 복수노조 무력화 시도나 교섭창구 단일화와 관련한 일체의 불법행위에 대해 엄중조치 방침을 공표하고 사업장의 지도·점검을 더욱 강화하였다(문화일보 2011/06/30, 2).

요약하면, 노조전임자 임금지급 금지에 따른 근로시간면제제도, 그리고 복수노조 허용에 따른 교섭창구 단일화 문제는 노조의 교섭권과 파업권 그리고 산별노조체제를 약화시킬 수 있는 중요한 의제였다. 그럼에도 불구하고, 이 의제들에 대한 논의는 정부와 여당의 일방적 '힘의 정치'로 마감되었다. 이 과정에서 한국노총과 민주노총 간의 정체성의 차이와 '위상 경쟁'을 이용하여 정부와 여당이 자본과 함께 조직노동의 분열을 꾀하였다. 양 노총의 분열은 치명적인 것이었다. 그리고 그 결과는 사회적 합의주의의 실종이었고 시장자유주의적 제도의 강화였다.

15 한국노총의 태도 변화는 2011년 1월 25일 새로 선출된 신임위원장(이용득)의 개혁주의적 성향에도 기인하는 것이었지만, 더욱 중요한 배경은 근로시간면제제도 실시에 따른 노조활동의 위축 현상에 대한 우려 때문이었다. 그는 근로시간면제제도의 실시 이후 "한국노총 소속 300인 미만 사업장의 노조전임자 수가 타임오프 시행 뒤 4분의 1가량 줄었다"며, 노동조합법 재개정을 목표로 강력한 대정부 투쟁을 선언하였다(한국일보 2011/03/11, 10).

Ⅲ. 보수 세력의 재집권

2012년의 18대 대선은 경제민주화 및 복지국가 등과 같은 진보적 의제가 주요 선거이슈로 등장한 가운데 치러졌다. 박근혜 후보는 이명박 정부의 노골적인 신자유주의 정책과 거리를 둠으로써, 그리고 진보적 의제를 과감히 자신의 선거공약에 수용함으로써 18대 대통령에 당선되었다. 그러나 대통령 당선이 확정되자, 그가 후보시절 내세웠던 진보적 노동관련 공약들은 크게 후퇴하거나 변질되었다.

1. 경쟁적 선거와 개혁적 노동공약

1997년 외환위기 이후 지속적으로 진행된 사회적 양극화와 경제성장률 저하에 대처하여 이명박 정부는 '성장을 통한 분배'(일자리 창출과 소득 향상)를 전면에 내세워 다양한 친기업 정책(감세, 고환율, 저금리정책 등)을 추진하였다. 그러나 정부의 기업 친화적 경제정책은 애초 기대했던 경제성장과 일자리 창출에서 뚜렷한 성과를 내지 못했다. 이명박 정부 시기의 연평균 성장률은 출범 당시 약속했던 7%에 훨씬 못 미치는 3.2%를 기록하였고, 70% 달성을 목표로 했던 연평균 고용률은 63.6%에 불과하였다. 연평균 실질임금 상승률은 1.1%로 5년간 거의 정체상태에 있었고, 연평균 최저임금 상승률은 5.7%로 참여정부 시절의 10.6%에 비해 큰 폭으로 하락했다(한국노동연구원 2015). 비정규직은 감소하지 않았으며 사회양극화 현상은 여전하였다. 그 결과 임기 말인 2012년 이명박 대통령의 국정운영에 대한 국민들의 평가는 매우 부정적이었으며, 대선이 임박한 시점에서 대통령의 국민적 지지도는 지속적으로 낮아지고 있었다. 이에 따라 정권교체에 대한 도전세력의 기대는 점차 높아가고 있었다.

그럼에도 불구하고, 제18대 대선은 새누리당 박근혜 후보의 승리로 마감되었다.[16] 보수 세력이 정권 재창출에 성공한 것이다. 이는 인구의 고령화로 인해 선거시장에서 진보성향의 20~30대 청년층보다 보수성향의 50대 이상의 노·장년층의 비율이 높아진 탓도 있지만, 더욱 중요한 것은 새누리당과 박근혜 후보의 효과적인 선거전략에 따른 보수 세력의 결속과 부동층의 흡수였다(박찬욱 2013). 구체적으로, 영남지역 유권자 집단에 충청권 유권자들이 가세한 지역연합, 50대 이상의 노·장년 세대, 저학력 집단, 그리고 하위 및 상위 소득계층들이 박근혜 후보를 지지하였다. 즉 '박정희 향수' 및 지역균열로 인한 보수적 선거연합의 결속, 특히 가계부채의 급증 등으로 경제적으로 어려운 상태에 내몰리고 있던 50대 유권자들의 박근혜 후보에 대한 압도적인 지지가 18대 대선의 판도를 가름하였다(고원 2013).

18대 대선은, 민주화 이후 역대 대통령선거와 달리, 그간 주변부에 맴돌던 경제민주화 및 복지국가 등과 같은 진보적 의제가 주요 선거이슈로 등장한 가운데, '보수 대 진보'의 대결 구도로 치러졌다. 우선 새누리당과 박근혜 후보는 이명박 대통령과의 차별성을 부각시킴으로써, 이명박 정부의 부정적 평가를 토대로 회고적 투표를 촉발·유도하려는 민주통합당과 문재인 후보의 전략적 시도에 적극적으로 대응하였다. 즉 문재인 후보는 지난 5년의 경제정책이 "일자리를 만들지 못하고, 양극화를 더욱 심화 시키는 낡은 시대의 성장 논리"였음을 비판하고, 대기업 중심의 경제에서 벗어나 국민경제 구성원 모두가 함께하는 '사람경제' 및 '공정경제'의 실천을 약속하였다(민주통합당 18대 대통령선거대책위원회 2012, 서문). 이에 대해, 박근혜 후보는 지난 5년의 경제성장 전략을 '성장'이 '복지'를 가져올 것이라는 단선적 인과관계에 기초한 투입 중심의 '양적 성장' 및 수출·제조업·대기업 중심의 '불균형 성장전략'이었다고 비판함으로써 이명박 정부와의 정책적 차별화를 시도하였다. 그리고 그 대안으로 박근혜 후보는 첨단과학기술과 정보통신기술을 활용한 신성장산업의 육성을 통해 양질의 일자리를 창출하고 성장과 복지

16 전체 유권자 중 75.8%가 투표에 참여한 제18대 대선에서 새누리당 후보인 박근혜는 51.5%(약 1,577만 표)를, 민주통합당 후보인 문재인은 48%(약 1,469만 표)를 획득하였다.

의 선순환을 만들어 내는 이른바 '창조경제론'을 제시하였다(제18대 대통령직위수위원회 2013a, 37).

다른 한편, 새누리당과 박근혜 후보는 진보적 의제를 과감히 수용하였다. 진보적 의제가 선거공간의 주요 정치담론으로 처음 등장한 것은 2010년 지방선거였다. 당시 지방선거에서 민주당은 무상급식을 비롯한 사회복지를 대표 선거공약으로 내세웠고, 한나라당은 복지문제에 소극적인 반면 천안함 사건으로 촉발된 군사안보와 대북정책을 핵심 쟁점으로 삼았다. 흥미로운 점은, 일반의 예상과 달리 그리고 천안함 사건에도 불구하고, 당시 지방선거의 유세 과정에서 무상급식을 비롯한 사회복지 의제가 선거정치와 정당정치의 유의미한 의제로 진입하였다는 점이다(마인섭 2011). 이후 사회복지 이슈는 민주당의 '보편적 복지'와 한나라당의 '선택적 복지'의 논쟁으로 번져갔고,[17] 이는 마침내 2012년의 4월 총선과 12월 대선에서 양당이 경쟁적으로 사회복지 및 경제민주화를 자신의 주요 선거공약으로 내세우는 유례없는 현상으로 이어졌다.

사회복지와 경제민주화 의제는 기본적으로 보수 성향의 후보와 정당보다는 진보 성향의 후보와 정당에게 유리한 정책의제였다. 이 때문에 보수진영의 새누리당과 박근혜 후보는 새로운 의제를 재빨리 수용함으로써 경쟁 상대인 진보 성향의 문재인 후보와의 차별성을 희석시키고자 했다(박찬욱 2013, 38-40). 또한 박 후보는 이명박 정부의 노골적인 신자유주의 정책과 거리를 둠으로써 당시 유권자

17 2010년 제5회 지방선거를 앞두고 민주당은 무상급식을 대표공약으로 채택하였고, 이에 대해 당시 한나라당이 '좌파 포퓰리즘' 공약이라고 공격하면서 복지담론은 증폭되었다. 이는 전면적 무상급식을 주장하는 민주당과 소외계층만을 위한 선별적 무상급식을 주장하는 한나라당 간의 갈등으로 이어졌고, 급기야 '보편적 복지 vs. 선별적 복지' 논쟁으로 비화되었다. 그 대표적 사례가 2011년 8월 24일 실시된 서울시 무상급식 주민투표였다. 이는 오세훈 시장 안(초·중등학교에서의 무상급식을 가구소득에 따라 적용대상을 선별하되 단계적으로 실시)과 곽노현 교육감 안(가구소득과 관계없이 모든 학생에게 전면적으로 즉시 실시)에 대한 주민투표로 외형적으로 서울시와 서울시교육청 간의 대결이었으나, 내면적으로 한나라당과 민주당 간의 대결이었으며 보수와 진보 성향의 시민단체들도 적극 개입된 시민사회의 보수와 진보세력 간의 정치적 대결이었다. 주민투표의 최종투표율은 25.7%로 집계되어 투표함 개봉이 가능한 33.3%에 미치지 못하였고, 그 결과 주민투표를 발의한 오세훈 시장은 자신이 약속했던 서울시장직을 사퇴하였고, 11월 보궐선거를 통해 박원순 시장이 새로 취임하였다.

들의 '반MB' 정서를 우회하고, 선거 지지의 외연을 확대하고자 했다(지병근 2012). 구체적으로, 민주통합당과 문재인 후보의 경제민주화 및 사회복지 공약에 대응하여,[18] 박근혜 후보는 경제적 약자의 권익보호, '공정거래법'의 개정, 대기업집단 총수일가의 불법 및 사익편취 근절, 금산분리의 강화 등 일련의 경제민주화 정책의 추진을 통해 "중소기업, 소상공인과 소비자가 동반 발전하는" 국민경제 질서의 조성을 공약하는 한편(새누리당 2012, 146－152), '생애주기별 맞춤형 복지'를 통해 복지 사각지대를 없애고, '4대 중증질환(암, 심장, 뇌혈관, 희귀난치성질환)에 대한 건강보험의 추진을 통해 의료비 부담을 줄이며, 기초연금을 도입하여 노인들의 삶의 질을 개선할 것임을 약속하였다(새누리당 2012, 104－209).

노동관련 정책공약도 예외가 아니었다. 문재인 후보의 진보적 노동공약에 대응하여, 박근혜 후보는 보수파 후보로서 전례가 없는 매우 전향적인 노동공약을 내놓았다. 우선 문재인 후보는 '만·나·바'(더 많은 좋은 일자리를 '만'들고, '나'누고, 나쁜 일자리는 좋은 일자리로 '바'꾸는 일자리 정책) 일자리 공약(민주통합당 2012, 84-85)과, 노동자의 경영참여를 바탕으로 사회적 합의주의를 지향하는 '사회통합적 노사관계의 구축'(민주통합당 2012, 117-118)을 공약하였다. 이에 대응하여, 박근혜 후보는 '늘·지·오 정책'(근로시간단축 및 일자리 나누기를 통한 동반성장 전략을 추진하여 일자리를 '늘'리고, 기업의 해고회피노력 의무규정을 강화하여 구조조정 및 정리해고로부터 일자리를 '지'키며, 상시·지속적 업무를 담당하는 비정규직 노동자의 정규직 노동자로 전환과 비정규직에 대한 사회보험 적용 확대를 통해 나쁜 일자리를 좋은 일자리로 끌어 '올'리는 일자리 정책)을 제시하였다. 그리고 노사정위원회의 역할과 기능을 강화하여 노사관계의 주요 쟁점들을 대화와 타협으로 해결하며, 대통령이 정기적으로 노사대표를

18 문재인 후보는 자신의 경제민주화 공약으로 재벌의 순환출자 금지, 출자총액제한제도의 도입, 금산분리의 강화, 재벌의 불법행위에 대한 처벌 강화, 중소기업 중심의 경제구조기반의 구축, 소상공인과 자영업자 보호, 금융민주화를 통한 금융공공성 강화 등을 제시하였다(민주통합당 2012, 103－113). 그리고 복지 공약으로 보편적 복지국가의 건설, 영유아 무상보육, 아동과 청소년을 위한 방과후 돌봄체계의 구축, 기초노령연금의 인상, 취약계층 보호와 자립지원 확대, 의료공공성의 강화와 평생건강 관리체계의 구축, 맞춤형 주거복지의 강화 등을 약속하였다(민주통합당 2012, 131－158).

만나 대책을 협의할 것임을 약속하였다(새누리당 2012, 175-192).

이렇듯 18대 대선에서 보여준 경제민주화·복지·노동 등 진보적 의제를 둘러싼 새누리당과 통합민주당 간의 공약 경쟁은 지금껏 경험하지 못한 새로운 모습이었다. 이는 치열한 선거경쟁이 진보적 이슈를 불러내는 양상으로, 복지국가를 위한 사회연합(복지동맹)의 부재 혹은 미약에도 불구하고 복지 및 노동문제가 사회적 의제 및 국가적 정책의제로 등장할 수 있다는 희망을 갖게 하는 대목이었다.

2. 개혁공약의 후퇴와 변질

박근혜 후보가 대선과정에서 발표한 노동관련 공약은 비교적 개혁적인 것들이었다. 그러나 대통령 당선 직후 대통령직인수위원회의 국정과제 선정과정과 대통령 취임 이후 일련의 국정과제 발표를 거치면서, 후보시절 내세웠던 노동관련 공약들은 경제민주화 및 복지확대 공약과 더불어 크게 후퇴하기 시작하였다. 구체적으로, 청소년 일자리 창출, 사내하도급 노동자의 보호, 대규모 정리해고시 고용재난지역 선포 등과 같은 공약은 수정·축소되었고, 노동시간단축, 정리해고 요건의 강화, 상시·지속업무 정규직 전환, 비정규직의 사회보험 적용확대, 특수고용직의 산재보험 및 고용보험 가입확대, 최저임금 인상기준 마련, 노사관계 등에 대한 공약은 크게 후퇴하거나 변질되었다(윤진호 2014; 노중기 2014). 〈표 26〉은 대선 공약 가운데, 큰 폭으로 후퇴하거나 내용이 변질된 사항을 요약한 것이다.

첫째, 비정규직 노동자의 정규직 전환 및 사회보험 적용 확대에 대한 대선 공약이 크게 후퇴하였다. 우선 대선 공약에서 상시적이고 지속적인 업무를 담당하는 비정규직 노동자의 고용안정을 위해 공공부문의 경우 2015년까지 비정규직을 정규직으로 전환하고, 대기업의 경우 비정규직 노동자의 정규직 전환 유도를 약속하였다. 그리고 이를 위해 '기간제 및 단기간 근로자 보호에 관한 법률'(기간제보호법)을 개정하기로 공약했다. 그러나 2013년 2월 발표된 '인수위 국정과제'[19]

19 제18대 대통령직인수위원회. 2013b. 『제18대 대통령직인수위원회 제안: 박근혜 정부 국정과제』.

표 26 박근혜 정부의 노동관련 정책공약의 후퇴

	대선 공약 (2012년 12월)	인수위 국정과제 (2013년 2월)	정부국정과제 (2013년 5월)
비정규 노동자	• 상시·지속업무의 정규직 고용관행 정착 • 2015년까지 공공부문 정규직 전환, 대기업 전환 유도 • 기간제보호법 개정 • 최저임금노동자의 사회보험료 100% 지원	• 비정규직 차별해소 및 생활보장 • 공공부문 정규직 전환 시한 삭제 • 기간제보호법 개정 삭제 • 최저임금노동자의 사회보험료 50% 지원	• 대기업 상시·지속업무의 정규직 전환유도 삭제 • 사회보험 '50% 지원'을 삭제하고, '확대추진'으로 변경
노동 시간 단축	• 2020년까지 OECD 평균(1,700시간대)으로 단축 • 초과노동시간 한도규제 및 휴일노동의 초과시간 산입	• 초과노동시간 한도규제 삭제 • 탄력적 노동시간제 확대	• 노동시간 개편시 노사합의로 추진 • 초과노동시간 한도규제: 2013년 6월 발표된 '고용률 70% 로드맵'에서 2017년까지 1,900시간 단축으로 변경
특수 고용직 노동자	• 특수고용직 노동자 현실에 맞게 산재·고용보험 신설 • 특수고용직의 표준계약서 작성 의무화	• 실태조사 및 의견수렴을 거쳐 산재·고용보험 적용·확대 방안 마련 • 특수고용직의 표준계약서 작성 의무화 삭제	• 좌동
최저 임금	• 최저임금 인상 기준 마련 • 근로감독 강화, 징벌적 배상제도 마련	• 징벌적 배상제도 삭제 • 최저임금법 개정 삭제	• '최저임금기준의 단계적 로드맵 마련'으로 후퇴 • 경제적 제재로 후퇴
정리해고 요건	• 근로기준법 개정을 통한 정리해고제 요건 강화	• 정리해고 요건 강화 삭제 • 근로기준법 개정 삭제	• 좌동
노사관계	• 정부의 공정한 조정중재자 역할 강화 • 대통령과 노사대표 간의 정기적 노동현안 논의 • 노사정위원회에서 복수노조 및 근로시간면제의 제도적 보완방안 논의, 합의시 법개정	• 법·질서 준수 기조로 변화 • 대통령-노사대표 간의 정기적 노동현안 논의 삭제 • 복수노조 및 근로시간면제 시행상황 평가한 후, 필요시 보완방안 논의로 후퇴	• '고용률 70%를 위한 일자리 노사정대타협'으로 변질 • 법질서 준수, 불합리·불법 행위 근절 및 엄정조치 • 복수노조 및 근로시간면제의 시행상황 평가 후, 필요시 노사정 합의를 통한 법개정으로 변경

출처: 윤진호. 2014. "박근혜 정부의 노동정책: 예정된 파탄," 71-76; 노중기. 2014. "박근혜 정부 노동정책에 관한 비판적 고찰," 54-82.

에서 공공기관의 상시·지속업무 비정규직의 정규직 전환에 대한 시한이 삭제되었고, 기간제보호법의 개정 약속이 사라졌다. 나아가 2013년 5월 발표된 '정부국정과제'[20]에서는 대기업에서 상시·지속업무를 수행하는 비정규직 노동자의 정규직전환 유도 항목을 없앴다. 이와 더불어, 최저임금 미만의 비정규직 노동자에 대한 사회보험(고용보험 및 국민연금) 확대 공약은 정부가 100% 지원한다는 약속에서 50% 지원으로 축소되었고, 급기야 2013년 5월의 '정부국정과제'에서는 지원사업의 '확대추진'이라는 추상적 구호로 변경되었다.

둘째, 노동시간단축 공약 역시 대폭 후퇴하였다. 대선 공약은 초과노동시간 한도를 준수하도록 하며, 휴일노동을 초과노동시간에 산입하고, 교대제의 개편을 통해 2020년까지 OECD 평균(1,700시간대)으로 노동시간을 단축한다는 내용이었다. 그러나 '인수위 국정과제'에서는 초과노동시간 한도 규제 및 교대제가 삭제되었고, 대선 공약에 제시되지 않았던 탄력적 노동시간제가 새로 추가되었다. 나아가 2013년 6월 '고용률 70% 로드맵'을 발표하여, 노동시간을 2017년까지 1,900시간으로 단축한다고 수정하였다.

셋째, 특수고용직 노동자에 대한 대선 공약 역시 크게 변질되었다. 그간 특수고용직 노동자들은 인적·경제적·조직적 종속성이 없다는 이유로 근로자로 인정을 받지 못해 사업주가 임의로 제시한 근로조건에 따라 불평등 계약을 체결하는 경우가 다반사였다. 따라서 사업주가 임의로 계약을 해지하면 하루아침에 실업자로 전락하는 등 고용불안정에 대한 문제가 심각하였다. 이와 관련하여, 대선 공약은 특수고용직 노동자에 대한 '산재보험법' 개정 및 고용보험제도 재편을 약속하였으나, '인수위 국정과제'에서 실태조사 및 의견수렴을 거쳐 특수고용직에 대한 산재보험 및 고용보험 적용의 확대 방안을 마련하겠다는 추상적 수준으로 후퇴하였다.

넷째, 최저임금 공약 역시 크게 축소되었다. 애초 대선 공약에서 최저임금 인상률의 결정은 경제성장률 및 물가상승률을 기본적으로 반영한 다음 소득분배

20 관계부처 합동. 2013.『박근혜정부 국정과제』.

개선율을 추가로 반영하기로 약속하였다. 그리고 최저임금제의 실효성을 높이기 위해 근로감독을 강화하고, 반복적으로 최저임금제를 위반하는 사업주에 대해 '징벌적 배상제도'를 도입키로 하였으며, 이를 위해 '최저임금법'을 개정할 것임을 공표하였다. 그러나 '인수위 국정과제'에서 위반 사업체에 대한 징벌적 배상제도가 삭제되었고, 최저임금법의 개정 언급이 사라졌다. 또한 2013년 6월 '고용률 70% 로드맵'에서 최저임금 인상률 기준 및 중장기적 적정 최저임금 수준을 달성하기 위한 단계적 로드맵을 마련하겠다는 입장으로 후퇴하였고, 최저임금 위반사업주에 대한 처벌이 '징벌적 배상'에서 '경제적 제재'로 수정되었다.

다섯째, 비록 구체성이 결여된 공약이었지만 박근혜 후보의 노사관계에 대한 정책공약은 노동과 자본의 '대화와 상생'을 강조하는 것으로, 이명박 정부의 노골적인 친자본적 편향과는 대비되는 것이었다. 즉 박 후보는 대선공약을 통해 공정한 조정자 및 중재자로서의 정부의 역할 수행을 강조하였고, 노사정위원회의 사회적 대타협을 통한 노사관계의 주요 현안들의 해결과 대통령과 노사대표 간의 정기적인 대화를 약속하였다. 그러나 이후 '인수위 국정과제'와 '정부국정과제'에서는 대통령과 노사대표 간의 정례적 대화 약속이 사라지고, 대선 공약에서 제시되지 않았던 '법·질서 준수'가 강조되었다. 다른 한편, 복수노조제도 및 근로시간면제제도의 보완은 그간 조직노동이 지속적으로 요구했던 것으로, 대선을 앞두고 새누리당과 박근혜 후보가 이를 대선 공약으로 전격 수용하였다. 즉 노사정위원회에서 이들 제도에 대한 보완 방안을 논의하여 합의가 이루어질 경우 '노동조합 및 노동관계조정법'을 개정하겠다고 약속하였다. 그러나 이 공약은 '인수위 국정과제'에서 이들 제도의 시행 상황을 평가한 후, 필요시 보완 방안을 논의한다는 입장으로 후퇴하였고, 이후 비판 여론이 드세게 일자 '정부국정과제'에서 필요시 노사정 합의를 통한 법의 개정으로 변경하였다.

개혁적 성격을 지닌 노동공약들의 변질 혹은 실종은 결코 우연한 현상은 아니었다. 우선 박근혜 대통령은 태생적으로 그의 부친인 박정희의 성장주의적 경제노선에 크게 영향을 받을 수밖에 없는 인물이었다. 그가 스스로 고백했듯이, 박정희는 그의 '스승'이며 박정희가 매도당하는 세상은 그에게 불행한 세상이었다.[21] 뿐만 아니라, 그는 이미 2007년 한나라당 대선 예비후보 시절 "세금과 정부 규모는 '줄'이고, 불필요한 규제는 '풀'고, 법질서는 '세'운다"는 전형적인 신자유주의 공약인 '줄푸세'를 전면에 내세웠던 적이 있었다. 그럼에도 그가 2012년 대선에서 경제민주화, 복지확대, 개혁적 노동정책들을 공약한 것은 2010년 제5회 지방선거를 계기로 사회복지 이슈가 선거정치의 유의미한 의제로 진입하고 있음을 확인하였기 때문이었다. 그러나 복지에 대한 그의 '전향적' 태도는 단지 선거공약에 국한된 것임이 곧 바로 드러났다. 그의 대통령 취임사는 박정희식 경제개발 논리에 대한 긍정과 믿음의 언사로 채워졌다. 경제민주화는 경제부흥의 수단으로 표현되었고, 경제부흥이 국민행복을 가져오는 첩경으로 표현되었다. 그 어디에도 노동자와 서민의 고통을 덜어주고 해결하겠다는 표현은 없었다(대통령비서실 2014, 39-46).

> 저는 대한민국의 대통령으로서 국민 여러분의 뜻에 부응하여 경제부흥과 국민행복, 문화융성을 이뤄낼 것입니다… 오늘의 대한민국은 국민의 노력과 피와 땀으로 이룩된 것입니다… 한강의 기적으로 불리는 우리의 역사는 독일의 광산에서, 열사의 중동 사막에서, 밤새 불이 꺼지지 않은 공장과 연구실에서, 그리고 영하 수십 도의 최전방 전선에서 가족과 조국을 위해 헌신하신 우리 국민들이 계셔서 가능했습니다… 이제 (저는) 자랑스러운 국민 여러분과 함께 희망의 새 시대, '제2의 한강의 기적'을 만드는 위대한 도전에 나서고자 합니다… 국민 여러분께서도 저와 정부를 믿고 새로운 미래로 나아가는 길에 동참하여 주십시오. 우리 국민 모두가 또 한 번 새로운 한강의 기적을 일으키는 기적의 주인공이 될 수 있도록 함께 힘을 합쳐 국민행복, 희망의 새 시대를 만들어 갑시다.

---

21 1989년 박정희 대통령 추모 10주기를 맞아 행한 'Korea Post'와의 인터뷰에서, 박근혜는 그의 부친(박정희)에 대해 다음과 같이 회고하였다: "아버지는 나에게 아버지였을 뿐만 아니라 국가와 세계에 대한 안목을 갖게 해준 스승이었습니다. 아버지가 매도당하는 세상에서 제가 개인적으로 무엇을 얻더라도 저는 행복할 수 없습니다."(박근혜 1990, 199).

이렇듯 대통령의 취임사에는 1960~70년대의 산업화 시절을 연상케 하는 단어들로 가득 차 있었다. 그는 박정희가 주창했던 경제부흥을 최우선 국정과제로 제시하였고, '제2의 한강의 기적'이란 용어를 통해 박정희가 이룬 경제성과를 다시 만들어내겠다는 의지를 강력히 드러냈다. 실제로, 박근혜 대통령은 박정희 시절 창설돼 국가 주도의 강력한 성장정책을 펼쳤던 경제기획원 출신 인사를 경제부처 수장에 임명하였다. 우선 경제부총리(기획재정부장관)에 1975년 경제기획원 제4차 경제개발 5개년 계획 작성에 직접 참여한 경력이 있는 현오석을 임명하였다. 그리고 경제부총리와 짝을 이뤄 대통령의 의중을 정책과 연결시켜야 하는 청와대 경제수석비서관에 1981년 경제기획원에서 공직생활을 시작한 조원동을 임명하였다. 이들은 모두 시장주의자로서 평소 '분배'보다 '성장'을 중시한다는 평가를 받던 인물이었다(경향신문 2013/02/20, 3).

박근혜 정부는 경제성장을 우선시하는 정권이었다. 박근혜 대통령의 대선공약집과 대통령 취임 이후의 주요 발언들을 비교·분석한 서울대학교 빅데이터연구원의 연구에 의하면, 2012년 대선공약집에서 '경제활성화' 관련 중심어는 8%에 불과했지만, 박근혜 정부 1년차인 2013년에는 22%로 급상승하였고, 이는 2년차인 2014년에도 22%의 비중을 차지한 것으로 조사되었다. 반면, '노동 및 일자리' 관련 중심어는 2012년 대선공약집에서 8%의 비중을 차지하였으나, 2013년과 2014년에는 각각 4%와 6%로 하락하였다. 또한 역대 대통령들과의 비교에서 '경제성장'이 가장 많이 언급되었다는 점에서 박근혜 정부는 박정희 정부와 가장 유사한 것으로 분석되었다(한겨레 2016/02/24, 8).

다른 한편, 사회연합(혹은 선거연합)의 관점에서 볼 때, 노동문제를 비롯한 개혁적 이슈들에 대한 공약은 한국사회의 현실을 감안하고 핵심 지지층의 선호를 반영한 '정책추구'적 동기에 기초한 것이기보다는, 치열한 선거경쟁에 당면하여 유권자의 지지를 최대한 확보하려는 '득표추구'적 동기에서 비롯된 것으로 보인다.[22] 즉 2012년 대선 국면 당시, 가시적인 '반신자유주의 선거연합' 혹은 '친복지

22 선거 국면에서 정당들은 득표추구적(vote-seeking), 집권추구적(office-seeking), 혹은 정

선거연합'이 형성되었던 것은 아니었다. 오히려 유권자 수준에서 볼 때, 느슨한 형태의 '친성장' 선거연합이 광범위하게 형성·포진하고 있었다. 대선 직후 서울대학교 한국정치연구소에 의해 수행된 여론조사(2012년 12월 31일~2013년 1월 16일)에 의하면, 차기 대통령이 가장 시급하게 해결해야 할 최우선적 과제로 과반수이상의 유권자(54.1%)가 경제성장을 꼽았다. 이에 비해, 18대 대선과정에서 중요 쟁점으로 떠올랐던 경제민주화(10.0%) 및 복지확대(9.6%)는 상대적으로 덜 시급한 과제로 나타났다(장승진 2013, 97). 또한 2013년 2월 8일 경향신문이 실시한 여론조사에 의하면, "경제성장과 복지확대 중에 박근혜 정부가 우선해야 할 과제"로 응답자의 65.2%가 경제성장을, 33.6%가 복지확대를, 그리고 모름·무응답이 1.2%인 것으로 나타났다(경향신문 2013/02/12, 3). 이는 일자리 창출 및 복지확대를 위해 궁극적으로 성장이 뒷받침되어야 한다는 '경제성장' 지향 세력이 광범하게 존재하고 있음을 시사하는 대목이다. 결국 18대 대선과정에서 보여준 새누리당의 진보적 정책공약은 한국의 복지수준이 경제규모 및 수준에 비해 너무 열악하여 사회경제적 불안이 투표로 이어질 수 있다는 보수 정치엘리트들의 불안감이 선거정치의 장으로 표출된 결과였던 것이다. 즉 새누리당과 박근혜 후보는 진보적 의제들의 수용을 통해 한편으로 이명박 정부와의 차별화를 시도하고, 다른 한편으로 민주통합당과 문재인 후보가 내세운 진보적 공약의 효력을 희석시킴으로써, 보수 세력을 결집시키고 부동층의 지지를 확보하고자 하였던 것이다.

이렇게 볼 때, 노동관련 개혁적 대선공약들은 '득표추구'적 동기에 기초한 수단적인 것에 불과한 것이었다. 즉 새누리당과 박근혜 후보는 야당의 전유물로 간주되던 경제민주화, 사회양극화 해소, 복지확대, 노동의 고용안정성 등을 정책공약으로 수용함으로써 야당의 정책 공세에 정면으로 맞대응하였다. 그러나 선거가

책추구적(policy-seeking) 동기에 기초하여 선거경쟁을 하게 된다. 득표추구형 정당은 지지자들을 최대한 확보하려는 동기에서 정책공약을 제시하며, 정책추구형 정당은 자신의 핵심 지지층이 선호하는 정책의 구현 동기에서 정책프로그램을 제시한다. 이에 비해, 집권추구형 정당은 정당간 연합을 통해 공직을 최대한 확보하려는 정당을 의미한다(Ström 1990, 567-568; Ström and Muller 1999).

승리로 마감되자, 박근혜 당선자는 몇 차례에 걸친 국정과제의 수정과정을 통해 애초의 개혁적 성향의 노동정책 공약들을 변질 혹은 폐기시켜 나갔다. 이로써 치열한 선거경쟁이 사회복지와 경제민주화와 같은 진보적 의제들을 국가적 정책의제로 등장시킬 수 있다는 희망은 물거품이 되었다.

Ⅳ. '시장자유주의'의 노동정치

대선 공약들이 후퇴 혹은 철회되는 가운데, 박근혜 정부는 한편으로 노동과 자본의 핵심 현안들을 사법적 판단에 기대어 해결하고, 다른 한편으로 요식화된 노사정위원회를 이용하여 신자유주의적 노동정책을 정당화하였다. 이는 노사관계를 둘러싼 국가의 중립성 및 정당성을 부각시키면서 노동의 정치적·경제적 영향력을 약화 혹은 무력화시키는 전략으로, 법치주의와 민주적 절차의 외피를 빌어 국가의 노동에 대한 통제와 억압을 가리는 '계급은폐'의 노동정치에 가까운 것이었다. 전교조의 법외노조화는 법치주의의 외피를, 그리고 노동시장 구조개혁은 노사정위라는 민주적 절차의 외피를 빌어 국가의 노동통제를 정당화한 대표적 사례였다.

1. 전교조의 법외노조화

'노사관계의 사법화'는 중요한 노동 현안들이 노·사·정 간의 협상 및 타협을 통해 해결되기보다는 사법부의 판단에 의존하여 해소되는 현상을 뜻한다. 이러한 현상은 박근혜 정부에 들어서 더욱 두드러졌는데, 그 대표적인 사례가 전국교직원노조(전교조)의 법외노조화이다. 전교조는 2016년 1월 21일 서울 고등법원의 판결로 합법노조로서의 자격을 박탈당하였다. 이로써 전교조는 1999년 7월 합법노조가 된 이래 15년 만에 다시 법외노조가 되었다.[23] 이로써 전교조는 공식적

23 1989년 결성된 전교조가 합법적인 노조로서의 활동을 시작한 시기는 1999년 7월이었다.

으로 노동조합이라는 명칭을 사용할 수 없게 되었으며, '노동조합 및 노동관계조정법'이 보장하는 법적 권리(조합비의 급여 원천징수, 단체협약 교섭권, 노조전임자 파견권 등)를 행사할 수 없게 되었다.

전교조의 조합지위 박탈 위협은 이명박 정부 시절부터 시작되었다. 당시 이명박 정부를 비판하는 전교조의 연이은 '시국선언' 발표(2009년 6월과 7월)를 계기로,[24] 이명박 정부는 두 차례(2010년 3월과 2012년 9월)에 거쳐 전교조에게 해직교사의 조합가입을 허용하고 있는 조합원 규약의 개정을 명령하였다. 정부 시정명령의 법적 근거는 해직자의 조합원 가입을 불허한 '교원의 노동조합 설립 및 운영 등에 관한 법률'(교원노조법) 제2조와[25] '노동조합 및 노동관계조정법' 시행령 제9조 2항이었다.[26] 그러나 전교조는 두 차례 모두 해직 교원의 조합원 자격을 인정한 현행 조합원 규약을 그대로 유지하기로 결의하고, 정부의 시정명령을 거부하였다.

해직 교사의 노조가입 문제를 둘러싼 정부와 전교조 간의 대립은 박근혜 정

1998년 1월 김대중 정부의 출범을 앞두고 IMF의 구제금융이라는 국가적 위기 상황을 배경으로 '경제위기 극복을 위한 사회협약'(2·9 사회협약)이 체결되면서 외국에 부정적인 인식을 주는 각종 국내의 정책을 개편하기 위한 여러 가지 노력이 있었고, 그 일환으로 교원의 노동기본권을 허용하기로 합의하였다. 이에 따라, 1999년 1월 '교원의 노동조합 설립 및 운영에 관한 특별법'이 제정되었고, 이 특별법에 근거하여 전교조는 결성 10년 만에 합법화되었다.

24 전교조는 2009년 6~7월 소속 교사 수만 명의 서명을 모아 두 차례에 걸쳐 "민주주의의 위기는 현 정부의 독선적 정국운영에서 비롯된 것"이라는 등 정부비판을 담은 시국선언문을 발표했다. 교육당국은 이에 대해 정치활동 금지를 규정한 교원노조법과 국가공무원법(성실의 의무, 집단행위의 금지규정) 등을 위반한 것으로 보고 주도한 전교조 교사들을 검찰에 고발하고 징계절차를 밟았다.

25 '교원의 노동조합 설립 및 운영 등에 관한 법률' 제2조: "교원이란 '초·중등교육법' 제19조 제1항에서 규정하고 있는 교원을 말한다. 다만, 해고된 사람으로서 '노동조합 및 노동관계조정법' 제82조 제1항에 따라 노동위원회에 부당노동행위의 구제신청을 한 사람은 '노동위원회법' 제2조에 따른 중앙노동위원회의 재심판정이 있을 때까지 교원으로 본다."

26 노동조합 및 노동관계 조정법 시행령 제9조 2항: "노동조합이 설립신고증을 교부받은 후 법 제12조 제3항 제1호에 해당하는 설립신고서의 반려사유(예컨대, 근로자가 아닌 자의 가입을 허용하는 경우)가 발생한 경우에는 행정관청은 30일의 기간을 정하여 시정을 요구하고 그 기간 내에 이를 이행하지 아니하는 경우에는 당해 노동조합에 대하여 이 법에 의한 노동조합으로 보지 아니함을 통보하여야 한다."

부에 들어서도 계속되었다. 2013년 9월 23일, 노동부는 전교조가 1개월 내 해직자 조합원 인정 규약을 개정하지 않을 경우, 전교조의 법적 지위를 박탈할 것임을 예고하였다. 이에 대해, 전교조의 입장은 "해직자의 조합원 인정 여부는 정부가 아닌 노조가 결정할 사안"이며, 노동부의 통보는 결사의 자유 및 교사의 단결권을 부정하는 직권남용이라는 입장을 취하였다(경향신문 2013/09/25, 5). 사실 전교조에 대한 정부의 조처에 대해 이미 국가인권위원회와 국제노동기구(ILO)가 심각한 우려를 표명한 바 있었다. 국가인권위원회는 2010년 10월 해고자의 노조원 자격을 부정하는 해당 법 조항의 개정을 권고한 바 있었으며, 국제노동기구는 2013년 3월 긴급개입조치를 통해 한국정부에 전교조의 설립취소와 규약시정명령을 중지할 것을 요청한 바 있었다. 이에 대해, 그간 노동부도 해당 조항(해직자의 조합원 가입을 불허한 노동조합 및 노동관계법 및 시행령 제9조 2항)에 대해 전향적 검토를 수차례 약속한 바 있었으며, 나아가 2013년 3월 4일 개최된 국회 인사청문회에서 노동부장관(방하남)은 "해고자의 조합원 자격 등 제도개선과 관련해 국제적인 기준 및 외국 사례 등을 검토한 뒤 사회적 합의"를 통해 제도개선 방안을 마련하겠다고 입장을 표명한 바 있었다(국민일보 2013/10/25, 7).

그럼에도 불구하고, 2013년 10월 24일 정부는 전격적으로 전교조에 '노조 아님'을 통보하였다. 정부가 '사회적 합의'가 아닌 일방적인 행정처분을 취한데 대해, 전교조는 물론이고 민주노총과 한국노총 역시 크게 반발하였다. 그러나 정부의 입장은 강경하였다. 정부는 전교조에 대해 노조전임자의 학교복귀, 단체교섭 중지, 조합비의 급여 원천징수 금지 등 후속 조치를 잇달아 취하였다(동아일보 2013/10/26, 10). 정부의 일방적인 조치로 졸지에 노조의 지위를 박탈당한 전교조가 취할 수 있는 옵션은 두 가지였다. 그 하나는 국제노동기구 및 시민사회단체와 연대해 투쟁을 전개하는 것이며, 다른 하나는 정부 조치의 법적 근거가 된 법 조항 자체가 국민기본권 및 노동권을 침해하는 부당한 것임을 사법적 판단에 호소하는 것이었다.

이에 따라 전교조는 대통령 퇴진을 요구하는 '조퇴투쟁' 및 '교사선언' 발표

등의 항의투쟁을 전개하는 한편, 법외노조처분 취소소송 및 법외노조 통보 효력정지 가처분 신청을 서울행정법원에 제출하였다. 이때부터 전교조와 정부 간의 정치적 갈등은 지루한 법리 다툼으로 변질되어갔다. 2013년 11월 13일 전교조의 법외노조 통보처분 효력정지 신청이 서울행정법원에 의해 수용되면서, 당분간 교육부의 법외노조 후속조처는 중단되었다(문화일보 2013/11/13, 1). 그러나 2014년 6월 19일 전교조의 법외노조처분 취소소송에 대해 서울행정법원이 정부의 법외노조 통보가 정당하다는 판결을 내렸고(한겨레 2014/06/20, 2), 6월 30일에는 전교조의 법외노조 통보처분 효력정지 가처분 신청이 기각되었다(한겨레 2014/07/01, 12).

서울행정법원의 판결에 대한 정부와 전교조의 반응은 대조적이었다. 교육부는 즉시 전국 17개 시·도교육청에 전교조의 합법노조 지위 상실에 따른 후속 조처를 신속히 진행할 것을 지시하였다. 반면, 전교조는 교육부의 법외노조 판결 후속 조처를 전면 거부하면서, 서울고등법원에 정부의 법외노조 통보처분에 대한 효력을 정지해 달라는 집행정지신청을 또 다시 제출하였다(서울신문 2014/07/11, 10). 서울고등법원은, 서울행정법원과 달리, 전교조의 법외노조 통보처분 효력정지 신청을 받아들여, 노동부의 법외노조 통보 근거가 된 교원노조법 제2조가 노동자의 단결권을 침해하고 헌법상 과잉금지원칙과 평등권 등에 위배될 소지가 있다며 위헌법률심판을 헌법재판소에 제청하였다(문화일보 2014/09/19, 13). 즉 항소심 재판부는 교원노조가 성격상 기업별 노조가 아닌 산업별·직종별·지역별 노조 같은 초기업별 노조에 가깝기 때문에, 실업상태이거나 구직 중인 해직자도 조합원에 포함된다고 해석할 만한 상당한 이유가 있다고 판단하였다. 이에 따라, 헌법재판소의 위헌법률심판과 그 이후 내려질 항소심 선고 때까지 전교조는 합법노조로서의 지위를 유지할 수 있게 되었다.

법정다툼이 전개되는 동안, 국제교원단체총연맹(EI)과 국제노동조합총연맹(ITUC)은 한국정부에 전교조의 법외노조화 취소와 국제노동기준의 존중을 촉구하였다. 그러나 2015년 5월 28일, 헌법재판소는 해직 교사를 조합원으로 인정하지 않는 교원노조법 제2조에 대해 재판관 8 대 1 의견으로 합헌 결정을 내렸다.[27] 다수의 헌법재판소 재판관들은 교원노조법 제2조를 합헌으로 판단하였는데, 교원은 사용자에 고용되어 근로를 제공하고 임금을 받는 일반노동자와 다르다고 보았기 때문이었다. 즉 교원은 관련 법령에 따라 특혜가 부여되고 그 재정은 국민이 부담하기 때문에, 교원이 아닌 사람들이 교원노조의 의사결정 과정에 개입할 경우 법적으로 혜택을 누릴 수 없는 사람들에게까지 혜택을 주는 결과를 초래할 수 있다는 것이었다. 따라서 교원에게 일반노동자와 동일하게 노동 3권을 부여할 수 없다는 입장이었다(세계일보 2015/05/29, 3).

헌법재판소가 교원노조법 제2조에 대해 합헌결정을 내림에 따라, 2015년 6월 3일 대법원은 서울고등법원의 법외노조 효력정지 결정을 재심리하라며 파기·환송하였다(세계일보 2015/06/04, 11). 이에 따라 전교조는 법외노조의 상태에서 항소심에 임하게 되었다. 그리고 2016년 1월 21일 항소심이 진행되었다. 전교조는 조합원 6만 명 중 해직 교원이 소수에 불과하기 때문에 노조의 자주성을 침해할 우려가 없다고 주장했지만 재판부는 이를 받아들이지 않았다. 항소심 재판부는 해고된 교원의 노조 가입을 인정한 전교조의 내부 규약이 노조의 자주성을 침해한다고 판단하였다(동아일보 2016/01/22, 8). 2심 판결에서도 패소함에 따라, 전교조는 합법노조로서의 권리를 박탈당하였다.

결국 전교조의 노동조합 지위를 둘러싼 정부와 전교조 간의 갈등이 사법적 판단에 의해 마무리되었다. 비록 정부의 법외노조 처분에 대한 전교조의 법적 대응으로 시작되었지만, 이는 기본적으로 2013년 5월 발표된 박근혜 정부의 '정부 국정과제'에서 제시된 '법과 질서를 존중하는 문화구현'이 노사관계에 적극적으로 적용된 구체적 사례였다. 이로써 중요 노동현안들이 이해당자사들 간의 대화와 타협을 통해 해결되는 사회적 합의주의는 공식적으로 부인되었고, 사법적 판단에

27 소수의견을 낸 김이수 재판관은 국제노동기구(ILO) 협약과 권고를 들어 "교원의 단결권을 한층 두텁게 보장해야 한다"고 주장했으나, 다수 의견은 "국제기구 권고는 위헌심사 기준이 될 수 없다"며 받아들이지 않았다(세계일보 2015/05/29, 3).

의해 종결되는 노사관계의 사법화가 공식화되었다.

2. 노동시장 구조개혁과 절차적 외피로서 노사정위

노사관계의 사법화는 이미 유명무실화된 노사정위가 정부에 의해 그 중요성이 강조되는 역설적 현상을 연출하였다. 그 계기가 된 것은 통상임금의 범위에 대한 사법부의 판결이었다. 2013년 12월 18일, 대법원 전원합의체는 ① 1개월을 초과하여 일정기간마다 지급되는 정기상여금은 통상임금에 해당하며, ② 근로 여부와 관계없이 특정 시점에 재직 중인 노동자에게만 지급하기로 정해져 있는 임금은 통상임금에 해당하지 아니하고, ③ 정기상여금을 통상임금에서 제외하기로 하는 기존의 노사합의는 근로기준법을 위배한 무효이며, ④ 이번 판결을 계기로 기존 노사합의로 정기상여금을 통상임금에서 제외시켰던 기업의 노동자들이 정기상여금을 통상임금에 포함된 것으로 계산해 추가로 임금을 청구하여 이로 인해 회사가 중대한 경영상의 어려움이 초래될 경우, 이는 '신의성실의 원칙'의 위반으로 허용될 수 없다는 판결을 내렸다(김기우 2015, 8-9). 이 같은 대법원 전원합의체 판결은 정부를 매우 당혹스런 입장으로 내몰았다. 왜냐하면, 대법원 전원합의체의 판결 이전, 노동부는 정기상여금을 '근로시간과 관계없는 생활보조적·복리후생적 급여'로 간주하여 통상임금에서 제외하여 왔기 때문이다. 이에 따라, 정부의 임금체계에 대한 전면 개편작업이 불가피하게 되었다.

통상임금의 기준은 국가, 노동, 자본 모두에게 매우 민감한 사안이었다. 왜냐하면 통상임금은 근로기준법상 해고예고수당(제26조), 연장·야간 및 휴일근로시의 가산임금(제56조), 경우에 따라 휴업수당(제46조 제1항)과 연차유급휴가수당(제60조 제5항)의 산정에 있어서 기초가 되는 임금단위이기 때문이었다. 이에 따라, 대법원 전원합의체의 판결이 나오기 훨씬 이전부터 통상임금을 둘러싼 노·사·정 간의 신경전이 전개되고 있었다. 2013년 5월, 미국 방문 중인 박근혜 대통령이, 한·미경제인 오찬 석상에서 한국투자 기업인 제너럴모터스(GM)의 회장이 통상임금 문제의 해결을 건의하자,[28] "합리적인 해법을 찾겠다"고 화답하였다. 이는 국내투자 외국기업의 애로사항을 앞세워 상여금을 통상임금에서 제외하기 위한 우호적 여론조성 작업의 시작을 의미하는 신호탄이었다. 청와대 경제수석(조원동)은 "(법원 판결대로라면) 산업계 전체가 노동자의 임금에 대해 38조원 정도의 추가 부담을 하게 되는데, 이렇게 되면 우리의 수출경쟁력이 떨어지고 기업들이 굉장히 타격을 받을 수밖에 없는 상황"이라고 주장했다(한겨레 2013/05/10, 3). 또한 자본가 단체들은 통상임금 산정범위의 확대는 기업의 부담을 가중시켜 결국 일자리 감소로 이어질 수 있으며, 고정상여금이 많은 고임금·정규직 노동자와 고정상여금이 적은 임시직·일용직 노동자 간의 양극화를 더욱 심화시키고 중소기업의 경영여건을 악화시킬 것이라고 홍보하였다. 이러한 정부와 자본가 단체들의 움직임에 대해 조직노동은 사법부의 권한을 침해하는 행위라고 비난하였고(경향신문 2013/05/11, 8), 특히 민변(민주사회를 위한 변호사 모임)은 "사법부의 판결을 무위로 돌리겠다는" 의도이며 "삼권분립의 원칙에도 부합하지 않는다"는 항의성명을 발표하였다(한겨레 2013/05/14, 9).

"정기상여금이 통상임금에 해당한다"는 대법원 전원합의체의 판결은 그간 유명무실화되고 방치되었던 노사정위의 존재와 역할이 정부에 의해 재강조되는 역설적인 현상을 가져왔다. 대법원 전원합의체의 판결로, 조직노동은 통상임금 문제에 대해 매우 느긋한 입장이었다. 반면, 노동부는 전면적인 임금체계 개편작업에 나서지 않을 수 없는 상황이었다. 이때부터 정부는 통상임금 문제를 노사정위에서 논의하고 타협이 이뤄지면 법제화하자는 입장으로 급선회하였다. 즉 정부의 입장은, 통상임금이 근로시간단축, 정년연장, 신규고용창출, 휴일 연장근로의 한도, 비정규직 문제 등 노동 현안들과 긴밀하게 관련된 사안이기 때문에, 전체 노동 현안들을 한데 모아 크게 주고받는 노사정 대타협이 필요하다는 것이

---

28 당시 제너럴모터스(GM)의 경우도 1·2심 법원은 노조의 손을 들어줘 대법원 판결을 기다리고 있는 상태였으며, 60여 개의 노조가 이와 유사한 소송을 진행 중이었다(경향신문 2013/05/11, 8).

었다.[29] 2014년 1월 8일, 김대환 노사정위 위원장은 정부의 입장에 호응하여, "(2014년) 2월 초 출범 예정인 (노사정위의) '임금·근로시간 특별위원회'를 통해 임금체계개편, 정년연장, 근로시간 단축, 사회안전망 등 고용·노동 현안들을 포괄해 '패키지딜' 방식의 사회적 대타협을 추진"할 계획임을 발표하였다(한겨레 2014/01/09, 14). 하지만, 노동은 노사정위 논의를 거부하였다. 한국노총은 "그동안 나름대로 정부에 협조했는데 지나고 보니 노동자들은 희생만" 당해왔음을 지적하면서, "더 이상 들러리는 없다"며 노사정위 논의를 거부하였다(경향신문 2014/02/05, 29).

한국노총과 정부 간의 긴 줄다리기 끝에, 노사정위가 개최된 것은 2014년 8월 9일이었다.[30] 노동의 대표로 한국노총만이 참여한 노사정위 본회의에서 노·사·정 대표들은 '노동시장구조개선 특별위원회'를 구성하여 통상임금을 비롯하여 노동시장의 이중구조, 임금·근로시간, 사회안전망 등을 포괄하는 노동시장 구조개혁을 논의해 가기로 결정하였다. 그리고 9월 19일 '노동시장구조개선 특별위원회'가 발족되었고, 이후 5차례의 전체회의, 3차례의 간사회의, 8차례의 전문가그룹회의 등 총 24차례의 크고 작은 회의를 통해 12월 23일 '노동시장 구조개선의 원칙과 방향'을 도출하였다(경제사회발전 노사정위원회 2015, 68). 그 주요 내용은 노동시장구조개선 특별위원회가 정한 14개 세부과제 가운데 '노동시장 이중구조 문제,' '임금·근로시간·정년 등 노동현안,' '사회안전망 정비'를 우선적으로 논의하되, 2015년 3월까지 마무리한다는 것이었다(경향신문 2014/12/24, 12).

'노동시장 구조개선의 원칙과 방향'에 대한 기본합의가 체결되자, 정부는 유명무실화된 노사정위를 재개시킨 의도를 서서히 드러내기 시작하였다. 정부의 의

29 박 대통령은 2014년 1월 6일의 신년기자회견에서 "금년에 임금체계 개편이나 근로시간 단축 등 산적한 노동현안이 있다. 노사가 대승적 차원에서 사회적 대타협을 꼭 이뤄내도록 당부드린다"고 강조하였다(한국일보 2014/01/07, 5).

30 한국노총이 노사정위원회에 복귀하게 된 계기는 2014년 7월 29일 개최된 노사정 대표자 간담회였다. 이 간담회에서 한국노총은 노사정위원회 복귀조건으로 정부의 일방적인 '공공부문 정상화' 정책의 중단을 요구하였고, 정부는 이를 적극적으로 검토할 것임을 약속하였다. 이에 따라, 2013년 12월 경찰의 민주노총 사무실 강제 진입에 반발해 노사정위에 불참해 왔던 한국노총이 8개월 만에 노사정위에 복귀하였다.

도는 노동시장 유연성을 제고하는 법 개정을 시도하는 것이었는데, 이는 이미 이명박 정부가 시도하다 실패한 바 있었다. 2014년 12월 29일, 박근혜 정부는 '비정규직 종합대책안'을 발표하고, 이를 노사정위에 정부안으로 제출하였다. 정부의 종합대책안에는 35세 이상 계약직·파견직 노동자가 원할 경우 사용기간을 현행 2년에서 4년으로 늘리고, 55세 이상 고령층과 고소득 전문직의 파견 장벽을 없애며, 임금피크제를 확산·정착시키고, 정규직도 직무·능력·성과 중심으로 임금체계를 개편하며, '저성과자'는 쉽게 해고할 수 있는 기준 및 절차에 관한 가이드라인을 마련하고, 취업규칙의 작성 혹은 변경 요건을 완화하겠다는 내용이 포함되었다(문화일보 2014/12/30, 10).

정부안에 대해 노동과 자본은 각각 '반대'와 '불만'을 표명하였다. 한국노총은 "정부안은 사용자 측만 고려해 노동시장의 유연성을 대폭 높이려는 것이지 비정규직의 처우를 개선하는 방안이 아니다"고 반발한 반면, 자본가 단체들은 더욱 강력한 노동시장 유연화 조치가 필요하다고 불만을 표시하였다(동아일보 2014/12/30, 3). 결국 최대 쟁점으로 떠오른 '비정규직 사용기간 연장 및 파견대상 업무확대'와 '일반해고 요건 및 취업규칙 불이익 요건의 완화'에 대한 노사정위에서의 논의는 공전을 거듭하였고, 이에 따라 통상임금의 범위, 정년연장에 따른 임금체계 개편, 근로시간 단축 등 '3대 노동현안'에 대한 논의 역시 진전을 보지 못하였다. 노·사·정 대표들은 애초 협상시한인 2015년 3월 말을 넘기면서 담판을 시도하였으나, 한국노총은 이른바 '5대 수용불가 사안'(비정규직 사용기간 연장 및 파견대상 업무확대, 주 52시간제 단계적 시행 및 특별추가 연장근로 허용, 임금피크제 의무화, 임금체계 개편, 일반해고 및 취업규칙 불이익 변경을 위한 지침 마련)의 철회 없이는 더 이상의 대화가 곤란함을 선언하였다. 그 결과, 4월 8일 노·사·정 대화는 중단되었고, 한국노총은 민주노총과 공조하여 정부의 노동시장정책에 항의하는 장외투쟁에 나섰다.

그러자 2015년 6월 17일, 정부는 임금피크제의 도입 및 직무·능력·성과 중심의 임금체계 개편을 독자적으로 추진하겠다고 한국노총을 압박하였다(경향신문

2015/06/18, 14). 이에 대항하여, 한국노총과 민주노총은 새누리당·새정치민주연합·정의당 및 국회 환경노동위원회 위원장에게 노동시장 구조개편 논의기구를 국회에 설치할 것을 요청하였다. 양 노총의 전술적 변화는 노동에 상대적으로 우호적인 행위자(야당)들이 존재하는 국회로 무대를 옮길 경우, 정부의 일방적인 노동시장 구조개편 공세를 막아낼 수 있다는 판단 때문이었다. 그러나 이마저 여당(새누리당)의 거부로 무산되었다. 8월 6일, 박 대통령은 대국민 담화문을 통해 "경제의 재도약을 위한 첫 번째 과제로 노동개혁을 강력하게 추진해 갈 것"이라고 언명하면서 재차 노사정위 재개를 촉구하고 나섰다. 그리고 8월 20일, 노동부장관은 한국노총이 노사정위에 복귀하지 않을 경우 정부 주도로 노동시장개혁을 추진할 것임을 공표하였다(문화일보 2015/08/20, 1).

8월 26일, 한국노총의 중앙집행위원회는 논쟁 끝에 노사정위의 '노동시장구조개선 특별위원회'에 복귀하기로 의결하였다. 이날 한국노총의 결정은 노사정위 복귀에 반대하는 내부 반발과 한국노총의 저항을 '정규직 이기주의'로 몰아붙이는 정부·여당 사이에서 취한 타협책이었다. 이러한 맥락에서 한국노총 위원장(김동만)은 노사정위에 복귀하지만, 이른바 '2대 핵심 쟁점'인 '저성과자 해고와 취업규칙 불이익 변경 요건'을 완화하려는 정부의 방침을 "절대 수용할 수 없다"고 발표하였다(경향신문 2015/08/27, 12). 그러나 정부 역시 '2대 핵심 쟁점'을 논의에서 제외시킬 수 없다는 기존 입장을 고수하였기 때문에, 노사정 대타협은 결코 쉽지 않을 것으로 예상되었다.

8월 27일부터 재개된 노사정위 대화는 파행을 거듭하였다. 그때마다 정부와 여당 그리고 자본은 한국노총의 비협조적 태도를 기득권을 지키려는 '조직 이기주의'로 몰아세웠다. 9월 1일, 박 대통령은 "노동개혁은 누구도 거스를 수 없는 국민들의 요구이며 스스로 개혁하지 않으면 모두 자멸할 수밖에 없다"며 노동개혁의 정당성을 강조하였다(문화일보 2015/09/02, 6). 9월 2일, 국회 교섭단체 대표연설에서 새누리당 김무성 대표는 "전체 노동자의 10%에 불과한 노조가 파업을 일삼으면서 자기 밥그릇 챙기기에만 골몰하고 있다"고 주장하면서 노동개혁이

"미래 세대를 위한 것"임을 거듭 강조하였다(한겨레 2015/09/03, 6). 그리고 자본가 단체들은 한국노총의 비협조를 "미취업 청년들과 비정규직 노동자가 더 나은 일자리로 진입할 수 있는 기회"를 가로막는 "기득권 노동자"의 이기적인 행태로 비난하였다(한겨레 2015/09/02, 2). 나아가 9월 11일 기획재정부 장관(최경환)은 '노동개혁 향후 추진 방향'을 발표하고, 가까운 시일 내에 노사정 합의가 이루어지지 않을 경우 소위 '플랜B'에 따라 정부 주도의 '노동개혁 입법'을 추진하겠다고 압박하였다(한겨레 2015/09/14, 29).

9월 15일, 진통 끝에 마침내 노·사·정 대표자들이 서명한 '노동시장 구조개선을 위한 노사정 합의문'이 발표되었다.[31] 그 주요 내용을 쟁점별로 살펴보면 다음과 같다(〈표 27〉 참조). 첫째, 통상임금을 둘러싼 갈등을 해소하기 위해, 2013년 12월의 대법원 전원합의체 판결에 기초한 통상임금의 개념정의와 이에 해당하지 않는 제외금품 등에 대한 기준을 법률로 규정한다. 둘째, 노동시간 이슈는 2020년까지 연평균 근로시간은 1,800시간대로 단축될 수 있도록 노·사·정이 적극 협력하며, 1주일은 7일로 하여 휴일근로시간을 연장근로시간에 포함하고, 주당 근로시간은 52시간(기준근로시간 40시간+연장근로시간 12시간)으로 하며, 휴일근로의 연장근로 포함은 법 개정 후 1년이 경과한 시점부터 시작하여 기업규모를 기준으로 하여 1년씩 4단계에 걸쳐 시행한다. 셋째, 임금제도의 개선과 관련하여, 임금피크제의 추진에 합의하며 임금체계의 개선은 직무·숙련 등을 기준으로 하여 노사 자율로 추진한다. 넷째, 기간제 사용기간 연장 및 파견대상 업무의 확대 문제는 공동실태조사 및 전문가 의견수렴 등을 통해 대안을 마련하고, 합의사항은 정기국회 법안 의결시 반영토록 한다. 다섯째, 일반해고 및 취업규칙 불이익 변경 문제는 노·사 및 관련 전문가의 참여하에 근로계약 전반에 관한 제도개선 방안을 마련하며, 이 과정에서 정부는 일방적으로 시행하지 않으며 노사와 충분한 협의

31 합의문은 ① 노사정 협력을 통한 청년고용 활성화, ② 노동시장 이중구조 개선, ③ 사회안전망 확충, ④ 3대 노동현안(통상임금, 근로시간단축, 임금피크제)의 해결을 통한 불확실성 제거, ⑤ 노사정 파트너십 구축, ⑥ 합의사항 이행 및 확산 등으로 구성되었다.

표 27 쟁점별 노사정 합의 사항

쟁점		합의 내용
3대 노동 현안	통상임금	• 통상임금의 개념정의와 제외금품 등에 대한 명확한 기준의 입법화 • 노사는 통상임금 관련 소모적 갈등 방지 및 임금구성 단순화와 지급요건 명확화 등에 상호협력
	근로시간 단축	• 2020년까지 전 산업 근로자의 연평균 근로시간이 1,800시간대로 단축될 수 있도록 적극 협력 • 1주일은 7일로 하여 휴일근로시간을 연장근로시간에 포함하고, 주당 근로시간은 52시간(기준근로시간 40시간 + 연장근로시간 12시간)으로 함 • 휴일근로의 연장근로 포함은 법 개정 후 1년이 경과한 시점부터 시작하여 기업규모를 기준으로 하여 1년씩 4단계에 걸쳐 시행
	임금제도 개선	• 노·사는 정년연장 안착 및 점진적 퇴직 준비와 청년 신규채용 확대를 위하여 사업장 여건에 맞추어 임금·근로시간·근로일수 등의 조정을 추진 • 임금체계 개편방향은 직무, 숙련 등을 기준으로 하여 노·사 자율로 추진
비정규직 사용기간 연장 및 파견대상 업무 확대		• 기간제 및 파견 노동자에 대한 실태조사와 전문가와의 협의를 통해 대안을 마련, 그리고 합의사항은 정기국회 법안 의결 시 반영 • 추가 논의과제: 기간제의 사용기간 및 갱신횟수, 파견근로 대상 업무, 생명·안전 분야 핵심 업무에 대한 비정규직 사용제한, 노동조합의 차별신청대리권, 파견과 도급 구분기준의 명확화 방안, 근로소득 상위 10% 근로자에 대한 파견규제 미적용, 퇴직급여 적용문제 등
일반해고 및 취업규칙 요건		• 인력운영 과정에서의 근로관행 개선을 위하여 노·사 및 관련 전문가의 참여 하에 근로계약 전반에 관한 제도개선 방안을 마련 • 제도개선 시까지 공정한 평가체계를 구축하고, 근로계약 체결 및 해지의 기준과 절차를 법과 판례에 따라 명확히 함 • 정부는 일방적으로 시행하지 않고 노·사와 충분한 협의를 거침

출처: 경제사회발전 노사정위원회. 2015. 『노동시장 구조개선을 위한 노사정합의문: 사회적 대타협』을 참조하여 재작성.

를 거친다. 요컨대, 비교적 구체적 방안이 제시된 근로시간 단축을 제외하면 합의문의 내용은 대체로 원론적이고 추상적 수준에 머문 것으로, 다수의 쟁점 이슈들은 미합의된 상태로 후속 논의 과제로 이월되었다.

그럼에도 불구하고, '9·15 합의'를 계기로 정부는 '노동시장 구조개혁'을 일방적으로 밀어붙이기 시작했다. 이는 시차를 두고 두 단계에 걸쳐 진행되었다. 그 첫 단계는 2015년 9월 16일 새누리당의 '노동개혁 5대 법안' 국회 발의였고, 두 번째 단계는 2016년 1월 22일 저성과자 해고와 취업규칙 불이익 변경요건 완화 방안을 담은 정부의 '양대 지침' 발표였다. 이러한 상황 전개는 결국 노사정위의 복구와 노·사·정 협상을 적극 촉구했던 정부의 의도가 대화와 타협을 통한 사회적 합의보다는 노사정위 논의라는 형식적 절차를 동원하여 노동시장의 유연성을 제고하고 이를 정당화하는데 있음을 보여주는 대목이었다.

우선, '9·15 합의문'이 발표된 지 하루 만에 새누리당은 기다렸다는 듯이 국회에 '노동개혁 5대 법안'(기간제근로자법·파견근로자법·근로기준법·고용보험법·산재보험법)을 발의하였다. 이들 법안에는 '9·15 합의'에 포함되지 않았거나 그간 노동이 반대했던 내용들이 – ① 35세 이상 비정규직 노동자의 사용기간 제한을 2년에서 4년으로 늘림, ② 파견대상업무의 확대, ③ 휴일근로 가산할증률(8시간 이내는 50%, 8시간 초과 시 100%)의 감액조정, ④ 실업급여의 지급요건 강화[32] – 들어있었다. 이에 대한 조직노동의 반응은 분노 그 자체였다. 한국노총은 성명서를 발표하고 "새누리당의 일방독주는 합의를 깨겠다는 의도"라며 격하게 비난했으며, 민주노총은 정책논평을 통해 "새누리당 법안은 통상임금 축소, 노동시간 연장, 비정규직의 정규직 전환기회 박탈, 불법파견 합법화 등을 불러올 노동법 개악안"이라고 비판하였다(한겨레 2015/09/17, 1). 11월 14일, 민주노총 등 53개 진보단체들은 대규모 '민중총궐기대회'를 개최하였다. 이날 집회에는 약 10만 명에 달하는 노동자와 일반 시민들이 참여하여 노동시장 구조개편, 청년실업, 역사교과서 국정화 등

---

32 ①은 노·사·정이 함께 실태조사와 전문가 의견수렴을 통해 대안을 마련하기로 약속한 '9·15 합의문'의 위반이며, ②~④는 노·사·정 간의 합의가 이뤄지지 않은 사항이었다.

에 대한 정부정책을 규탄하였다.

노동자·시민들의 분노가 폭발적으로 분출되는 가운데, 11월 16일 '노동개혁 5대 법안'이 국회 환경노동위원회에 상정되었다. 한국노총은 즉시 기자회견을 개최하고, 정부·여당이 "9·15 노사정 합의를 위반한 5대 노동법안"을 철회하지 않을 경우 "합의 파기로 간주하고 투쟁을 전개할 것"임을 선언하였다(경향신문 2015/11/21, 11). 노·정 갈등이 심화되는 상황에서, 정부와 여당은 연내 법안처리를 고수하였다. 그러나 야당들의 입장은 달랐다. 야당들은 5대 법안이 '9·15 합의'에 대한 후속 논의가 부재한 상태에서 제출된 것이며 또한 내용적으로도 노동개혁과 무관한 '노동악법'이라며 입법화에 반대하였다.

5대 입법안의 국회통과가 어려워지자, 노동부는 12월 30일 '일반해고 및 취업규칙 변경요건 완화 지침'의 초안을 발표하였다. 이 같은 정부의 움직임은 '노동 5법'이 통과되지 않을 경우 '양대 지침'이라도 조속히 시행하여 노동시장 구조개편에 속도를 내겠다는 의지의 표현이었다. '양대 지침'의 내용은 ① 사용자가 근로자를 정당한 이유 없이 해고하지 못한다고 규정한 근로기준법 제23조 1항을 완화하여 저성과자나 근무태도가 불량한 자를 해고할 수 있도록 하며, ② 근로자에게 불이익을 줄 수 있다고 간주되는 취업규칙을 변경할 때 노조나 노동자 대표의 동의를 얻도록 한 근로기준법 제94조 1항을 완화하여, '사회통념상 합리성'이 인정되면 취업규칙 변경의 효력을 인정하도록 한다는 것이었다.[33] 정부의 '양대 지침'을 둘러싼 자본과 노동의 반응은 각각 '환영'과 '투쟁'으로 극명하게 엇갈렸다(세계일보 2015/12/31, 10).

2016년 1월 7일, 정부안을 제출받은 노사정위 노동시장구조개선 특별위원회는 전체회의를 열고, '9·15 합의'의 후속 논의 과제인 '양대 지침'의 논의를 위해 한국노총의 참여를 요청하였다. 그러나 한국노총은 냉담하였다. 한국노총은 "정

33 예컨대, 근로기준법(제94조 1항)에 의하면, 임금피크제의 경우 근로자에게 불이익을 주는 취업규칙의 변경에 해당되어 노조나 근로자 과반수 대표의 동의를 받아야 한다. 그러나 취업규칙에 대한 행정지침이 도입될 경우, 임금피크제 도입에 대해 노조나 근로자 과반수 동의 없이 '사회통념상 합리성'에 따라 취업규칙 변경이 가능하게 된다.

부·여당이 합의정신을 존중해 양대 지침에 대해 시한의 정함 없이 원점에서 협의한다는 입장과 9·15 합의 내용에 맞는 5대 노동법안을 공식적·공개적으로 천명하지 않을 경우, 19일 기자회견을 통해 향후 투쟁계획과 노사정위 탈퇴 입장을 발표"할 것이라고 강하게 반발하였다(경향신문 2016/02/12, 1). 그러자 대통령은 기존의 입장에서 약간 물러서는 타협안을 제시하였다. 타협안의 내용은 '5대 법안' 중 '기간제근로자법'을 제외한 4개 법안의 조속한 입법, 그리고 '양대 지침'의 추진이었다. 하지만 한국노총의 입장은 여전히 강경했다. 1월 19일, 한국노총은 '9·15 합의'의 최종 파기 및 노사정위 불참을 선언하였다(한겨레 2016/01/20, 1).

정부의 태도도 강경하였다. 2016년 1월 22일, 노동부장관은 '저성과자 해고' 및 '취업규칙'에 대한 행정지침을 전격적으로 발표하였다. 노동부장관은 '양대 지침'의 시행이 기업경쟁력 강화, 비정규직 감소, 청년 일자리 창출, 대다수 성실한 근로자에 대한 고용안정 등 '1석 4조'의 효과를 가져올 것이라고 주장했다. 그러나 노동은 '양대 지침'을 "사용자에게 해고 면허증과 임금·근로조건 개악 자격증을 내준 것"이라며 강하게 비판하면서, 대정부 투쟁을 선언하였다(서울신문 2016/01/23. 3). 이로써 노·정 간의 대립은 더욱 격화되어갔다. 정부와 여당은 노동시장의 불확실성 제거와 경제활성화를 위해 노동개혁 4대 법안의 '일괄 처리'를 계속해서 촉구하였으나, 야당(더불어민주당, 국민의당, 정의당)은 '파견근로자법'[34] 처리 불가 입장을 표명하면서, 파견근로자법과 나머지 3개 노동개혁 법안들의 '분리 처리'를 주장하였다(동아일보 2016/01/26, 4). 이후 여·야의 대치 상황은 지속되었고, 20대 총선에서 새누리당의 패배와 '여소야대' 국회의 출현으로 노동개혁 법안은 더 이상 심의되지 못하고 표류하였다.

34 정부·여당이 국회에 제출한 파견법 개정안의 내용은 ① 근로소득 상위 25%(2015년 기준 연봉 5,600만원) 이상 전문직과 ② 이른바 '6개 뿌리산업'(주조, 금형, 용접, 소성가공, 표면처리, 열처리)에 파견을 허용하며, ③ 55세 이상 고령자는 어느 업종에서든 파견 근로자가 될 수 있도록 허용한다는 것이다.

Ⅴ. 요약 및 결론

제17대 대선에서 보수 정치세력이 집권에 성공하였다. 이명박 후보의 승리는 노무현 정부에 대한 진보 및 중도 성향 유권자들의 실망과 이탈 그리고 '신자유주의적 성장주의'를 전면화한 보수 정치세력이 '성장' 지향의 유권자들의 결집과 지지를 성공적으로 이끌어낸 결과물이었다. 이로써 1997년과 2002년 대선에서 연달아 패배했던 보수 정치세력은 10년 만에 정권 탈환에 성공하였다. 권력의 중심축이 진보진영에서 보수진영으로 옮겨간 것이다.

'비즈니스 프렌들리'를 앞세운 이명박 정부의 자본 편향적 경제정책은 노동시장의 유연성 제고와 투자환경의 개선이라는 뚜렷한 목표를 가지고 진행되었다. 2008년의 국제금융위기는 정부의 자본 편향적 경제정책을 더욱 강화시키는 방향으로 작용하였다. 국제금융위기로 인해 세계경제는 빠른 속도로 위축되었고, 한국경제 역시 침체되기 시작하였다. 이에 따라 '경제 살리기'는 이명박 정부의 최우선 정책목표가 되었고, 이는 곧바로 노동통제 강화의 명목으로 활용되었다. 이른바 '노사관계 선진화' 프로젝트는 노동시장 유연성의 제고를 통한 자본 우위의 노사관계를 공고화하는 작업이었다. 이명박 정부의 노동통제전략은 노동운동의 준법 관행 확립이라는 노사관계의 법치화 및 행정적 통제의 강화, 그리고 사회적 대화의 실종으로 구체화되었다.

그러나 이명박 정부의 기업 친화적 경제정책은 기대했던 경제성장과 일자리 창출에서 뚜렷한 성과를 내지 못했다. 이명박 정부 5년 동안 연평균 성장률과 연평균 고용률은 출범 당시 약속했던 각각 7%와 70%에 훨씬 못 미치는 3.2%와 63.6%에 불과하였다. 그 결과 임기 말인 2012년 이명박 대통령의 국정운영에 대한 국민들의 평가는 매우 부정적이었으며, 대선 기간에 임박하면서 이명박 대통령에 대한 국민적 지지도는 지속적으로 낮아졌고, 정권교체에 대한 도전세력의 기대는 점차 높아가고 있었다.

그럼에도, 2012년 12월에 치러진 제18대 대선은 새누리당 박근혜 후보의 승리로 마감되었다. 보수 세력의 재집권은 새누리당과 박근혜 후보의 효과적인 선거전략에 따른 보수 세력의 결속과 부동층의 흡수에 기인하였다. 대통령 선거과정에서 박근혜 후보는 그간 진보 및 자유주의 진영의 핵심 공약으로 간주되었던 복지확대와 경제민주화 등의 진보적 이슈들을 자신의 선거공약으로 재빨리 수용·선점함으로써, 노골적으로 신자유주의적 경제정책을 추구한 이명박 정부와의 정책적 차별성을 부각시켰다. 하지만 새누리당과 박근혜 후보의 대선 공약은 얼마 지나지 않아 선거승리를 위한 수단적인 것에 불과했던 것으로 드러났다. 대선 승리 이후, 박근혜 대통령은 몇 차례에 걸친 국정과제의 수정과정을 통해 진보적 공약들을 변질 혹은 폐기시켜 나갔다. 노동정책도 예외가 아니었다. 대선 과정에서 약속한 노동공약들은 후퇴 혹은 철회되었고, 대신 법치주의를 앞세워 전교조를 법외노조로 만들었으며, 일자리 창출을 내세워 고용유연성을 더욱 강화하는 '노동시장 구조개혁'을 추진하였다.

결국 이명박·박근혜 정부의 노동정책은 시장효율성을 극대화하는 방향으로 노동시장 및 노사관계의 게임규칙과 절차를 변경하는 것이었다. 이들은 고용유연성을 강화하기 위해 시장논리에 기초한 노사관계 및 고용관계를 강요하거나, 이것이 곤란할 경우 법으로 강제하는 방법을 구사하였다. 그 결과, 노동 현안들이 대화와 타협보다는 사법부의 판단과 행정지침으로 종결되고, 단체협약과 고용계약이 '사회적 연대와 책임'의 논리보다는 '시장효율성과 성과주의'의 논리에 근거하는 '시장자유주의'적 경향이 더욱 심화되고 있다.

제14장
노동정치의 현실과 과제

Ⅰ. 시장자유주의와 노동자

사회적 합의주의 실험의 퇴조와 최종적 실패, 그리고 경제적 합리주의에 기반을 둔 시장자유주의의 등장과 작동이 노동자들에게 미친 영향은 매우 암울한 것이었다. 사회안전망에서 방치된 비정규직 노동자가 양산되고 계층 간 소득불평등은 심화되고 있으며, 심지어 정규직 노동자의 고용안정성마저 위협받고 있다. 노동자들의 절망감은 심각한 상태이나 이들을 대변할 조직노동의 역량은 매우 취약한 상태이다.

1. 심화된 소득불평등

가장 가시적인 현상은 소득불평등의 심화이다. 이는 기본적으로 경제성장률 둔화에 따른 일시적인 현상이기보다는 시장논리의 강화로 인해 임금소득이 빠른 속도로 양극화된 데 그 원인이 있는 것으로 분석되고 있다(김재호·정주연 2013). 〈표 28〉은 김대중(1998~2002년), 노무현(2003~2007년), 이명박·박근혜(2008~2014년) 정부 기간 동안의 소득불평등 지수의 평균값을 나타낸 것이다. 이에 의하면, 소득불평등은 이명박·박근혜 정부에 들어 더욱 심화되었음을 보여준다. 구체적으로, 김대중 정부 기간 동안 평균 0.291을 기록하였던 지니계수가 노무현 정부 동안 0.299로 상승하였고, 이는 다시 이명박·박근혜 정부에 들어서 0.313으로 증가하였다. 또한 최하위 20% 가구의 소득점유율 대비 최상위 20% 가구의 소득점유율을 나타내는 5분위배율 역시 김대중 정부하에서 평균 4.71배였던 것이 노무현 정부시기에 5.19배로, 그리고 이명박·박근혜 정부 시기에 5.88배로 늘어났다. 소득불평등이 심화됨에 따라, 중위소득의 50% 미만인 가구 비율을 의미하는 상대적 빈곤율은 김대중 정부 시기의 11.3%에서 노무현 정부 시기에는 13.4%로 증가하였고, 이명박·박근혜 정부 시기에는 14.6%로 높아졌다.

표 28 정부별 도시근로자 2인 이상 가구의 소득분배 추이(시장소득기준)

기간별 평균	김대중 정부 (1998~2002)	노무현 정부 (2003~2007)	이명박·박근혜 정부 (2008~2014)
경제성장률	5.3	4.5	3.2
지니계수	0.291	0.299	0.313
5분위배율	4.71	5.19	5.88
상대적 빈곤율	11.3%	13.4%	14.6%

출처: 한국노동연구원. 2016. 『2016 KLI 노동통계』.

이와 더불어, 국민소득 중에서 노동소득이 차지하는 정도를 나타내는 노동소득분배율은 1998년 80.4%에서 2000년에는 75%로 하락하였고, 금융위기가 발생한 2008년에는 70.9%로 더 낮아졌으며, 2013년에는 69.5%로 더욱 감소하였다(이병희 외 2014, 28). 노동소득분배율의 지속적인 감소는 국민경제의 성장에도 불구하고 노동자들의 실질임금이 경제성장률만큼 증가하지 않음으로써 실질가계소득이 늘어나지 않았기 때문이다(장하성 2014, 37). 구체적으로, 지난 2004년부터 2014년까지 11년 동안 연평균 경제성장률은 3.6%였지만, 같은 기간 동안 연평균 실질임금성장률은 1.6%에 불과하여 연평균 실질가계소득 증가율은 1.8%를 기록하였다. 결과적으로 11년 동안 국민경제는 41.7% 성장했는데 가계소득 증가는 경제성장의 절반에도 미치지 못하는 19.6%에 불과하였다. 노동자들은 이른바 '임

그림 5 경제성장률, 실질임금성장률, 실질가계소득증가율(2000~2014년)

출처: 한국노동연구원. 2016. 『2016 KLI 노동통계』; 통계청. 각 연도. 『가계동향조사』.

금 없는 성장'과 '분배 없는 성장'을 경험하고 있는 것이다(〈그림 5〉 참조).

2. 증가하는 비정규직 노동자

국가의 노동시장 유연화정책은 비정규직 노동자를 빠르게 양산시켰다. 고용노동부의 집계에 의하면(〈그림 6〉), 전체 임금근로자 가운데 비정규직 비율은 2002년 27.4%에서 2004년 37%로 급격히 증가하는 모습을 보이다가, 2007년 기간제 노동자 보호에 관한 법이 시행된 이후 서서히 감소하여 2015년에는 32.5%를 기록하였다. 그러나 비정규직의 절대 규모는 2002년도의 약 3백 84만 명에서 꾸준히 증가하여 2004년에는 5백만 명을 넘어섰고, 2014년에는 6백만 명으로 늘었다. 그리고 2015년에 들어서는 비정규직 노동자가 약 6백 27만 명으로 더욱 늘어나, 2002~2015년 기간 동안 약 1.6배 증가하였다. 전체적으로, 비정규직 노동자의 규모는 시간이 지날수록 늘어나는 추세를 보이고 있다.

그림 6 비정규직 노동자의 규모와 비율

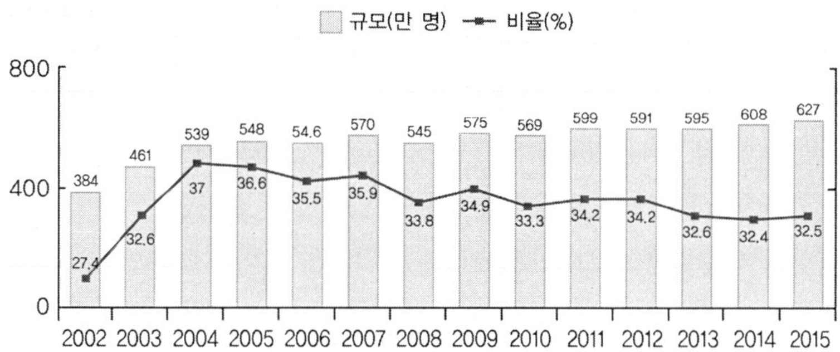

출처: 통계청. 각 연도. 『경제활동인구조사: 근로형태별 및 비임금근로 부가조사결과』.

비정규직 노동자의 규모가 증가하고 있다는 것도 문제지만, 더욱 심각한 것은 정규직과 비정규직 간의 임금격차가 지속적으로 확대되고 있다는 점이다. 〈표 29〉에 의하면, 정규직 노동자의 월평균 임금을 100으로 했을 때, 비정규직 노동자의 월평균 임금은 2002년에 67.1, 2006년에 62.8, 2008년에 61.1, 2011년에 56.4, 그리고 2015년에 54.4로 지속적으로 하락하여 정규직과 비정규직 간의 임금격차는 시간이 갈수록 벌어지고 있다.

표 29 정규직과 비정규직 노동자 간의 임금격차

	2002	2003	2004	2005	2006	2007	2008	2009	2010	2011	2012	2013	2014	2015
정규직 (만원)	145.6	167.8	177.1	184.6	190.8	200.8	212.7	220.1	229.4	238.8	246.0	254.6	260.4	269.6
비정규직 (만원)	97.7	102.8	115.2	115.6	119.8	127.6	129.6	120.2	125.8	134.8	139.3	142.8	145.3	146.7
임금 격차	67.1	61.3	65.0	62.6	62.8	63.5	61.1	54.6	54.8	56.4	56.6	56.1	55.8	54.4

출처: 통계청. 각 연도. 『경제활동인구조사: 근로형태별 및 비임금근로 부가조사결과』.

임금의 차이뿐만 아니라, 비정규직 노동자들은 사회복지의 혜택에서도 매우 불리한 처지에 놓여있다. 2015년 3월 기준으로, 정규직 노동자들의 국민연금 가입률은 82%인 데 비해 비정규직 노동자는 37.9%로 전체 비정규 노동자의 절반에도 미치지 못하였다. 건강보험과 고용보험 가입률 역시 정규직이 각각 84.7%와 82.7%인 반면, 비정규직은 45.2%와 44%로 큰 차이를 보이고 있다. 나아가, 비정규직 노동자들은 기업의 근로복지 수혜율에 있어서도 불리한 처지에 놓여있다. 퇴직금과 상여금 수혜율을 보면, 정규직은 각각 83.4%와 84.4%인 데 비해 비정규직은 각각 41.6%와 40.7%만이 혜택을 받고 있다. 시간외 수당을 받는 비율도 정규직이 58.3%이지만, 비정규직은 24%에 불과하다. 또한 유급휴가를 받는 비율 역시 차이가 있는데, 비정규직은 32.6%로 정규직의 73.8%에 비해 크게 낮다(통계청 2016, 17-18).

3. 회복되지 않는 노동의 조직역량

민주화 이후 한때 18.7%(1989년)에 달하던 노조조직률은 외환위기 직후인 1998년 11.4%까지 감소하였으며, 급기야 금융위기 직후인 2010년에는 한 자릿수(9.7%)까지 떨어졌다. 2011년에 복수노조제도 시행의 영향으로, 노조조직률은 2012년에 두 자릿수(10.1%)를 겨우 회복하여 2013년에 이어 2014년에도 10.3%를 유지하고 있는 실정이다(〈그림 7〉 참조). 이러한 저조한 노조조직률의 지속은 비정규직 노동자의 증가에 기인하는 것으로 파악된다. 정규직과 비정규직 노동자의 노조가입률이 집계되기 시작한 2003년도부터의 통계 수치를 살펴보면, 정규직 노동자의 노조가입률(2003~2014년)은 평균 19.9%인 데 비해, 같은 기간 비정규직 노동자의 노조가입률은 평균 1%에 불과하였다. 비정규직 노동자의 노조가입률이 저조한 이유는 정규직 노동자들에 비해 노동조합에 대한 접근 자체가 상대적으로 어렵기 때문이다. 2014년 8월 실시된 통계청의 설문조사에 의하면, 비정규직 노동자들의 82.4%가 사업장에 노동조합이 아예 존재하지 않는다고 응답하였으며,

그림 7 노조조직률의 변화 추이(1996~2014년)

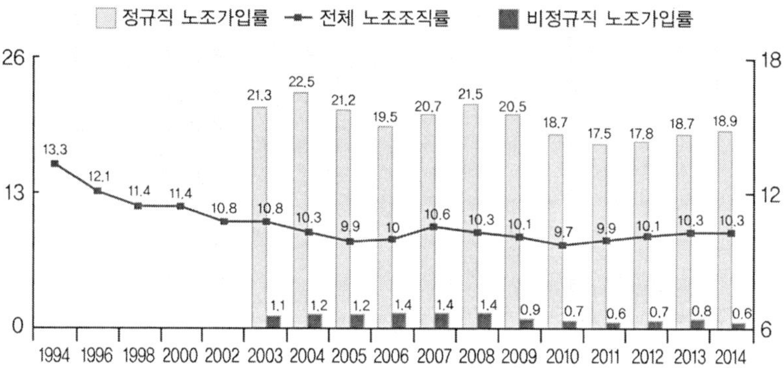

출처: 한국노동연구원. 2016. 『2016 KLI 노동통계』.

12.5%가 사업장에 노동조합이 존재하지만 노조규약이나 법률에 의해 비정규직은 노조 가입 대상이 아니라고 응답하였다(통계청 2014, 18). 이러한 조사결과는 기본적으로 노조조직률의 감소 및 정체가 노동시장 유연화 정책에 따른 비정규직 노동자의 증가에서 비롯되고 있음을 시사한다.

한국의 노조조직률은 OECD 회원국들과 비교할 때 매우 낮은 수준이다. 2013년을 기준으로 국제노동기구(ILO)가 집계한 통계에 따르면, 한국은 34개 OECD 회원국들 가운데 31위로 노조조직률이 매우 낮은 나라에 속한다. 〈그림 8〉에 의하면, 노조조직률이 50%를 상회하는 나라들은 아이슬란드(85.5%), 핀란드(69%), 스웨덴(67.7%), 덴마크(66.8%), 벨기에(55.1%), 노르웨이(52.1%) 등 6개국이며, 이와는 대조적으로 한국의 노조조직률은 10.3%로 OECD 회원국 중 에스토니아(5.7%), 터키(6.3%), 프랑스(7.7%)에 이어 4번째로 낮은 것으로 조사되었다. 저조한 노조조직률은 기본적으로 노동의 조직역량이 취약함을 뜻하며, 그만큼 국가와 자본에 대응할 조직노동의 정치적 역량이 미약함을 의미한다. IMF의 보고서에 의하면, 노조조직률이 하락할수록 소득불평등이 커지는 경향이 있다(IMF 2015). 왜

그림 8 OECD 회원국가의 노조조직률과 단체협약 적용률(2013년)

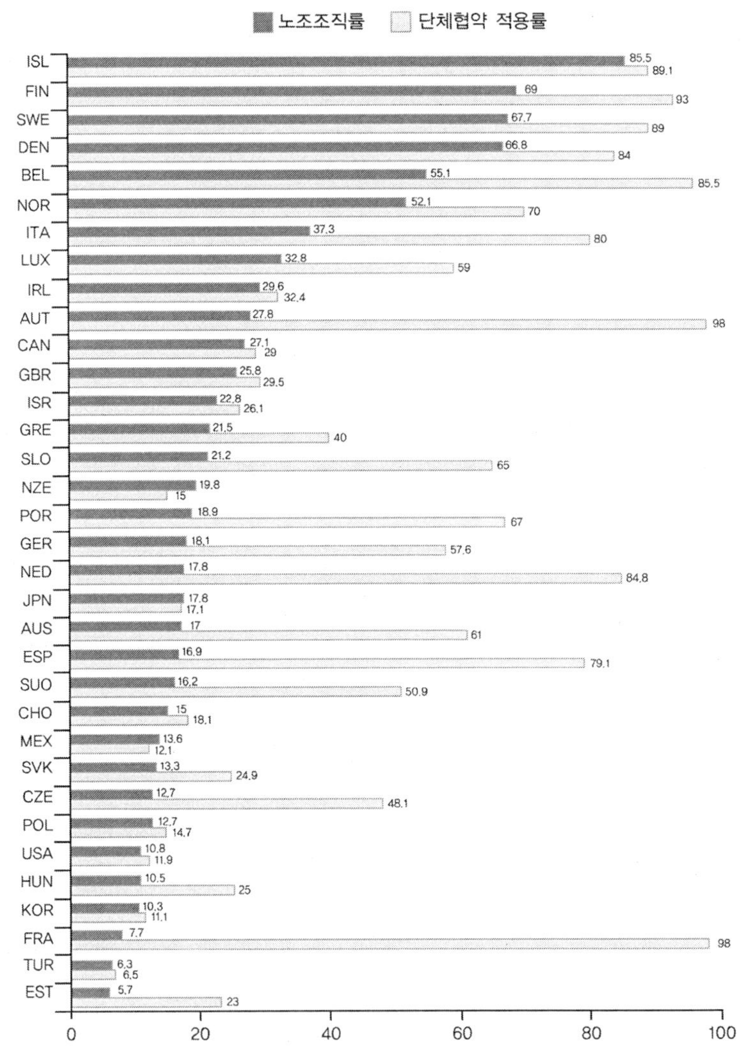

출처: http://www.ilo.org/ilostat/(검색일: 2016년 8월 14일)

냐하면, 노동조합의 영향력이 떨어질수록 노동자들이 자신의 이해를 경제정책과 기업의 의사결정과정에 반영하기 어려워지기 때문이다.

뿐만 아니라, 한국의 단체협약 적용률은 11.1%로 OECD 국가들 가운데 최하위 수준이다(〈그림 8〉 참조). 이는 노조가 자본과의 단체협상에서 일정한 성과를 거둘지라도 그 혜택이 일부 정규직 노동자와 조합원들에게만 돌아감을 의미한다. 하지만 한국보다 노조조직률이 낮은 프랑스의 경우, 단체협약 적용률은 98%에 이르고 있다. 이는 사업장 수준의 노조와 사용자 간의 단체협약이 비정규직 혹은 비조합원을 포함한 모든 노동자에게 적용됨을 뜻한다. 비록 낮은 노조조직률임에도 불구하고, 프랑스에서 비교적 높은 수준의 노동자 권익보호가 가능한 이유가 바로 이 때문이다. 즉 높은 단체협약 적용률이 낮은 노조조직률의 보완재 역할을 하고 있는 것이다. 이에 비해, 한국은 노조조직률도 낮을 뿐만 아니라 단체협약 적용률도 낮다. 이 점에서 한국 노동운동의 정치경제적 역량은 매우 취약할 수밖에 없다.

나아가, 한국의 노동운동은 연대의 형성 및 실천에 매우 불리한 '정규직과 비정규직' 간의 균열 현상을 경험하고 있다. 이는 기본적으로 외환위기 이후 국가와 자본의 구조조정 공세로 인해 노동시장의 경쟁도가 심화되고 고용안정성이 크게 훼손된 데서 비롯되었다. 즉 노동시장의 변화가 정규직과 비정규직 간 이해관계를 빠른 속도로 제로섬 게임(zero-sum game)적 성격으로 변화시켰다. 자본은 노동조합의 보호를 받지 못하는 비정규직을 우선적 해고 대상으로 삼았으며, 노동조합 역시 구조조정을 둘러싼 노사갈등 속에서 정규직 노조원의 고용안정을 위해 비정규직 노동자들의 해고를 묵인하거나 적극적으로 활용하는 경향을 보였다. 이 과정에서 정규직과 비정규직 간의 균열은 더욱 가시화되었다(조돈문 2008).

균열은 여기에 멈추지 않고, 노동운동의 내적 연대의 약화로 번져갔다. 대체로 정규직은 대기업, 숙련노동자, 조직노동 부문에 집중되어 있는 반면, 비정규직은 중소기업, 비숙련노동자, 무노조 부문에 집중되어 있다. 문제는 민주화 이후 민주노조운동을 주도해 왔던 대기업노조들이 외환위기 이후 점차 연대 지향의 전략을 약화시키고 실리 지향의 전략을 증대시켜 왔다는 점이다(조효래 2005). 즉 국가와 자본의 구조조정 공세에 직면하여 대기업노조들은 기존의 노동운동 연대전략을 버리고 정규직 노동자의 경제적 이익을 우선시하는 전략으로 전환하였던 것이다. 그 결과, 대기업노조는 '귀족 노조'라는 사회적 이미지가 형성되었고, 노동운동의 위기론이 부상되었다. 이는 최종적으로 조직노동에 대한 사회적 신뢰를 낮추는 방향으로 작용하였다. 동아시아연구원의 여론조사에 의하면, 조직노동의 사회적 신뢰도(0~10점)는 2005년의 4.85에서 2008년에는 4.12, 그리고 2013년에는 3.75로 더욱 하락하였다.[1]

4. 희망을 잃어가는 노동자

이러한 일련의 상황 전개는 노동자들의 미래에 대한 절망감으로 이어지고 있다. 우선 가구주를 대상으로 통계청이 실시한 설문조사에 의하면, 우리사회에서 일생동안 노력을 한다면 개인의 사회경제적 지위가 높아질 가능성이 '높다'고 응답한 가구주의 비율은 2009년의 35.7%에서 2011년에는 28.2%, 그리고 2015년에는 21.8%로 지속적으로 감소한 반면, '낮다'고 대답한 가구주의 비율은 2009년에 41.1%에서 2011년에는 58.7%, 그리고 2015년에는 62.2%로 꾸준히 상승한 것으로 나타났다. 이러한 양상은 다음 세대의 사회경제적 지위가 높아질 가능성에 대해 묻는 질문에서도 마찬가지이다. 즉 자식 세대의 사회경제적 지위 상승 가능성에 대해 '높다'고 응답한 비율은 2009년의 48.4%에서 2011년에는 41.7%, 그리고 2015년에는 31.0%로 낮아진 반면, '낮다'고 대답한 비율은 2009년의 30.8%에서 2011년에는 42.9%, 그리고 2015년에는 50.7%로 늘어나는 추세를 보였다(통계청 2009; 2015).

미래에 대한 절망감은 일반시민들을 대상으로 수행된 설문조사에서 더욱 심각한 수준인 것으로 드러난다. 현대경제연구원이 시민들을 대상으로 2013년과

1 여론조사 결과는 동아시아연구원 웹사이트(http://www.eai.or.kr)에서 찾아볼 수 있다.

2015년에 실시한 설문조사에 의하면, "개개인들이 아무리 노력하더라도 계층상승이 힘들다"는 부정적 인식이 2013년 75%에서 2015년 81%로 증가한 것으로 나타났다. 이러한 비관적 인식은 모든 계층에서 나타나고 있는데, 소득수준이 낮은 계층일수록 비관적 인식의 상승폭이 높은 것으로 조사되었다.[2] 이와 더불어, "부와 가난의 대물림이 심각하다"고 응답한 사람의 비율이 2015년에 무려 91%에 달하였다(현대경제연구원 2015). 이러한 기회불평등 인식의 광범한 확산은 최근 국내의 언론과 온라인에서 회자되는 '수저론'[3]과 더불어, 최근 한국인의 행복지수가 하락하고 있다는 해외기관들의 평가가 결코 우연이 아님을 시사한다.[4]

Ⅱ. 반복되는 노동의 배제와 소외

한국사회는 다양한 형태의 노동정치를 경험하면서 오늘에 이르고 있다. 〈표 30〉이 보여주듯이, 비일상적 상황에 의해 촉발되고 정치체제의 성격에 의해 제약 혹은 촉진되는 사회연합구도의 역동에 따라 노동정치는 대체로 국가권위주의 → 갈등적 다원주의 → 사회적 합의주의 → 시장자유주의로의 변화를 거듭해 왔다. 이러한 변화는 기본적으로 노동의 정치적 능동성과 적극성이 점차 증대됨에 따

2 계층상승에 대한 비관적 인식은 2013년과 2015년에 각각 다음과 같이 상승한 것으로 나타났다: 월소득 300만원 미만 계층의 경우 75.8%에서 86.2%로, 월소득 300~500만원 미만의 계층의 경우 76.8%에서 83.4%로, 그리고 월소득 500만원 이상 계층의 경우 73.5%에서 76.7%로 증가하였다.

3 '수저론'은 2015년 하반기부터 유행한 일종의 사회적 풍자로, 부모의 재산에 따라 자녀의 신분이 결정된다는 것이다. 즉 부모의 재산이 많으면 금수저, 그 다음이 은수저와 동수저, 그리고 부모의 재산이 없으면 흙수저이다.

4 미국의 여론조사 기관인 갤럽에 따르면, 한국인의 행복지수는 2013년에 100점 만점 중 63점으로 조사대상 143개국 중 94위였으나 2014년에는 59점으로 118위로 하락하였다(한겨레 2015/03/24). 또한 유엔이 발간하는 '세계행복보고서'(World Happiness Report)에 의하면, 한국은 2013년에 10점 만점 중 6.267점으로 41위, 2014년에 5.984점으로 47위, 그리고 2015년에 5.835점으로 58위로 지속적으로 하락하였다(United Nations 각 연도).

라, 국가와 자본의 대응전략 역시 '계급억압'의 형태에서 '계급타협'을 유인·확보하는 형태로, 그리고 '계급은폐'를 추구하는 형태로 빠르게 진화된 데 기인한다. 이러한 거듭된 변화들은 국가-자본 연합이 비교적 안정적으로 유지되어 왔다는 기존 연구들의 관찰(제1장 참조)과 사뭇 다른 것이며, 국가-노동-자본 관계가 경제성장 및 자본축적 등의 경제적 변수에 영향을 받는다는 기존 연구들의 해석(제1장 참조)과도 상이한 것이다. 우리의 분석에 의하면, 그간 국가-자본 연합이 항상 안정적으로 유지되었던 것은 아니다. 정치변동 및 경제위기의 시기에 국가-자본 연합은 정치적으로 수세에 몰려 매우 불안정하고 취약한 모습을 노정하곤 하였다. 또한 우리의 분석은 경제성장 및 자본축적 등의 경제적 변수가 국가-노

표 30 한국 노동정치의 변화와 동학

정권의 성격	비일상적 상황	사회연합정치	노동정치
이승만 정권: 가부장적 권위주의 (patrimonial authoritarianism)	• 한국전쟁 • 1960년의 정당성/경제위기	• (여촌야도 선거연합)	• 국가권위주의: 국가의 가부장적 노동약탈
장면 정권: 보수 지향의 형식민주주의	• 통치능력(governability)의 위기	• 보수 對 혁신	• 갈등적 다원주의: 노동의 도전과 국가의 이중적 노동통제 전략
박정희·전두환 정권: 권위주의적 안보·발전주의 (security-developmentalism)	• 태생적 정당성위기 • 1980년의 경제위기	• 개발독재 對 민주화 (여촌야도 선거연합)	• 국가권위주의: 국가-자본 연합의 노동 배제
노태우·김영삼 정권: 절차적 민주주의의 회복; 개혁과 보수엘리트의 동거	• 1987년의 정당성위기(민주화); 분배위기(노동자대투쟁)	• 보수 對 진보 (지역주의 선거연합)	• 갈등적 다원주의: 국가-자본 연합에 대한 노동의 도전
김대중·노무현 정권: 민주주의와 시장경제의 병행; 진보적 신자유주의	• 1997년의 경제위기	• 신자유주의 對 반신자유주의 (지역주의 선거연합)	• 사회적 합의주의: 국가·노동·자본의 타협(민주노총 이탈)
이명박·박근혜 정권: 신자유주의적 성장주의	• 2008년의 국제금융위기	• 친성장 對 친복지 (지역주의 선거연합)	• 시장자유주의: 국가-자본 연합의 노동 배제

동-자본 관계에 관여하는 중요 요인들 가운데 하나임에 분명하지만, 노동정치의 구체적인 모습과 역학을 결정하는 핵심 요인은 정치적·사회적 변수임을 보여준다.

한국의 노동자들이 결코 수동적인 존재가 아니었음에도 불구하고, 노동은 여전히 국가와 자본에 의해 배제되고 소외되고 있는 것이 오늘의 현실이다(〈표 30〉 참조). 왜 그럴까? 가장 중요한 이유는 노동의 계급적 결속과 사회적 연대의 형성과 지속을 가로막는 정치적·사회적 요인들이 누적되어 작동한 결과였다. 구체적으로, 일제식민통치와 해방3년 그리고 이승만 정권을 거치면서 형성된 보수·반공주의, 1960년대 이래 권위주의적 산업화 과정에서 만들어진 강고한 국가-자본 동맹, 1987년 6월항쟁 이후 보수적인 민주화와 지역정당체제, 그리고 세계화에 따른 신자유주의적 헤게모니의 누적적 상호작용이 노동의 정치세력화를 방해하고 친노동적 사회연합의 형성과 지속을 어렵게 하였기 때문이다.

1. 보수·반공주의

가장 먼저 주목해야 할 대목은 일제의 한반도 강점 35년, 해방 3년, 그리고 이승만 정권의 시기이다. 왜냐하면, 이 시기를 거치면서 정부수립 이후 국가·노동·자본 간의 경쟁 양상, 특히 노동운동의 성격과 범위를 규율하는 매우 보수적인 정치적 지형이 거의 결정되었기 때문이다.

역사적으로 한반도의 임금노동자들이 그 출현과 함께 맨 처음 대면해야 했던 대상은 '노동 적대적'인 일제 식민주의자였으며, 그들에 동화된 조선인 자본가였다. 일제강점기 35년 내내 임금노동자들은 조선총독부의 혹독한 정치적 탄압과 식민지 자본가들의 병영적 노동통제와 권위주의적 노무관리를 경험해야 했다. 이에 따라, 일제의 식민통치가 끝나갈 무렵, 노동현장에는 기업주와 노동자가 서로 대립하는 적대적 노사관계가 광범위하게 형성되어 있었다.

뒤이은 해방 3년의 기간 동안 국가형성을 둘러싼 좌우익 간의 적대적 경쟁의 결과는 대단히 협소한 노동운동의 조직적 공간과 정치적 이념공간을 만들어냈다. 식민정권의 붕괴는 '한반도에 어떤 국가를 수립해야 하는가?'를 둘러싼 치열한 정치적 대립을 낳았으며, 이는 자연스럽게 노동을 사회연합정치의 장으로 끌어들였다. 조선공산당을 비롯한 좌파세력은 재빨리 노동을 포섭하여 1945년 11월 '조선노동조합전국평의회'(전평)를 결성하였고, 이에 맞서 우파세력은 우익청년단체들을 동원하여 1946년 3월 10일 대한독립촉성노동총연맹(대한노총)을 결성하였다. 극심한 좌우익 대결구도가 전면화되면서 좌우익 간의 '계급전쟁'은 불가피하였고, 그 격렬한 싸움은 우익의 승리로 마감되었다. 그 결과는 지극히 반(反)노동적인 것이었다. 우익 정치집단들 사이에는 좌파적 이념노선 및 그에 기초한 노동운동은 결코 용납될 수 없다는 사회적 헤게모니가 자연스럽게 형성되었고, 재산권과 경영권을 위협받았던 기업가들에게 조직노동은 협력의 대상이기보다는 통제와 억압의 대상으로 간주되었다.

1948년 이승만 정권의 출범은 크게는 좌익의 몰락과 반공체제의 성립을 의미하였고, 작게는 전평의 와해와 대한노총의 주도권 쟁취를 의미하였다. 1948년 12월 '국가보안법'의 제정과 동년 8월 대한노총 위원장이었던 전진한의 사회부장관 취임은 이러한 변화를 상징하는 것이었다. 그러나 정국의 변화가 생산현장의 노동자들이나 조직노동의 연맹체인 대한노총에게 결코 우호적이지 않았다. 노동자들의 이해를 대변할 좌파 정당이 사라진 상태에서, 한민당은 자본의 이익을 적극적으로 대변하기 시작하였고, 기업가들은 노골적으로 노조활동을 억압하였다. 특히 1949년 7월 국가공무원법의 제정으로, 대한노총의 핵심 구성원인 국영기업노조들(철도, 광산, 전업 등)은 해체될 운명에 처하게 되었다. 조직 와해의 위기에서 대한노총을 보호해 준 정치세력은 이승만 대통령이었다. 대통령은 국가공무원법의 제정에도 불구하고 국가관리 하에 있던 국영기업에서도 노조가 여전히 합법적으로 활동할 수 있게 정치적으로 보장하였고, 그 대가로 대한노총 지도부는 이승만 개인에게 충성하고 반공주의를 홍보하고 전파하는 역할을 수행해야 했다.

하지만 한국전쟁을 거치면서 정치적 보호와 충성이 교환되는 '수혜적 포섭'

은 노동의 일방적 희생만을 강요하는 '약탈적 후원'으로 빠르게 변화하였다. 미국으로부터의 대규모 군사·경제 원조는 정책적 특혜를 추구하는 신흥기업가 집단과 안정적인 정치자금을 확보하려는 자유당 간의 정치적 유착을 촉발시켰다. 뿐만 아니라, 부분적으로 남아있던 진보 세력은 물론이고 중도우파 세력마저 정치적으로 제거되면서 정치사회는 분단과 반공을 수용하는 보수우파 세력만의 경쟁으로 고착화되었다. 그 결과, 노동자 대중계층의 이해를 집약하고 표출하는 정치적 공간은 철저히 폐쇄되었고, 노동운동은 오직 경제적 조합주의로 한정되었으며, 그마저 기업주들의 횡포로 크게 제약받아야 했다.

4월항쟁으로 인한 이승만 정권의 붕괴와 노동자들의 대규모 항의운동이 반(反)노동적 정치지형의 근본적인 변화를 이끌어 내지는 못하였다. 이미 반공주의는 사회적 헤게모니의 지위를 확보한 상태였고, 탈정치화된 대중들은 혁신세력들의 사회적 지지기반이 되지 못했다. 더구나 장면 정부는 반공·보수주의에 투철한 보수정권이었다. 노동운동은 여전히 경제적 조합주의 테두리 안에서만 허용되었고, 혁신정당들을 포함한 혁신세력들의 사회변혁운동과 이와 연계된 노동운동은 철저히 억압되었다. 이는 해방 정국 초기 활발히 전개되었던 노동운동과 좌파 정당 간의 정치연합과는 매우 대조적인 것이었다. 요컨대, 국가형성과정과 한국전쟁을 거치면서 보수·반공주의적 정치지형은 이미 견고하게 형성되었고, 이는 권위주의적 산업화 시기는 물론이고 민주화 이후에도 국가와 자본에 의해 노동통제의 중요한 수단으로 활용되곤 하였다.

2. 권위주의적 산업화와 국가-자본 동맹

1960년대 이래 국가 주도의 권위주의적 산업화는 우리 사회에 또 다른 반노동적 요소를 생성시켰다. 즉 국민경제의 운영에 있어서 노동의 배제 및 국가-자본의 파트너십이 강조되는 표준적 경영규범의 확산과 제도화, 그리고 이에 기초한 국가와 자본 간의 상호공생적 동맹 형성과 공고화가 그것이다(최장집 2005). 이 같은 반노동적 거시경제 운영규범과 견고한 국가－자본 동맹의 등장은 기본적으로 높은 수준의 경제적 성취를 통해 정권의 생존과 강화를 도모하려는 군사정부의 산업화 프로젝트에서 비롯되었다. 그리고 이는 박정희 유신정권과 그 유산을 고스란히 물려받은 전두환 정권 기간을 지나면서 한국사회에 깊숙이 뿌리내렸다.

1961년 쿠데타를 통해 권력을 찬탈한 군사정부는 자신의 태생적 결함을 사회개혁과 경제성장을 통해 보완·해소하려 하였다. 그 일환으로 군사정부는 노동을 개혁의 대상으로 지목하였다. 4월항쟁 직후 중앙지도부의 부패 및 '어용성' 시비로 내부적 갈등에 휘말렸던 조직노동과 노조민주화 투쟁을 벌였던 노동자들은 경제개발의 잠재적 불안요소를 초래할 수 있는 사회집단으로 지목되었다. 그 결과는 '유사 국가조합주의적 혼합전략'을 통한 노동통제였다. 군사정부는 중앙정보부를 동원하여 조직노동을 재편하였고, 노동 관련법들의 전면적 개정을 통해 복수노조를 불법화하고 노조의 정치활동을 금지시켰다.

박정희의 산업화 프로젝트는 노동의 통제에만 머무르지 않았다. 다양한 정책적 수단을 통해 국가－자본 동맹을 형성시켜 나갔다. 1960년대 초 민간인 주주들의 의결권을 법적으로 제한하고 특수은행을 확대·개편하여 은행에 대한 정부의 통제력을 강화하였다. 이를 통해 정부는 시장 금리보다 훨씬 낮은 수준의 특혜적 '정책금융'을 기업들에게 제공하였다. 더불어, 비금전적 유인도 제공하였다. 정부는 대한무역진흥공사(KOTRA)를 설립하여 중소기업의 해외 수출을 지원하였으며, '수출의 날'을 제정하여 수출 실적이 높은 기업인들에게 대통령이 직접 표창하기도 하였다(사공일 1993). 나아가, 1969년에 구미공업단지를 그리고 1970년에 마산수출자유지역 공단을 조성하였고, 외국자본 유치의 일환으로 외국인투자 사업장에서의 노조 활동에 법적 제약을 가하였다.

유신체제의 출범과 더불어 국가의 노동통제전략은 '시장기제적 억압전략'으로 전환되었다. 이는 산별노조체제를 지향했던 기존의 '한국노총체제'에서 중앙집권적 요소를 탈각시키고 단체교섭의 행위자로서 단위노조들을 최대한 개별화 혹은 원자화시켜 궁극적으로 노동운동을 무력화시키는 통제전략이었다. 이러한 변화는 거시적 차원의 정치·경제적 변화 징후 및 미시적 차원의 노동통제전략의 결함에 대해 정권적 차원에서 민감하게 반응한 결과물로, 매우 공세적이고 선제적인 성격을 띠고 있었다. 이와 더불어, 산업화 프로젝트의 다른 면인 자본 편향의 권위주의적 성장전략 역시 재조정되었다. 박정희 유신정권은 중화학공업 육성계획을 수립하고, '전략산업'으로 선정된 특정 산업을 집중적으로 지원·육성하는 산업정책을 실행하였다. 그리고 선정된 기업에 대해서는 조세감면과 특혜금융이 제공되었다. 이 같은 권위주의적 산업화 프로젝트는 국가-자본 동맹을 더욱 밀착시켰으며, 나아가 효율을 최상의 가치로 삼는 관료적 권위주의를 더욱 가속화하였다.

권위주의적 산업화는 전두환 정권에서도 계속되었다. 정권 탄생과정에서 정당성 결여와 경제위기라는 비일상적 상황에 당면하여, 전두환 집권세력이 선택한 생존전략은 중산층을 지지기반으로 삼는 변형된 형태의 산업화 프로젝트였다. 즉 그것은 이미 '민주화 연합'으로 기울어지기 시작한 노동에 대한 통제를 더욱 강화하고, 국가-자본 동맹의 상위 파트너로서 국가의 지배적 위상을 공고화하며, 정치적 침묵 집단인 중산층을 정권의 지지 세력으로 포섭하는 전략이었다. 그것은 '제3자 개입금지' 조항의 도입을 통한 기업별 노조체제의 확립과 시장기제적 노동억압전략의 강화, 경제안정화 정책을 통한 물가의 안정과 경기침체의 극복, 산업합리화 정책의 실행을 통한 거대 자본에 대한 국가의 정치적 영향력의 강화로 구체화되었다.

민주화 이후에도 권위주의적 산업화 과정에서 생성된 국가와 거대 자본 간의 상호공생적 관계는 계속 이어졌다(서재진 1991, 235). 민주화 이후 더욱 거세진 노동의 도전과 저항에도 불구하고, 박정희가 만들어 놓은 '노동배제'와 '자본우대'라는 국가의 국민경제 운영규범은 여전히 건재하게 남아 자원배분의 공정성을 근본적으로 차단하고 있으며, 한때 약화되고 느슨해졌던 국가-자본 동맹을 부활시켜 노동운동의 활성화를 제약하고 있다.

3. 보수적 민주화와 지역정당체제

1987년의 민주화는 집권세력의 이해를 크게 위협하지 않는 수준에서 이루어졌다는 점에서 정치적으로 매우 '보수적'인 것이었으며, 권위주의적 산업화 과정에서 형성된 국가와 자본 중심의 시장질서에 대한 실질적인 개혁이나 변혁이 수반되지 않았다는 점에서 사회경제적으로도 '보수적'인 것이었다(신광영 2011; 최장집 2005). 이러한 배경에는 민주화 개방과 더불어 선거공간이 개방되는 시점에서 권위주의 세력에 의해 기획되고 만들어진, 그리고 민주화 리더십의 분열로 인해 증폭된 지역간 선거경쟁구도라는 새로운 정치지형의 형성이 크게 작용하였다(최장집 1991, 29-39; Lee 1990). 퇴영적 지역대결구도의 출현은 민주화 이후 시민사회 저변에서 발아하고 있는 이념적·계급적 갈등과 담론들의 정치적 성장과 경쟁을 어렵게 만들고, 사회의 실질적 변혁을 주창하는 혁신세력들의 정치사회로의 진출을 가로막는 또 다른 반노동적 정치지형을 생성시켰다.

1987년 6월항쟁 직후 발생한 '7~9월 노동자 대투쟁'은 권위주의적 산업화의 최대 희생자인 노동자들의 항의투쟁이었다. 대규모 노동항의에 직면하여 국가는 노사분규에 대해 일정한 거리를 두는 '개입자제전략'으로 선회하였고, 이에 따라 노동과 자본 간의 역학구도 역시 변화하기 시작하였다. 노동자 대투쟁을 거치면서 크게 증가한 파업규모는 좀처럼 감소되지 않았고, 노조조직률은 빠른 속도로 증가하였다. 국가와 자본으로부터의 '노동해방'을 주창하는 민주노조운동이 크게 활성화되어, 1988년 12월 '지역·업종별 노동조합 전국회의'의 결성으로, 그리고 1990년 1월 조합원 20여만 명이 참여한 '전국노동조합협의회'로 이어지고 있었다.

노동운동의 활성화는 새롭게 형성되고 있는 사회연합구도와 그 궤를 같이하고 있었다. 민주화 이행을 거치면서 우리 사회에는 이른바 '보수 대 진보'라는 새로운 갈등구도가 형성되고 있었다. 즉 재야세력과 노동자·농민·도시빈민 집단 등이 중심이 되어 민중생존권과 실질적 민주화를 추구하는 진보적 경향과,[5] 계급

5 1989년 1월 21일 결성된 '전민련'은 대표적인 사회변혁을 주창하는 사회연합단체로, 노동자·

및 이념 문제를 우회하여 점진적이며 초계급적인 개혁을 추구하는 중산층 기반의 일부 시민단체들을 중심으로 한 보수적 경향의 활성화가 그것이다. 이들은 다양한 개혁 의제들을 둘러싸고 상이한 정책적 진단과 처방을 제시하고 있었다.

하지만, 갈등적 의제들은 권위주의 세력이 만든 지역정당체제에 의해 편향적으로 선택되거나 억제되었다(최장집 2005, 130). 지역주의 선거연합은 정치개혁 이슈뿐만 아니라 경제적·사회적 공정배분과 같은 사회개혁 이슈들을 압도하는 매우 강력한 힘을 발휘하였다. 정당들이 사회적 지지기반으로서 특정 계층 혹은 사회집단과의 연계보다는 특정 지역과의 연계를 중시함에 따라, 민주화 과정에서 제기되었던 사회적 의제들에 대한 정당들의 관심 및 개혁 의지는 현저히 낮아질 수밖에 없었다. 이에 따라 지역정당체제의 구조화는 일반대중들의 이해보다는 정치엘리트들의 선호를 반영하는 폐쇄적인 정치사회로 이어질 수밖에 없었고, 이는 이념적·계급적 의제가 사회화되고 공론화될 수 있는 정치적 공간을 왜곡·위축시켰다. 그 결과는 매우 반노동적인 것이었다. 1989년 3월 국회에서 심의·통과된 노동법개정안은 권위주의 정권이 만든 대표적인 '노동 악법'으로 평가되던 복수노조금지 조항을 그대로 존속시켰으며, 노조의 정치활동을 허용한 노동법개정안 마저 노태우 대통령의 거부권 행사로 부결되었다.

국가의 노동통제전략이 '개입자제'에서 '적극적 개입'으로 전환된 것은 1989년 후반이었다. 경제호황 국면이 사라지면서, 전투적 노동운동에 대한 도시중산층의 우호적 관심 및 동조는 무관심 및 우려로 변화하기 시작했다. 집권세력은 이 기회를 놓치지 않았다. 한편으로 노동관계법·교육공무원법·국가보안법 등의 법적 장치를 앞세워 안기부·보안사·검찰·경찰 등의 국가기관을 동원하여 민주노조운동을 물리적으로 억압하였고, 다른 한편으로 이념적·담론적 수단을 동원하여 진보적 노동운동을 시민사회로부터 분리·고립을 시도하였다. 더불어 1990년 1

농민·도시빈민 등 8개 민중부문단체와 전국 12개 지역단체가 참여하였다. '전민련'은 결성식에서 민중생존권 보장을 위한 대중투쟁에 대한 지원을 강화하고 정치투쟁으로서의 진전을 위한 반민주악법개폐투쟁을 전개할 것임을 선언하였다(동아일보사 1990, 54-55).

월, 집권세력은 이른바 '보수 대연합'으로 불리는 3당 합당을 통해 '호남 대 반호남'의 지역주의적 대립 전선을 구축함으로써 사회적 의제들에 대한 편향적 동원(mobilization of bias)의 정치지형을 더욱 공고화하였다(Schattschneider 1975). 이에 따라, 민주화 이행과정에서 잠시 수세에 몰렸던 국가-자본 동맹이 본격적으로 재가동되기 시작하였다.

1992년의 총선과 대선 역시 노동문제를 비롯한 사회변혁적 의제가 아예 배제되는 지역주의 정당구도하에서 치러졌다. 선거경쟁의 승자는 보수 지향의 민자당과 김영삼 후보였다. 특히 승자연합의 구성원은 관료·언론·재벌 집단을 중심으로 하는 보수집단과 비호남지역의 유권자집단으로, 호남배제, 냉전반공주의, 경제성장, 그리고 반군부독재 민주화를 추구하는 보수 세력이었다. 이들은 탈군부권위주의와 자유민주주의적 개혁은 지지하나, 남북문제에 대한 급진적 좌경주의 및 노동개혁과 같은 실질적 민주주의에 기초한 사회개혁에는 지극히 부정적이었다. 때문에, 김영삼 정부는 사회개혁투쟁 및 노동의 정치세력화를 목표로 '민주노총'의 조직화를 추진하고 있는 민주노조진영을 급진과격세력으로 규정하고, 집중적으로 감시하고 억압하였다. 국가와 자본의 방해에도 불구하고, 민주노조진영은 1995년 11월 민주노총을 출범시키는 데 성공하였다. 그러나 민주노총의 법적 지위는 '복수노조 금지'에 의해 노동조합의 지위를 보장받지 못하는 불법단체였다.

1996년 4월, 점증하는 세계화의 압력에 대응하기 위해 김영삼 정부는 경제살리기와 국가경쟁력 강화를 목표로 '신노사관계' 구상을 발표하고 노동법 개정안 마련에 착수하였다. 보수 집권세력이 스스로 노동법 개정을 정부의제로 채택하고 국회의 심의 대상으로 허용한 핵심적 동기는 노동시장의 유연성 제고에 있었다. 따라서 정부개정안은 자본 편향적인 성격을 띨 수밖에 없었고, 노동자들의 반발이 충분히 예상되는 법안이었다. 1996년 12월 정부의 노동법 개정안이 국회에 제출되고 법안의 내용이 알려지자, 사회여론은 정부개정안이 철회 혹은 수정되어야 한다는 쪽으로 기울고 있었다. 그럼에도 불구하고, 집권당은 국회의장 직권으로 법안을 본회의에 상정하여 단독으로 노동법개정안의 통과를 시도하였다. 이는 즉시 '노동총파업'이라는 엄청난 반발을 불러왔고, 이로 인해 집권세력은 1997년 3월 개정노동법을 재개정해야 했다. 그러나 여·야간의 합의로 재개정된 노동법의 내용은 집권당 단독으로 통과시킨 기존 노동법을 약간 수정한 것에 불과하였다. 즉 노동시장의 유연화를 위한 법제도적 규정이 큰 수정 없이 수용되었다는 점에서는 마찬가지였다.

이러한 현상은 기본적으로 지역정당체제가 빚어낸 보수 편향적 동원정치의 산물이었다. 민주화 이후 출현한 강력한 지역주의 정당구도로 인해, 실질적 개혁 혹은 변혁을 주창하는 진보세력들의 정치권 진입은 사실상 봉쇄되었다. 이러한 상황에서 계층적 갈등과 계급적 이익이 정치사회에서 대표되기란 매우 어려웠고, 이에 따라 국회에서 노동자들의 선호와 이해가 자본가들의 그것과 정치적으로 경쟁하는 것은 애초부터 불가능했다. 그리고 이러한 상황은, 최근 이념 및 세대 균열의 출현에도 불구하고, 여전히 지속되고 있다.

4. 세계화와 신자유주의

우리 사회가 세계화의 압력에 직접적으로 노출되고, 신자유주의적 정책노선을 본격적으로 수용하기 시작한 것은 1997년 말의 외환위기 직후였다. 1998년, 국가는 IMF로부터 구제금융을 제공받는 대신, IMF가 요구한 신자유주의적 정책 패키지(탈규제, 민영화, 노동시장 유연화, 기업구조 개혁 등)를 전면적으로 실행하였다. 이른바 'IMF 관리체제'는 외부로부터 강요된 것이었지만, 신자유주의적 경제독트린과 정책레짐(policy regime)은 'IMF 관리체제'가 마감된 후에도 여전히 지속되고 있으며, 심지어 그 영역이 행정·정치·사회문화 부문 등으로 더욱 확대되는 경향을 보이고 있다.[6]

6 예컨대, 공공부문에 시장논리를 적극적으로 적용하는 신공공관리론(new public management)적 경영기법이 도입되어, 공공서비스의 성과주의가 강조되었고 공기업의 민영화가 시도되었다. 또한 '저비용-고효율'의 생산하는 정치가 강조되면서 정당의 지구당이 폐지되고 합동유세 및 대중집회를 이용한 선거캠페인은 불법화되었으며, 미국식 원내정당을 지향하는 정당개혁이

국가경영 전반에서 경제적 효율성이 다른 어떤 가치보다 우선시됨에 따라 신자유주의의 이념과 논리는 경제정책의 내용과 수단을 결정하는 기본 틀이 되었고, 이러한 현상은 보수 정치세력이 집권하면서 더욱 심화되었다. 즉 무한경쟁의 세계시장에서 살아남기 위해 기업경쟁력이 강화되어야 한다는 정책기조가 시대적 당위(當爲)로 설정되고 강조됨에 따라, 노동의 분배요구는 경쟁력의 약화를 초래하는 사회악으로 간주되었다. 나아가 '경영합리화'의 명목으로 진행된 기업들의 정규노동자의 감축 및 정리해고는 불가피한 것으로 용인되었고, 이에 항의하는 노동자들의 정치적 결집과 활동은 국민경제를 망치는 집단이기주의로 매도되었다. 이는 정치세력화를 꾀하는 조직노동과 고용안정성을 원하는 노동자들에게 또 다른 형태의 커다란 장애물이 추가되었음을 의미하였다.

외부적 충격에 의해 강요된 신자유주의의 이념과 논리가 처음부터 국가에 의해 교조적으로 수용되었던 것은 아니었다. IMF 협약체결 직후, 신자유주의를 둘러싼 대립적 형태의 사회연합구도가 형성되고 있었다. 즉 IMF의 신자유주의적 정책패키지를 지지하는 '신자유주의 연합'에 대항하여, 노동시장의 유연화를 반대하는 '반신자유주의 연합'이 형성되어 팽팽한 힘겨루기가 진행되고 있었다. 이 시기 국가의 선택은 신자유주의적 정책의 사회 해체적 효과를 완화·제어할 수 있는 사회적 타협이었고, 이는 1998년 2월 '노사정 대타협'으로 구체화되었다. 대타협의 핵심은 노동이 요구하는 고용안정 및 사회복지를 자본이 원하는 노동시장 유연화와 정치적으로 맞교환하는 것이었다. 이는 유럽의 사민주의사회에서 관찰되는 사회적 합의주의와 유사한 것으로, 그간 배제의 대상이었던 노동이 국가와 자본의 정당한 정책파트너로 격상됨을 뜻하였다. 이러한 대타협의 성립에는 과거 보수 정권들과 달리 김대중 정권이 노동 우호적인 정책을 전개할 것이라는 조직노동의 기대감이 크게 작용하였다.

그러나 사회적 파트너십은 제대로 작동되지 못하고 여러 면에서 불안정한 모습을 보였다. 노사정위원회에서 이루어진 결정사항이 행정부와 입법부에서 그

강조되기도 하였다.

구속력을 인정받지 못하는 상황이 자주 발생했고, 특히 IMF 정책패키지의 본격적 실행이 노동자들의 일방적인 희생과 고통전담으로 나타나자, 사회적 파트너십은 흔들리기 시작했다. 1999년 2월 민주노총이 노사정위원회 탈퇴를 선언하고 총력투쟁을 선포하였고, 한국노총도 조건부 탈퇴를 선언하여 출범 1년 만에 노사정위원회는 활동 중단의 위기에 직면하였다. 그러나 국가는 노사정위원회의 중단을 방치하지 않았다. 오히려, 노사정위원회의 법적 지위를 더욱 강화하였다. 노사정위원회는 김대중 정권의 국정철학인 '민주주의와 시장경제의 병행'의 정치적 상징물일 뿐만 아니라, 사회적 합의라는 형식을 빌려 신자유주의적 경제개혁을 둘러싼 노동의 정책적 저항을 완화시키는 거의 유일한 제도적 장치였기 때문이었다. 그럼에도 불구하고, 김대중 정권 5년의 사회협약정치는 자본에게 긍정적 결과를, 노동에게 부정적 결과를 가져왔다. 사회협약정치는 자본이 원하던 노동시장 유연화를 가능하게 하였지만, 노동자들이 직면한 현실은 경제위기 이전에 비해 나아진 것이 거의 없었다. 오히려 빈곤층은 더욱 증가하였고, 계층간 소득분배는 악화되었으며, 비정규직의 증가로 노조의 조직역량은 한층 위축되었다. 이에 따라, 노동자들에게 사회협약정치는 신자유주의적 경제개혁의 반노동적 효과를 제어하는 정책이기보다는, 시장근본주의적 경제개혁의 집행을 정당화하기 위한 국가의 전략적 수단으로 인식되었다.

바로 이러한 이유 때문에, 노동자를 포함한 서민계층과 진보세력을 지지기반으로 삼았던 노무현 정권의 출범은 노동자들에게 더욱 큰 기대와 희망으로 다가왔다. 하지만 이미 신자유주의의 이념과 논리가 국가정책의 지배적 패러다임으로 자리 잡은 상태에서, 참여정부의 노동정책은 신자유주의적 정책노선의 틀 내에서 모색되어야 했다. '사회통합적' 노동정책이 그것으로, 이는 사회적 파트너로서 노동의 정치적 위상을 강화하여 사회적 합의주의의 안정화 및 제도화를 꾀하는 것이었다. 하지만 사회통합적 노동정책은 정책 목표를 달성할 구체적인 전략과 수단의 결여로 인해 조직노동의 파업을 조장하는 결과만을 낳았고, 이는 결국 자본 및 보수 집단들의 반발을 불러일으켜 반개혁·보수연합의 결집을 초래했다. 이때부터 참여정부의 노동개혁 의지는 현저히 약화되기 시작했고, 이에 따라 잠시 주춤했던 신자유주의적 정책레짐은 다시 본격적으로 가동되었다.

2007년 12월의 대선 경쟁에서 한나라당 이명박 후보의 승리는 노무현 정권의 정책실패에 대한 진보 및 중도적 유권자들의 실망과 이반, 그리고 '신자유주의적 성장주의'를 전면화한 한나라당이 보수 유권자들의 결집과 지지를 성공적으로 이끌어낸 결과물이었다. 이로써 1997년과 2002년 대선에서 연달아 패배했던 보수 정치세력은 10년 만에 정권 탈환에 성공하였으며, 권력의 중심축은 진보진영에서 보수진영으로 옮겨가게 되었다. 이는 시장합리주의에 기초한 경제정책노선과 정권적 차원의 이념노선 간의 상호정합성이 확보되었음을 의미하였고, 신자유주의적 정책레짐이 매우 수월하게 작동될 수 있는 정치적 환경이 조성되었음을 뜻하였다. 특히 2008년 말의 국제금융위기는 국가의 자본 편향적 경제정책을 더욱 촉진시켰다. 국제금융위기로 인해 세계경제는 빠른 속도로 위축되었고, 그 여파로 한국경제가 급속히 침체되기 시작하자, 경제살리기와 노동시장의 유연화는 국가의 최우선 정책목표로 부상하였다. 이른바 '노사관계 선진화' 프로젝트가 그것으로, 국가는 노사관계의 법치화 및 행정적 통제를 동원하여 노동통제를 강화함으로써 외환위기 직후 성립되었던 사회협약의 노동정치는 철저히 무시되었다.

보수 집권세력의 노골적인 신자유주의적 경제정책에 대한 반작용의 조짐이 등장한 것은 2010년 지방선거였다. 유권자들 사이에는 '친성장' 선거연합에 대항하는 '친복지' 선거연합이 생겨나기 시작했고, 이로 인해 2012년 대선 경쟁에서 보수 정당인 새누리당과 자유주의 정당인 통합민주당이 경제민주화 및 노동복지 의제를 놓고 선점 경쟁을 벌이는 양상이 발생하였다. 이러한 현상은 치열한 선거경쟁이, '복지동맹'의 부재 혹은 미약에도 불구하고, 진보적 개혁이슈가 사회적 의제 및 국가적 정책의제로 부상될 수 있다는 희망을 갖게 하는 대목이었다. 그러나 재집권에 성공한 보수 세력이 보여준 정책적 행보는 선거과정에서 보여준 정책적 입장과는 정반대였다. 선거승리 이후, 박근혜 보수정권은 몇 차례에 걸친 국정과제의 수정을 통해 진보적 공약들을 변질 혹은 폐기시켜 나갔다. 노동정책도 마찬가지였다. 대선 과정에서 약속한 노동공약들은 후퇴 혹은 철회되었고, 대신 법치주의를 앞세워 사법적 판단에 기대어 노동문제를 해결하였으며, 사회적 합의주의의 유일한 기제인 노사정위원회는 관료집단의 의사결정을 절차적으로 정당화시키는 수단으로 전락하였다.

이렇듯 국가의 자본 편향적 정책의 강화와 실행은 정권의 보수적 성향 탓도 있지만, 이에 못지않게 중요한 요인은 '친성장' 사회연합에 대항하는 '친복지' 사회연합(복지동맹)의 정책적 논리와 대안의 결여였다. 즉 노동의 분배요구가 경쟁력을 약화시킨다는 신자유주의적 논리에 대항하여, 조직노동을 비롯한 복지 지향의 사회집단들은 경제민주화와 사회보장의 확대가 어떻게 고용안정성을 높이며 경쟁력을 강화시킬 수 있는지에 대한 체계적인 논리와 비전을 제시하지 못하였다. 이는 저성장의 심화로 불안정한 삶을 우려해야 하는 노동자와 중산층의 지지를 이끌어 내기는커녕, 오히려 이들의 경제적 불안감을 확대시키는 결과를 가져왔다. 그 결과는 '성장' 지향의 사회연합의 득세였고, 신자유주의적 정책레짐의 공고화였으며, 그리고 시장효율성이 노동시장을 압도하는 '시장자유주의'적 노동정치였다.

Ⅲ. 노동정치의 과제

우리의 역사적 경험이 시사하는 바는 크게 두 가지로 요약된다. 그 하나는 국가와 자본이 노동에 대해 매우 적대적인 데 비해, 노동은 국가와 자본에 필적할 수 있는 충분한 정치적 역량을 보유하지 못하고 있다는 점이다. 비록 국가와 자본은 비일상적 위기상황에서 각각 중립적 행위자로 혹은 물질적 수혜자로 처신하는 모습을 보이곤 하였지만, 위기상황이 사라지면 국가와 자본은 조직적 역량과 정치적 영향력에서 취약한 노동을 더 이상 협상의 파트너로 인정하지 않았다. 다른 하나는 1997년 외환위기 이래 강력한 신자유주의적 세계화의 영향력하에서 한국

사회가 저성장과 고용불안에 빠져들고 빈부격차와 양극화의 늪에서 헤어나지 못하고 있다는 점이다. 기업들은 노조가입 노동자들에게는 임금인상과 고용안정을 양보하는 대신, 정규직 신규채용을 억제하고 비정규직 고용을 늘리고 있다. 그 결과, 다수의 노동자들은 실업의 위험에 노출되어 있으며, 노동시장의 양극화는 더 이상 개선될 조짐을 보이지 않고 있다. 무엇을 어떻게 해야 하는가?

1. 권력자원이론 vs. 복지생산레짐이론

이와 관련하여, 권력자원이론(power resources theory)과 복지생산레짐이론(welfare production regime theory)의 주장을 경청할 필요가 있다. 우선 권력자원이론가들은 자본주의 사회에서 노동자들이 정치와 시장에서 공정하게 대접받기 위해서는 무엇보다도 노동이 국가와 자본의 이해를 위협하거나 보상할 수 있는 충분한 정치적 역량을 보유해야 한다고 주장한다(Bradley et al. 2003; Korpi 1983; Stephens 1979). 이들에 의하면, 자본주의 사회에서 자원배분의 불공정은 자본가와 우파정당들이 자신의 우월한 정치경제적 지위를 이용하여 자원의 배분과정을 통제하고 국가의 사회정책에 강력한 영향력을 행사하기 때문인 것으로 파악한다. 따라서 자본 편향의 '비대칭적 권력자원'을 변경하기 위해 노동자들은 '민주주의 제도'를 이용하여 높은 수준의 조직률과 연대성을 보유한 노동운동과 정치적으로 의미 있는 좌파·진보정당을 조직화해야 하며(Korpi 1983; Korpi and Shalev 1980), 권력자원과 시장위험에 취약한 계층 혹은 계급들 간의 전략적 제휴 및 연합이 중요하다고 지적한다(Esping-Anderson 1990; Huber and Stephens 2001; Korpi 2006). 요컨대, 권력자원 이론가들은 노동이 충분한 권력자원을 보유할 때 비로소 노동자들은 사회의 보편적인 기준에 따라 문명화된 삶을 누릴 수 있는 '사회적 시민권'(social citizenship)을 확보·강화할 수 있으며, 정치와 시장에서 평등하게 대우받고 공정하게 대접받는 복지사회를 건설·발전시켜 나갈 수 있다고 주장한다.

이와 달리, 복지생산레짐이론은 사회복지가 노동의 투쟁 혹은 노동과 자본 간의 권력균형의 산물이 아니라, 특정 기술의 형성(formation of specific skills)을 필요로 하는 자본가들의 요구에 의해 구현된 경제부문 내 자본과 노동 간의 계급연합(cross-class coalitions)의 산물이라고 주장한다. 이 이론에 의하면, 개별 국가의 경제는 하나의 동일한 형태의 시장경제로 수렴되기보다는 개별 국가의 역사적 경로와 사회연합의 역학에 따라, 노동시장의 유연성과 계약적 시장관계가 강조되는 '자유시장경제'(liberal market economies) 그리고 사회복지와 공동체적 책임이 강조되는 '조정시장경제'(coordinated market economies) 사이의 다양한 형태로 달리 나타날 수 있다고 한다(Thelen 2012). 특히 조정시장경제의 특징적 요소인 사회복지는 자본가들의 필요에 의해 촉발되고 발전되어 왔는데, 이는 고용보호 및 실업보호와 같은 사회보장이 기업들의 산업경쟁력 향상을 위한 고기술 숙련노동자들의 확보를 용이하게 해주기 때문이라고 한다(Etevez-Abe et al. 2001).[7] 나아가, 이러한 사회보장과 고기술 노동력 간의 보완적 관계의 선순환은 기업과 노동자 모두의 시장 위험도를 현저히 낮춰 궁극적으로 소득불평등의 완화와 사회통합에 기여할 수 있다고 주장한다(Iversen and Stephens 2008). 요컨대, 복지생산레짐 이론가들은 기업/산업 특수적 기술(firm-specific and industry-specific skills)에 대한 기업들의 수요, 이를 위한 노동자들의 직업·기술교육에 대한 투자, 그리고 노동자들의 교육투자를 활성화하기 위한 사회복지 프로그램의 필요성으로 이어지는 일련의 '사회적 조율'이 노동과 자본 간 공생적 협력관계를 만들어낼 수 있다고 강조한다.

7 자본주의 다양성 이론은, 권력자원이론과 달리, 사회보장 제도가 노동자들뿐만 아니라 기업들에게도 매우 중요한 것임을 강조한다. 즉 시장경쟁력을 보유하려면 기업은 기업 특수적 기술(firm-specific skills), 산업 특수적 기술(industry-specific skills), 일반 기술(general skills)이 일정하게 결합된 노동력에 의존할 수밖에 없다. 만약 기업이 특정의 기술을 요하는 상품시장에서 경쟁력을 갖추고자 할 경우, 기업은 이러한 기술 습득에 개인적으로 투자할 의사를 지닌 노동자를 고용하고자 하며, 노동자들 또한 기업의 기술수요를 기대하며 개인적 투자를 통해 기술 습득을 위해 노력한다. 그러나 노동자의 입장에서 기업/산업 특수적 기술에 대한 투자는 이직가능성을 현저히 제약시켜 노동자의 노동시장 위험에 대한 노출을 증가시킨다. 따라서 국가가 실업보호 및 고용보호와 같은 사회보장 제도를 통해 그러한 위험을 해소한다면, 사회보장은 기업과 노동자 모두의 필요를 충족시키는 제도가 된다(Etevez-Abe et al. 2001).

그렇다면, 어느 이론이 한국의 노동문제 개선에 더 적실한 시각인가? 한국의 노동자들이 겪어온 역사적 경험에 비춰 볼 때, 노동의 권력자원 확보는 절대적으로 중요한 사안임에 틀림없다. 국가가 수세에 몰렸던 정치변동기와 경제위기의 기간을 제외하면, 그간 국가의 일방적인 후원하에 압도적인 권력자원을 누려왔던 한국의 자본은 여전히 노동과의 타협 혹은 노동에 대한 물적 양보에 대해 인색하고 적대적이다. 코르피(Korpi 2006)의 표현을 빌면, 한국의 자본가들의 행태는 사회복지의 '주도자'(initiator)가 아니라 '적대자'(antagonist)에 가까운 것이었다. 이에 비해, 노동의 권력자원은 미약하기 짝이 없다. 조직노동은 분산화되어 있으며 내부적으로 분열되어 연대성의 결핍에 시달리고 있다. 더구나 진보정당은 이념적 제약으로 저발전 상태에 머물고 있다. 결국 힘없는 노동은 자본에게 타협과 협의의 대상이 될 수 없었던 것이다.

혹자는 오늘날 한국의 노동자들은 소득 수준과 시장 위험의 노출에서 더 이상 동질적인 집단이 아니라는 점에서, 그리고 노동자들을 포함한 저소득계층이 보수정당에 투표하는 '계급이반' 행태를 보이고 있다는 점에서, 권력자원이론의 일방적 수용은 시대착오적이며 무망한 시각이라고 비판할 수 있을 것이다. 그러나 노동자들은 여전히 자신의 인적 자본(human capital)의 판매를 통해 생계를 유지한다는 점에서, 그리고 세금 부담자이자 상품의 주요 소비자라는 점에서[8] 이질성보다 동질성을 더 많이 보유하고 있다. 또한 한국의 노동자들이 보수정당에 투표하는 경향을 보여 왔던 것은 그들이 투표할 유효한 대안정당의 부재와 단순다수제 중심의 선거제도의 제약이 컸기 때문이었다. 이러한 점들을 감안할 때, 노동운동의 연대와 노동-진보정당의 연계를 중요시하는 권력자원이론은 여전히 유효하다.

하지만 노동운동이 제로 섬(zero-sum)게임 혹은 네거티브 섬(negative-sum)

---

8 자본주의 사회에서 노동자들이 상품의 주요 소비자라는 사실은 노동자의 동질성을 유지시키는 중요한 대목이다. 왜냐하면 복지국가에서 자본가의 복지비 부담은 결코 무료 봉사가 아니기 때문이다. 즉 자본가들은 상품가격의 인상을 통해 그들의 복지비 부담을 소비자인 노동자들에게 전가시키기 때문이다(Nijhuis 2009, 301).

게임으로 흐르는 것은 경계되어야 한다. 왜냐하면 자본주의 사회에서 자본가의 이윤은 생산, 소비, 고용의 지속을 위한 필수조건이기 때문이다(Przeworski and Wallerstein 1982). 달리 표현하면, 자본주의 사회에서 노동과 자본은 결국 같은 배를 타고 있기 때문이다. 이 점에서 복지생산레짐 이론가들이 강조하는 사회복지에 의해 뒷받침되는 생산체제의 구축, 즉 자본가들에게는 시장보장을, 그리고 노동자들에게는 사회보장을 부여하는 '사회적 노동시장체제'의 구축 역시 유용한 대안이 될 수 있을 것이다. 만약 국가가 사회보장을 통해 노동자들이 용이하게 자산특수적 기술(asset-specific skills)을 습득할 수 있다면, 노동자들의 기업에 대한 헌신은 크게 향상될 것이며, 이는 다시 기업의 시장경쟁력을 제고시켜 노동자의 소득과 고용안정성을 향상시킬 것이기 때문이다(Etevez-Abe et al. 2001).

그러나 이 대안 역시 노동이 국가와 자본에 대해 강력한 정치적 견제력을 보유하고 있을 때 비로소 작동 가능한 것이다. 기업들은 언제든지 시장에서 취득한 이윤을 투자하지 않고 비축하거나 더 값싸고 숙련도 높은 노동력을 좇아 공장의 해외 이전을 추진할 수 있기 때문이며, 이러한 자본가들의 탐욕적 행태는 보수우파 정치집단에 의해 장악된 국가에 의해 방치될 수 있기 때문이다. 이 경우, 자산특수적 기술을 보유한 숙련 노동자라 할지라도 그들의 소득과 고용안정성은 결코 보장되지 않는다. 따라서 노동이 자본의 탐욕적 선택을 효과적으로 제어하고 국가의 방관을 견제할 수 있는 정치적 영향력을 보유할 때 비로소 자본은 사회복지의 잠재적 '동의자'(consenter)가 될 수 있는 것이다(Korpi 2006; Nijhuis 2009).

이렇게 볼 때, 한국의 노동자들이 정치와 시장에서 보다 공정하게 대우받기 위해서는 노동의 권력자원을 증대시키는 전략이 우선되어야 하며, 이러한 바탕 위에서 사회복지를 매개로 노동의 고용안정성과 자본의 시장경쟁력이 교환되는 공생적 협력관계가 모색되어야 할 것이다.

2. 한국 노동정치의 과제

(1) 노동의 연대와 사회연합의 구축

한국 노동의 권력자원은 지극히 미약한 수준이다. 최근 노조조직률은 10% 안팎을 오르내리고 있다. 이는 한국노총과 민주노총이 전체 노동자를 대표하는 노동자 조직이라고 주장하기에는 매우 낮은 수준이다. 게다가 노조의 중앙 집중성 역시 매우 취약하다. 대부분의 단체협상 및 임금협상은 사업장 수준에서 이루어지고 있으며, 따라서 노조의 협상력 또한 미약할 수밖에 없는 형편이다. 뿐만 아니라 단체협약 적용률 역시 11%에 불과하다. 이는 노조가 단체협상에서 일정한 성과를 거둘지라도 소수의 조합원들에게만 그 혜택이 돌아감을 의미한다.

이러한 취약한 권력자원의 이면에는 세계화 및 탈산업화라는 거대구조변동, 국가의 신자유주의적 구조개혁, 그리고 자본의 노동시장 유연화 전략 등으로 인한 노동시장의 분절화가 자리하고 있다. 그렇다고 취약한 노동 권력의 원인을 외부적 환경요인의 탓으로 돌리는 것은 객관적이지 않으며 정확하지도 않다. 환경적 조건 못지않게, 노동운동 자체에 내재하거나 노동운동이 스스로 자초한 요인들 역시 노동의 권력자원을 위축시키는 데 기여하여 왔다.

무엇보다도 한국노총과 민주노총 간의 대립적인 위상 경쟁은 노동운동의 연대성을 약화시키는 방향으로 작용해 왔다. 양 노총의 주도권 경쟁은 조합원의 증가 및 노동의 연대라는 시너지 효과를 가져오기보다는 노동운동의 내부적 분열과 갈등을 초래하곤 하였다. 이는 결국 국가와 자본에게 '노조분할전략'을 채택·구사할 수 있는 구실과 기회를 제공하였고, 이들의 분할전략이 종종 상당한 효과를 거두는 배경이 되었다. 또한 사업장 수준의 노동운동은 협애한 이익 대변 구조에 갇혀 파편화되고 무력화되어 가고 있다(이병훈 2005; 2012). 노동운동에서 중요한 위치를 점하고 있는 대공장 노동조합들은 소수의 정규직과 조합원들의 이해만을 반영하는 조직이기주의에 함몰되어 노동조합 외부자들을 배제하고 다수의 영세사업

장 및 비정규 노동자들의 고충을 외면함으로써, 공공재적 성격의 사회복지의 확장보다 자신들의 이해만을 충족시키는 기업복지의 확장에만 매달리는 행태를 보여 왔다. 이와는 반대로, 재정적으로 열악한 중소기업 사업장 노조들의 경우 조합원들의 무관심과 참여 회피 현상에 직면해 있으며, 심지어 노조간부의 충원에도 어려움을 겪는 노동조합이 속출하고 있다. 왜냐하면 대기업에 비해 모든 면에서 취약한 중소기업에게 노사갈등은 치명적일 수 있는 까닭에, 중소 사업장의 노동자들은 노사갈등으로 인한 기업의 도산 혹은 해외탈주를 두려워하지 않을 수 없기 때문이다. 요컨대, 한국 노동의 정상조직(peak organization)들은 폐쇄적인 이해관계에 갇혀 결속력을 상실하고 있으며, 대공장 사업장의 노동조합들은 정규직 및 조합원의 이해 대변에만 열중하여 중소 사업장의 노동자들과 다수의 미조직 노동자들의 이해를 배제하는 계급 이반의 행태를 보이고 있다. 그 결과, 노동의 정치적 역량은 갈수록 취약해지고 있다.

노동운동의 결속과 연대는 국가와 자본에 대해 노동자들이 '계급적 상쇄력'을 갖게 되는 가장 중요한 권력자원이다(고세훈 2012). 노동운동의 결속과 연대를 위해, 무엇보다도 노조지도부는 협애한 이해 대변 구조에서 벗어나야 한다. 그러기 위해서는 노동운동의 방향과 비전을 연대적 관점에서 모색하는 성찰적인 지도력이 절실히 요구되고 있다. 우선 정상조직의 노조지도부는 소모적인 조직 위상 경쟁에서 벗어나, 한국노총과 민주노총의 협력적 경쟁관계의 구축 혹은 양 노총의 통합에 대해 진지하게 고민해야 한다. 또한 다수의 노동자가 노동운동에 참여하고 노동운동의 결속력을 강화하기 위해, 정상조직 지도부는 전략적으로 산별수준의 임금협상 및 단체교섭의 제도화,[9] 노동운동의 초기업화와 초기업 단체협상 적용 범위의 확대, 그리고 노동자의 직업·기술교육을 위한 적극적 노동시장정책(active labor market policy)의 강화 등을 최우선적 노동운동 의제로 채택할 필요가

9 산별노조와 관련하여, 민주노총 관계자는 다음과 같이 비판한다: "민주노총 소속 노동자의 80퍼센트가 산별노조에 소속돼 있고 산별노조라는 간판을 달고 있을지는 모르지만, 실상은 여전히 기업별 노동조합의 연합체 그 이상도 아니다"(이상호 2012, 402).

있다(양재진 2014). 즉 기업별 임금 및 단체교섭 중심의 노동조합 모델에서 사회적 임금 및 사회안전망 중심의 노동조합 모델로의 재편에 대해 심각하게 고민해야 한다. 다른 한편, 대공장 사업장의 노조지도부는 지금까지의 차별적인 이해대변자의 입장에서 벗어나, 노동 내부의 다양한 분화를 포용하여 미조직·비정규 노동자들과의 공동체적 유대감을 획기적으로 제고해야 한다. 이를 위해, 기업노조가 갖고 있는 단체협상권을 산별노조로 이양하는 방안을 적극적으로 고려할 필요가 있다.

더불어 조직노동은 다양한 형태의 시민·대중운동과의 연대활동을 통해 노동운동의 사회적 지지기반을 확대·강화해야 한다. 기득권을 유지코자 하는 지배연합세력이 정치·경제·문화·언론계 등 사회전반에 걸쳐 두텁게 포진하고 있기에, 조직노동의 시급한 과제는 사회적 대항권력을 형성하는 것이다. 모든 자본주의 사회가 그렇듯이, 시장경제질서가 만들어 내는 사회경제적 이해관계는 노동자들뿐만 아니라, 다양한 계층과 집단의 이해관계에도 직·간접적으로 영향을 미친다. 이는 자원 배분의 공정성과 자원 재분배의 형평성을 둘러싸고 다양한 행위자들로 구성된 연대적 제휴체들(예: 지배세력연합 vs. 도전세력연합)이 형성될 수 있음을 의미한다. 도전세력으로서 조직노동이 광범위한 계층의 지지를 동원해내고 이를 안정적인 형태로 견인해 낼 수 있다면, 노동의 권력자원은 그만큼 확대되고 견고해질 수 있기 때문이다.

따라서 조직노동은 조합원과 정규직뿐만 아니라 비조합원과 비정규직 그리고 중간계층을 포괄하는 정책적 논리와 대안을 제시할 필요가 있으며, 이에 기반을 둔 다양한 연대전략을 개발·실천해야 한다. 이러한 맥락에서, 조직노동이 주체가 되어 소득격차와 차별해소를 위한 '소득연대,' 불안해소와 위험공유를 위한 '고용연대,' 시민사회 및 지역공동체와의 '생활연대,' 사회공공성의 강화와 고소득자의 누진과세를 위한 '복지연대' 등을 전개함으로써, 중소상인, 영세 자영업자, 비정규직 노동자, 청년실업자, 여성 등의 다양한 집단 및 계층의 지지를 이끌어내는 것이 매우 중요하다(이상호 2012). 나아가 조직노동은 재정능력이 열악한 중소기업 부문의 '생산성 연대'에 관심을 기울일 필요가 있다. 왜냐하면, 비정규직

노동자들의 대부분이 중소기업에 근무하고 있고 이들의 기술 숙련도는 매우 낮은 상태에 있기 때문이며, 이로 인해 중소기업들의 경쟁력 제고는 매우 난망한 상태에 처해 있기 때문이다. 이러한 점을 감안할 때, 조직노동이 주체가 되어 이들 비정규직 노동자들의 기술교육을 위한 교육기관-중소기업-정부 간의 '교육연대'를 적극적으로 시도해 볼 필요가 있다(최장집 2007, 357-358). 만약 중앙(혹은 지방) 정부가 복지프로그램을 통해 기술교육에 소요되는 비용을 부담함으로써 이들 비정규직 노동자가 중소기업들이 필요로 하는 산업 특수적 기술을 보유할 수 있다면, 중소기업들의 시장경쟁력은 그만큼 제고될 것이며 노동자들의 소득과 고용안정성 또한 향상될 수 있기 때문이다. 이 경우, 조직노동에 대한 사회적 신뢰는 증대될 것이고 조직노동의 사회적 영향력 역시 확대될 것이기 때문이다.

(2) 민생 중심의 진보정당

정치사회 영역에서도 노동의 권력자원은 여전히 취약하다. 민주화 이후, 한국노총과 민주노총이 각각 주도하여 창당한 정당들은 선거공간에서 단 한 차례도 조직적으로 연대한 적이 없다는 점은 이를 방증한다. 우선 한국노총의 경우, 2004년 총선에서 '녹색사민당'을 앞세워 잠시 독자정당노선을 추구한 것을 제외하면,[10] 민주화 이후 대부분의 기간 동안 기존 보수정당들과의 정책연대를 통해 노동현안을 해결하는 방식을 추구하였다(진영재 2011). 예컨대, 한국노총은 1997년 대선에서 새정치국민회의와 정책연대를 하였으나, 정부의 일방적 구조조정으로 노동자의 불만이 심화되자 1999년 12월 정책연대를 파기하였다. 또한 2007년 대선에서 한나라당과 정책연대를 하였으나 2009~2010년 노동법개정 및 시행과정을 거치면서 2011년 2월 한나라당과 정책연대를 파기하였다. 이러한 정책연합 전략은 "한국노총이 지지한 후보가 집권 후에도 정책공약을 충실히 이행할 것"이라는 믿음에 근

10 2002년 11월, 한국노총은 민주사회당을 창당하고, 이후 녹색평화당을 흡수하여 민주사회당을 녹색사민당으로 개칭하였다. 그러나 17대 총선(2004년)에서 녹색사민당은 후보자를 낸 28개 모든 지역구에서 참패하였고, 정당명부 비례대표의 득표도 0.5%에 그쳐 원내진출에 실패하였다.

거한 것으로, 이는 애초부터 노동의 정치세력화와는 거리가 먼 전략이었다.

이와는 달리, 민주노총은 독자정당노선을 통해 노동자들이 정치공간에서 정부의 정책결정과 의회의 입법에 영향력을 발휘할 수 있는 정치적 힘을 획득하고자 하였다. 이러한 민주노총의 전략은 2001년 1월 민주노동당의 창당으로 나타났고, 민주노동당은 창당 4년 만인 2004년 17대 총선에서 지역구 2석과 비례대표 8석(정당득표율 13.1%)을 획득하였다. 이는 비록 작은 규모의 의석이지만 반공보수주의의 이념적 제약과 지역주의 정당체제로 고착화된 정당정치구도에 비춰볼 때 신선한 충격이었다.

그러나 2004년 의회 진출 이후 당 정체성을 둘러싼 이념적 갈등이 심화되면서, 민주노동당은 심각한 내부적 분열을 경험하기 시작하였다. 과거 민중운동세력의 양대 정파였던 민족해방(NL)계열과 민중민주(PD)계열에 뿌리를 둔 이른바 '자주파'(NL)와 '평등파'(PD)의 대립은 지속적으로 '종북주의' 논쟁을 불러일으켰으며, 이 과정에서 지도부의 비민주적 정당운영은 '패권주의' 논란으로 비화되었다. 그리고 이는 민주노동당의 정체성을 둘러싼 민주노총 내부의 정파적 노선 갈등(현장파, 중앙파, 국민파)을 더욱 심화시켰다. 이러한 혼란과 갈등은 결국 2008년 18대 총선을 앞두고 '평등파'의 집단 탈당과 분당(2008년 3월 진보신당의 창당과 2011년 12월 통합진보당의 출범)으로 귀결되었으며,[11] 이는 다시 2012년 8월 민주노총의 통합진보당에 대한 '배타적 지지'의 철회로 이어졌다. 또한 '자주파'가 장악한 통합진보당은 2013년 8월 말 발생한 '이석기 내란음모사건'을 계기로 2014년 헌법재판소의 해산판결이 내려져 결국 해체되기에 이르렀다. 이로써 창립 이래 민주노총

11 민주노동당은 'PD 평등파'로 분류되는 활동가들의 주도로 창당되었으나, 2001년 이른바 '군자산의 약속' 이후 'NL 자주파 활동가'와 지지자들이 대거 입당하면서 당내 역학구도가 뒤바뀌게 되었다(지병근 2014, 10). 민주노동당 내부 갈등의 심화로, 당내의 'PD 평등파'가 탈당하여 18대 총선 직전인 2008년 3월 16일 '진보신당'을 창당하였고, 2012년 대선을 앞두고 진보신당은 민주노동당 및 국민참여당과 합당을 추진하여 2011년 12월 '통합진보당'에 합류하였다. 그러나 2012년 총선 직후 당내 부정경선을 둘러싼 갈등으로 진보신당 세력은 통합진보당을 탈당하고 2012년 10월 21일 '진보정의당'을 창당하였고, 2013년 7월 당명을 '정의당'으로 개칭하였다.

이 추구해 온 진보정당을 통한 노동의 정치세력화는 실패로 마감되었다.

진보정당 내부의 노선 싸움과 이로 인한 지도부의 분열은 사회개혁을 기대하는 진보성향의 유권자들을 실망시켜, 이들의 진보정당에 대한 신뢰 상실과 지지 철회로 이어졌다. 특히 2013년의 '이석기 내란음모사건'은 잠재적 지지자들의 이탈(진보적 성향의 유권자들 가운데 친북세력에 대한 정치적 관용의 수준이 낮은 유권자)을 초래하였다. 그 결과, 2016년 치러진 20대 총선에서 정의당은 지역구 2석과 비례대표 4석(정당득표율 7.2%)을 획득하는 데 그쳤는데, 이는 2004년의 17대 총선 결과에 비하면 매우 초라한 성적이었다.[12]

이념적 다양성이 제약받고 보수적 지역주의에 기반하고 있는 한국정당체제 하에서 진보정당의 위상 추락은 노동자들의 정치적 대표성이 그만큼 약화됨을 의미하고, 노동자의 선호와 이해가 공론의 장에서 인정받지 못하게 됨을 뜻한다. 따라서 노동자들의 요구와 관점을 정치적으로 대변하는 진보정당의 위상 강화는 현실적으로 매우 중요한 사안이다. 문제의 심각성은 진보정당이 노동자들의 신뢰를 상실하고 있다는 점이다.

따라서 진보정당의 위상 강화는 무엇보다도 정파적 이념 갈등을 지양하고 정책적으로 기존 보수정당과 차별성을 지닌 민생 중심의 정책정당으로 거듭나는 작업으로부터 시작되어야 한다. 비록 당헌과 강령은 다양한 계급과 계층을 대표하는 '대중정당' 혹은 '생활정당'을 표방하고 있지만, 진보정당들은 이념적으로 경직되고 폐쇄적이며 정책적 내용에서 모호하고 추상적이라는 부정적 평가를 받아왔다(지병근 2014). 이는 그간의 정당정체성을 둘러싼 자주파와 평등파 간의 치열한 이념 갈등, 그리고 이로 인한 정당차원의 민생이슈의 개발과 정책생산에 대한 소홀함과 무관하지 않다. 이 점에서 진보정당은 이념적 정체성 혹은 가치노선에 대한 집착에서 벗어나, 노동자들의 직업·기술교육을 비롯한 소비·문화·복지·주

12 2008년 18대 총선에서 민주노동당이 5석(지역구 2석, 비례대표 3석), 2012년 19대 총선에서 통합진보당이 13석(지역구 7석, 비례대표 6석), 그리고 2016년 20대 총선에서 진보정의당이 6석(지역구 2석, 비례대표 4석)을 획득하였다.

택·주거환경 등 일상생활과 지역의 다양한 사회적 삶의 문제에 대한 생활의제 개발과 구체적인 정책대안을 제시할 수 있는 정책능력을 제고해야 한다. 이를 위해, 정당지도부는 삶의 현장의 목소리를 경청할 수 있는 제도적 네트워크를 마련하고, 그들의 선호와 이해를 담아내는 정책대안의 마련에 집중해야 한다.

이와 더불어, 진보정당은 당내 민주주의의 공고화를 통해 정당지도부의 리더십 기반을 강화시키고 정당제도화의 수준을 획기적으로 향상시킬 필요가 있다(정재관 외 2016, 136). 구체적으로, 정치적 연분에 따른 계파 갈등을 효과적으로 통제하고 당내 분파의 비공식적인 채널에 의한 당조직 운영의 문제를 해소할 수 있는 민주적 규범과 절차에 기초한 정당의 규율과 시스템을 확립해야 한다. 또한 진보정당에 대한 선호가 유권자의 이념적 성향과 북한에 대한 태도의 함수라는 점을 감안할 때(지병근 2014, 30), 정당구성원과 잠재적 지지자들이 동의할 수 있는 이념과 가치를 개발하고 내면화하여 다양한 계층의 유권자들의 관심과 지지를 동원해 낼 수 있도록 해야 한다. 즉 당내 갈등에 휩싸이지 않고 외부의 영향에 휘둘리지 않는 제도화된 정책정당으로 거듭남으로써 유권자들에게 선거경쟁에 지속적으로 참여할 정당이라는 인식을 심어주어야 하며, 정책적으로 노동자와 중간계층 유권자들로부터 신뢰성과 책임성을 인정받는 정당이 되어야 한다.

(3) 합의제적 민주주의

비록 노동운동의 연대성이 강화되고 진보정당의 제도화가 이루어진다 하더라도, 이들의 정치적 역량과 위상을 향상시킬 수 있는 민주적 규칙과 제도가 미비하거나 마련돼 있지 않다면 노동의 권력자원은 여전히 제약될 수밖에 없다. 왜냐하면, 행위자들은 주어진 규칙과 제도에 구속받기 때문이다. 이 점에서 학자들은 다양한 이해와 선호가 투영되고 타협과 협의가 강조되는 '합의제 민주주의'(consensus democracy)가, 다수결 원칙 혹은 승자독식의 관행이 강한 '다수제 민주주의'(majoritarian democracy)에 비해, 신생정당 및 진보정당의 의회진출과 정치세력화를 용이하게 함으로써 친복지 세력의 정치적 영향력을 증대시키는 정치제도라고 주장한다. 이들이 주목하는 합의제적 민주주의의 주요 제도적 요소는 ① 입법부－행정부 간의 균형 혹은 입법부 우위의 정치제도, ② 비례대표제 혹은 비례성이 높은 혼합선거제, ③ 다당제, 그리고 ④ 연립정부의 구성이 가능한 정치제도이다(Birchfield 2008; Birchfield and Crepaz 1998: Iversen and Soskice 2006). 이들은 이러한 제도적 구성요소들이 유기적으로 원활하게 작동될 때, 사회의 다양한 이해들이 정책과정에 효과적으로 반영되고 정부의 정책적 반응이 민감하게 이루어지며, 궁극적으로 모든 이해 집단들이 참여하는 '포괄의 정치'(politics of inclusion)가 작동될 수 있다고 강조한다(최태욱 2013).

한국의 정치제도는 어떠한가? 한국의 정치제도는 승자독식의 관행이 팽배하는 대통령 중심제의 권력구조, 비비례적(disproportional) 요소가 강한 선거제도, 그리고 지역주의에 기반한 정당체제의 영향으로 다수제적 성격을 매우 강하게 띠고 있다. 때문에, 한국 민주주의는 결코 노동의 정치세력화에 우호적인 제도라고 할 수 없다. 그 가운데, 비례성이 낮은 선거제도는 정치적 비중을 지닌 '유의미한' 진보정당의 출현을 가로막아온 가장 중요한 제도적 요인이며, 연립정부의 구성이 거의 불가능한 대통령 중심제 역시 진보적 혹은 개혁적 정당정부의 출현 가능성을 아예 배제하는 제도이다.

우선 선거제도와 관련하여, 민주화 이후 한국은 단순다수제 중심의 선거제도를 유지해 왔기에 진보정당을 비롯한 신생정당들의 의회 진입장벽이 매우 높은 특징을 보여 왔다. 그럼에도 불구하고, 민주노동당은 창당한 지 불과 4년 만에 2004년의 17대 총선에서 총 10석을 획득하는 '경이로운' 성과를 달성하였는데, 16대 총선에서 단 한 석도 얻지 못했던 민주노동당이 이러한 선거결과를 이루어낼 수 있었던 것은 선거제도의 변화 덕분이었다. 2001년 헌법재판소가 지역구 후보자에 투표한 결과에 따라 전국구 의석을 정당별로 배분하는 것이 직접선거와 평등선거 원칙에 위배된다는 판결을 내린 이후, 2004년 17대 국회의원선거에서 1인 2표 병립제(지역구 243석은 단순다수제 투표 결과에 따라 결정하지만 비례대표 56석은 정당명부 투표의 결과에 따라 분배하는 제도)가 도입되어 지역구 단순다수 선거제도의 비비례성을 다소 완화시키는 제도적 효과를 가져왔기 때문이었다.

그러나 진보정당의 의회 진출에도 불구하고, 의회에서 진보정당의 정치적 위상은 여전히 낮아 그 정책적 영향력 역시 미미하였다. 2008년의 18대 총선에서 민주노동당이 5석(지역구 2석, 비례대표 3석)을 획득하여 의석점유율 1.7%, 2012년의 19대 총선에서 통합진보당이 13석(지역구 7석, 비례대표 6석)을 얻어 의석점유율 4.3%, 그리고 2016년의 20대 총선에서 진보정의당이 6석(지역구 2석, 비례대표 4석)을 차지하여 의석점유율 2%에 그쳤다. 이처럼 진보정당의 낮은 의석점유율은 진보정당의 취약성에서도 기인하지만, 제도적 관점에서 주목해야 할 대목은 국회의원의 약 82%가 소선거구 단순다수제에 의해 선출된다는 점이다. 한국의 선거가 지역정당구도 하에서 치러져 왔다는 점을 감안할 때, 소선거구 단수다수제는 지역·인물 중심의 보수정당들의 과다대표 현상을 꾸준히 재생산하는 제도적 요인이 되어왔던 반면, 이념·정책을 표방하는 진보정당의 과소대표 현상을 지속시키는 요인으로 작용해 왔다. 결국 한국의 혼합선거제는 여전히 비례성이 낮아, 보수정당 친화적 성격을 지닌 선거제도이며 사회적 약자를 대변하고 대표할 진보정당에게는 불리한 선거제도인 것이다.

선거제도의 비례성을 향상시킬 수 있는 방법은 다양하다. 가장 이상적인 방법은 전면적인 비례대표제의 도입이다. 그러나 실현가능성이 문제이다. 왜냐하면 선거제도는 특정 정치집단의 희생과 이득을 가르는 재분배적 성격이 강한 까닭에 (Tsebelis 1990), 지역구 의원들의 저항이 예상되기 때문이다. 이런 점을 고려할 때, 전면적인 비례대표제의 도입보다는 지역구 의석을 유지하면서 선거의 비례성을 향상시키는 방법이 보다 현실적이다. 즉 현행의 1인 2표 병립제를 유지하면서 정당명부 비례대표 의석 비율을 늘리거나, 이른바 독일식 비례대표제라고 불리는 1인 2표 연동제로 전환하는 방법이 그것이다. 후자의 방식이 비례성을 높이는 우수한 제도이나, 여러 이유로 채택하기 곤란하다면 전자의 방식을 채택해도 좋을 것이다. 그러나 전자의 방식을 채택하는 경우, 유의미한 비례성이 확보될 수 있도록 최소한 전체 의석의 50%를 비례대표로 선출하도록 하는 것이 중요하다. 만약

지역구 의원들의 저항이 거셀 경우, 현재의 지역구 의석을 그대로 유지하면서 전체 의석을 늘려 비례대표 의석을 최대한 확보하는 것도 하나의 방법이다(최태욱 2013, 296-297). 요컨대, 비례대표제로의 선거개혁은 노동의 유의미한 정치세력화를 위한 가장 기본적이며 핵심적인 제도적 조건이다.

또한 대통령 중심제의 권력구조가 의원내각제로 전환된다면, 한국 민주주의의 합의제적 성격은 더욱 강화될 것이다. 왜냐하면, 대통령제는 강력한 제로섬 게임적 요소로 인해 권력의 공유가 허용되지 않는다는 점에서, 그리고 선거 이후 유권자 수준의 승자연합과 패자연합 간의 갈등이 극단으로 치달을 수 있다는 점에서 매우 강한 다수제적 요소를 내재하고 있기 때문이다. 이에 비해, 합의제적 민주주의에 가장 부합되는 권력구조는 의원내각제이다. 의원내각제는 다른 정당과의 권력의 공유가 가능하고, 입법부의 행정부에 대한 통제능력이 상대적으로 높으며, 정치적 흥정과 타협이 자연스럽게 이루어질 수 있다는 점에서 합의제적 요소를 보유한 제도이다(Linz 1990; Linz and Valenzuela 1994). 때문에 의원내각제하에서는 진보정당도 연립정부의 구성에 참여할 수 있는 기회가 열려있으며, 설령 연립정부에 참여하지 않더라도 사회적 약자를 대변하는 정책의제를 의사결정과정에 반영할 수 있는 기회가 상대적으로 높을 수밖에 없다.

의원내각제로의 전환이 현실 정치상 불가능하다면, 분권형 대통령제도 고려해 볼 필요가 있다(최태욱 2013; 황태연·박명호 2003). 분권형 대통령제는 국민에 의해 선출된 대통령과 의회에 책임을 지는 총리와 내각을 결합한 권력구조로, 대통령은 주로 외치에 총리는 내치를 맡는 형태로 행정부 내의 권력 분립이 이루어진다. 따라서 의회 내의 의석분포가 대통령과 총리 간의 관계를 결정하는 중요 요소로 작동하기 때문에, 승자독식 혹은 패자전실(敗者全失)과 같은 다수제적 현상은 상대적으로 약화될 수밖에 없다(Shugart 2005). 즉 대선에서의 패자도 총선을 통해 정치적으로 부활할 수 있으며, 정당 간 연합을 통해 권력을 분점할 수도 있다. 따라서 소수 정당일지라도 연정을 통해 국가의 정책에 영향을 미칠 수 있는 기회가 열려 있는 것이다.

의원내각제든 분권형 대통령제든, 문제는 정책과 이념에 근거한 정당들이 존재해야 한다는 점이다. 그렇지 못할 경우, 지역주의적 이해관계나 협소한 정파적 이해타산이 여전히 의사결정과정을 지배할 것이기 때문이다. 따라서 선거제도의 개혁을 통한 비례대표제의 확대가 중요하다. 비례성을 보장하는 선거제도는 이념과 정책에 기반한 다당제를 견인해 냄으로써, 민생을 반영한 정책공약을 매개로 유권자의 지지를 동원해 내는 정당정치와 선거정치를 정착시킬 것이기 때문이다.

종합하면, 한국사회의 현실은 노동의 탈상품화 및 계급상생을 수반하는 "정상을 향한 등반"(climbing to the top)이 아닌, 노동의 상품화 및 계급억압을 수반하는 이른바 "바닥을 향한 질주"(racing to the bottom)에 가깝다. 노조조직률은 지속적으로 감소하여 더 이상 증가될 기미를 보이지 않고 있으며, 비정규직의 규모 역시 여전히 감소되지 않고 있고, 소득불평등과 사회양극화 현상은 더욱 심화되는 모습을 보이고 있다. 이제 '헬(hell) 조선'이라는 용어가 더 이상 낯선 단어가 아닌 익숙한 현실이 되었다.

왜 한국의 노동자들은 정치와 시장에서 공정하게 대접받지 못하고 있는가? 그것은 노동이 국가와 자본을 벌(punish)하고 보상(reward)할 수 있는 권력자원을 보유하지 못했기 때문이다. 무엇을 어떻게 해야 하는가? 무엇보다 노동운동의 연대가 중요하다. 이를 위해 노조체계의 실질적인 산별화와 노동운동의 초기업화가 절실하다. 또한 조직노동이 주체가 된 '친복지' 사회연합의 형성과 공고화가 긴요하며, 노동자는 물론이고 중간계층의 지지를 이끌어낼 수 있는 민생 중심의 진보정당이 시급하다. 기득권 유지의 지배연합세력이 사회전반에 걸쳐 두텁게 포진하고 있는 데 비해, 노동의 대항권력은 초라한 수준이기 때문이다. 이에 못지않게 중요한 과제는 비례성이 높은 선거제도의 채택이며, 이를 유기적으로 뒷받침하는 합의제적 민주주의 제도의 도입이다. 현재 한국의 다수제적 민주주의 제도로는 사회적 약자를 대변하고 복지사회를 추동할 '유의미한' 정치세력의 출현이 난망하기 때문이다. 결국 시장의 불평등과 불공정을 치유하고 해소하는 것은 정치와 민주주의의 몫인 것이다.

참고문헌

강만길. 2000. 『한국 자본주의의 역사』 서울: 역사비평사.

강만길. 2004. 『한국노동운동사: 근대 노동자 계급의 형성과 노동운동, 조선후기~1919』 서울: 지식마당.

강명세. 1999. "한국의 사회협약 실험." 강명세(편). 『경제위기와 사회협약』 성남: 세종연구소, 155-193.

강 민. 1983. "관료적 권위주의의 한국적 생성." 『한국정치학회보』 17권, 341-362.

강신준. 2002. "4·19 혁명 시기 노동운동과 노동쟁의의 성격." 『산업노동연구』 8권 2호, 199-230.

강인걸·강현욱. 1989. 『일제하 조선 노동운동사』 서울: 일송정.

강재언. 1990. 『한국근대사』 서울: 한울.

경제기획원. 1963~1980. 『한국통계연감』.

경제사회발전 노사정위원회. 2015. 『노동시장 구조개선을 위한 노사정합의문: 사회적 대타협』.

경제사회발전노사정위원회. 2008. 『경제사회발전노사정위원회 10년사』.

경제사회발전노사정위원회. 2013. 『경제사회발전노사정위원회 발자취』.

고세훈. 2012. "노동 '있는' 복지국가: 논리, 역사, 전망." 조흥식(엮음). 『대한민국, 복지국가의 길을 묻다』 서울: 이매진, 342-363.

고영복. 1983. "4월혁명의 의식구조." 강만길(외). 『4월혁명론』 서울: 한길사. 85-129.

고 원. 2013. "정치균열의 전환과 2012년 대통령선거: 세대와 계층 변수를 중심으로." 『동향과 전망』 88호, 143-176.

관계부처합동. 2013. 『박근혜정부 국정과제』.

구해근. 2002. 『한국 노동계급의 형성』 서울: 창작과 비평사.

국사편찬위원회. 1972. 『자료 대한민국사 5』.

국정홍보처. 2008.『참여정부의 국정운영백서』.

권순미. 2004. "'노동 없는 정당체제'와 '노동 있는 정당체제': 일본과 한국의 상이한 노동정치 발전 패턴."『한국정치학회보』 38집 5호, 299-321.

권재철. 2011.『대통령과 노동』 서울: 유성사.

금융감독원. 2004.『금융감독원 5년사』.

김 견. 1988. "한국의 중화학공업화 과정에서의 국가개입의 양상 및 귀결." 한국산업사회연구회(편).『오늘의 한국자본주의와 국가』 서울: 한길사, 130-183.

김 준. 1989. "제6공화국의 노동통제정책."『경제와 사회』 제3권, 17-41.

김 준. 1993. "아시아 권위주의 국가의 노동정치와 노동운동." 서울대학교 대학원 박사학위 논문.

김 준. 1999. "5·16이후 노동조합의 재편과 '한국노총 체제'의 성립."『사회와 역사』 55집, 103-138.

김 준. 2008. "노동법 개정 투쟁과 민주노총 건설, 1993~97." 조돈문·이수봉(엮음).『민주노조운동 20년』 서울: 후마니타스.

김경일. 1992.『일제하 노동운동사』 서울: 창작과 비평사.

김경일. 2004.『한국노동운동사: 일제하의 노동운동 1920~1945』 서울: 지식마당.

김광운. 1989. "원산총파업과 노동운동의 새로운 단계로의 이행."『역사비평』 6호, 138-156.

김기우. 2015. "통상임금 판결이 관련 협약규정에 미친 영향과 과제에 대한 고찰."『법학연구』 23권 2호, 1-21.

김기원. 1990.『미군정의 경제구조: 귀속기업체의 처리와 노동자 자주관리운동을 중심으로』 서울: 푸른산.

김낙중. 1969. "자유당치하 한국노동운동의 성격."『노동문제논집』 12월호.

김낙중. 1982.『한국노동운동사: 해방후 편』 서울: 청사.

김남식. 1984.『남로당 연구』 서울: 돌베개.

김대중. 1986.『대중경제론』 서울: 청사.

김민하. 1983.『한국정당정치론』 서울: 대왕사.

김병오. 1993. "김영삼정부의 개혁과 노동정책: 신경제 5개년계획중 노사관계 부문을 중심으로."『노동연구』 10호, 24-41.

김삼수. 2003. "박정희시대의 노동정책과 노사관계." 이병천(엮음).『개발독재와 박정희

시대』 서울: 창비, 183-212.
김성중·성제환. 2005.『한국의 고용정책』 서울: 한국노동연구원.
김세균. 1997.『한국 민주주의와 노동자·민중정치』 서울: 현장에서 미래를.
김영기. 1988.『한국의 독점자본과 임노동』 서울: 까치.
김영래. 1987.『한국의 이익집단: 국가조합주의적 시각을 중심으로』 서울: 대왕사.
김영명. 1992.『한국 현대 정치사: 정치변동의 역학』 서울: 을유문화사.
김영명. 2006.『한국의 정치변동』 서울: 을유문화사.
김영삼. 2001.『김영삼 대통령 회고록, 상』 서울: 조선일보사.
김영수. 1999.『국가·노동조합·노동자정치』 서울: 현장에서 미래를.
김영수. 2010. "4·19혁명기 노동운동의 민주주의 이행전략."『민주주의와 인권』 10권 1호, 5-36.
김영수. 2012. "노사정위원회 참여를 둘러싼 민주노총의 전략적 대응: 정파 간 내부정치를 중심으로."『사회과학연구』 15집 1호, 81-104.
김영태. 1972. "도큐멘타리: 노동운동20년소사."『노동공론』 2월호, 164-180.
김왕식. 1988. "한국노총의 동태와 특성." 윤형섭·신명순 외.『한국정치과정론』 서울: 법문사, 217-260.
김용철. 1996. "한국의 민주화 이행과 시민사회의 역동." 한흥수(편).『한국정치동태론』 서울: 오름, 317-340.
김용철. 1999. "한국의 경제위기와 국가-노동관계."『국제고려학회 논문집』 창간호, 505-543.
김용철. 2006. "한국의 사회협약정치: 짧은 반응과 긴 교착."『21세기정치학회보』 16집 2호, 75-99.
김용철. 2010. "사회협약정치의 출현·교착·지속에 대한 분석."『산업노동연구』 16권 2호, 33-75.
김용철. 2011. "박정희 정권의 노동통제전략."『한국경제지리학회지』 14권 2호, 192-210.
김용철. 2012. "노동정치의 변화와 동학."『현대사회과학연구』 16권, 55-75.
김용철. 2012. "사회연합정치의 관점에서 본 전두환·노태우 정권하의 노동정치."『오토피아』 27권 2호, 157-196.
김용철·문정인. 1995. "한국의 경제발전과 민주화 경험."『사회과학논집』 26집, 117-149.

김유선. 1998.『민주노동조합이 현황과 과제』 서울: 한국노동연구원.
김윤환. 1967.『한국의 노동문제연구』 서울: 고려대학교 출판부.
김윤환. 1981.『한국노동운동사 I』 서울: 청사.
김윤환. 1982.『한국노동운동사: 일제하 편』 서울: 청사.
김윤환·김낙중. 1976.『한국노동운동사』 서울: 일조각.
김인걸·강현욱. 1989.『일제하 조선 노동운동사』 서울: 일송정.
김인재. 2008. "노동분야 규제완화 대응방안 모색." 참여연대 노동사회위원회.『노동부분 규제완화 경제살리기 해법인가?』, 5-26.
김재호·정주연. 2013. "금융위기 이후의 소득재분배 정책의 효과."『한국정책학회보』 22권 2호, 233-258.
김정렴. 1990.『한국경제정책 30년사』 서울: 중앙일보사.
김중렬. 1972. "今昔之感."『노동공론』 6월호, 213-217.
김진방. 2014. "박근혜 정부의 재벌정책과 경제민주화." 서울사회경제연구소.『박근혜 정부 경제·복지정책의 방향과 과제』 서울: 한울 아카데미, 15-51.
김충식. 1992.『정치공작사령부 KCIA: 남산의 부장들 1』 서울: 동아일보사.
김태기·전병유. 2003. "구조조정과 노사관계."『경제학연구: 한국경제학회 창립50주년 기념호』, 73-101.
김태승. 1988. "미군정기 노동운동과 전평의 운동노선." 박현채(편).『해방전후사의 인식 3』 서울: 한길사, 309-352.
김학노. 1999.『노동시장의 경직성이 필요하다』 성남: 세종연구소.
김형기. 1997.『한국노사관계의 정치경제학』 서울: 한울 아카데미.
김형배. 1981. "노동법제."『노동경제40년사』 서울: 한국경영자총협회, 63-114.
김형배. 1982. "노동법제 35년 회고."『노동경제연감』.
내무부. 1954.『대한민국통계연감』 서울: 내무부.
노광표. 2012. "공공기관 선진화정책 평가와 대안적 정책의 모색: 국가의 시장화 혹은 새로운 국가의 복귀."『산업노동연구』 18권 2호, 243-272.
노광표. 2014.『공공부문 노사관계의 진단과 노정관계의 재정립방안』 KLSI 이슈페이퍼.
노광표·김현준. 2009.『공기업 선진화 정책과 공공부문 노사관계』 서울: 한국노동연구원.
노동부. 1981.『노동통계연감』.
노동부. 2008a.『노동분야 국정과제 실천계획』.

노동부. 2008b. 『보도자료』 (5월 19일 배포).
노동부. 2009. 『2009년 노사관계 전망과 노동정책방향』.
노동청. 1963~1980. 『노동통계연감』.
노동청. 1969. 『노사협조와 경제개발』.
노동청. 1971. 『알기 쉬운 노동백서』.
노무현재단. 2010. 『운명이다: 노무현 자서전』 서울: 돌베개.
노사관계개혁위원회. 1996. 『노사관계개혁 과제와 향후 추진방향/노사의 자기혁신과제와 정부의 역할』.
노사정위원회. 2003. 『노사정위원회 5년 백서』.
노사정위원회. 2007. 『2006년도 연차보고서』.
노중기. 1994. "1987년 이후 거시적 노자관계의 변동과 노동운동." 『동향과 전망』 21호, 126-153.
노중기. 1997. "한국 노동정치체제의 변동과 전망: 1987~1997." 『노동사회』 8월호, 25-37.
노중기. 1999. "3기 노사정위원회, 어디로 가고 있나?" 『현장에서 미래를』 48호.
노중기. 2009. "이명박 정부 출범 1년의 노동정책." 『경제와 사회』 81호, 131-156.
노중기. 2014. "박근혜 정부 노동정책에 관한 비판적 고찰." 『경제와 사회』 가을호, 54-82.
노태우. 2011. 『노태우 회고록(하): 전환기의 대전략』 서울: 조선뉴스프레스.
대통령비서실. 1983. 『전두환대통령연설문집: 제5공화국 출범 편』.
대통령비서실. 1990. 『노태우대통령연설문집 제2권』.
대통령비서실. 1999. 『김대중대통령연설문집 제1권』.
대통령비서실. 2000. 『김대중대통령연설문집 제2권』.
대통령비서실. 2004. 『노무현대통령연설문집 제1권』.
대통령비서실. 2005. 『노무현대통령연설문집 제2권』.
대통령비서실. 2014. 『박근혜대통령연설문집 제1권』.
대통령실. 2009. 『이명박 대통령 연설문집』.
대통령직인수위원회. 2003. 『참여정부: 국정비전과 국정과제』.
대한통계협회. 1992. 『한국통계연감』.
동아일보사. 1990. 『선언으로 본 80년대 민족·민주운동』.

류기락. 2001. “노동조합의 권력자원과 집합행위에 대한 연구: 금융구조조정과 ‘전국금융노동조합연맹’의 대응, 1997-2000.” 『산업노동연구』 7권 2호, 129-164.

류상영. 1989. “8·15 이후 좌·우익 청년단체의 조직과 활동.” 최장집(외). 『해방전후사의 인식 4』 서울: 한길사, 51-107.

마인섭. 1992. “자본주의적 발전과 민주화: 한국 산업화의 단계, 계급구조와 국가.” 『한국정치학회보』 26집 2호, 241-267.

마인섭. 2011. “한국정당의 복지정책과 선거.” 『의정연구』 17권 3호, 29-62.

매일경제 인수위취재팀. 2008. 『MB노믹스 액션 플랜: 이명박 정부의 경제살리기 실천계획』 서울: 매경.

문정인. 1995. “세계화의 위협구조와 국가전략.” 김경원·임현진(편). 『세계화의 도전과 한국의 대응』 서울: 나남.

문정인·김용철. 2001. “구조개혁의 정치경제: 정치적·제도적 제약을 중심으로.” 국회사무처. 『IMF체제 이후의 한국정치의 비전과 전략』, 230-258.

문화공보부. 1971. 『박정희 대통령 기자회견』.

민주노총. 1996a. 『민주노조 투쟁과 탄압의 역사』 서울: 현장에서 미래를.

민주노총. 1996b. 『민주노총: 창립까지의 사업보고·자료모음』.

민주노총. 2000. 『2000년 사업보고·자료모음』.

민주노총. 2001. 『민주노조 투쟁과 탄압의 역사』 서울: 현장에서 미래를.

민주노총. 2003. “회의자료: 장기투쟁사업장 대표자회의.” http://nodong.org/index.php?mid=data_paper&category=900115&page=4&document_srl=86468(검색일: 2015년 6월 26일).

민주노총. 2006a. 『9·11 야합에 기초한 정부 입법예고안 비판』.

민주노총. 2006b. “9·11 노사관계로드맵 합의, 무엇이 문제인가?” 『노동과 세계』 (9월 18일) http://worknworld.kctu.org/news/articleView.html?idxno=807(검색일: 2015년 6월 27일).

민주노총. 2006c. “기자회견문.” http://nodong.org/index.php?mid=statement&page=261&document_srl=99758(검색일: 2015년 6월 27일).

민주통합당. 2012. 『사람이 먼저인 대한민국: 국민과의 약속 119』.

민주통합당 18대 대통령선거대책위원회. 2012. 『미래를 여는 문』.

민주화운동기념사업회(엮음). 2008. 『한국민주화운동사 1』. 파주: 돌베개.

박 동. 2001. “한국에서 사회협약정치의 출현과 그 불안정성 요인 분석.” 『한국정치학회보』 43집 1호, 161-177.

박경용. 2011. “‘공기업 선진화 정책’ 이행에 따른 노사분쟁 사례연구.” 고려대학교 노동대학원 석사학위 논문.

박근혜. 1990. 『박근혜 인터뷰집: 10·26사태이후 10년만의 최초 육성증언』 서울: 육영재단.

박명림. 1996. “제2공화국 정치균열의 구조와 변화.” 백영철(편). 『제2공화국과 한국민주주의』 서울: 나남, 207-268.

박성인. 2006. “9·11 노사정 야합, 모습을 드러낸 노무현판 선진노사관계.” http://kilsp.jinbo.net/bbs/zboard.php?id=affairs_8&page=7&sn1=&divpage=1&sn=off&ss=on&sc=on&select_arrange=hit&desc=asc&no=137(검색일: 2015년 6월 27일).

박양균. 1998. 『노동법개정 일지』 서울: 자유기업센터.

박영기·김정한. 2004. 『한국노동운동사: 미군정기의 노동관계와 노동운동, 1945~1948』 서울: 지식마당.

박정수. 2014. “정부개혁의 내용.” 한국행정연구원. 『대한민국 역대 정부 주요 정책과 국정운영: 이명박 정부』 서울: 대영문화사.

박정희. 1962. 『우리 민족의 나갈 길』 서울: 동아출판사.

박찬욱. 2013. “2012년 대통령선거의 특징.” 박찬욱·강원택(편). 『2012년 대통령선거 분석』 서울: 나남, 17-49.

박현채. 1988. “4·19시기 노동운동의 전개와 양상.” 『역사비평』 3월, 161-179.

박형준. 1988. “88년 상반기 노동자투쟁의 추이와 전망.” 『동향과 전망』 1, 123-145.

보건사회부. 1959, 1960, 1962. 『보건사회통계연보』.

山本剛士. 1984. “1·2차 경제개발계획과 고도성장의 문제점.” 김성환·김정원·허버트 P. 빅스. 『1960년대』 서울: 거름, 271-300.

새누리당. 2012. 『세상을 바꾸는 약속, 책임 있는 변화: 제18대 대통령선거 새누리당 정책공약집』.

서관모. 1984. 『한국사회의 계급구성과 계급분화』. 서울: 한울.

서재진. 1991. 『한국의 자본가 계급』 서울: 나남.

성경륭. 1998. “실업과 사회해체: 총체적 위험사회의 등장.” 『계간사상』 가을호, 247-

275.
성경륭. 2014. “한국 복지국가 발전의 정치적 기제에 관한 연구: 노무현 정부와 이명박 정부의 비교.”『한국사회학』 48집 1호, 71-132.
손낙구. 2010. “1953년 노동조합법 제정과 단위노동조합의 조직변화.”『역사문제연구』 23호, 361-395.
손호철. 2006. “노동운동의 이념과 노선.”『한국형 사회협약의 모색과 복지국가』 수원: 경기개발연구원, 15-31.
손호철. 2007. “세계화, 민주화 시대 한국의 노동과 복지의 정치.”『사회과학연구』 15집 2호, 130-153.
송종래 · 이덕재 · 이우현 · 정주연 · 강신준. 2004.『한국노동운동사: 정부수립기의 노동운동, 1948~1961』 서울: 노동문제연구소.
송호근. 1990. “권위주의 한국의 국가와 임금정책, 1970~1987.” 송호근(편).『노동과 불평등』 서울: 나남, 327-373.
송호근. 1991.『한국의 노동정치와 시장』 서울: 나남.
송호근. 2000. “박정희 정권의 국가와 노동.”『사회와 역사』 58, 199-234.
신광영. 1994.『계급과 노동운동의 사회학』 서울: 나남.
신광영. 2011. “민주화 이후의 민주주의와 노동운동: 한국의 사례.”『사회과학연구』 50집 1호, 37-70.
신민당. 1986. “YH사건과 신민당.” 이태호(엮음).『최근노동운동기록』 서울: 청사, 105-128.
신용하. 1989. “1992년 조선노동연맹회의 창립과 노동운동.”『사회와 역사』 15호, 55-96.
심지연. 1982.『한국민주당연구 1』 서울: 풀빛.
아사바 유키. 2008. “집합자료를 사용한 17대 대선에 관한 종합적 분석.” 박찬욱(편).『제17대 대통령선거를 분석한다』 서울: 생각의 나무, 113-139.
안병영. 1977. “한국의 이익집단과 정치발전.”『한국정치학회보』 제11집, 74-86.
안병영. 1983. “한국의 이익집단과 정치발전(II).”『제5회 합동학술대회 논문집』 55-72.
안종우. 1972. “조방쟁의(상).”『노동공론』 8월호, 114-123.
안해균. 1971. “한국행정과정에의 이익투입에 관한 연구.”『행정논총』 9권 1호, 104-120.

양재진. 2001. “구조조정과 사회복지: 발전국가 사회복지 패러다임의 붕괴와 김대중 정부의 과제.” 『한국정치학회보』 35집 1호, 211-231.

양재진. 2014. “제도주의적 권력자원론과 한국의 노동, 자본, 정치가의 복지정책 선호에 관한 실증연구.” 『한국정치학회보』 48집 2호, 79-102.

오창헌. 2001. 『유신체제와 현대한국정치』 서울: 오름.

오하나. 2010. 『학출: 80년대 공장으로 간 대학생들』 서울: 이매진.

원호식. 1990. “노동운동과 노동통제의 성격.” 한배호(편). 『한국현대정치론 I』 서울: 나남, 419-442.

유경순. 2002. “1985년 구로동맹파업의 발생과 노동운동사적 위치.” 『역사연구』 11권, 109-147.

유범상. 2000. “한국의 노동정치와 공론장: 노사관계개혁위원회와 노사정위원회를 중심으로.” 서울대학교 정치학과 박사학위 논문.

유범상. 2001. “1987년 노동자 대투쟁과 새로운 노동운동 지형의 형성.” 최영기(외). 『1987년 이후 한국의 노동운동』 서울: 한국노동연구원, 55-280.

유범상. 2003. “사회적 합의.” 이원덕(편). 『한국의 노동, 1987~2002』 서울: 노동연구원, 124-149.

6월민주항쟁 10주년사업 범국민추진위원회. 1997. 『6월항쟁 10주년기념 자료집』 서울: 사계절.

윤여덕. 1991. 『한국 초기 노동운동연구』 서울: 일조각.

윤제철. 2007. 『외환위기는 끝났는가(제1권): 한국의 금융·기업 구조조정 10년』 서울: 비봉출판사.

윤진호. 2014. “박근혜 정부의 노동정책: 예정된 파탄.” 서울사회경제연구소(엮음). 『박근혜 정부의 경제·사회정책: 경제민주화와 복지의 실종』 서울: 한울아카데미, 69-104.

이 목. 1989. 『한국교원노동조합운동사』 서울: 푸른나무.

이강로. 1999. “한국에서 진보적 노동운동의 성장과 민주주의 공고화의 진행: 1990~1999.” 『한국정치학회보』 33집 3호, 133-156.

이병천. 2013. “김대중 모델과 한국경제 97년 체제.” 『기억과 전망』 28, 144-182.

이병훈. 2004. “한국 노동조합운동의 연대성 위기.” 『아세아연구』 47권 4호, 65-89.

이병훈. 2011. “노동 양극화와 연대의 위기, 활로는 있는가.” 윤홍식(엮음). 『우리는 한

배를 타고 있다』 서울: 이매진, 192-208.
이병희. 1993. "신경제와 신노동정책의 좌절." 『동향과 전망』 20, 81-96.
이병희(외). 2014. 『노동소득배율과 경제적 불평등』 세종: 노동연구원.
이상영. 1988. "국가의 노동정책과 공장자동화." 『동향과 전망』 1, 93-120.
이상호. 2012. "노동 존중 복지국가? 복지국가의 주체형성과 노동조합의 사회연대전략." 조흥식(엮음). 『대한민국, 복지국가의 길을 묻다』 서울: 이매진, 387-413.
이영철. 2004. "1970년대 초의 노동정책의 변화." 『한국정치학회보』 38집 2호, 143-165.
이원보. 1996. "1960~70년대 한국의 산별노조." 김금수(외). 『산별노조의 과거, 현재, 그리고 미래』 서울: 한국노동사회연구소.
이원보. 1999. "김대중 정부의 노동정책평가: 새 노동정책의 실상과 허상." 『노동사회』 36, 12-19.
이원보. 2005. 『한국노동운동사: 100년의 기록』 서울: 한국노동사회연구소.
이재봉. 1996. "4월혁명, 제2공화국, 그리고 한미관계." 백영철(편). 『제2공화국과 한국 민주주의』 서울: 나남, 71-110.
이종구(외). 2006. 『1960~70년대 노동자의 작업장 문화와 정체성』 서울: 한울아카데미.
이준식. 2009. 『조선공산당 성립과 활동』 서울: 경인문화사.
이중희. 1988. "무노동무임금 논리 비판." 『동향과 전망』 2권, 151-163.
이창언. 2003. "1980년 4월 사북 노동자 투쟁." 『기억과 전망』 2권, 188-206.
이형준. 2009. "비정규직법 개정 논의와 기업의 대응." 『임금연구』 17권 2호, 102-121.
이화수. 1990. "4월혁명의 주체는 누구인가." 『현대사를 어떻게 볼 것인가 3』. 서울: 동아일보사. 11-35.
임경훈. 2000. "미래로의 퇴행: 김대중 정부에서의 개혁의 정치." 『계간사상』 여름호, 75-98.
임송자. 2003. "대한노총 연구(1946~1961)." 성균관대학교 대학원 박사학위 논문.
임송자. 2006. "4월혁명 이후 노동조직 변화와 한국노총 결성 과정." 『한국독립운동사연구』 26집, 253-291.
임송자. 2010. "1970년대 도시산업선교회와 한국노총의 갈등·대립." 『사림』 35, 311-342.

임영일. 1998.『한국의 노동운동과 계급정치(1987~1995): 변화를 위한 투쟁, 협상을 위한 투쟁』마산: 경남대학교 출판부.
임혁백. 1994.『시장·국가·민주주의: 한국민주화와 정치경제이론』서울: 나남.
장 면. 1967.『한 알의 밀이 죽지 않고는』서울: 카톨릭출판사.
장상철. 2006. "작업장통제전략으로서의 공장새마을운동: 성과와 한계." 이종구(외).『1960~70년대 노동자의 작업장 문화와 정체성』서울: 한울아카데미, 173-197.
장신철. 2008.『OECD의 한국 노동법 모니터링』서울: 한국노동연구원.
장홍근. 1999. "한국 노동체제의 전환, 1987~1997."『동향과 전망』43호, 46-68.
장홍근. 1999. "한국 노동체제의 전환과정에 관한 연구, 1987~1997." 서울대학교 대학원 박사학위논문.
재정경제부·한국개발원. 1998.『국민과 함께 내일을 연다: 국민의 정부 경제청사진』.
전국경제인연합회. 1971.『全經聯十年』.
전국경제인연합회. 2011.『전경련 50년사: 기적의 50년을 넘어 희망 100년으로』.
전국광산노동조합. 1974.『광노25년사』.
전국금융노동조합. 1981.『금융노조 이십년사』.
전국노동조합협의회. 1991.『한국 노동운동 탄압백서』서울: 도서출판 이웃.
전국노동조합협의회. 1997a.『전국노동조합협의회 백서; 제1권』서울: 책동무 논장.
전국노동조합협의회. 1997b.『전국노동조합협의회 백서: 제6권』서울: 책동무 논장.
전국노동조합협의회. 1997c.『전국노동조합협의회 백서: 제7권』서울: 책동무 논장.
전국노동조합협의회. 2003a.『전국노동조합협의회 백서: 제1권』서울: 책동무 논장.
전국노동조합협의회. 2003b.『전국노동조합협의회 백서: 제13권』서울: 책동무 논장.
전국민주노동조합총연맹. 1995.『민주노총: 창립까지의 사업보고·자료모음』.
전국민주노동조합총연맹. 1996.『1996 사업보고·자료모음』.
전국부두노동조합. 1979.『한국부두노동운동백년사』.
전국외국기관노동조합. 1979.『외기노조 이십년사』.
전국해원노동조합. 1973.『전국해원노동조합사』.
전병유. 1990. "전노협과 경단협의 임금인상률 공방."『월간다리』4월, 54-55.
전 인. 2007. "노동통제하의 사용자단체 역할과 서비스: 한국경영자총협회의 생존과 성장, 1970~1987."『산업관계연구』17권 2호, 67-100.
전철환. 1983. "4월혁명의 사회경제적 배경." 강만길(외).『4월혁명론』서울: 한길사. 131-

147.
전철환. 1990. “4 · 19혁명의 사회경제적 성격.”『현대사를 어떻게 볼 것인가 3』 서울: 동아일보사, 36－63.
정기평. 1990. “전노협 대 경단협의 실력대결.”『월간다리』 1월, 44－45.
정영태. 2005. “개발연대 노동자들의 공장생활과 대응방식.” 이종구(외).『1960~70년대 노동자의 작업장 경험과 생활세계』 서울: 한울아카데미, 231－302.
정용욱. 1989. “3 · 1운동에 나타난 노동자 · 농민의 진출.”『역사비평』 6호, 74－95.
정이환. 2011.『경제위기와 고용체제: 한국과 일본의 비교』 서울: 한울.
정재관 · 김인원 · 정은아. 2016. “틈새정당의 전략과 제도화: 민주노동당의 성공과 실패에 대한 연구.”『한국정치학회보』 50권 2호, 125－149.
정태환. 2006. “김영삼 정권 하의 정치사회적 갈등: 자본과 노동 그리고 지역주의를 중심으로.”『한국학연구』 25, 445－472.
제17대 대통령직인수위원회. 2008.『제17대 대통령직인수위원회 백서 2: 성공 그리고 나눔』.
제18대 대통령직위수위원회. 2013a.『제18대 대통령직위수위원회 백서: 박근혜 정부, 희망의 새 시대를 위한 실천과제』.
제18대 대통령직인수위원회. 2013b.『제18대 대통령직인수위원회 제안: 박근혜정부 국정과제』.
조돈문. 1996. “50년대 노동계급의 계급해체: 노총의 호응성 전략과 노동자들의 저동원.”『경제와 사회』 봄호, 160－198.
조돈문. 2000. “1950년대 대한노총 노동조합과 계급지배 재생산.”『산업노동연구』 6권 2호, 139－170.
조돈문. 2004.『노동계급의 계급형성: 남한 해방공간과 멕시코 혁명기의 비교연구』 서울: 한울.
조돈문. 2008. “비정규직 문제와 노동계급 계급균열: 비정규직 문제를 둘러싼 정규직 · 비정규직 의식 비교.”『산업노동연구』 14권 2호, 169－200.
조선은행 조사부. 1948.『조선경제연보』.
조선전업노동조합. 1959.『전업노조십년사』.
조순경 · 이숙진. 1995.『냉전체제와 생산의 정치: 미군정의 노동정책과 노동운동』 서울: 이화여자대학교 출판부.

조승혁. 1979. “산업사회에서 교회선교의 공헌.” 『기독교사상』 23권 7호, 42-53.

조영래. 1991. 『전태일 평전』 서울: 돌베개.

조화순. 1986. “동일방직: 민중의 딸들과 함께.” 이태호(엮음). 『최근노동운동기록』 서울: 청사, 58-94.

조효래. 2005. “대기업 노사관계와 노동조합의 전투성.” 『산업노동연구』 11권 2호, 229-260.

조효래. 2013. “이명박 정부의 노동정책: 변화와 연속성?” 『동향과 전망』 87호, 224-263.

조희연. 2008. “신자유주의의 지구화 시대의 정치와 신보수 정권: 신보수 정권 시대 개막의 의미, 전망, 과제.” 『동향과 전망』 72호, 146-181.

中尾美知子. 1984. “해방과 전평노동운동.“ 박현채(편). 『한국자본주의와 임금노동』 서울: 화다, 177-250.

중앙선거관리위원회. 1964. 『대한민국선거사』.

중앙선거관리위원회. 1973. 『대한민국선거사』.

지병근. 2012. “한국 정당들의 복지정책: 당헌 및 강령 분석을 중심으로.” 『선거연구』 2권 1호, 59-94.

지병근. 2014. “한국진보정당의 조직, 이념, 그리고 지지기반.” 『현대정치연구』 7권 1호, 7-53.

진영재. 2011. “한국노총 선거전략 변화 요인: 민주노총과의 조직경쟁과 ‘이익’ 개념의 변화.” 『한국정당학회보』 10권 1호, 71-100.

채구묵. 2007. “1980년대 민주노동운동에서 학생출신 지식인의 역할.” 『역사비평』 78, 385-415.

최영기·김준·조효래·유범상. 2001. 『1987년 이후 한국의 노동운동』 서울: 한국노동연구원.

최영기·유범상·김효정(편). 1999. 『한국의 노사관계와 노동정치(I): 자료편, 사회적 합의 관련』 서울: 한국노동연구원.

최영기·전광석·이철수·유범상. 2000. 『한국의 노동법 개정과 노사관계』 서울: 한국노동연구원.

최윤규. 1988. 『근현대 조선경제사』 서울: 갈무지.

최윤오. 1992. “18·19세기 농업고용노동의 전개와 발달.” 『한국사연구』 77호, 57-88.

최장집. 1988.『한국의 노동운동과 국가』 서울: 열음사.
최장집. 1991. "지역감정의 지배 이데올로기적 기능." 김종철·최장집(외). 『지역감정연구』 서울: 학민사, 30-39.
최장집. 1996. "제2공화국 하에서의 민주주의의 등장과 실패." 백영철(편). 『제2공화국과 한국민주주의』 서울: 나남, 31-70.
최장집. 1996.『한국 민주주의의 조건과 전망』 서울: 나남.
최장집. 1999. "경제위기시의 노동운동: 한국과 일본의 비교." 『아세아연구』 42집 1호, 137-166.
최장집. 2002.『민주화 이후의 민주주의: 한국 민주주의의 보수적 기원과 위기』 서울: 후마니타스.
카터 J. 에커트. 2008.『제국의 후예: 고창 김씨가와 한국 자본주의의 식민지 기원, 1876~1945』 서울: 푸른역사.
통계청. 1995.『통계로 본 한국의 발자취』.
통계청. 1998.『1998년 2/4분기 및 상반기 도시근로자가구의 가계지수동향』.
통계청. 2009.『2009년 사회조사결과』.
통계청. 2014.『2014년 8월 경제활동인구조사: 근로형태별 부가조사 결과』.
통계청. 2015.『2015년 사회조사결과』.
통계청. 2016.『2016년 3월 경제활동인구조사: 근로형태별 부가조사 결과』.
통계청. 각 연도.『가계동향조사』.
통계청. 각 연도.『경제활동인구조사: 근로형태별 및 비임금근로 부가조사결과』.
한국경영자총협회. 1988.『노동경제연감』.
한국경영자총협회. 1990.『한국경총 20년사』.
한국군사혁명사편찬위원회. 1963.『한국군사혁명사』.
한국기독교교회협의회. 1984.『1970년대 노동현장과 증언』 서울: 풀빛.
한국기독교사회문제연구원. 1987.『7~8월 노동자 대중투쟁』 서울: 민중사.
한국노동사회연구소·한길리서치. 2009. "비정규직에 대한 국민여론조사 결과." 『노동사회』 139권, 106-114.
한국노동연구원. 1989 .『분기별 노동동향분석』 2권 1호.
한국노동연구원. 1990.『분기별 노동동향분석』 3권 1호.
한국노동연구원. 1991.『분기별 노동동향분석』 4권 1호.

한국노동연구원. 1992. 『분기별 노동동향분석』 5권 4호.
한국노동연구원. 1993. 『분기별 노동동향분석』 6권 4호.
한국노동연구원. 1998. 『분기별 노동동향분석』 11권 1호.
한국노동연구원. 1991. 『KLI 노동통계』.
한국노동연구원. 1992. 『KLI 노동통계』.
한국노동연구원. 1997. 『KLI 노동통계』.
한국노동연구원. 2015. 『2015 KLI 노동통계』.
한국노동연구원. 2016. 『2016 KLI 노동통계』.
한국노동연구원. 2008. 『2008년도 노사관계 실태 분석 및 평가: 총괄』.
한국노동조합총연맹. 1979. 『한국노동조합운동사』.
한국노총. 각 연도. 『사업보고』.
한국노총. 1988. 『1978년도 노동쟁의』.
한국노총. 1990. 『한국노동자 의식연구』.
한국노총. 2002. 『한국노총 50년사』.
한국민주노동자연합. 1994. 『1970년대 이후 한국노동운동사』 서울: 동녘.
한국사회연구소. 1989. 『노동조합조직연구』 서울: 백산서당.
한국은행. 1982. 『한국의 국민소득』.
한승주. 1983. 『제2공화국과 한국의 민주주의』 서울: 종로서적.
한태수. 1961. 『한국정당사』 서울: 신태양사.
허상수. 1989. "최근 사회변혁운동과 사회운동." 한국기독교산업개발원. 『한국 사회변혁운동과 노동운동』 서울: 정암문화사.
현대경제연구원. 2015. 『현안과 과제: 계층상승 사다리에 대한 국민인식 설문조사』.
황태연·박명호. 2003. 『분권형대통령제 연구』. 서울: 동국대학교 출판부.
후지이 다케시. 2011. "4·19/5·16 시기의 반공체제 재편과 그 논리: 반공법의 등장과 그 담지자들." 『역사문제연구』 25호, 9-31.

Acemoglu, Daron and James A. Robinson. 2001. "A Theory of Political Transitions." *American Economic Review* 91:4, 938-963.
Allen, Richard C. 1960. *Korea's Syngman Rhee: An Unauthorized Portrait*. Rutland, Vermont: Charles E. Tuttle Company.

Ames, Barry. 1987. *Political Survival: Politicians and Public Policy in Latin America*. Berkeley, CA: University of California Press.

Amsden, A. H. 1989. *Asia's Nest Giant: South Korea and Late Industrialization*. New York, New York: Oxford University Press.

Ansell, Ben and David Samuels. 2010. "Inequality and Democratization: A Contractarian Approach." *Comparative Political Studies* 43:12, 1543-1574.

Bai, Moo-Ki. 1982. "The Turning Point in the Korean Economy." *The Developing Economics* 20:2, 117-140.

Bates, Robert H. 1981. *Markets and States in Tropical Africa: The Political Basis of Agricultural Policies*. Berkeley, CA: University of California Press.

Berger, Stefan and Hugh Compston. eds. 2002. *Policy Concertation and Social Partnership in Western Europe: Lessons for the 21st Century*. New York, NY: Bergahahn Books.

Birchfield, Vicki L. 2008. *Income Inequality in Capitalist Democracies: The Interplay of Values and Institutions*. University Park, PA: Pennsylvania University Press.

Birchfield, Vicki L. and Markus M. L. Crepaz. 1998. "The Impact of Constitutional Structures and Collective and Competitive Veto Points on Income Inequality in Industrialized Democracies." *European Journal of Political Research* 34, 175-200.

Boix, Carles. 2003. *Democracy and Redistribution*. Cambridge, UK: Cambridge University Press.

Bradley, David, Evelyne Huber, Stephanie Moller, Francois Nielsen, and John D. Stephens. 2003. "Distribution and Redistribution in Postindustrial Democracies." *World Politics* 55:2, 193-228.

Burawoy, Michael. 1985. *The Politics of Production: Factory Regimes Under Capitalism and Socialism*. London: Verso.

Calder, Kent E. 1988. *Crisis and Compensation: Public Policy and Political Stability in Japan, 1919~1986*. Princeton, NJ: Princeton University Press.

Caporaso, James A. and David P. Levine. 1992. *Theories of Political Economy*.

New York, NY: Cambridge University Press.

Carnoy, Martin. 1984. *The State and Political Theory*. Princeton, NJ: Princeton University Press.

Chung, K. Cho. 1971. *Korea: The Third Republic*. New York: Macmillan Company.

Collier, R. Berins and David Collier. 1979. "Inducements versus Constraints: Disaggregating Corporatism." *American Political Science Review* 73:4, 967-986.

Collier, Ruth B. and David Collier. 1991. *Shaping the Political Arena: Critical Junctures, the Labor Movement, and Regime Dynamics in Latin America*. Princeton, New Jersey: Princeton University Press.

Crouch, Colin. "Pluralism and the New Corporatism: A Rejoinder." *Political Studies* 31:3, 452-460.

Crouch, Harold. 1979. "Patrimonialism and Military Rule in Indonesia." *World Politics* 31:4, 571-587.

Cumings, Bruce. 1981. *The Origins of the Korean War: Liberation and the Emergence of Separate Regimes, 1945~1947*. Princeton, NJ: Princeton University Press.

Deutsch, Karl W. 1961. "Social Mobilization and Political Development." *American Political Science Review* 55:3, 493-514.

Deyo, Frederic. 1984. "Export Manufacturing and Labor: The Asian Case." In Charles Bergquist. ed. *Labor in the Capitalist World-Economy*. Beverly Hills, California: SAGE Publication, 267-285.

Deyo, Frederic. 1987. "State and Labor: Modes of Political Exclusion in East Asian Development." In Frederic Deyo. ed. *The Political Economy of the New Asian Industrialism*. Ithaca, NY: Cornell University Press, 182-202.

Deyo, Frederic, Stephan Haggard, and Hagen Koo. 1987. "Labor in the Political Economy of East Asian Industrialization." *Bulletin of Concerned Asian Scholars* 19:2, 42-53.

Dryzek, John S. and Patrick Dunleavy. 2009. *Theories of the Democratic State*.

Houndmills, UK: Palgrave Macmillan.

Easton, David. 1963. *The Political System: An Inquiry into the State of Political Science*. New York: Alfred A. Knopf.

Easton, David and Jack Dennis. 1969. *Children in the Political System*. New York, NY: McGraw-Hill.

Eckert, Carter J. 1990. *Korea Old and New: A History*. Cambridge, Massachusetts: Korea Institute, Harvard University.

Esping-Andersen, Gøsta. 1990. *The Three Worlds of Welfare Capitalism*. Princeton, NJ: Princeton University Press.

Estevez-Abe, Margarita, Torben Iversen, and David Soskice. 2001. "Social Protection and the Formation of Skills: A Reinterpretation of the Welfare State." In Peter A. Hall and David Soskice. eds. *Varieties of Capitalism: The Institutional Foundations of Comparative Advantage*. Oxford, UK: Oxford University Press, 145-183.

Evans, Peter. 1979. *Dependent Development: The Alliance of Multinationals, State, and Local Capital in Brazil*. Princeton, NJ: Princeton University Press.

Evans, Peter, Dietrich Rueschemeyer, and Theda Skocpol. eds. 1985. *Bring the State Back In*. London: Cambridge University Press.

Haggard, Stephan and Chung-in Moon. 1983. "The South Korean State in the International Economy: Liberal, Dependent, or Mercantile?" In John Gerard Ruggie. ed. *The Antinomies of Interdependence: National Welfare and the International Division of Labor*. New York, NY: Columbia University Press, 131-189.

Haggard, Stephan and Chung-in Moon. 1993. "The State, Politics, and Economic Development in Postwar South Korea." In Hagen Koo. ed. *State and Society in Contemporary Korea*. Ithaca, NY: Cornell University Press.

Haggard, Stephan and Robert R. Kaufman. 2012. "Inequality and Regime Change: Democratic Transitions and the Stability of democratic Rule." *American Political Science Review* 106:3, 495-516.

Habermas, Jürgen. 1973. *Legitimation Crisis*. Boston: Beacon Press.

Hall, Peter A. and David Soskice. 2001. "An Introduction to Varieties of Capitalism." In Peter A. Hall and David Soskice. eds. *Varieties of Capitalism*. Oxford, UK: Oxford University Press. 1-68.

Hamilton, Nora. 1982. *The Limits of State Autonomy: Post-Revolutionary Mexico*. Princeton, New Jersey: Princeton University Press.

Han, Sungjoo. 1974. *The Failure of Democracy in South Korea*. Berkeley, California: University of California Press.

Henderson, Gregory. 1968. *Korea: The Politics of the Vortex*. Cambridge, Massachusetts: Harvard University Press.

Hoag, Leonard. 1970. "American Military Government in Korea: War Policy and the First Year of Occupation, 1941~1946." Draft manuscript produced under the auspices of the Office of the Chief of Military History, Department of the Army, Washington, D.C.

Huber, Evelyne, and John D. Stephens. 2001. *Development and Crisis of the Welfare State: Parties and Policies in Global Markets*. Chicago: University of Chicago Press.

Im, Hyug Baeg. 1987. "The Rise of Bureaucratic Authoritarianism in South Korea." *World Politics* 39:2, 231-257.

IMF. 1997. "Republic of Korea: IMF Stand-By Arrangement: Summery of the Economic Program, December 5, 1997," http://www.imf.org/exteranl/np/oth/korea.htm(검색일: 2001년 1월 2일).

IMF. 2015. *Inequality and Labor Market Institutions*.

Iversen, Torben and John D. Stephens. 2008. "Partisan Politics, the Welfare State, and Three Worlds of Human Capital Formation." *Comparative Political Studies* 41:4, 600-637.

Iversen, Torben and David Soskice. 2006. "Electoral Institutions and the Politics of Coalitions: Why Some Democracies Redistribute More Than Others." *American Political Science Review* 100:2, 165-181.

Johnson, Chalmers. 1987. "Political Institutions and Economic Performance: The Government-Business Relationship in Japan, South Korea, and Taiwan." In

Frederic C. Deyo. ed. *The Political Economy of the New Asian Industrialism*. Ithaca, NY: Cornell University Press, 136–164.

Jones, Leroy P. and Il Sakong. 1980. *Government, Business, and Entrepreneurship in Economic Development: The Korean Case*. Cambridge, Massachusetts: Harvard University Press.

Katzenstein, Peter J. 1984. *Corporatism and Change: Austria, Switzerland, and the Politics of Industry*. Ithaca, NY: Cornell University Press.

Katzenstein, Peter J. 1987. *Small States in World Markets: Industrial Policy in Europe*. Ithaca, NY: Cornell University Press.

Kihl, Young–whan. 1982. "Korea's Fifth Republic: Domestic Political Trends." *Journal of Northeast Asian Studies* 1:2, 37–55.

Kim, Joungwon A. 1976. *Divided Korea: The Politics of Development, 1945~1972*. Cambridge, Massachusetts: Harvard University Press.

Kim, Key–Hiuk. 1980. *The Last Phase of the East Asian World Order: Korea, Japan, and the Chinese Empire, 1860~1882*. Berkeley, CA: University of California Press.

Kim, Kyong–Dong. 1976. "Political Factors in the Formation of Entrepreneurial Elite in South Korea." *Asian Survey* 16:5, 466–479.

Kim, Yong Cheol. 1994. "Historical Foundation of the Conservative Space for Unionism in South Korea: Legacies of the Early Labor Movement, 1910~1948." *Korea Observer* 25:4, 467–499.

Kim, Yong Cheol. 1998. "Industrial Reform and Labor Backlash in South Korea: Genesis, Escalation, and Termination of the 1997 General Strike." *Asian Survey*, 38:12, 1142–1160.

Korpi, Walter. 1983. *The Democratic Class Struggle*. London: Routlege & Kegan Paul.

Korpi, Walter. 2006. "Power Resources and Employer–Centered Approaches in Explanations of Welfare States and Varieties of Capitalism: Protagonists, Consenters, and Antagonists." *World Politics* 58:2, 167–206.

Korpi, Walter and Michael Shalev. 1980. "Strikes, Power, and Politics in the

Western Nations, 1900~1976." *Political Power and Social Theory* 1, 301-334.

Krasner, Stephen D. 1984. "Approaches to the State: Alternative Conceptions and Historical Dynamic." *Comparative Politics* 16:2, 223-246.

Kume, Ikuo. 1988. "Changing Relations among the Government. Labor, and Business in Japan after the Oil Crisis." *International Organization* 42:4, 659-687.

Larson, Simeon and Bruce Nissen. 1987. *Theories of the Labor Movement*. Detroit, Michigan: Wayne State University Press.

Launius, Michael A. 1984. "The State and Industrial Labor in South Korea." *Bulletin of Concerned Asian Scholars* 16:4, 2-10.

Lee, J. Taik. 1988. "Dynamics of Labor Control and Labor Protest in the Process of Export-Oriented Industrialization in South Korea." *Asian Perspective* 12:1, 134-158.

Lee, Jeong-Taik. 1988. "Export-Oriented Industrialization, Labor Control and the Labor Movement in South Korea." *Korean Social Science Journal* 14, 103-119.

Lee, Manwoo. 1990. *The Odyssey of Korean Democracy: Korean Politics, 1987~1990*. New York, NY: Praeger.

Lehmbruch, Gerhard. 1985. "Concertation and the Structure of Corporatist Networks." In John H. Goldthorpe. ed. *Order and Conflict in Contemporary Capitalism: Studies in the Political Economy of Western European Nations*. Oxford: Oxford University Press, 60-80.

Lijphart, Arend. 1994. *Electoral Systems and Party Systems: A Study of Twenty-Seven Democracies, 1945~1990*. New York: Oxford University Press.

Lim, Hyun-Chin. 1985. *Dependent Development in Korea*, 1963~1979. Seoul: Seoul National University Press.

Lindblom, Charles E. 1977. *Politics and Markets: The World's Political-Economic Systems*. New York: Basic Books.

Lindblom, Charles E. 2001. *The Market System: What it is, How it Works, and*

What to make of it. New Heaven: Yale University Press.

Linz, Juan J. 1978. *Crisis, Breakdown and Reequilibration*. Baltimore, MD: Johns Hopkins University Press.

Linz, Juan J. 1990. "The Perils of Presidentialism." *Journal of Democracy* 1:1, 51–69.

Linz, Juan J. and Arturo Valenzuela. 1994. *The Failure of Presidential Democracy: Comparative Perspectives*. Baltimore: Johns Hopkins University Press.

Lipset, Seymour Martin. 1983. "Radicalism or Reformism: The Sources of Working–class Politics." *American Political Science Review* 77:1, 1–18.

Manley, John F. 1983. "Neo–Pluralism: A Class Analysis of Pluralism I and Pluralism II." *American Political Science Review* 77:2, 368–383.

McAllister, Ian and Jack Vowles. 1994. "The Rise of New Politics and Market Liberalism in Australia and New Zealand." *British Journal of Political Science* 24:3, 381–402.

McFarland, Andrew S. 1987. "Interest Groups and Theories of Power in America." *British Journal of Political Science* 17:2, 129–147.

Moon, Chung–in. 1991. "The Politics of Structural Adjustment in South Korea." *Korea Journal* 31:3, 54–84.

Nijhuis, Dennie Oude. 2009. "Revisiting the Role of Labor: Worker Solidarity, Employer Opposition, and the Development of Old–Age Pensions in the Netherlands and the United Kingdom." *World Politics* 61:2, 296–329.

Nordlinger, Eric A. 1981. *On the Autonomy of the Democratic State*. Cambridge, Massachusetts: Harvard University Press.

O'Connor, James. 1973. *The Fiscal Crisis of the State*. New York, NY: St. Martin's Press.

O'Connor, James. 1986. *Accumulation Crisis*. New York, NY: Basil Blackwell.

Offe, Claus. 1973. "The Capitalist State and the Problem of Policy Formation." In Leon N. Lindberg. et al. *Stress and Contradiction in Modern Capitalism*. Lexington, Mass.: D.C. Heath.

Ogle, George E. 1973. "Labor Unions in Rapid Economic Development: Case of the Republic of Korea in the 1960s." Ph. D. Dissertation, University of Wisconsin.

Ogle, George E. 1990. *South Korea: Dissent within the Economic Miracle*. New Jersey: Zed Books.

Oh, John Kie-Chiang. 1968. *Korea: Democracy on Trial*. Ithaca, New York: Cornell University Press.

Oliver, Robert T. 1978. *Syngman Rhee and American Involvement in Korea, 1942~1960: A Personal Narrative*. Seoul: Panmun Book Company.

Paige, Jeffrey M. 1975. *Agrarian Revolution: Social Movements and Export Agriculture in the Underdeveloped World*. New York, NY: Free Press.

Pak, Chi-Young. 1980. *Political Opposition in Korea, 1945~1960*. Seoul: Seoul National University Press.

Palais, James B. 1991. *Politics and Policy in Traditional Korea*. Cambridge, Massachusetts: Harvard University Press.

Park, Soon-Won. 1999. *Colonial Industrialization and Labor in Korea: The Onoda Cement Factory*. Cambridge, Massachusetts: Harvard University Asia Center.

Payne, Leigh A. 1991. "Working Class Strategies in the Transition to Democracy in Brazil." *Comparative Politics* 23:2, 221-235.

Poulantzas, Nicos. 1975. *Political Power & Social Classes*. London: Verso.

Przeworski, Adam and Michael Wallerstein. 1982. "The Structure of Class Conflict in Democratic Capitalist Societies." *American Political Science Review* 76:2, 215-238.

Schattschneider, E. E. 1975. *The Semisovereign People: A Realist's View of Democracy in America*. Boston, MA: Wadsworth.

Schmitter, Philippe C. 1974. "Still the Century of Corporatism?" *The Review of Politics* 36:1, 85-128.

Shafer, D. Michael. 1990. "Sectors, States, and Social Forces: Korea and Zambia Confront Economic Restructuring." *Comparative Politics* 22:2, 127-150.

Shim-Han, Young-Hee. 1986-7. "Social Control and Industrialization in Korea:

On the Corporatist Control of Labor." *Korean Social Science Journal* 23, 95–123.

Shugart, Matthew S. 2005. "Semi–Presidential Systems: Dual Executive and Mixed Authority Patterns." *French Politics* 3, 323–351.

Skocpol, Theda. 1979. *States and Social Revolutions: A Comparative Analysis of France, Russia, and China*. Cambridge, UK: Cambridge University Press.

Smith, Matin J. 1990. "Pluralism, Reformed Pluralism and Neopluralism: the Role of Pressure Groups in Policy–Making." *Political Studies* 38:2, 302–322.

Snyder, Richard. 1992. "Explaining Transitions from Neopatrimonial Dictatorships." *Comparative Politics* 24:4, 379–399.

Stepan, Alfred. 1978. *The State and Society: Peru in Comparative Perspective*. Princeton, NJ: Princeton University Press.

Stephens, John D. 1979. *The Transition from Socialism to Capitalism*. Urbana, IL: University of Illinois Press.

Ström, Kaare. 1990. "A Behavioral Theory of Competitive Political Parties." *American Journal of Political Science* 34:2, 565–598.

Ström, Kaare and Wolfgang C. Muller. 1999. "Political Parties and Hard Choices." In Wolfgang C. Muller and Kaare Ström. eds. *Policy, Office, or Votes?: How Political Parties in Western Europe Make Hard Decisions*. New York, NY: Cambridge University Press, 1–35.

Thelen, Kathleen. 2001. "Varieties of Labor Politics in the Developed Democracies." In Peter A. Hall and David Soskice. eds. *Varieties of Capitalism: The Institutional Foundations of Comparative Advantage*. Oxford, UK: Oxford University Press, 71–103.

Thelen, Kathleen. 2012. "Varieties of Capitalism: Trajectories of Liberalization and the New Politics of Social Solidarity." *Annual Review of Political Science* 15, 137–159.

Tsebelis, George. 1990. *Nested Games: Rational Choice in Comparative Politics*. Berkeley, CA: University of California Press.

United Nations. each year. *World Happiness Report*.

Valenzuela, J. Samuel. 1979. "Labour Movement Formation and Politics: The Chilean and French Cases in Comparative Perspective, 1850~1950." Unpublished Ph. D. Dissertation, Columbia University.

Valenzuela, J. Samuel. 1989. "Labor Movements in Transitions to Democracy." *Comparative Politics* 21:4, 445-472.

Valenzuela, J. Samuel. 1994. "Labour Movements and Political Systems: Some Variations." In Marino Regini. ed. *The Future of Labour Movements*. London: SAGE Publications, 53-101.

Valenzuela, J. Samuel and Jeffrey Goodwin. 1983. "Labor Movement under Authoritarian Regime." The Center for European Studies, Harvard University.

Williamson, Peter J. 1985. *Varieties of Corporatism: A Conceptual Discussion*. Cambridge, UK: Cambridge University Press.

Wolf, Paul. 1990. "Productivity Coalitions and the Future of Unionism: Disintegration of Generalized Political Exchange?" In Berned Marin. ed. *Governance and Generalized Exchange: Self-Organized Policy Network in Action*. Boulder, Colorado: Westview Press, 280-313.

찾아보기

ㄴ

ㄷ

ㅇ

ㅈ

ㅊ

ㅋ

ㅌ

저자 약력

- 김용철은 연세대학교 정치외교학과와 같은 대학의 대학원 석사과정을 졸업하고, 미국 오하이오 주립대학에서 정치학 박사학위를 받았다. 현재 전남대학교 정치외교학과 교수로 재직하고 있다.

- 공동저서로 *Democracy and Development: Theory and Practice*(London, UK: Polity Press, 1996); *Korea's Globalization*(Cambridge, UK: Cambridge University Press, 2000); *Korea in Transition*(Seoul, Korea: Yonsei University Press, 2002); 『민주화 시대의 정부와 기업』(오름, 1998); 『전자민주주의』(오름, 2005); 『제4회 지방선거 현장 리포트』(푸른길, 2007); 『지구화 시대의 정당정치』(한다 D&P, 2011); 『공정사회와 정치개혁』(나남, 2013); 『현대 한국의 정치』(피앤씨미디어, 2014); 『민주당 계승정당 연구』(전남대학교 출판부, 2015); 『한국의 민주화와 민주화운동』(한울, 2016) 등이 있다.

- 주요 논문으로 "제1공화국하의 국가와 노동관계" 『한국정치학회보』(1995); "NIMBY와 PIMFY 현상의 정치적 갈등구조 비교" 『한국정치학회보』(1998); "인터넷의 정치적 활용과 16대 총선" 『한국정치학회보』(2000); "신자유주의적 구조조정과 조합주의적 관리" 『국가전략』(2001); "인터넷투표: 미국의 실험과 한국에서의 전망" 『한국정치학회보』(2003); "제17대 총선에서 인터넷의 영향력 분석" 『한국정치학회보』(2004); "한국인의 반미행동의도에 대한 인과 분석" 『국제정치논총』(2005); "촛불시위의 동학" 『정보화정책』(2008); "의사규칙의 제도화와 정치적 현저성, 그리고 한국 국회의 의사진행" 『의정연구』(2009); "사회협약정치의 출현, 교착, 지속에 대한 분석" 『산업노동연구』(2010); "한국 선거운동의 민주적 품질" 『의정연구』(2011); "사회연합정치의 관점에서 본 전두환·노태우 정권하의 노동정치" 『오토피아』(2012); "선거규칙 변경에 대한 유권자의 태도 분석" 『한국정치학회보』(2013); "로컬리티 재구성 과정에 대한 이론적 분석틀" 『한국경제지리학회지』(2014); "지역주의적 정치구도의 사회심리적 토대" 『한국정당학회보』(2015); "한국 민주주의의 품질" 『현대정치연구』(2016) 등이 있다.

- 영어 논문으로 "Administrative Neutralism and the Politics of Survival" *Pacific Focus*(1994); "Industrial Reform and Labor Backlash in South Korea" *Asian Survey*(1998); "The Shadow of the Gwangju Uprising in the Democratization of Korean Politics" *New Political Science*(2003); "Political Leadership and Civilian Supremacy in Third Wave Democracies: Comparing South Korea and Indonesia" *Pacific Affairs*(2006); "South Korean Democracy in the Digital Age: The Candlelight Protests and the Internet" *Korea Observer*(2009); "Procedural Justice and Perceived Electoral Integrity: The Case of Korea's 2012 Presidential Election" *Democratization*(2016) 등이 있다.

한국의 노동정치: 변화와 동학

초판발행 2017년 4월 10일
2쇄인쇄 2019년 1월 25일
2쇄발행 2019년 1월 30일

지은이 김용철
펴낸이 김중용

총괄기획 박노일 · 최준규
편 집 심성보 · 김인숙

펴낸곳 마인드탭 MIND TAP
경기도 파주시 책향기로 441, 1004동 1004호(동패동, 책향기마을)
등록 제406-2014-000093호
전 화 070)7550-3758 팩 스 02)718-8554
홈페이지 www.mindtap.co.kr 이메일 pnc@pncmedia.co.kr
ISBN 979-11-86672-46-4 93340

※ 마인드탭은 피앤씨미디어의 자매 브랜드입니다.

정 가 22,000원